中国诗话总目要解

蔡镇楚　张红　谭雯——著

天津出版传媒集团
天津教育出版社

图书在版编目（CIP）数据

中国诗话总目要解 / 蔡振楚，张红，谭雯编著. -- 天津 : 天津教育出版社，2021.7

ISBN 978-7-5309-8616-5

Ⅰ. ①中… Ⅱ. ①蔡… ②张… ③谭… Ⅲ. ①诗话－图书目录－中国 Ⅳ. ①Z88：I207.22

中国版本图书馆CIP数据核字(2021)第083739号

中国诗话总目要解

ZHONGGUO SHIHUA ZONGMU YAOJIE

出版人	黄 沛
作　者	蔡镇楚 张 红 谭 雯
选题策划	王轶冰
责任编辑	谢 芳
装帧设计	郭亚非
出版发行	天津出版传媒集团 天津教育出版社
地　址	天津市和平区西康路35号
邮政编码	300051
网　址	http://www.tjeph.com.cn
经　销	新华书店
印　刷	天津中铁物资印业有限公司
版　次	2021年7月第1版
印　次	2021年7月第1次印刷
规　格	16开（787毫米×1092毫米）
字　数	390千字
印　张	29
定　价	108.00元

目录

引言

悠远绵长的古希腊神话中，有一个美丽的公主，名叫阿里阿斯涅。她心地善良，乐于助人，曾经送给勇士忒修斯一个会滚动的线团，引导勇士通过多歧而混乱万分的道路，进入一个高深莫测的迷宫，终于杀死了叫弥诺陶洛斯的怪物，为民除掉一大祸害。

我们探寻中国诗歌王国的艺术境界之路，漫长而崎岖，繁复而杂乱，也需要一个会滚动的"阿里阿斯涅线团"的引导。这个阿里阿斯涅线团，就是魅力无限的诗话。

诗话者何也？诗话是中国独具特色的论诗随笔之体。

诗话的概念，有广义与狭义之分：狭义者，乃诗歌之话也。"话"者何也？故事也，与宋代话本小说之"话"同义，即千口之言者曰"话"，就是故事。依其内容而言，诗话则为诗歌故事；依其体裁而言，诗话则为论诗随笔。这是诗话之本义。故欧阳修谓诗话之作，乃"以资闲谈"而已。此类诗话，以"论诗及事"为本，凡诗歌本事、诗人轶事、诗坛趣闻、名篇佳句之述，以记事为主，寓诗论之见于诗本事之中。

诗话之广义者，乃中国诗歌理论批评之一著作形式。近人陈一冰《诗话研究》云："诗话，文学批评之一种也。"此等诗话，以"论诗及辞"为宗，以严羽的《沧浪诗话》为代表，以"论诗及辞"为本，凡诗论、诗评、诗品、诗史、诗证、诗格、诗式、诗法之述，都可列为诗话之体。

古往今来，诗话是一种文学批评样式，是对诗人、诗歌、诗风、诗派、诗潮等所作的一种诗学文化批评。这种独具特色的论诗之体，不仅有中国诗话，还有朝鲜—韩国诗话、日本诗话、越南诗话，几乎形成了一个与儒家文化圈、佛教文化圈相辉映的“东方诗话圈”。

无独有偶，阿拉伯诗学中也有一个“诗话”的术语。法拉比(870—950)，阿拉伯著名哲学家、音乐理论家与诗学批评家，是亚里士多德《诗学》等著作的第一位阿拉伯文诠释者，属于亚里士多德学派，著有《论理智》《论灵魂》《知识全书》《音乐全书》与《诗书》等，被誉为“首席教师”亚里士多德之后的“第二教师”。法拉比的《诗书》，属于重要的阿拉伯诗学论文，承袭亚里士多德《诗学》的摹仿说体系，将涉及诗歌的学科分为韵律学、诗歌动因学、诗句尾学、诗语言学等几大类，把音韵作为诗歌组成的要素，认为“如果诗歌缺乏了韵律，就不是诗，只能称之为‘诗话’”①。这个“诗话”是与其富有韵律之诗相对的概念，即无韵的诗歌，与中国“诗话”的本义，在概念内涵上有惊人的相似之处。

长盛不衰的中国诗话，滥觞于周秦汉，而以钟嵘《诗品》为“百代诗话之祖”。古往今来，中国历代著名文人大多钟爱诗话，撰写诗话，且衍生出兴盛一时的朝鲜诗话与日本诗话，形成“东方诗话”的文化奇观。这是一批独具中国特色而又巨大的文学与文化遗产，也是古今文化人喜闻乐见的著述方式与审美情趣。1996 年 5 月，中韩日三国及东南亚学者共同创立的“国际东方诗话学会”，已经举办 11 届国际学术会议，现任会长是马来西亚的詹杭伦教授。中国改革开放以来，中、日、韩三国与其他东南亚地区的学者，不遗余力地从事中国诗话乃至东方诗话的整理研究，成果卓著，人才辈出，呈现出东方诗话研究的奕代辉煌。

湖南蓝田的国立师范学院，是钱钟书诗话《谈艺录》的撰写之地；湖南师范大学文学院与外国语学院，是中国诗话乃至东方诗话学研究之重镇。我们的学术研究都以诗话为起点。一批中国诗话整理与研究的科研成果，一批研究生的诗话论文，像翩翩春燕，追逐着岳麓山的云霞展翅飞去。然而功名易逝，唯有学术永恒。《诗经·卫风·考槃》一诗云：“考

① 见曹顺庆主编：《东方文论选》，四川人民出版社 1996 年，第 498 页。

槃在涧，硕人之宽。独寐寤言，永矢弗谖。”我们的诗话研究，如同山涧考槃，自得其乐，已走过了一段艰难历程。这部《中国诗话总目要解》，更是中国诗话研究数十年点滴积累的成果，从20世纪70年代末整理的《中国历代诗话书目》复写本草稿开始，而后远绍旁搜，补苴罅漏，不断补充修订，逐渐完善，而成是编，也吸收同行专家如张寅彭、蒋寅、吴宏一等的“清代诗话”考证成果，这部书稿凝聚着我们与国内外专家们日积月累的滴滴心血；而今出版，意在以其金针度予后人。此书的系统整理，是在弟子张红、谭雯等前期的修正补充基础上，又得到在读弟子龙成、杨倩、李学阳等的帮助，是他们将此诗话书目手稿本打印成电子版本，付出很多辛劳。

此书为一部诗话书目提要与研究概述相结合的著作汇编。其基本特点与学术文化价值有三：

其一，这是一部诗话书目提要与研究概述相互结合的著作汇编。既是诗话书目，又非纯粹的书目提要，兼以概述与书目，于书目之中评述其得失，于概述之间存其书目，突出其版本存佚与收藏情况，方便需要者查阅。

其二，是书编排以时为序，以目为文，以1995年5月出版的蔡镇楚《石竹山房诗话论稿》卷四的《诗话文献论》为蓝本，校正、修改、补充、论述、编辑而成，其中的卷六《清代诗话》，也适当参阅蒋寅、张寅彭等人之作，决定取舍，去伪存真，厘为九卷，每卷前有【按语】，而后分条目撰写，共计1528目。

其三，古今诗话，东方诗话研究，涵盖完阔，属于集大成之述，共计几千年中国历代诗话及其研究著作1528部(套)。其考槃所述，涉及中国诗话乃至东方诗话研究的三个方面：诗话创作，诗话整理，诗话研究；名家名作，尽在此中，亦蔚为壮观矣。各卷前之按语，简述其时代诗话之总貌、基本特征和研究成果，属于总体研究之述，有益于读者基本把握中国诗话史的基本脉络、发展轨迹与学术文化价值。

诚如张红博士《后记》所言，此作之出承蒙南开大学赵季教授襄助之功及其弟子王轶冰贤君之力，以及天津教育出版社的领导与员工们之辛劳。江山万里，风月无边，我们因书而结缘于岳麓湖滨，诚请接受我们的感恩之意与祝福之情。

中国历代诗话散佚甚多，尽管我们数十年来不遗余力，筚路蓝缕，翻阅古籍文献与地方志，如同大海捞针，心力、智力、财力皆困，终难以求全，遗珠之憾在所难免。也许尚有错漏，也许拾羽失鹏，是耶？非耶？谨请方家批评教正。

蔡镇楚　张红　谭雯

2012 年 1 月 22 日辛卯除夕于石竹山房

2019 年 12 月 2 日修改稿于大雪岳麓山

2020 年 12 月 21 日再修改于湖南师范大学

卷一　诗话滥觞

【按语】

清人章学诚《文史通义》之论诗话，以钟嵘《诗品》为百代诗话之“初祖”，而论其“流别滋繁，不可一端尽矣”。故诗话之滥觞，一是诗论的积淀，唐五代之前的诗论、诗格、诗品、诗式、诗句图、论诗诗等，为中国诗话之崛起提供了诗歌理论批评的有力支撑；二是语言艺术基础，晋唐时期的汉语进入近古汉语时期，有别于上古、中古汉语的深奥古雅，语言趋于平民化、通俗化，为诗话之崛起提供了广阔的语言环境；三是论诗体式，崛起于唐宋民间的说话、评话之风与话本小说，以及注重诗本事的文人随笔，为诗话之崛起提供了一种长短随意、应变作制、以资闲谈的论诗随笔体式。

诗话者，诗歌故事也。话，与唐宋话本之话同义，故事也。此乃诗话之本义也。而后随着诗学批评的需要，诗话逐步演变而成论诗、评诗的一种著作样式。自北宋欧阳修以降，中国诗话，卷帙浩繁，源远流长，千年不衰。中国诗话之所以独立成体，是因为根深苗壮而成就参天大树。其渊源在于先秦诗学，即《诗经》之学，其沃土在于诗歌王国及其中国诗文化的皇天后土。郭绍虞《诗话丛话》谓：“以诗之多，于是有诗话。”故言之曰：诗话是诗歌王国的宁馨儿，是中国诗文化的重要载体与传播媒介。

此卷专门辑录诗话之名诞生之前的论诗代表作，先秦《诗》论、两汉《诗》学、魏晋六朝诗品文论之类，均以为中国诗话之滥觞，如同巍巍昆仑的皑皑白雪，如同三江之源的涓涓细流，汇集而成滔滔江河。

唐宋以前的诗序、诗品之属的文献考述，主要成果有：何文焕《历代诗话》及其附录《历代诗话考索》（清乾隆庚寅本），丁福保《历代诗话续编》（上海医学书局 1916 年本），罗根泽《中国文学批评史》（上海古籍出版社 1984 年本），郭绍虞《中国历代文论选》（上海古籍出版社 1979 年本），曹旭《诗品研究》（上海古籍出版社 1998 年本）、《中日韩诗品论文选评》（上海古籍出版社 2002 年本），蔡镇楚《中国文学批评史》（中华书局 2005 年本），等等。

1.《尚书·尧典》：诗言志

“诗言志”，是诗的主旨，诗的祝福，诗的呼唤，也是中国诗学批评的奠基之石，被朱自清先生称之为“开山的纲领”（《诗言志辨》）。

“诗言志”之说，最先出自《尚书·尧典》，云：“诗言志，歌永言，声依永，律和声；八音克谐，无相夺伦，神人以和。”这是舜帝与其乐官夔的一段谈话，出于《今文尚书》。其意是说，诗是用来表达人的思想、抱负、志向的，歌是延长诗的语言，徐徐咏唱，以突出诗的意义的，声音的高低又与长言相配合而成音乐，六律六吕是用以调和歌声的；八种乐器演奏达到和谐统一，不互相干扰而打乱音乐的次序，那么神与人就可以通过诗歌音乐来交流思想感情而能互相协调和谐。由此可见，“诗言志”之意，内容有二：

一是诗的功能和价值在于“言志”。何谓“志”？闻一多《歌与诗》从诗的发展过程来分析，认为“志有三个意义：一记忆，二记录，三怀抱”。《说文》云：“诗，志也。从言，寺声。”又云：“志者，心之所之也。”从语义学的角度来看，“志”，从止，从心，本义是停止在心上，即藏在心里的意思。所以，先秦人对“诗言志”中的“志”的理解，主要是思想、志向、抱负之义，但也包含有情感的基因。这是先秦诸子百家的一种广泛的共识。

《左传·襄公二十七年》云：“诗以言志，志诬其上，而公怨之。”

《庄子·天下篇》云：“诗以道志。”

《荀子·儒效》云:“诗,言是其志也。”

《礼记·仲尼闲居》云:“诗,言其志也。”

《孟子·万章》云:“故说《诗》者,不以文害辞,不以辞害志。以意逆志,是为得之。”

诗言志,是先秦诗论的基本命题,是诸子百家共同的诗学观念。清劳孝舆《春秋诗话》卷一云:“盖当时只有诗,无诗人。古人所作,今人可援为己诗;彼人之诗,此人可赓为自作,期于言志而止。人无定诗,诗无定指。以故可名不名、不作而作也。《记》曰:‘诗言志。’在心为志,发言为诗。春秋之赋诗者,具在可以观志,可以观诗矣。”由于先秦诸子的诗歌批评都是以《诗三百》为范本,从《诗三百》本身的思想内容和审美价值取向来看,为社会,为现实,为民族,为百姓,为人生,为爱情,为政治功利,为个人喜怒哀乐而歌,《诗》所表现的艺术天地是无限广阔的,说明诗歌本身的社会教育功能和审美价值是不可低估的。

二是诗以言志的表现形态,并非仅仅在于语言文字,而是诗、乐、舞三位一体,显示出中国初期诗歌付之于音乐与舞蹈艺术的流动性,而并非书面语言化的静止的艺术形态。所以当舜帝指出“诗言志”之后,主管音乐的大臣夔叹息道:“於! 予击石拊石,百兽率舞。”在优美动人的音乐声中,化装为各种动物图腾的人,载歌载舞,场面热闹非凡。《左传》引《诗》219 条以诗言志,因诗而歌,又有吴札观乐为证。《左传·襄公二十九年》记载,吴公子札来聘,请观于周乐。使乐工为之歌《周南》《召南》,曰:“美哉!始基之矣,犹未也。然勤而不怨矣!”为之歌《邶》《鄘》《卫》,曰:“美哉,渊乎! 忧而不困者也。”为之歌《王》,曰:“美哉! 思而不惧,其周之东乎?”为之歌《郑》,曰:“美哉! 其细已甚,民弗堪也,是其先亡乎?”为之歌《齐》,曰:“美哉! 泱泱乎,大风也哉! 表东海者,其大公乎! 国未可量也。”为之歌《小雅》,曰:“美哉! 思而不贰,怨而不言,其周德之衰乎? 犹有先王之遗民焉。”为之歌《大雅》,曰:“广哉,熙熙乎! 曲而有直体,其文王之德乎? ”为之歌《颂》,曰:“至矣哉! 直而不倨,曲而不屈,迩而不逼,远而不携,迁而不淫,复而不厌,哀而不愁,乐而不荒,用而不匮,广而不宣,施而不费，取而不贪，处而不底，行而不流，五声和，八风平，节有度，守有序，盛德之所同也。”[①]季札观乐这段记载，清楚地说明先秦人歌《诗》论《诗》之盛，是先秦文学批评的重要文献资料。

中国诗歌的音乐特质，是从《诗经》时代开始形成的。在中国文学发展演变的历史进程中，诗与音乐的密切关系主要经历了三个阶段：一是《诗经》时代，诗、乐、舞三位一体，“以乐从诗”，即“雅乐”时代。此后诗与乐分途。二是汉乐府时代，“采诗入乐”阶段，即所谓“清乐”时代。三是唐宋时代，“依声填词”阶段，即所谓“燕乐”时代。从雅乐到清乐到燕乐，都说明自先秦《诗三百》时代开始，中国古典诗歌就与音乐结下不解之缘。诗、乐、舞三位一体，是先秦诗歌艺术的基本形态和审美特征。朱光潜《诗论》分析了这一特点后说：“我们可以得出一个极重要的结论，就是：诗歌与音乐、舞蹈是同源的，而且在最初是一种三位一体的混合艺术。”先秦既首倡“诗言志”之说，而且又早在文学批评诞生之初就注重“诗言志”的艺术表现形态及其审美价值取向，从而开创了诗与音乐、舞蹈艺术相结合的新时代。

2.《诗大序》

汉代《诗》学批评，肇始于汉儒传《诗》，演进于以“经”解《诗》，而成于《诗大序》（亦称《毛诗序》）。

《诗大序》是儒家诗学在汉代的全面总结，是最富有权威性的《诗》学批评之作，在中国诗史上具有里程碑的意义。辞云：

> 《关雎》，后妃之德也，风之始也，所以风天下而正夫妇也。故用之乡人焉，用之邦国焉。风，风也，教也；风以动之，教以化之。诗者，志之所之也，在心为志，发言为诗。情动于中而形于言，言之不足故

---

① 阮元刻《十三经注疏》本《春秋左传正义》卷三十九，见郭绍虞主编：《中国历代文论选》第一册，上海古籍出版社，1979年，第4页。

嗟叹之，嗟叹之不足故永歌之，永歌之不足，不知手之舞之足之蹈之也。情发于声，声成文谓之音。治世之音安以乐，其政和；乱世之音怨以怒，其政乖；亡国之音哀以思，其民困。故正得失，动天地，感鬼神，莫近于诗。先王以是经夫妇，成教敬，厚人伦，美教化，移风俗。故诗有六义焉：一曰风，二曰赋，三曰比，四曰兴，五曰雅，六曰颂。上以风化下，下以风刺上，主文而谲谏，言之者无罪，闻之者足以戒，故曰风。至于王道衰，礼义废，政教失，国异政，家殊俗，而变风变雅作矣。国史明乎得失之迹，伤人伦之废，哀刑政之苛，吟咏情性，以风其上，达于事变而怀其旧俗者也。故变风发乎情，止乎礼义。发乎情，民之性也；止乎礼义，先王之泽也。是以一国之事，系一人之本，谓之风；言天下之事，形四方之风，谓之雅。雅者，正也，言王政之所由废兴也。政有小大，故有小雅焉，有大雅焉。颂者，美盛德之形容，以其成功告于神明者也。是谓四始，诗之至也。

……

《诗大序》等所代表的汉代《诗》学理论批评，其主要内容及其批评方法包括：

(1)三家诗说

汉人传《诗》，有鲁诗、齐诗、韩诗，合称“三家诗”。鲁诗为汉初鲁人申培所传，齐诗为汉初齐人辕固所传，韩诗为汉初燕人韩婴所传。都立于学官，属今文经学之列。三家诗之外，尚有赵人毛苌所传《诗》者，称为《毛诗》，终汉未立学官，属于古文诗学之列。“三家诗”之说，始于班固《汉书·艺文志》。齐诗亡于三国魏时，鲁诗亡于西晋，韩诗亡于南宋，仅存《韩诗外传》。受中国注疏之风的影响，三家诗俱亡，唯毛诗独存，其功应该归之于郑玄，是“郑笺”成就了毛诗，成就了古文《诗》学，成就了中国学术注重注疏的文化传统。

(2)四始说

“四始”指《诗经》风、大雅、小雅、颂为首的四篇诗歌。最早出自《史记·孔子世家》:“《关雎》之乱,以为《风》始,《鹿鸣》为《小雅》始,《文王》为《大雅》始,《清庙》为《颂》始。”汉儒解《诗》,以为“四始”皆总论“风”“雅”“颂”全篇,孔颖达《毛诗正义》引郑玄答张逸云:“风也,小雅也,大雅也,颂也,此四者,人君行之则为兴,废之则为衰。”又引《郑笺》云:“始者,王道兴衰之所由。”其实为牵强附会之论。

(3)六义说

“六义”指《诗经》中的风、雅、颂、赋、比、兴。《周礼·春官·大师》以风、赋、比、兴、雅、颂为“六诗”。《诗大序》云:“故诗有六义焉:一曰风,二曰赋,三曰比,四曰兴,五曰雅,六曰颂。”这就是“六义”之始,其中风、雅、颂为《诗》的分类,赋、比、兴为《诗》的艺术表现方法。

(4)变风变雅说

“变”,指时世由盛变衰,政纲大坏。郑玄《诗谱序》指出:“故孔子录懿王、夷王时诗,讫于陈灵公淫乱之事,谓之‘变风变雅’。”《诗大序》指出:“至于王道衰,礼义废,政教失,国异政,家殊俗,而变风变雅作矣。”认为《国风》中《邶风》以下十三国风属于“变风”;而《大雅》中《民劳》以后的诗与《小雅》中《六月》以后的诗属于“变雅”。变风变雅,只是另一种诗乐形态。

3.《礼记·乐记》

周秦汉时代,中国艺术之美,是诗、乐、舞的三位一体。中国诗歌与音乐的关系,可以用两句话来加以概括:音乐是诗歌传播的翅膀,而诗歌是音乐的文化载体。

相对而言,中国诗与音乐的关系的演变轨迹,一般分为三个历史阶段:一是雅乐,以乐从诗,属于《诗经》时代;二是清乐,采诗入乐,属于乐府时代;三是燕乐,依声填词,属于唐宋诗词时代;而后的元明清时期属于戏曲音乐,以俗乐为主体,是燕乐的延续,融合雅乐、清乐、燕乐与民间音乐，诗乐舞三位一体，是视觉艺术、听觉艺术与舞台表演艺术的有机结合。就是一般的古代散文，也要求吟唱。中国文学，是诗化的文学，是音乐化的文学。从这个意义上来说，一部中国文学史，就是一部中国音乐文学史，是音乐与文学相结合的历史。

《乐记》，是继荀子《乐论》之后中国音乐美学的集大成者。原传为二十篇，现存十一篇，收录于《礼记》卷十一与《史记》卷二十四。学术界一般认为，《乐记》的音乐美学体系属于荀子学派，对汉代《诗》学批评与后世的诗歌理论批评，产生过极大而深远的影响。

《礼记·乐记》的音乐美学思想，是先秦宗法制度的产物，注重音乐的宗法礼仪之美，主要内容有八个方面，以此构建中国古典音乐美学的社会伦理化体系。

第一，关于音乐。何谓“音乐”?《礼记》从各种不同的角度予以解说。一是从自然哲学角度解说：“乐者，天地之和也。”认为音乐是天地自然的和谐统一。地气上升，天气下降，阴阳相互交合，天地相互激荡，鼓动以雷霆，振奋以风雨，运转以四时，照耀以日月，于是万物化育生长。音乐正是体现着这种天地自然的和谐统一。二是从伦理学角度解说：“乐者，通伦理者也”；“乐者，所以象德也”；“乐者，德之华也”。认为音乐与伦理道德相通，音乐是德操的表象，音乐是德行的鲜花。三是从心理学角度解说：“夫乐者，乐也”；“乐者，心之动也”；“乐也者，情之不可变者也”。认为音乐就是快乐，音乐是心灵的感动，音乐是情感的不可改变。四是从音乐旋律学角度解说：“乐者，审一以定和，比物以饰节，节奏合以成文。”认为音乐旋律是审定一个基音以调和众音，用各种乐器来配合演奏，节奏和合便成乐章。

第二，关于音乐的产生。《乐记》指出：“凡音者，生人心者也。情动于中，故形于声；声成文，谓之音。”又说：“凡音之起，由人心也。人心之动，物使之然也。感于物而动，故形于声；声相应，故生变；变成方，谓之音；比音而乐之，及干戚羽旄，谓之乐。乐者，音之所由生也，其本在人心之感于物也。”这两段话基本观点主要有四层意思：一是音乐产生于人心，人的情感在心中激荡，必然表现为声音的抒发，因而音乐是人心动静的结果；二是音乐有声，必须以声音为基本条件，人心激荡一定要形之于声，比如哑人的心灵再激荡，也难以成为有声音乐，或许可以称之为“无声音乐”；三是声音相应，成为有节奏的交错组合，排比有序，欢快地舞之以干戚羽旄，方能叫做音乐；四是音乐是心物交感的产物，是人心感于物而动的结果，因而音乐的本质在于“人心之感于物”。

第三，关于音乐创作主体。《乐记》十分注重音乐创作主体的主导作用，说：“德者，性之端也；乐者，德之华也；金石丝竹，乐之器也。诗言其志也，歌咏其声也，舞动其容也。三者本于心，然后乐器从之。是故情深而文明，气盛而化神，和顺积中而英华发外，唯乐不可以为伪。”作者认为品德是人性的最高属性，音乐是人的品德开放出来的鲜花，而金石丝竹则是传播音乐之美的器具，诗言志、歌咏声、舞动容，皆离不开乐器演奏。从品德、音乐、乐器三者之间的关系出发，《乐记》对音乐创作主体的基本要求有三：一要“情深”，二要“气盛”，三要“和顺积中”，认为音乐创作必须防伪，如同诗之言志、歌之咏声、舞之动容一样。

第四，关于音乐功能。《乐记》以礼论乐，注重礼乐，因而强调音乐的教化功能与歌功颂德，同时注重音乐的娱乐功能。一则指出音乐是“生民之道”，“可以善民心，其感人深，其移风易俗，故先王著其善教焉”；二则指出“王者”大功告成而作乐，是为了“法治”“民治”与礼仪的需要，使“八风从律”，社会和谐，天下太平；三则倡言寓教于乐，指出“欣喜欢爱，乐之官也”（官：职能，功能）。认为音乐的基本功能在于“欣喜欢爱”，所以先王制乐在于“饰喜”，即表达欣喜之心。

第五，关于音乐的类别。《礼记》对古典音乐的分类，主要是按政治伦理学来分的。他以君臣子民比喻宫、商、角、徵、羽“五音”，称“宫为君，商为臣，角为民，徵为事，羽为物”；“宫乱则荒，其君骄（骄横）；商乱则陂（颠倒），其官坏（政风败坏）；角乱则忧，其民怨；徵乱则哀，其事勤（劳累）；羽乱则危，其财匮（亏损）”。由此而有“治世之音”“乱世之音”与“亡国之音”三种类型。

第六,关于音乐歌唱的艺术个性。《乐记》指出:“夫歌者,直己而陈德也。动己而天地应焉,四时和焉,星辰理焉,万物育焉。”是说歌声是用以直接抒发自己情感、陈述与歌颂德操的。唯有歌唱者自己感动而天地才会感应,四时才会和谐,星辰才会条理清晰,万物才会发育繁荣。本来《诗经》有“风”“雅”“颂”之分:“风”有“十五国风”,“雅”有“大雅”“小雅”,“颂”有“商颂”“鲁颂”“周颂”。《乐记》以歌唱《诗经》为例,说明歌唱者应该富有个性,具有不同艺术个性的人应该演唱符合自己艺术个性的诗乐歌曲。如:“宽而静、柔而正者,宜歌《颂》;广大而静、疏达而信者,宜歌《大雅》;恭敬而好礼者,宜歌《小雅》;正直而静、廉而谦者,宜歌《风》;肆直而慈爱者,宜歌《商》;温良而能断者,宜歌《齐》。”作者认为“歌各有所宜”,而歌又是以“直己陈德”为己任的,就是真诚而坦率地运用自己的情感去歌颂德行者,有艺术个性,才有艺术效果,因而必须注重音乐演唱的艺术个性。

第七,关于音乐欣赏。《乐记》注重音乐的审美鉴赏,认为音乐的艺术欣赏在于“知音”与“知乐”,说:“知声而不知音者,禽兽是也;知音而不知乐者,众庶是也。唯君子为能知乐。是故审声以知音,审音以知乐,审乐以知政,而治道备矣。”作者以“知声”“知音”与“知乐”为标准来区分禽兽、庶人与君子,唯有君子“知乐”,强调“不知声者不可与言音,不知音者不可与言乐。”

第八,关于古乐。《乐记》论及的古乐,有三种:一是天子之乐,如舜帝《南风》、周武王的《武》乐;二是颂歌,如歌颂尧帝的《大章》、歌颂黄帝的《咸池》、歌颂舜帝的《韶》乐,歌颂大禹的《夏》乐;三是地方民歌,认为“郑卫之音”是“乱世之音”,而“桑间濮上之音”乃“亡国之音”。

4.曹丕《典论·论文》

曹丕(187—226),字子桓,曹操次子,建安二十五年(220)废汉献帝自立,被称为“魏文帝”。他以御笔写作的《典论·论文》,是中国文学批评史上第一部文学理论批评著作,开了盛极一时的魏晋南北朝文学批评之先河。

《典论·论文》富有一种威严浩大的帝王之气。《三国志·魏志·文帝传》引胡冲《吴历》云:“帝以素书所著《典论》及诗赋饷孙权,又以纸写一通与张昭。”明帝太和四年二月,又曾“以文帝《典论》刻石立于庙门之外”与太学,凡六块碑。作为《典论》之一的《论文》,亦刻石立碑,显示其昭示天下之意及其权威性价值。

(1)文学的价值和地位

曹丕指出:“盖文章,经国之大业,不朽之盛事。年寿有时而尽,荣乐止乎其身,二者必至之常期,未若文章之无穷。”曹丕从文以致用的立场出发,认为文章是“经国之大业,不朽之盛事”。先秦以降,文学一直作为哲学、史学、经学的附庸而存在,没有独立地位。至此,曹丕认为文章有两大社会功能:一是“经国之大业”,有利于治国;二是“不朽之盛事”,有益于立身。作为一代帝王,曹丕的睿智与眼光,较之其他君王更有高人之处。

(2)“文气”说

气,源于生命。曹丕创造性地用之于论文,认为:“文以气为主,气之清浊有体,不可力强而致。譬诸音乐,曲度虽均,节奏同检,至于引气不齐,巧拙有素,虽在父兄,不能以移子弟。”曹丕所说的“气”,是指作家的气质、才能、个性、禀赋而言。“气之清浊”之别,清者指才知之清,是其俊爽超迈的阳刚之气;浊者指才知之浊,是其凝重沉郁的阴柔之气。不同的人唱同一曲调、同一节奏的一首歌曲,因其气质、个性、禀赋、才能之异,而其声音必有巧拙、刚柔、清浊之别。正是其“气之清浊”,便形成了各自不同的艺术风格,如徐干“时有齐气”,应玚“和而不壮”,刘桢“壮而不密”,孔融“体气高妙”。说徐干有所谓“齐气”,指齐人舒缓之气;孔融有所谓“体气”,指孔融超越常人的才气与文章的高妙风格;应玚“和而不壮”,指其文风阴柔有余而少阳刚之气;刘桢“壮而不密”,指其诗文颇具阳刚壮美之气而不细密。

(3)文学批评态度

曹丕指出西汉以来的文风,有两种错误倾向:一是“贵远贱近,向声背实”；二是“暗于自见，谓己为贤”“文人相轻，自古而然”“各以所长，相轻所短”。所谓“贵远贱近”，首先表现为“尊古卑今”“崇古非今”，也表现为“同事之间的互相轻视非难”；所谓“向声背实”，就是崇拜虚名，不重实际，迷信权威。

（4）“四科八体”说

曹丕论文体之别时说：“夫文本同而末异。盖奏议宜雅，书论宜理，铭诔尚实，诗赋欲丽。”这就是所谓“四科八体”。作者认为，文之“本”即基本的创作原则是相同的，而文之“末”即各种文体的风格特点又是不同的。如奏议之文宜雅，书论之文宜理，铭诔之文尚实，诗赋之文欲丽。奏议、书论，晋以后谓之无韵之笔；而铭诔、诗赋，晋以后谓之有韵之文。曹丕以“雅”“理”“实”“丽”四个字，来概论奏议、书论、铭诔、诗赋四类文体的不同风格特色，开中国文体研究之先河。后世之桓范《世要论》、陆机《文赋》、挚虞《文章流别论》、李充《翰林论》、刘勰《文心雕龙》等等文体论，盖源于曹丕之说。

（5）“建安七子”说

曹丕最早为“建安七子”正名，其《典论·论文》云：“今之文人，鲁国孔融文举，广陵陈琳孔璋，山阳王粲仲宣，北海徐干伟长，陈留阮瑀元瑜，汝南应玚德琏，东平刘桢公干。斯七子者，于学无所遗，于辞无所假，咸以自骋骥騄于千里，仰齐足而并驰，以此相服，亦良难矣。”曹丕之说，以“建安七子”而开中国古代文学流派、文学集团之先河。故此后论流派、集团之始者，多以曹丕之论“七子”为首指。“建安七子”之出，是曹丕文学批评注重于实际批评的具体体现和丰硕成果。

5.陆机《文赋》：诗缘情

诗缘情之说，出自陆机的《文赋》。陆机（261—303），是西晋时著名诗人与文学批评家。诗与潘岳并称，钟嵘《诗品》有“陆海潘江”之喻，称其为“太康之英”。

陆机的诗论，以“诗缘情”说为中心，特别注重自己创作经验之总结，叙述创作之甘苦，衡量作品之利病，故文辞真切动人，切中肯綮。

钟嵘《诗品》称“陆才如海，潘才如江”。陆机以大海之才，以文为赋，才情横溢，文心涓涓。其《文赋序》云：

> 余每观才士之所作，窃有以得其用心。夫其放言遣辞，良多变矣。妍蚩好恶，可得而言。每自属文，尤见其情。恒患意不称物，文不逮意，盖非知之难，能之难也。故作《文赋》，以述先士之盛藻，因论作文之利害所由，他日殆可谓曲尽其妙。至于操斧伐柯，虽取则不远，若夫随手之变，良难以辞逮。

陆机此序，旨在说明《文赋》之写作目的意图，在于有感于文士之作往往“意不称物，文不逮意”，故有必要认真总结其文章写作“用心”，使之能“曲尽其妙”。由此可见，陆机以赋体论文，以赋体从事文学批评，而撰著《文赋》，目的在于总结文章写作经验，探讨其中创作规律，针对性很明显，并非无的放矢。综观《文赋》，其论述内容如下。

(1)“诗缘情”说

关于诗歌的本质特征，陆机《文赋》指出：“诗缘情而绮靡，赋体物而浏亮。”《文选》李善注云：“诗以言志，故曰缘情。”故有人说：缘情，犹言抒情。今人裴斐《诗缘情辨》解释说：“缘情，即源于情。”一从诗的抒情功能来解释，二从诗歌之源来解释，都不无道理。但我们以为，“缘情”就是缘于情。诗歌以感情为纽带，情感是诗歌的艺术生命；感情凝滞，则意味着诗思的枯竭。

本来，早在屈原所处时代，与“诗言志”相比照的“抒情”之说则已产生。《楚辞·惜诵》云：“惜诵以致愍兮，发愤以抒情。”这可以说是中国文学史上最早提及诗歌“发愤抒情”的艺术功能，是对传统的“诗言志”说的一个重大突破。然而，处在“七雄纷争”的战国后期的楚国，处在“百家争鸣”的学术氛围之中，“抒情”之说又何以能“独尊”呢？至汉代，董仲舒倡言“独尊儒术，罢黜百家”，儒学的理念主宰世界，“抒情”说又何有立足之地？汉初文坛拟骚之风渐盛，而东汉史学家班固却斥之为“露才扬己”以至于“忿怼沉江”，骂屈原死得活该。“抒情”之说可谓生不逢时，昙花一现，被汉儒扼杀在文学理论批评的摇篮之中。

陆机《文赋》大胆地否定了汉儒关于诗歌观念中的理念化倾向，破天荒地提出“诗缘情”说，同时得到了文坛诗苑的普遍认可，成为魏晋文人的一种共识。所以说，陆机倡言的“诗缘情”说，是文学自觉时代的产物。从“诗言志”到“诗缘情”，既是“诗言志”说发展演进的历史之必然，又是人们的诗歌观念不断发展成熟的必然趋势，充分说明魏晋时代人们的诗学观念和价值取向出现了新的变革，人们对诗歌艺术本质和审美特征的认识有了新的飞跃。从此，“诗言志”与“诗缘情”两大学说相互交通，成为中国诗歌批评的两大支柱，支撑着中国古代的诗歌艺术大厦；从此，“抒情言志”则成为中国诗歌的一面旗帜，高高飘扬在世界的东方。陆机《文赋》的首倡之功，彪炳于史册。

（2）关于创作冲动

陆机认为，作者的创作冲动，往往发乎三端：一是感于物，即所谓“遵四时以叹逝，瞻万物而思纷；悲落叶于劲秋，喜柔条于芳春”；二是本于学，即所谓“咏世德之骏烈，诵先人之清芬；游文章之林府，嘉丽藻之彬彬”；三是得于心，所谓“心懔懔以怀霜，志眇眇而临云”，认为心志高洁，有怀霜之心与临云之志，才能创作高洁的文品。情因物感，文以情生，这是文学创作之起点。

（3）关于艺术构思

艺术构思，是文学创作的关键之所在。陆机《文赋》之论艺术构思，注重诗思与文思，主要从三个方面入手。

首先是艺术想象。他指出：“其始也，皆收视反听，耽思傍讯，精骛八极，心游万仞。其致也，情曈昽而弥鲜，物昭晰而互进，倾群言之沥液，漱六艺之芳润，浮天渊以安流，濯下泉而潜浸。”认为构思之始，必须精神集中，不视不听，深思熟虑，旁征博引，充分展开艺术想象的翅膀，驰骋于穷高极远的空间，突破古今上下的种种局限，心驰神往；当文思滚滚而来之时，内在的朦胧的文情逐渐清晰，外在的鲜明的物象纷至沓来，从而能“观古今于须臾，抚四海于一瞬”。

其次是创作过程，陆机以诗一般的语言，生动而具体地描绘了艺术创作的全过程：即从意与物、意与文、意与辞以后，或“抱景者咸叩，怀响者必弹；或因枝以振叶，或沿波而讨源，或本隐以之显，或求易而得难，或虎变而兽扰，或龙见而鸟澜，或妥帖而易施，或岨峿而不安”，通过各种艺术选择和艺术加工，作者才能创造出具体而丰富的艺术形象，达到一种“函绵邈于尺素，吐滂沛乎寸心”“笼天地于形内，挫万物于笔端”的艺术效果。

再次，陆机强调艺术构思的独创性，所谓“谢朝华于已披，启夕秀于未振”。朝华，谓古人已用之意与辞，如花之已开，宜谢而去之；夕秀，指古人未述之意与辞，如未发之花，宜开而用之。唐大圆注云：“上句是务去陈言，下句是独出心裁。”所指者，皆言艺术构思，必须发扬个性，提倡独创精神，不可囿于前人窠臼。

(4)文体风格批评

陆机《文赋》充分论述了文体风格的千差万别，所谓“体有万殊，物无一量”者也。他认为这种差异性：一是由于作者个性、审美好恶之别所造成的，认为“夸目者尚奢，惬心者贵当，言穷者无隘，论达者唯旷”，意思是说，追求炫耀心目之美者崇尚侈丽宏衍之作；以切理厌心为快者，注重于作品的严谨贴切；喜欢文辞简约者，其作品或有局促窘迫之感；喜好文辞畅达者，其作品必定旷达畅快，放荡无拘。二是文体不同，体貌风格各异。他说：“诗缘情而绮靡，赋体物而浏亮；碑披文以相质，诔缠绵而凄怆；铭博约而温润，箴顿挫而清壮；颂优游以彬蔚，论精微而朗畅；奏平彻以闲雅，说炜晔而谲诳。”陆机对诗、赋、碑、诔、铭、箴、颂、论、奏、说等十种常见文体予以比较，指出它们体貌风格之别，完全因文体不同而引出。作者先以“体有万殊”，说明体制之别；而以“物无一量”，说明风格之异。尽管体式风格各异，但都必须做到“辞达而理举”：辞达指辞，重在有序；理举指意，重在有物。又必须“禁邪而制放”，意不邪，辞不放，乃是各体所应共同遵守的准则。

（5）批评文章之病

《文赋》以大量篇幅指斥文章之病，是陆机从事实际批评的重要内容，体现《文赋》的审美标准："其为物也多姿，其为体也屡迁；其会意也尚巧，其遣言也贵妍；暨音声之迭代，若五色之相宣。"陆机认为，先士之文，体貌多变，但其共同的审美要求，在于立意构思之"尚巧"，文辞之"贵妍"，追求声色之美。这正反映了太康一代文风。"音声迭代""五色相宣"，说明西晋文坛对作品语言声色之美的普遍追求。

陆机指出五种文病：其一是"或托言于短韵，对穷迹而孤兴。俯寂寞而无友，仰寥廓而莫承。譬偏弦之独张，含清唱而靡应"。言文章篇短，内容单薄，如偏弦独张，不能像众弦成曲，故像"清唱而靡应"。其二是"或寄辞于瘁音，言徒靡而弗华。混妍蚩而成体，累良质而为瑕。象下管之偏疾，故虽应而不和"。言文章内容虽广博，但杂乱无序，如乐器之杂奏，缺乏和谐之美。其三是"或遗理以存异，徒寻虚以逐微。言寡情而鲜爱，辞浮漂而不归。犹弦么而徽急，故虽和而不悲"。言文辞缺乏真情实感，如音乐之众声相和，却并不动人心弦。其四是"或奔放以谐合，务嘈囋而妖冶。徒悦目而偶俗，故声高而曲下。寤《防露》与《桑间》，又虽悲而不雅"。言作品浮艳妖冶，词品低下，虽然声调奔放，文辞动人，却如《防露》《桑间》之曲，淫侈庸俗，不归雅正。其五是"或清虚以婉约，每除烦而去滥，阙大羹之遗味，同朱弦之清汜。虽一唱而三叹，固既雅而不艳"。言其文辞流于清散素朴，缺少韵味，虽风格雅正，却如清汤白水，淡而无味。据此，陆机在批评今世文病之中，又建立起了一个以音乐美学为基础的审美标准，即如"应""和""悲""雅""艳"五个字，认为文章应该以充实为美，以和谐为美，以情真为美，以雅正为美，以浓艳为美，充分体现了魏晋人的审美情趣与艺术追求。

6.《文心雕龙》

刘勰（465？—521？），字彦和。祖籍东莞郡莒县（今属山东），家居京口(今属江苏)。早年丧父,家贫未娶,奋发好学,通经、史、子、集。二十来岁出家入南京定林寺,帮助僧祐整理佛典,凡十余年之久,并创作《文心雕龙》一书。其佳构美文,而深得一代文宗沈约器重。梁武帝天监初,刘勰近四十岁时始入仕途,起家奉朝请,任临川王萧宏记室、车骑仓曹参军、太末令、步兵校尉兼东宫通事舍人等卑职,又深得昭明太子萧统爱重。后受梁武帝之命,又入定林寺与僧人慧震合作编定佛经,完稿后即削发为僧,法名慧地。其后,不到一年则辞世。《梁书》本传,称其“为文长于佛理,京师寺塔及名僧碑志,必请勰制文”。

刘勰《文心雕龙》,属于杂文学批评,文学的总体理论批评,以周秦汉、魏晋六朝流行文体为主, 也是魏晋南北朝文学理论批评的集大成者,为中国文学批评史竖起了一座巍峨的里程碑。全书以“体大虑周”为基本特色,凡五十篇,前二十五篇为上篇,论文之纲领;后二十五篇为下篇,论文之毛目。其中上篇之前五篇,即《原道》《征圣》《宗经》《正纬》《辨骚》为“文之枢纽”,即全书的总纲。一般认为,《原道》《征圣》《宗经》三篇为根本纲领,《正纬》《辨骚》为一般性纲领。刘勰自己解释说:“盖《文心》之作也,本乎道,师乎圣,体乎经,酌乎纬,变乎骚:文之枢纽,亦云极矣。”下篇亦可分为前后两个部分:自《神思》至《总术》十九篇,泛论写作方法;《时序》以降五篇杂论文学史即文学与时代的关系等;最后一篇《序志》为自序,以自序于文末,是受王充《论衡》一书体例之影响而作。

全书除《序志》这篇自序之外,凡四十九篇,大致可以分为四大板块:《原道》以下五篇是其一,揭橥《文心雕龙》写作的总原则;《明诗》以下二十篇是其二,分论文章源流与风格;《神思》以下十九篇是其三,泛论文章写作方法;《时序》以下五篇是其四,杂论文学史之发展轨迹。刘勰《文心雕龙·序志》指出:“若乃论文叙笔,则囿别区分,原始以表末,释名以章义,选文以定篇,敷理以举统,上篇以上,纲领明矣。”这就是《文心雕龙》的方法论。

刘勰的《文心雕龙》,是一座令人景行仰止的文化昆仑,前不见古人,后不见来者。1990 年,笔者第一次出访韩国学术界,在梨花女子大学与延世大学讲学时，有人问道：“《文心雕龙》可谓‘空前绝后’，中国古代的文学理论批评，为何再也没有出现第二部如此体大思精的著作？”究其原因，当时回答有三：

第一，这是中国古代文学理论批评专门化之必然。中国文学理论批评，滥觞于三代的古典诗论，从《虞书》之“诗言志”到陆机《文赋》之“诗缘情”，从孔孟论《诗》之片语只言到《诗大序》与钟嵘《诗品》之类诗歌专论，中国文学批评的注意力始终集中在“诗”身上，显示出专门化的一种趋势。汉魏以降，五言腾涌，永明体兴，律诗崛起，随着唐诗艺术高峰突兀而起，中国古代文学理论批评趋于专门化，倾向于诗歌批评与诗歌理论，已成必然之势。这样，《文心雕龙》之类包罗总杂、体大虑周的文学理论批评专著就没有再出现的必要性。

第二，这是中国古典诗歌特别是唐诗高度繁荣发展的产物。中国古代文学批评一个最大特点，就是批评与创作结合，理论批评与实际批评结合，强调创作经验的理论升华与批评的针对性，而远离创作实际的批评，不管怎样富于思辨性、逻辑性，不论作何种长篇大论，都犹如无的放矢，毫无实际价值。唐代，是诗的唐朝，诗的世界，故闻一多先生称之为“诗唐”。巍然屹立诗歌国度群峰之巅的一代唐诗，是诗歌王国的冠冕，而唐人律诗更是这皇冠上的一颗璀璨夺目的明珠。《诗三百》《楚辞》以降，中国古典诗歌发展演变到唐代所出现的这种新情势、新风貌、新成就、新精神，迫切要求文学理论批评样式的更新与创新，以适应当时律诗创作与举子应试诗赋的实际需要，总结诗歌创作的新鲜经验和成败得失，指导诗歌创作实践。于是承袭钟嵘《诗品》的诗歌批评一门，一大批唐人诗格、诗品、诗式、诗句图之类诗学入门书应运而生，使诗歌理论批评逐渐从刘勰《文心雕龙》式的文学理论批评体系中分离出来，而成为独立的一支。这样一来，中国文学理论批评的专门化，由一种趋势变成为一种现实，有了实际的可能性。

第三，诗话之崛起，改变了中国古代文学理论批评体式的原初格局。在丰富多彩的中国古代文学理论批评样式之中，诗话确实是一种独具特色的品种。我在《中国诗话史》中说过:“诗话的个性,是闲谈式的、随笔式的;诗话的风格,是轻松的、自由活泼的;诗话的体制,是由一条一条内容互不相关的论诗条目连缀而成的,是富有弹性的。”特别是“以资闲谈”的随笔体式,使作者能“挟人尽可能之笔,著惟意所欲之言”,因而赢得了广大的作者群;语言的通俗化,又“使人心开目明,玩味不能去手”,因而又赢得了广大的读者群。有了这两个广大的群体,诗话之作焉能不汗牛充栋?从语言风格而论,刘勰《文心雕龙》之类文学批评专著,语言之骈俪,文字之艰深,字里行间充满着学院之气、书卷之气,可以称属于“贵族”式的文学批评;而诗话之体,以其通俗浅近的语言阐释深奥的诗学观点和美学思想,摒弃了《文心雕龙》为代表的古代文学批评著述中书面语言之骈俪、艰深,注重行文运笔之自然流畅,平易生动,雅俗共赏,则是属于“平民”式的文学批评。因此,欧公之后,效者云集,乐此不倦,至今不衰,成为中国古代诗歌批评的主要形式。可以说,这是历史的选择。受诗话体式影响,随之而起的又有“词话”“曲话”“赋话”“剧话”“文话”“四六话”“小说话”,等等,几乎每一种文学样式都有自己的“话”,从而打破了中国古代文学理论批评“包罗总杂”的大一统格局,取而代之的是专门化、多元化的文学批评的新格局。

以上所述,归结到一点,是中国诗文化影响中国文学批评的结果。刘勰的《文心雕龙》实际是先秦、汉魏六朝杂文学繁荣发展的产物,是杂文学的历史总结与理论批评。而中国文学的发展,自楚辞与五言诗崛起之后,走的是一条纯文学的诗化之路,特别是唐诗、宋词、元曲的繁荣发展,将中国推向了诗歌王国的巅峰,与刘勰《文心雕龙》的杂文学研究之路背道而驰。于是,刘勰《文心雕龙》成了空前绝后的孤音嗣响。

7.沈约《四声谱》:永明声律论

沈约(441—513),南朝史学家、文学家。永明,是南朝齐武帝的年号(483—493),这一时期是中国文学史与汉语音韵学史上一个辉煌的时代。永明年间,一场声势浩大的声律运动兴起于神州大地,沈约等不失时机地创立了汉语声律之学，开创了以讲究对偶与格律之美为特色的“永明体”，使中国古典诗歌从此走上了律化之路。这是中国诗歌发展史上一座新的里程碑。

(1)永明声律论的兴起

永明年间，声律运动勃然兴起，究其原因有三：

其一，汉语诵读本身所具备的抑扬顿挫的节奏之感，是永明声律论得以产生与发展的自然基础。汉语由方块汉字组成，重训诂，重声训，四声调类是汉语本身所固有的。先秦汉语中就有声调。据俞敏《古四声平议》一文核算，《易·上经》凡 2064 字，其中平声 912(占 44%)、上声 426(占 21%)、去声 353(占 17%)、入声 373(占 18%)；又以青铜铭文《大盂鼎》为例，平声 41%、上声 19%、去声 19%、入声 21%。[①]古人诵书，本注意声律之美，抑扬顿挫，悦耳动听。汉初陆贾《新语》行文，讲究对称之美、声音之美。而《续晋阳秋》载，东晋袁宏讽咏《咏史》诗，而为谢尚所激赏，称其“声既清会，辞又藻拔”(《世说新语·文学》注引)。南朝周捨，《梁书》本传称他“善诵书，背文讽说，音韵清辩”。可见古人早就注重诵读的声音之美。然而，永明之前，古人诵读诗文的声音节奏之美，是建立在自然诵读基础上的，其依据就在于汉语本身所固有的四声调类。如司马相如所谓“一宫一商”，陆机所谓“暨音声之迭代，若五色之相宣”，钟嵘之言“但令清浊通流，口吻调利，斯为足矣”等，都证明汉语四声之固有者。不看到汉语自身存在的这一语言事实，一味强调永明声律论的外来影响，只能是舍本逐末，缘木求鱼而已。

其二，印度梵音的传入与佛经翻译之风是永明声律运动勃兴的催化剂。梵语是拼音文字，注重音节的组合，故梵语诗律分为波哩多(有规则组合)和阇底(瞬间有规则组合)两种类型。宋人郑樵《通志·艺文略》说：“切韵之学，起自西域，旧所传十四字贯一切音，谓之婆罗门书。”郑氏所谓“切韵之学”，就是拼切字音之法。东汉之世，梵语以佛经东传为

① 见《训诂研究》1981 年第 1 期，今收入《俞敏语言学论文集》。

媒介传入中国。翻译佛经，研习梵字，于是梵音之风日盛，从佛徒僧侣到士族文人，多以梵音为尚。梁释惠皎《高僧传·齐释惠忍传》云：

> 始有魏陈思王曹植，深爱音律，属意经旨；既通般遮之瑞响，又感渔山之神制。于是删治瑞应本纪，以为学者之宗。传声则三千有余，在契则四十有二。

就是说曹植曾经深研梵音之学，并启迪时人，传习了四十二个梵音字母。《高僧传·宋释慧睿传》又说："陈郡谢灵运，笃好佛理，殊俗之音，多所达解，乃谘（慧）睿以经中诸字并众音异旨，于是著十四音叙，条理楚汉，昭然可了，使文字有据焉。"谢灵运"著十四音叙"，亦言谢灵运根据梵文十四音，传习梵文字母。当时，"婆罗门五十字母"，通过佛经翻译，在中国广为传播，使汉语等韵之学应运而生，引起了中国汉语音韵学的一场革命，为永明声律运动奠定了广泛的基础。

其三，永明声律论之崛起，是魏晋以来许多中国学者研习梵语音韵之学并把它用之于汉语音韵学的积极成果。日本释安然《悉昙藏》曾转引谢灵运的话说："《大涅槃经》中，有五十字，以为一切字本，牵彼就此，反语成字。"所谓"反语成字"，就是以"婆罗门五十字母"，可以拼切出各种音节，排列而成拼音表，这就是所谓"悉昙"。悉昙章，就是讲究梵语元音与辅音辗转相拼的音节表，上列声，右列韵，声韵相拼而成一个音节。根据这一原理，永明年间，以沈约为代表的一批学者，创造性地把梵语梵音诗律学用于汉语音韵学，周颙作《四声切韵》（见《南史》本传），沈约作《四声谱》，标志着汉语音韵学之崛起。《南史》卷四十八《陆厥列传》指出：

> 汝南周颙善识声韵，（沈）约等文皆用宫商，将平、上、去、入为四声。以此制韵，有平头、上尾、蜂腰、鹤膝。五字之中，音韵悉异；两句之内，角徵不同，不可增减，世呼为"永明体"。

《南齐书·陆厥传》亦云:"吴兴沈约、陈郡谢朓、琅琊王融,以气类相推毂,汝南周颙善识声韵。约等文皆用宫商,以平、上、去、入为四声,以此制韵,不可增减,世呼为'永明体'。"蜚声古今的"永明体",就诞生在永明声律运动的摇篮之中。

(2)永明声律论的内容

永明声律运动的主要理论贡献与实际成果是永明体。永明体的审美特征是注重错综和谐的声律之美。正如沈约《宋书·谢灵运传论》所云:

> 夫五色相宣,八音协畅,由乎玄黄律吕,各适物宜。欲使宫羽相变,低昂舛节,若前有浮声,则后须切响。一简之内,音韵尽殊;两句之中,轻重悉异。妙达此旨,始可言文。至于先士茂制,讽高历赏,子建函京之作,仲宣霸岸之篇,子荆零雨之章,正长朔风之句,并直举胸情,非傍诗史,正以音律调韵,取高前式。自骚人以来,此秘未睹。

汉语音韵之学,自三国时代兴起。孙炎作《尔雅音义》,初创反切之学;李登作《声类》,则以宫、商、角、徵、羽五声分韵类,创为等韵之学。但在文学领域中尚无"四声"之说。永明声律运动,受佛经转读与梵文拼音之影响,沈约等学者吸收前人声韵研究成果,从文学角度,正式为"四声"正名。因此可以说,永明声律论的主要内容,就是沈约提出的"四声八病"之说。

四声,指汉字的声调而言,萧子显《南齐书·陆厥传》谓"以平上去入为四声"。沈约有《四声谱》,周颙有《四声切韵》,均已佚。隋刘善经有《四声指归》,云:"宋末以来,始有四声之目。沈氏乃著其谱论,云起自周颙。"

四声,本是汉语声调所固有的一种客观现象,故北齐李概《音韵决疑序》云:"平上去入,出行闾里。"(《文镜秘府论·天卷·四声论》引)但周颙、沈约等人发现四声，是汉语语言学史上的一大重要事件，是永明声律运动的丰硕成果。

至于四声如何运用于诗文创作，则沈约又有“八病”之说。《南史·陆厥传》指出：“（沈）约等文皆用宫商，将平上去入为四声，以此制韵，有平头、上尾、蜂腰、鹤膝。”只言及“平头”等四种病。所谓“八病”，是根据宋人李淑《诗苑类格》与魏庆之《诗人玉屑》所载而定的，《文镜秘府论》西卷“文二十八种病”与“文笔十病得失”亦包括了沈约所言“八病”：

第一，平头，认为五言诗第一字不得与第六字同声，第二字不得与第七字同声。同声者，不得同平上去入四声，犯者名为犯平头。

第二，上尾，即五言诗中，第五字不得与第十字同声，名为上尾。

第三，蜂腰，谓五言诗一句之中，第二字不得与第五字同声。言两头粗，中央细，似蜂腰也。

第四，鹤膝，谓五言诗第五字不得与第十五字同声。言两头细，中央粗，似鹤膝也，以其诗中央有病。

第五，大韵，称五言诗若以“新”为韵，上九字中更不得安“人”“津”“邻”“身”“陈”等字。既同其类，名犯大韵。

第六，小韵，称除韵以外而有迭相犯者，名为犯小韵病也。就是说，一韵之内，韵脚之外的九字内不得有叠韵、同声调之字，否则就犯小韵病。

第七，傍纽，沈约称之为“大纽”，是指五言诗一句之中有“月”字，更不得安“鱼”“元”“阮”“愿”等字，此则双声，双声即犯傍纽。纽者，相当于宋元以后等韵学所谓“字母”，即现代汉语音韵学中所谓“声母”。

第八，正纽，沈约称之为“小纽”。正纽者，五言诗“壬”“衽”“任”“入”四字为一纽，一句之中，已有“壬”字，更不得安“衽”“任”“入”等字，否则就犯正纽之病。正纽，谓两句之内有隔字双声，如“壮哉帝王居，佳丽殊百城”，其中“居”“佳”双声，“殊”“城”双声。

所谓“八病”，平头、上尾、蜂腰、鹤膝，为声调之病；大韵、小韵、正纽、傍纽，为声母、韵母之病。合而言之，八病乃声韵之病，充分体现出沈约等南朝永明体诗人及批评家们对诗文声韵之美的热烈追求。

(3)声律论的意义与影响

其一,永明声律论崛起之后,研究者风起云涌,“(周)颙(沈)约以降,(元)兢(崔)融以往,声谱之论郁起,病犯之名争兴;家制格式,人谈疾累”,形成了一股声病热。据《隋书·经籍志》记载,周研撰《声韵》四十一卷,李登撰《声类》十卷,佚名撰《韵集》十卷,吕静撰《韵集》六卷。这些都是“四声”发现以前的著作;四声兴起之后,张谅有《四声韵林》二十八卷,段弘有《韵集》八卷,杨林之有《韵略》一卷,李概有《音韵决疑》十四卷,佚名有《纂韵》十卷,刘善经有《四声指归》一卷,沈约有《四声》一卷,夏侯咏有《四声韵略》十三卷,李概又有《音谱》四卷,释静洪有《韵英》三卷。《群玉典韵》七卷又注:“梁有《文章音韵》二卷,王该撰,又《五音韵》五卷,亡。”作家云蒸,著述繁富,极大地促进了汉语音韵学的繁荣发展,在汉语音韵学史上具有开拓意义,是汉语音韵学的一场革命。

其二,以“四声八病”为主的永明声律论,力求诗文创作做到“一简之内,音韵尽殊;两句之中,轻重悉异”,特别是“八病”之说,或失之烦苛,或不够完整,难以遵行,但其强调音韵和谐变化之美,则深化了对汉语语言内部规律的探寻,在诗歌的格律化之路上迈出了一大步,使中国诗歌的韵律呈现出一种新的体貌。永明新体诗的诞生与发展,至唐初而衍变成为格律诗,促进了唐代律诗绝句的蓬勃发展,并由此而产生了四六文、联语等文体,实现了中国诗歌艺术由古体诗向近体诗的改革,使中国传统文学大异于其他各国文学者,就在于格律化。这样,永明声律论的影响和价值,可想而知。

其三,随着永明体的崛起与中国律诗绝句的繁荣发展,中国诗歌走上了律化之路。所谓诗歌国度之誉,实际上是律诗、绝句等格律诗的王国。因此,永明声律运动以后,声律成为诗歌创作和文学批评的准则与标准之一,形成了一个所谓格律派及声律批评派。

诗歌声律批评,是中国文学批评方法之一。中国文学批评史上的诗学批评,注重格律形式,以格调声韵为法,强调诗歌的艺术形式之美与音律和谐之美，皆源于永明声律论。不懂声律，焉能作诗；不懂格律，焉能言诗？而其影响之所及，一则而有唐人、元人诗格、诗式、诗法、诗句图之类专门化的诗学入门著作，清代则有顾炎武《诗律蒙告》、毛先舒《声韵丛说》、赵执信《声调谱》、李汝襄《广声调谱》、刘藻《声韵谱》、吴绍燦《声调谱说》、宋弼《通韵谱说》、翁方纲《五言诗平仄举偶》《七言诗平仄举偶》、黄培芳《诗法举要》、王岳英《诗法大全》、王士祯《王文简公论七言古体平仄》、吴镇《声调谱》、游艺《诗法入门》等，皆为普及诗歌格律之需而作，数量之多，有如汗牛充栋；二则中国历代诗话著述，大多注重诗歌格律，如李东阳《怀麓堂诗话》、沈德潜《说诗晬语》等评诗论诗，多以声律格调为主，形成一个规模宏大的声律批评派。

8.钟嵘《诗品》：百代诗话之祖

钟嵘，字仲伟，南朝梁代颍川长社（今属河南）人。钟嵘《诗品》，《梁书》本传称之为《诗评》，《隋书·经籍志》云："《诗评》三卷，钟嵘撰，或曰《诗品》。"《诗品》与《诗评》互为异称，隋唐以降，多称《诗品》。

钟嵘《诗品》是中国第一部论诗专著，被后人誉为"百代诗话之祖"，明毛晋汲古阁本《诗品》跋称之为"诗话之伐山"，清章学诚称其为"诗话之源"，《文史通义·诗话》说："《诗品》之于论诗，视《文心雕龙》之于论文，皆专门名家，勒为成书之初祖也。《文心》体大而虑周，《诗品》思深而意远，盖《文心》笼罩群言，而《诗品》深从六艺溯流别也。"章氏对《诗品》与《文心》的评价，总体而言是正确的，表现了一个历史学家的识见，但仅从史学的角度入手，重源流考证而忽视其文学批评与美学价值，故有言犹未尽之感。

钟嵘入梁后，先后任衡阳王萧元简及晋安王萧纲之记室，故世称"钟记室"。《梁书·文学传》与《南史·文学传》有传。《诗品》的理论批评特征，集中表现在专门化即诗化的理论批评。

（1）以五言诗为主

钟嵘《诗品》是汉魏六朝诗坛"五言腾踊"的产物。在《诗品序》中论述了五言诗发展演变的历史轨迹：五言诗起源于汉代乐府民歌，至建安时代，文人五言诗蓬勃发展，作者云蒸，名家辈出；经历魏、晋、宋、齐、梁数代，五言诗呈现出空前繁荣的局面，所谓“彬彬之盛，大备于时矣”（《诗品序》）。《诗品》一反魏晋时期注重“四言诗”的宗经传统，专论五言诗，全面评论了从汉魏到齐梁时代的一百二十多名五言诗人及其五言诗歌。指出五言诗长于“指事造形，穷情写物”的文体优势，认为“五言居文辞之要，是众作之有滋味者也，故云会于流俗”。

（2）以品论诗

以品论诗，即把分品论人的人物品藻方法用之于论诗，是钟嵘《诗品》的一大创造发明。《诗品》以品论诗，上中下三卷，所论汉魏晋宋齐梁八代五言诗人一百二十四人，分为三品：上品列于上卷，凡十二人（《古诗》按一人计算），古诗而外，有李陵、班姬、曹植、刘桢、王粲、阮籍、陆机、潘岳、张协、左思、谢灵运；中品列于中卷，凡三十九人，如秦嘉、曹丕、嵇康、张华、陶潜、谢總、江淹、沈约等；下品列于下卷，凡七十三人，有班固、曹操、徐干、阮瑀、应璩、孙绰、许询等。

（3）重渊源师承

钟嵘《诗品》论诗，注重渊源流别，即四库馆臣所谓“第作者之甲乙而溯厥师承”、章学诚《文史通义》所谓“从六艺溯流别”之法。

钟嵘《诗品》之论作家的诗学渊源，大凡注重诗歌创作的三大源头：一是《诗经·国风》，认为《古诗》及曹植之诗，“其源出于《国风》”，递相师法者有刘桢、左思、陆机、谢灵运、颜延之等；二是《诗经·小雅》，称源出《小雅》者唯阮籍一人；三是“楚骚”，即屈原之作，认为李陵诗直接源出于《楚辞》，师承递传者有班姬、曹丕、王粲、嵇康、张华、潘岳、张协、刘琨、郭璞、陶潜、鲍照、谢總、沈约等人。钟嵘《诗品》之溯源探流，注重的是《诗经》与《楚辞》两大源头，在文学史上第一个注意到了中国诗歌所形成的两大风格流派，即国风派与楚骚派。虽然区分这两大派别的标准与依据，钟嵘尚语焉未详，但是他提倡远绍《风》《骚》而又取效《风》《骚》，这对中国文学史与文学批评史研究无疑是有贡献的。

(4)以“味”论诗

钟嵘论诗重“味”,这是钟嵘文学批评的又一个特色。中国“味论”的审美发展进程,钟嵘、唐代司空图与元代揭傒斯,是三座里程碑式的批评家,而钟嵘是第一位以“味”论诗者。他在《诗品序》中指出:“夫四言文约意广,取效风骚,便可多得,每苦文繁而意少,故世罕习焉。五言居文词之要,是众作之有滋味者也,故云会于流俗。岂不以指事造形,穷情写物,最为详切者耶?故诗有三义焉:一曰兴,二曰比,三曰赋。文已尽而意有余,兴也;因物喻志,比也;直书其事;寓言写物,赋也。宏斯三义,酌而用之,干之以风力,润之以丹彩,使味之者无极,闻之者动心,是诗之至也。”钟嵘认为,诗的审美本质在于抒情,而诗的美感特征在于“味”,“有滋味”就是“诗之至”。这就是《诗品》所提出的审美标准与诗歌批评主张。

钟嵘以“味”论诗,大凡有两个学术渊源:一是先秦儒家重“味”的美学传统。如《论语》出现“味”一次,谓孔子在齐国闻《韶》乐,竟“三月不知肉味”(《述而》);《孟子》出现“味”有七次之多,其《告子上》云:“口之于味,有同嗜焉;耳之于声也,有同听焉;目之于色也,有同美焉。”这都说明,“味”早在先秦儒家心目之中,就是一种审美享受。二是印度梵语戏剧学和梵语诗学。在印度,“味”作为一种艺术批评原则,始于婆罗多的《舞论》。味论是婆罗多戏剧学的理论核心。他认为:“味产生于情由、情态和不定情的结合。”他解释说:“正如各种调料、药草和原料的结合产生味,同样,各种情的结合产生味。”并把味分为八种:艳情味、滑稽味、悲悯味、暴戾味、英勇味、恐怖味、厌恶味和奇异味。之后,随着梵语诗学的发展,“味”被广泛地引入到文学理论批评领域,成为梵语诗学普遍认同的重要批评原则。印度佛教的传入,梵语诗学中的“味”论,对中国文学理论批评的影响,也是不言而喻的。

(5)以象喻论诗,开诗话意象批评之先河

诗的美学特征是什么?钟嵘《诗品序》开篇云:“气之动物,物之感人,故摇荡性情,形诸舞咏。照烛三才,晖丽万有,灵祇待之以致飨,幽微藉之以昭告。动天地,感鬼神,莫近于诗。”这种诗学观念,没有儒家“言志”的说教,没有玄学家的“理念”,唯有诗人之“气”与诗人之“情”,表现出作者一种崭新的美学风格和审美情趣。他还有一段精彩的论述:“若乃春风春鸟,秋月秋蝉,夏云暑雨,冬月祁寒,斯四候之感诸诗者也。嘉会寄诗以亲,离群托诗以怨。至于楚臣去境,汉妾辞宫。或骨横朔野,魂逐飞蓬;或负戈外戍,杀气雄边,塞客衣单,孀闺泪尽;或士有解佩出朝,一去忘返;女有扬蛾入宠,再盼倾国。凡斯种种,感荡心灵,非陈诗何以展其义?非长歌何以骋其情?故曰:‘诗可以群,可以怨。’使穷贱易安,幽居靡闷,莫尚于诗矣。”作者以诗一般的语言,全面论述诗情生发于“四候之感”,更生发于人的命运之感的过程与规律性。

钟嵘论诗,注重运用比喻与比较的方法,寓比较于比喻之中。如评范云与丘迟诗云:“范诗清便宛转,如流风回雪;丘诗点缀映媚,似落花依草。故当浅于江淹,而秀于任昉。”论潘岳诗云:“《翰林》叹其翩翩然如翔禽之有羽毛,衣服之有绡縠,犹浅于陆机。谢混云:‘潘诗烂若舒锦,无处不佳;陆文如披沙简金,往往见宝。’嵘谓益寿轻华,故以潘为胜;《翰林》笃论,故叹陆为深。余常言:陆才如海,潘才如江。”凡此种种,或以景喻,或以物喻,或以事喻,且寓比较于比喻之中,形象生动,妙语如珠,对比鲜明,意蕴深刻,开创了中国文学批评史上以象喻论诗评文的“意象批评”传统。

钟嵘《诗品》以比喻论诗,又寓比较于比喻之中。这种意象批评方法对后世诗话、词话、曲话、文话以至于书品、画品等影响极大,形成了中国文学艺术评论的一大特色①。

钟嵘《诗品》问世以后,中国文学批评《文心雕龙》式的“大一统”格局被彻底打破了,代之而起的是《诗品》所开创的文学批评专门化,诗学成为主要对象,诗学批评成为主要形式。因此,后人特别关注钟嵘《诗品》,出现了《诗品》研究热,而《文心》反遭冷落。钟嵘《诗品》与刘勰《文

① 参见蔡镇楚《诗话学》,湖南教育出版社 1990 年,第 130—137 页。

心雕龙》的两种不同命运，反映了中国诗歌创作的实际与中国诗文化的魅力。

钟嵘《诗品》研究，主要集中在注释之学方面。据上海曹旭考证，古往今来，《诗品》注释多达几十种，主要有：清陈衍《诗品平议》，黄侃《诗品讲疏》，张陈卿《钟嵘诗品之研究》，陈延杰《诗品注》，古直《钟记室诗品笺》，许文雨《钟嵘诗品讲疏》，钱基博《钟嵘诗品校读记》，叶长青《诗品集释》，杜天縻《广注诗品》，王叔岷《钟嵘诗品疏证》，陈直《诗品约注》，陈柱《诗品参平》，逯钦立《诗品丛考》，徐复《诗品校记》，汪中《诗品注》，杨祖聿《诗品校注》，萧华荣《诗品注释》，吕德申《钟嵘诗品校释》，赵仲邑《钟嵘诗品译注》，曹旭《诗品集注》等。国外有日本中沢希男《诗品考》，高松亨明《诗品详解》，立命馆《钟氏诗品疏》，高木正一《钟嵘诗品》，兴膳宏《诗品》；日本于昭和三十七年(1962)成立"诗品研究会"。韩国有车柱环《钟嵘诗品校证》，李徽教《诗品汇注》；法国有陈庆浩《钟嵘诗品集校》等。然而这种研究仅仅停留在校证笺注方面，真正意义上的《诗品》研究，有罗立乾《钟嵘诗歌美学》，曹旭《诗品研究》与《中日韩〈诗品〉论文选评》二书，可谓《诗品》研究之集大成者。

卷二 唐人诗格

【按语】

钟嵘《诗品》之后，唐人诗格、诗式、诗品、诗例、诗句图之类诗学入门著作应运而生。罗根泽《中国文学批评史》论及诗话与唐人诗格之关系时说："'诗话'是对于'诗格'的革命。"据文献记载，唐人诗格主要有：上官仪《笔札华梁》、元兢《诗脑髓》、旧题王昌龄《诗格》《诗中密旨》、李峤《评诗格》、王维《诗格》、白居易《金针诗格》《文苑诗格》、贾岛《二南密旨》、王梦简《诗要格律》、李淑《诗苑类格》、李洪宣《缘情手鉴诗格》、王睿《诗格》、王玄《诗中旨格》、徐寅《雅道机要》、徐衍《风骚要式》、姚合《诗例》、王起《大中新行诗格》、郑谷《国风正诀》、徐三极《律诗洪范》、徐蜕《律诗文格》、皎然《诗式》、任博《新点化秘书》、闫东叟《风雅格》、张天觉《律诗格》、李邯郸《诗格》、李嗣真《诗品》、倪宥《龟鉴》、张为《诗人主客图》、李商隐《源词人丽句》、李洞《集贾岛诗句图》、司空图《二十四诗品》等等。唐人诗格整理研究，主要成果有罗根泽《中国文学批评史》（上海古籍出版社 1984 年本），张伯伟《全唐五代诗格校考》（陕西人民教育出版社 1996 年本）。

1.《诗格》

旧题王昌龄《诗格》，率先提出"诗有三境"说，是中国文学理论批评史上意境学说得以建立和完善的一座里程碑。是编版本众多，今有清人何文焕《历代诗话》中华书局 1980 年校点本。旧题王昌龄《诗格》的最大价值，是“诗有三境”说。他提出：

> 诗有三境：一曰物境，欲为山水诗，则张泉石云峰之境，极丽绝秀者，神之于心，处身于境，视境于心，莹然掌中，然后用思，了然境象，故得形似。二曰情境，娱乐愁怨，皆张于意而处于身，然后驰思，深得其情。三曰意境，亦张之于意，而思之于心，则得其真矣。

王昌龄的“诗有三境”即物境、情境、意境之说，在中国意境学说史上实现了由儒家“境界”和佛家“境界”向诗学“境界”的转化，具有划时代的美学意义。

所谓“物境”，则重在于“物”，强调的是自然万物之境，其主要审美特点就是“了然境象，故得形似”，亦强调“神之于心”与“视境于心”的心灵观照。这说明王昌龄笔下的“物境”，是诗人心目中的自然境象之美，因而带有一定的感情色彩。

所谓“情境”，重在于一个“情”字，以“娱乐愁怨，皆张于意，而处于身，然后驰思，深得其情”为审美特征，注重作者那种不吐不快、不平则鸣的坦荡情怀，注重心驰神往、诗思千里的奇思妙想，感情色彩极为浓厚。

所谓“意境”，重在于一个“意”字，突出作者的诗意之境。王昌龄认为，“意境”的审美特征，一是“张之于意”，二是“思之于心”，故能得境之真。这种意境之“真”，其美学追求就是唐诗以“真”为人生目标与审美情趣的艺术至境。

2.《诗式》

释皎然为唐代著名诗僧，《唐才子传》卷四称其“往时住西林寺，定余多暇，因撰序作诗体式，兼评古今人诗，为《昼公诗式》五卷，及撰《诗评》三卷，皆议论精当，取舍从公，整顿狂澜，出色《骚》《雅》”。

皎然《诗式》今作一卷，是唐人诗格之传世佳作。是编论诗重在法式，着眼于探讨诗歌创作的内部艺术规律，有所谓“诗有四不”“诗有四深”“诗有二要”“诗有二废”“诗有四离”“诗有六迷”“诗有六至”“诗有七德”“诗有五格”之说。如论“诗有四不”：“气高而不怒，怒则失于风流；力劲而不露，露则伤于斤斧；情多而不暗，暗则蹶于拙钝；才赡而不疏，疏则损于筋脉。”皎然论“诗有四不”，紧扣“气”“力”“情”“才”四个方面立论，从正反两个层面说明诗歌创作与创作主体本身之“气”“力”“情”“才”四者的适度关系，将诗歌美学与生命美学糅为一体。又如论“诗有四深”：“气象氤氲，由深于体势；意度盘礴，由深于作用；用律不滞，由深于声对；用事不直，由深于义类。”所谓“诗有四深”，是作者从“气象”“意度”“用律”“用事”四个方面对诗歌创作提出的一种审美要求。“深”与“浅”相对，皎然要求“诗有四深”，就是强调诗歌艺术之美必须精于体势、构思、声律与义类。他认为，只有这样，才能使诗歌的气象具有光彩流动之美，意度磅礴而富有力量，格律灵巧优美，用典含蓄蕴藉。

以“境”论诗，开创了独具特色的中国“意境说”之先河。“境”，出于法相宗的“八识”之说，即“眼识，耳识，鼻识，舌识，身识，意识，末那识，阿赖耶识”。以“识”（心）为尚，以“阿赖耶”为本，而以前六识所辨别的色、声、香、味等外物为其境界。先秦两汉人多用“境”与“境界”言地域疆界。“境界”一词连用，最早见于《无量寿经》之“斯义弘深，非我境界”与《诗·大雅·江汉》郑玄笺之“正其境界，修其分理”。

论诗注重“境象”。其《诗议》云：“夫境象非一，虚实难明，有可睹而不可取，景也；可闻而不可见，风也。虽系乎我形，而妙用无体，心也；义贯众象，而无定质，色也。”其《诗式·取境》云：“夫不入虎穴，焉得虎子？取境之时，须至难、至险，始见奇句。成篇之后，观其气貌，有似等闲，不思而得，此高手也。”在《辨体有十九字》条中又说：

> 夫诗人之思，初发取境偏高，则一首举体便高；取境偏逸，则一首举体便逸。才性等字亦然，故各功归一字。偏高、偏逸之例，直于诗体、篇目，风貌不妨，一字之下，风律外彰，体德内蕴，如车之有

毂,众辐归焉。

“取境”,就是意境的创造。以上所论,既说明“取境”的基本原则,又强调“取境”的重要性。“取境”说,注重诗人的情感指向,诗思初发,诗人必须以才力、气质、情感对外界的物境进行审美再创造,方能获取不同的诗歌境界。

> 高:风韵切畅曰高;逸:体格闲放曰逸;
> 贞:放词正直曰贞;忠:临危不变曰忠;
> 节:持节不改曰节;志:立志不改曰志;
> 气:风情耿介曰气;情:缘境不尽曰情;
> 思:气多含蓄曰思;德:词温而正曰德;
> 诫:检束防闲曰诫;闲:情性疏野曰闲;
> 达:心迹旷诞曰达;悲:伤甚曰悲;
> 怨:词理凄切曰怨;意:立言曰意;
> 力:体裁劲健曰力;静:非如松风不动,林狖未鸣,乃谓意中之静;
> 远:非谓淼淼望水,杳杳看山,乃谓意中之远。

以上十九字,或偏重诗品状态,或偏重情感状态,或偏重诗歌意态,或偏重心态意境,但皎然则以“十九体”论诗境,故文前有“取境”偏高、偏逸之举;又认为诗道之极者,在于“但见情性,不睹文字”,强调“文外之旨”。这就论及“诗境”本身的审美特质了。在《诗式序》中,皎然给诗下的定义是:“夫诗者,众妙之华实,六经之精英,虽非圣功,妙均于圣。彼天地日月,元化之渊奥,鬼神之微冥,精思一搜,万象不能藏其巧。”这种解说,与一般诗人不同,似儒非儒,似道非道,似禅非禅,如梦如幻,如神如仙,佛光离合,字里行间闪烁着一种灵光禅韵。皎然对诗、文的理解,对谢灵运诗歌的赞美,完全是出自“风流自然”的艺术理想,是情与景合、意与境浑、诗与禅结缘的美学追求,是禅家的“不二法门”在诗学批评中的具体运用，为唐代涌现出来的一批清雅诗僧的诗歌创作与诗学批评提供了理性范式，在中国文学批评史上也占有一席重要地位。是编版本众多，今有清人何文焕《历代诗话》中华书局1980年校点本。

3.《修竹篇序》

陈子昂（661—702），是唐代诗歌革新运动的积极倡导者。他的《与东方左史虬修竹篇序》，虽然只是一篇序言，却成为唐代文学得以健康繁荣发展的指路明灯，成为诗歌革新运动的一面旗帜。

中国诗歌发展历史，晋宋以来，诗坛文苑出现一种偏重形式、内容空虚、脱离社会现实的不良倾向，为艺术而艺术之风盛行一时，与《诗三百》、汉乐府的现实主义诗风背道而驰，亦偏离了"建安风骨"与"正始之音"的美学轨道。为了纠正这种不良文风，陈子昂于《修竹篇序》中指出：

> 东方公足下：文章道弊五百年矣。汉魏风骨，晋宋莫传，然而文献有可征者。仆尝暇时观齐、梁间诗，彩丽竞繁，而兴寄都绝，每以永叹，思古人常恐逶迤颓靡，风雅不作，以耿耿也。一昨于解三处见明公《咏孤桐篇》，骨气端翔，音情顿挫，光英朗练，有金石声。遂用洗心饰视，发挥幽郁。不图正始之音，复睹于兹，可使建安作者相视而笑。解君云："张茂先、何敬祖，东方生与其比肩。"仆亦以为知言也。故感叹雅制，作《修竹诗》一篇，当有知音以传示之。

《修竹篇序》是陈子昂见到东方虬《咏孤桐篇》（已佚）之后写的。这篇短序虽是对东方虬而说，是对东方虬诗歌的评论、赞许，实是陈子昂提倡诗风改革的一篇宣言。

首先，陈子昂的诗学批评立足于对六朝骈俪浮艳文风的批评与否定，认为晋、宋以来的齐、梁诗歌之弊正在于"彩丽竞繁，而兴寄都绝"。

陈子昂之批评齐梁诗歌"兴寄都绝"，与他所倡导的"汉魏风骨"有关。一般认为，"兴"指比兴手法而言，"寄"是指内容方面的寄托之意。合而论之，是指以“托物起兴”与“因物喻志”的表现手法，而抒发作者的情思、志趣，使诗歌具有一种飞动的气势和昂扬奋发的人格力量。

其次，陈子昂的批评面对着汉魏以降特别是齐梁以来的不良诗风，倡导以恢复“汉魏风骨”为旗帜和诗歌创作宗旨，从而为唐代文学特别是唐诗的健康发展指明了正确方向。

“魏晋风骨”，亦称之“建安风骨”，是指东汉末汉献帝建安时代以曹氏父子和建安七子为代表的以“慷慨任气”、明朗刚健为审美特色的一种诗风。

“建安风骨”以其时代特色而论，明显地具有三点时代的规定性：一是在反映社会的离乱和人民的疾苦之中，文学创作的情感指向转向真实、转向人民、转向个人；二是在要求建功立业、统一天下、实现社会长治久安的宏伟抱负之中，个人的价值、人的自我意识的增强得到了淋漓尽致的发挥，因而人的觉醒促使文学进入“自觉的时代”；三是在对于社会现实的再现与诗歌艺术境界的追求之中，一种“志深而笔长”“梗概而多气”的悲凉慷慨、意气骏爽、情志飞扬而辞义又遒劲有骨力的艺术风格得以形成。我们以为，以上三个明显的时代的规定性，就是陈子昂树立而为唐代文学旗帜的“汉魏风骨”即“建安风骨”的文化内涵。

再次，陈子昂崇尚“汉魏风骨”的文学观念与美学思想，还体现在对初唐诗风的批评方面：一则他以高度的历史责任感来面对日趋衰颓的初唐文风，每“思古人，常恐逶迤颓靡，风雅不作”，内心深感惶恐不安，因而要提倡“汉魏风骨”，打出这面复古旗帜，以革新时风。二则陈子昂对于东方虬之类承传建安风骨与正始之音的诗人，给予极高的评价，称其《咏孤桐篇》“骨气端翔，音情顿挫，光英朗练，有金石声”，使他“洗心饰视”，感到其诗“发挥幽郁”，认为解君说东方虬可与张茂先、何敬祖“比肩”之论“亦以为知言”。三则陈子昂自己作《修竹诗》一篇，作为实践“汉魏风骨”之作，以为“知音”者传示之。陈子昂的诗歌创作，大部分都实践了自己的文学主张，如代表作《感遇诗》三十八首、《蓟丘览古》七首和《登幽州台歌》，有意摒弃六朝以来“彩丽竞繁”之习，运用朴质无华之古诗体式,以比兴寄托手法,来反映社会现实,抒发自己的思想感情,表现出一种苍凉悲壮的时代气息,形成一种沉郁悲凉而又高雅冲淡的艺术风格。

陈子昂上承建安,下启盛唐,对转变唐代诗风,引导唐诗走向繁荣而健康的发展之路,有着重大的历史贡献。唐卢藏用《右拾遗陈子昂文集序》高度肯定了他的开风气之功,说他“卓立千古,横制颓波,天下翕然,质文一变”。

陈子昂之后,唐人论诗多以“风骨”为准,如殷璠《河岳英灵集序》指出:“开元十五年后,声律风骨始备矣。”在其《集论》中又说该集所收录之诗,是“文质半取,风骚两挟。言气骨则建安为传,论宫商则太康不逮”,指出唐诗注重声律与风骨两种创作倾向,出之于“汉魏风骨”,远源于“南风周雅”。该集编者殷璠评诗,亦以“汉魏风骨”为标准,如评高适则曰“诗多胸臆语,兼有气骨”;评薛据则曰“为人骨鲠有气魄,其文亦尔”;评崔颢则曰“晚节忽变常体,风骨凛然”;评王昌龄则曰“元嘉以还,四百年内,曹、刘、陆、谢,风骨顿尽。顷有太原王昌龄,鲁国储光羲,颇从厥迹”。杜确《岑嘉州诗集序》亦云:“开元之际,王纲复举,浅薄之风,兹焉渐革。其时作者凡十数辈,颇能以雅参丽,以古杂今,彬彬然,灿灿然,近建安之遗范矣。”晚唐皮日休《郢州孟亭记》亦指出:“明皇世,章句之风大得建安体,论者推李翰林、杜工部为尤。”这些都说明,唐代诗歌革新,都是以陈子昂倡导的“汉魏风骨”为旗帜的。正是“汉魏风骨”这面光辉灿烂的诗歌旗帜,指引着一代唐诗的航船劈风斩浪,驶进了诗歌王国更加辉煌的艺术彼岸。

4.《戏为六绝句》

杜甫(712—770),字子美,自号少陵野老,原籍湖北襄阳,生于河南巩县。杜甫六绝句,开创了一种新的论诗评诗之体,大凡分为两大部分:前三者为实际批评,具体评论庾信、初唐四杰等,实事求是地称赞了庾信与初唐四杰“王杨卢骆”的文学地位,批评了当时嗤点庾信和哂笑四杰的人,认为“庾信文章老更成,凌云健笔意纵横”,充分肯定庾信晚年健笔凌云、意境纵横开阔的文风；又指出四杰能够驱遣着如“龙文虎脊”似的瑰玮文辞，不顾时人之讥哂，终究成就了光耀万古的文学事业。“尔曹身与名俱灭，不废江河万古流”，这是何等崇高的赞美之辞。后三首为理论批评，揭示作者的论诗宗旨：

其一，杜甫从“才力”入手，评述当时诗坛的总体情况。庾信和初唐四杰在中国文学史上留下了光辉的一页，而当今文坛诗苑，论其“才力”都难以超越“数公”，难以称雄于当代。一般诗人的丽词尚且可取，然而“翡翠兰苕”，才力单薄，很难成就庾信与四杰之雄伟事业。这种评价，似乎过于悲观，但杜甫旨在针对时人对前贤的讥哂，为肯定前贤的功绩而发。

其二，杜甫诗学观念的“集大成”性。在论诗绝句之中，杜甫的诗学观念大凡有二：一是不厚古薄今，亦不颂今非古。较之陈子昂之提倡“汉魏风骨”而非难齐梁，较之李白所谓“自从建安来，绮丽不足珍”之排斥六朝文学，杜甫不以时代为界，诗学观念显得宽容、豁达，表示“不薄今人爱古人”，不排斥齐梁文学之“清词丽句”，又主张力追屈宋。二是“转益多师”，博采众家之长。他主张“别裁伪体”，去伪存真，反对模拟因袭，递相祖述，认为只有“转益多师”，博采众长，方能归于风雅。“转益多师是汝师”，又称“李陵苏武是吾师”(《遣兴》)，这是多么宽广之胸怀！元稹在《唐故工部员外郎杜君墓系铭序》中称颂道：“至于子美，盖所谓上薄风骚，下该沈宋，言夺苏李，气吞曹刘，掩颜谢之孤高，杂徐庾之流丽，尽得古今之体势，而兼人人之所独专矣。”元稹指出了杜甫诗史的博采众长、各体兼备的集大成之功，这正是杜甫最为伟大、最为成功之处。杜甫的学力才情与人格魅力，杜诗的沉郁顿挫与博大精深，杜甫“诗圣”的历史地位，杜甫“诗史”的社会价值，盖出自“转益多师”与“博采众长”。

论诗绝句，是一种诗化的文学批评体式。

杜甫对中国文学批评史的贡献，不仅表现在倡言“不薄今人爱古人”的文学史观与“转益多师是汝师”的文学创作论方面，更突出地表现在开创论诗绝句而以诗论诗之体方面。前人论诗评文，多局限于以文出之，而杜甫首开以诗论诗之风，使文学批评诗化。自杜甫《戏为六绝句》

之后，后人多踵而效法其体，于是论诗绝句蔚然成风。白居易有《听歌六绝句》，戴复古有《论诗十绝》，王若虚有《论诗诗》八首，元好问有《论诗三十首》，王士祯有《戏仿元遗山论诗绝句》十二首，谢启昆有《读全宋诗仿元遗山论诗绝句二百首》，袁枚有《仿元遗山论诗八首》，赵翼有《论诗五绝》五首，洪亮吉有《道中无事偶作论诗绝句二十首》，宋湘有《说诗八首》，张问陶有《论诗十二绝句》，彭蕴章有《题元人诗十二首》，姚莹有《论诗绝句六十首》，等等。中国历代论诗绝句与论诗诗，成为诗歌理论批评中一种不可或缺的样式。

这种论诗绝句与论诗诗，较之于“以文论诗”的传统散文笔法，大致具有以下优点：一是义精而词简，集中而含蓄，能把丰富的内涵浓缩在短小的篇幅之中，具有“尺幅千里”之势，因而容易记诵，印象深刻，为广大读者所喜闻乐见。二是形象具体，生动活泼，能以具体生动的诗歌艺术语言去品评作家作品，揭示诗歌艺术规律，较之于“以文论诗”之逻辑说理、严肃评判，则迥异其趣，因而更具鲜明的民族风格和民族特色，更符合文学艺术批评的审美特征，有利于诗学批评的繁荣发展。

5.《与元九书》

白居易（772—846），字乐天，号香山居士，祖籍山西太原。从总体来说，白居易的诗歌理论批评内容如下。

（1）关于诗歌与现实的关系

①白居易在《与元九书》中主张“文章合为时而著，歌诗合为事而作”，认为诗歌的社会功能和价值在于：一要反映时事，二要为现实而作。在《新乐府序》中又提出“为君、为臣、为民、为物、为事而作，不为文而作”的诗学观点，其中“为君、为臣、为民”是政治目的，而“为物、为事”是创作表现手段，二者相互联系，构成一个统一的整体。

②白居易强调风雅比兴的优秀传统，认为应该重视诗歌的政教讽喻功能：“唯歌生民病，愿得天子知”（《寄唐生》），主张恢复先秦采诗制度，“以诗补察时政”，“以歌泄导人情”，使“圣人知其然，因其言，经之以六

义;缘其声,纬之以五音”(《与元九书》)。这是因为“人之感于事,则必动于情,然后兴于嗟叹,发于吟咏,而形于歌诗”(《策林》六十九),故希望能“立采诗之官,开讽刺之道,察其得失之政,通其上下之情”(同上)。这是儒家“诗教”之旨的继承与发展,表现出白居易诗学批评的政治功利性。

(2)关于内容与形式的关系

白居易认为在诗的内容与形式的关系方面,形式应该为内容服务。

①诗歌的本质特征:白居易指出:“感人心者,莫先乎情,莫始乎言,莫切乎声,莫深乎义。诗者,根情,苗言,华声,实义。上自圣贤,下至愚騃,微及豚鱼,幽及鬼神,群分而气同,形异而情一,未有声入而不应,情交而不感者。”(《与元九书》)白氏论诗,以“情”为宗,在“情”“言”“声”“义”这诗歌构成的四要素中,认为诗应该以“情”为根,以“言”为苗,以“声”为花,以“义”为实。比喻新颖,形象生动,情趣盎然,其中“情”与“义”是诗歌之本、“言”和“声”为末,语言和声律之美是为“情”与“义”服务的。

②诗歌的语言形式:白居易力主诗歌语言的通俗浅显,追求诗歌语言的平易自然,要求“老妪能解”。《寄唐生》诗云:“非求宫律高,不务文字奇。”说明语言文辞声律之美,不是白居易追求的审美目标。在《新乐府序》中,白氏又说明新乐府的审美特点:

> 篇无定句,句无定字;系于意,不系于文。首句标其目,卒章显其志,《诗三百》之义也。其辞质而径,欲见之者易谕也;其言直而切,欲闻之者深诫也;其事核而实,使采之者传信也;其体顺而肆,可以播于乐章歌曲也。

新乐府是在白居易诗歌理论的影响下发展繁盛起来的,所以其基本的艺术个性与审美特征,就是白居易所推崇的那样:其“辞质而径”,其“言直而切”,其“事核而实”,其“体顺而肆”,完全符合“《诗三百》之义”。很明显,白居易把《诗经》以来儒家所恪守的现实主义诗歌理论发展到一个新的阶段。在这种理论批评指导下,新乐府运动获得前所未有的成功。同时,根据这种现实主义诗学观,白居易文学批评又表现出以下几个突出的时代特色和批评个性。

第一,尊杜。在中国文学史上,白居易先以“李杜”并称,而又尊杜者。《与元九书》指出:“诗之豪者,世称李、杜。李之作,才矣奇矣,人不逮矣,索其风雅比兴,十无一焉。杜诗最多,可传者千余首,至于贯串今古,觇缕格律,尽工尽善,又过于李。然撮其《新安吏》《石壕吏》《潼关吏》《塞芦子》《留花门》之章,‘朱门酒肉臭,路有冻死骨’之句,亦不过三四十首。杜尚如此,况不逮杜者乎! ”白居易的诗学批评是扬杜抑李,批评标准大凡有二:一是“风雅比兴”,二是“觇缕格律”,认为李杜皆诗之豪者,李白才气奇伟,却少风雅比兴之作,而杜甫“贯串今古,觇缕格律,尽工尽善”则超过李白,但与新乐府比较起来,亦有嫌其反映现实之作“不过三四十首”之叹。

第二,斥责六朝诗风。在《与元九书》中,白居易全面总结《诗经》以降中国诗歌发展演进的历史轨迹,指出:

> 《国风》变为骚辞,五言始于苏、李。苏、李、骚人,皆不遇者,各系其志,发而为文。故《河梁》之句,止于伤别;泽畔之吟,归于怨思。彷徨抑郁,不暇及他耳。然去《诗》未远,梗概尚存。故兴离别,则引双凫一雁为喻;讽君子小人,则以香草恶鸟为比。虽义类不具,犹得风人之什二三焉。于时六义始缺矣。晋、宋已还,得者盖寡。以康乐之奥博,多溺于山水;以渊明之高古,偏放于田园。江、鲍之流,又狭于此。如梁鸿《五噫》之例者,百无一二焉。于时,六义浸微矣。陵夷至于梁、陈间,率不过嘲风雪、弄花草而已。噫!风雪花草之物,三百篇中岂舍之乎?顾所用何如耳。设如“北风其凉”,假风以刺威虐也;“雨雪霏霏”,因雪以愍征役也;“棠棣之华”,感华以讽兄弟也;“采采芣苢”,美草以乐有子也。皆兴发于此,而义归于彼。反是者,可乎哉!然则“余霞散成绮,澄江净如练”,“离花先委露,别叶乍辞风”之什,丽则丽矣,吾不知其所讽焉。故仆所谓嘲风雪、弄花草而已。于

时六义尽去矣。

白居易如此尖锐地批评梁、陈文学，斥之为“嘲风雪、弄花草”者，是因为他以《诗经》“六义”为准绳，认为自“周衰秦兴”以至于梁陈的文学发展史，是“诗道崩坏”“六义浸微”的历史。白居易并不反对嘲风弄花，但必须如《诗经》那样，“兴发于此而义归于彼”，不能像晋、宋、梁、陈诗歌，“丽则丽矣，吾不知其所讽”者。白居易对六朝诗风的批评是由其崇尚写实讽喻的美学思想和诗学观念所决定的。

第三，注重创作实践。白居易是新乐府的倡导者，又是创作实践者，故能以理论与创作两个方面的突出贡献而引导中唐新乐府运动这一浩大的现实主义诗歌创作潮流，成为唐代新乐府运动一面光辉的旗帜。白居易《与元九书》述其苦学力文之景：“二十已来，昼课赋，夜课书，间又课诗，不遑寝息矣，以至于口舌成疮，手肘成胝，既壮而肤革不丰盈，未老而齿发早衰白，瞀瞀然如飞蝇垂珠在眸子中者，动以万数。”至元和年间，白居易又于江州司马任上，自编《白氏长庆集》，称“自拾遗以来，凡所适所感，关于美刺兴比者，又自武德迄元和，因事立题，题为《新乐府》者，共一百五十首，谓之讽喻诗”，并解释说“谓之讽喻诗，兼济之志也；谓之闲适诗，独善之义也”。由此可见，白居易既是新乐府运动的领导者，又是新乐府运动的伟大实践者。

第四，重诗友之情。与其他自古而然的“文人相轻”不同，白居易在新乐府运动中，十分珍重诗友之情。他与元稹，以诗酒相娱，写给师友元稹的《与元九书》云：“今所爱者，并世而生，独足下耳。然千百年后，安知复无如足下者出而知爱我诗哉？故自八九年来，与足下小通则以诗相戒，小穷则以诗相勉，索居则以诗相慰，同处则以诗相娱。知吾罪吾，率以诗也。”诗，是诗人的生命，也是诗人交友立身的主要媒介。“以诗相戒”，“以诗相勉”，“以诗相慰”，“以诗相娱”，诗的价值和作用得到了淋漓尽致的发挥和拓展，诗的艺术生命亦因此而旺盛起来。元白友谊与诗共存，白居易如此钟情于诗，如此尊重诗友之情，也许这正是其新乐府运动得以蓬勃发展而获得历史成功的重要原因之一。

6.皇甫湜《谕业》

意象批评是饶有趣味、富有诗味的批评形式。这种批评方法，从刘勰《文心雕龙》钟嵘《诗品》开始，至于中晚唐时代得到广泛运用，代表者有二：一是皇甫湜以意象论文，二是司空图以意象论诗。

皇甫湜(777？—830？)，是韩门弟子之一，元和进士，官至工部郎中，字持正，睦州新安(今属浙江)人。他论文尚奇奇怪怪，其《答李生第一书》《答李生第二书》《答李生第三书》，尽情地发挥了他的文学尚奇论，说："夫意新则异于常，异于常则怪矣；词高则出于众，出于众则奇矣。虎豹之文，不得不炳于犬羊；鸾凤之音，不得不锵于乌鹊；金玉之光，不得不炫于瓦石。非有意先之也，乃自然也。"皇甫以虎豹之文、鸾凤之音、金玉之光为喻，说明"奇"与"怪"的先决条件，一在于意新，二在于自然。正是出于论文尚奇之意，皇甫湜论文大量采用意象式手法。如《谕业》之论文云：

夫比文之流，其来尚矣！自六经子史，至于近代之作，无不备详。当朝之作，则燕公悉以评之。自燕公已降，试为子论之：燕公之文，如楩木楠枝，缔构大厦，上栋下宇，孕育气象，可以燮阴阳而阅寒暑、坐天子而朝群后。许公之文，如应钟鼙鼓，笙簧錞磬，崇牙树羽，考以宫县，可以奉神明、享宗庙。李北海之文，如赤羽玄甲，延亘平野，如云如风，有貔有虎，阗然鼓之，吁可畏也。贾常侍之文，如高冠华簪，曳裾鸣玉，立于廊庙，非法不言，可以望为羽仪，资以道义。李员外之文，则如金舆玉辇，雕龙彩凤，外虽丹青可掬，内亦体骨不饥。独孤尚书之文，如危峰绝壁，穿倚霄汉，长松怪石，倾倒溪壑；然而略无和畅，雅德者避之。杨崖州之文，如长桥新构，铁骑夜渡，雄震威厉，动心骇目；然而鼓作多容，君子所慎。权文公之文，如朱门大第，而气势宏敞，廊庑廪厩，户牖悉周；然而不能有新规胜概，令人疏观。韩吏部之文，如长江大注，千里一道，冲飙激浪，汙流不滞；

然而施于灌溉，或爽于用。李襄阳之文，如燕市夜鸿，华亭晓鹤，嘹唳亦足惊听；然而才力偕鲜，悠然高远。故友沈谘议之文，则隼击鹰扬，灭没空碧，崇兰繁荣，曜英扬蕤，虽迅举秀擢，而能沛艾绝景。其它握珠玑、夺组绣者，不可一二而纪矣。若数公者，或传符于玄宰，或受命于神工，或凤翥词林，或虎踞文苑，或抗辔荀、孟，攘袂班、扬，皆一时之豪彦，笔砚之麟凤。（《皇甫持正文集》卷一）

皇甫湜以意象为喻论文，采用各种意象之博，已远远超过了袁昂《古今书评》之类六朝品评书法诗文者，说明这种意象式批评在中晚唐时代已经趋于成熟，成为中国古代文学艺术批评的常见方式之一。

7.《二十四诗品》

司空图（837—908），字表圣，唐咸通末举进士，官中书舍人，是晚唐时代卓有建树的文学理论批评家。司空图论诗，其美学特征就是主“味”，重“味外之旨”与“韵外之致”。是编版本众多，今有清人何文焕《历代诗话》（中华书局1980年校点本）。

司空图以“味”论诗，见于《与李生论诗书》：

文之难，而诗之难尤难。古今之喻多矣，而愚以为辨于味，而后可以言诗也。江岭之南，凡足资于适口者，若醯，非不酸也，止于酸而已；若鹾，非不咸也，止于咸而已。华之人以充饥而遽辍者，知其咸酸之外，醇美者有所乏耳。彼江岭之人，习之而不辨也，宜哉。诗贯六艺，则讽喻、抑扬、渟蓄、温雅，皆在其间矣。然直致所得，以格自奇。前辈编集，亦不专工于此，矧其下者耶！王右丞、韦苏州澄澹精致，格在其中，岂妨于遒举哉？贾浪仙诚有警句，视其全篇，意思殊馁，大抵附于蹇涩，方可致才，亦为体之不备也，矧其下者哉！噫！近而不浮，远而不尽，然后可以言韵外之致耳。

（《司空表圣文集》卷二）

司空图以“味”辨诗，所谓“味”，指韵味。辨味，就是审美。司空图的“辨于味而后可以言诗”之论，是其论诗主旨之所在。司空图的“味论”，是继钟嵘“味论”之后，中国“味论”的第二个里程碑。他的“味论”大致包含三个方面：即所谓“韵外之致”“味外之旨”与“象外之象”，后人称之为司空图“三外”说。

所谓“韵外之致”，指的是诗歌创作中的言意关系。韵，是说诗的语言之美，包括诗的神韵与韵味。致，即意态、情趣。司空图谓“近而不浮，远而不尽，然后可以言韵外之致”，要求诗歌的语言不浮浅，不尽意于句中，应该形象鲜明如在目前，意境含蓄而又深远，才可获得诗歌的“韵外之致”。“味”，妙在“咸酸之外”，这是司空图诗歌美学的著名论断，对后世审美鉴赏曾产生过深远影响。

所谓“味外之旨”，指的是诗歌的审美效果。司空图《与李生论诗书》最后云：“盖绝句之作，本于诣极，此外千变万状，不知所以神而自神也，岂容易哉？今足下之诗，时辈固有难色，倘复以全美为工，即知味外之旨矣。”司空图以“全美”来解释“味外之旨”，“全美”包含味之多样性，即于单一化的酸、咸之味以外，尚有深永多样化的“醇美”之味，于“讽喻、抑扬、渟蓄、温雅”等多种意蕴之间去体味诗的“醇美”“全美”，即美感的多样性。根据这一标准，司空图认为前辈作者“以格自奇”，各自以其独特风格而标新立异，如王维、韦应物之澄澹精致，与风格遒劲之作各擅其美，贾岛虽有警句，却只有“蹇涩”一格，单调乏味。只有诗味隽永深长，才能给读者以无穷无尽的审美享受。

所谓“象外之象”，出自司空图《与极浦书》之中，曰：

> 戴容州云：“诗家之景，如蓝田日暖，良玉生烟，可望而不可置于眉睫之前也。”象外之象，景外之景，岂容易可谭哉？然题纪之作，目击可图，体势自别，不可废也。

司空图借戴容州之论来说明诗境与形象的审美特点，有如“蓝田日暖，良玉生烟”。这是一种卓绝千古的比喻：蓝田，位于陕西境内，多玉石，晴日高照，往往烟雾朦胧，远望蓝田，只见玉光四溢，瑰丽景象，令人炫目。所谓“象外之象”，指的客观景象与主观情感中的艺术形象融为一体。前一个“象”指作品本身的艺术形象，即艺术作品中所描写的物象；后一个“象”，是指于作品所描写的具体景象之外，通过艺术想象而重新获得艺术创造的艺术形象，及其所达到的艺术至境，是意象与意境的契合，是主观与客观的统一。

根据司空图的“韵外之致”“味外之旨”“象外之象、景外之景”之说，晚唐有旧题司空图《二十四诗品》应运而生，以品论诗，以味论诗。

《二十四诗品》是继杜甫《戏为六绝句》之后，第一部诗化的文学理论批评著作。所谓“诗化”，是指其以诗论诗，以诗歌形式品评诗歌的意境与艺术风格。《二十四诗品》的品目如下：

雄浑	冲淡	纤秾	沉著	高古	典雅	洗炼	劲健
绮丽	自然	含蓄	豪放	精神	缜密	疏野	清奇
委曲	实境	悲慨	形容	超诣	飘逸	旷达	流动

这二十四个品目，每一品皆以四言十二句诗出之，以多种意象表述一个意境，描写一种艺术风格之美，每一首四言诗都以意象化的形象性语言去描绘诗意所象征的艺术境界，使二十四诗品成为诗歌意象之美的渊薮，以此引导读者意会其景外之景、象外之象和言外之意。这种意象批评较之皇甫湜之以比喻论文，则更显得含蓄与凝练，因而更富有诗化批评的审美特点。如“清奇”一品：

娟娟群松，下有漪流。晴雪满竹，隔溪渔舟。可人如玉，步屧寻幽。载瞻载止，空碧悠悠。神出古异，淡不可收。如月之曙，如气之秋。

作者以十二句四言诗来描写“清奇”的艺术境界和艺术风格特征，如画如诗，引人入胜。郭绍虞《诗品集解》解释云：

> 前六句写清奇之状。“娟娟群松，下有漪流”，是一种清奇境界；“晴雪满汀，隅溪渔舟”，又是一种清奇境界；“可人如玉，步屧寻幽”，更是一种清奇境界。……后六句写清奇之神。……“载瞻载止，空碧悠悠”，谓所触者只是清奇之境；“神出古异，淡不可收”，谓所存者只是清奇之想。心神出于高古奇异，自觉萧然淡远。“不可收”，亦状悠悠不尽之意。“如月之曙，如气之秋”，总结以上所言，再状清奇之神。……“如月之曙”，言月光清明；“如气之秋”，言秋气高爽。合而观之，则“空碧悠悠”“淡不可收”之境，更觉形象化矣。

作者如此反复描写诗意之境，以此来解说抽象的艺术风格，这与司空图论诗之所谓“象外之象，景外之景”的审美追求是妙合无垠的。正是这种以韵语形式，以造境的方法，通过诸多意象和生动的语言描绘，将二十四种抽象的诗歌风格类型的逻辑思维与形象生动的艺术思维巧妙地融为一体，才使《二十四诗品》达到了唐代诗歌艺术论的理论巅峰，对后代诗歌风格论产生了不可估量的深远影响。

8.《风骚旨格》

释齐己，晚唐诗僧，潭州益阳（今属湖南）人。本姓胡，名得生。幼为大沩山寺司牧，后遍游江海名山，与郑谷、方干、曹松为诗友。论诗之作有《玄机分别要览》《风骚旨格》。是编一卷，题为“风骚旨格”，意在以风骚为圭臬，从字法、句法入手，全面总结风骚之诗法格式及其内在规律性。全书分“六诗”“六义”“十体”“十势”“二十式”“四十门”“六断”“三格”等八部分，除“六诗”“六义”为诗经学范畴之外，其余所谓“诗有十体”“诗有十势”“诗有二十式”“诗有四十门”“诗有六断”“诗有三格”等，皆为独创之格，较之释皎然《诗式》之论格，又有所发挥，如所谓“诗有十势”称之为“狮子返掷势”“猛虎踞林势”“丹凤衔珠势”“毒龙顾尾势”“孤雁失群势”“洪河侧掌势”“龙凤交吟势”“猛虎投涧势”“龙潜巨浸势”“鲸吞巨海势”等。作者都以动物形象为喻，以表现诗歌的十种不同体势，并举诗句说明，形象生动有趣，别开生面，对唐人以后的“诗格”“诗话”“诗论”之作影响很大。

他的读诗诗，写得相当精彩。前人论李白，只注重其纵酒赋诗的表象层面，如郑谷《读李白集》云：“何事文章与酒星，一时钟在李先生。高吟大醉三千首，留著人间伴月明。”其实，李白总是以醉饮狂歌来掩饰内心深处的无限寂寞与人生伤痛。唯有释齐己《读李白集》可谓的评，其诗云：

竭云涛，刳巨鳌，搜括造化空牢牢。
冥心入海海神怖，骊龙不敢为珠主。
人间物象不供取，饱饮游神向玄圃。
锵金铿玉千余篇，脍吞炙嚼人口传。
须知一一丈夫气，不是绮罗儿女言。

这是一首真正读懂李白的论诗诗，前六句以极度夸张的辞藻写李白诗歌题材内容与非凡气势，后四句赞叹李白诗歌的艺术效果与风格特征，而以“丈夫气”概括李白诗的气质、个性、艺术风格与文化精神，是古今评论李白的真知灼见。何谓“丈夫气”？一是才气，二是骨气：论才气，李白是天才；论骨气，李白“安能摧眉折腰事权贵”。李白是孟子所赞美的“大丈夫”。

9.《诗评》

《诗评》一卷，论诗主情，重格式，讲含蓄。作者桂林淳大师指出“诗有三体”，云：“一曰诗人之体为上，二曰骚人之体为中，三曰事流之体为下。诗之言为意之壳，如人间果实，厥状未坏者，外壳而内肉也；如铅中金,石中玉,水中盐,色中胶,皆不可见,意在其中。使天下人不知诗者,视为灰劫,但见其言,不见其意,斯为妙也。诗有动静,情动意也,情虽含蓄,览之可见。”作者把诗分为三等,以“诗人之体”为上,以“骚人之体”为中,而以“事流之体”为下。这是因为他的审美标准在于主“情”重“意”,认为语言只是诗意的外壳而已,语言必须含蓄蕴藉,如“铅中金,石中玉,水中盐,色中胶”,意在其中。这种诗学观点与司空图等如出一辙,属于唐代文学批评中之“为艺术而艺术”一派。

10.《诗格》

《宋诗纪事》卷九十一称“文彧,号文宝大师,有《诗格》”。又谓《文彧诗格》,《直斋书录解题》作“沙门神彧撰”。

是书一卷,分论诗之“破题”“颔联”“诗腹”“诗尾”“诗病”“诗有所得字”“诗势”“诗道”八题。每论均有简要解释,引诗为证,说明诗意与语言的密切关系,注重唐诗创作格式的经验总结。如论破题:所谓“破题”,即点明题意之法。文彧说:“诗有五种破题:一曰就题,二曰直致,三曰离题,四曰粘题,五曰入玄。”然后就五种破题之法,逐一加以解释,引证有关诗句,并予以说明。如论直致,作者说:“二曰直致,就题中通变其事,以为首句是也。崔补阙《咏边庭雪》:‘万里一点白,长空鸟不飞。’此用‘白’一字,伤其雪体,故云‘直致’。”文彧论诗注重对论题的阐述解说之法,不同于其他唐人诗格多重立论而很少论证者,已经突破了唐人诗格本身的语录条目体制。这是文彧诗学批评的一个重要特点。

文彧《诗格》的一个突出特点是以禅论诗。其论破题,极力推崇“入玄”之法,说:“五曰入玄,取其意句绵密,只可以意会,不可以言宣也。贾岛《送人》:‘半夜长安雨,灯前越客心。’此乃上下句,不言送人而意在送人。郑谷《题雁》:‘八月悲风九月霜,蓼花红淡苇条黄。’此乃上下句,不言雁而意就雁也。欧阳詹《赠老僧》:‘笑向何人谈古时,绳床竹杖自扶持。’此乃上下句,不言老僧而意见老僧。”其论诗病云:“夫为诗者,难得全篇造于玄妙。”其论诗道云:“至玄者妙,非言所及,若悟诗道，方知其难。”

文彧以玄禅论诗，致使全篇引为例证的诗句隽语，亦多选用充满禅悟意味者。如论破题之四：

> 四曰粘题，破题上下二句重用其字是也。禅月诗：“得力未得力，苦吟夏又残。”此乃一句内粘二字也。方干诗：“王业未得力，至今犹苦吟。”此乃上下共粘二字也。送僧诗：“一衲与一锡，一身索索轻。”此乃上下共粘三字也。《古诗》：“行行重行行，与君生别离。”此乃一句粘四字也。《别友人》诗：“昔年相别今又别，今别还将昔别同。”此乃两句粘四“别”字，又粘二“今”二“昔”字。

篇中所举例证，多以禅月诗心为尚，表明文彧诗学批评的审美趋向，亦见晚唐诗学批评注重玄风禅味的美学风格和含蓄空灵之美的审美追求。如论诗尾：“亦云断句，亦云落句，须含蓄旨趣。”这就是文彧所崇尚的诗禅之灵光，首开宋人以禅论诗之先声。

11.《处囊诀》

《宋诗纪事补遗》卷九十六称：释保暹晚唐五代人，“字希白，金华人，普惠院僧”。其《处囊诀》一卷，《直斋书录解题》著录于集部文史类。是书以禅论诗，注重诗之用，在中国文学批评史上首创“诗眼”之说。罗根泽《中国文学批评史》说：“其他诗格书率注重艺术技巧或讽刺方法，《处囊诀》则注重诗之用。”其实，保暹之所谓“诗之用”者，不同于儒家诗教之旨，而在于禅家之味。以禅论诗，是其基本的诗学倾向。保暹云：“夫诗之用，放则月满烟江，收则云空岳渎，而情忘道合，父子相存；明昧已分，君臣在位；感动神鬼，天机不测。是诗之大用也。”又云：“夫诗之用也，生凡育圣，该古括今，恢廓含容，卷舒有据，是诗之妙用也。”保暹认为，诗之用者，一为诗之大用，一为诗之妙用。大用者在于“月满烟江”之放，“云空岳渎”之收。这一“放”一“收”，旨在父子、君臣、天机之“情忘道合”“明昧已分”“感动神鬼”，所强调的是诗歌创作的丰富内容。而诗之妙用者，在于“生凡育圣，该古括今，恢廓含容，卷舒有据”，表现出诗歌艺术的博大精深与变幻多端，注重的是诗歌创作的艺术技巧。而后保暹把诗歌之用归纳为五个方面：“诗有五用：一曰其静莫若定，二曰其动莫若情，三曰其情莫若逸，四曰其音莫若合，五曰其形莫若象。”作者认为，诗之为用，一是“静”，即在于静定；二是“动”，即在于动情，三是“情”，强调情逸；四是“音”，强调音合，即音韵和谐；五是“形”，注重形象之美，即描形绘象之工。由此可见，保暹论诗之用者，注重的是诗歌艺术的内容与形式两个方面的含义，是禅家审美情趣与诗学批评相结合的具体运用。据此，保暹首倡“诗眼”之说。书中专立“诗有眼”条目，指出：

> 贾生《逢僧》诗：“天上中秋月，人间半世灯。”“灯”字乃是眼也。又诗：“鸟宿池边树，僧敲月下门。”“敲”字乃是眼也。又诗：“过桥分野色，移石动云根。”“分”字乃是眼也。杜甫诗：“江动月移石，溪虚云傍花。”“移”字乃是眼也。

所谓“诗眼”，是诗中最传神的关键字眼。人的眼睛，是人的心灵之窗。诗眼者，就是诗歌的灵魂之窗，是一首诗主旨的集中体现，是诗人心灵反映的一个窗口。但唐僧保暹之论“诗眼”者，实际是指“句中眼”而言，即一句诗或一首诗之中最为精炼传神的关键字眼。“诗眼”之说，是诗歌审美鉴赏的重要方法。保暹诗学批评，注重诗中之“眼”，开宋人“诗眼”之说的先河，其功绩是不可低估的。

12.《本事诗》

孟棨，字初中，《新唐书·艺文志》与《津逮秘书》皆误录为“孟啓”。是篇一卷，前有光启二年（886）十一月自序，称“诗者，情动于中而形于言”。

是编以记述诗歌本事为宗，专述宋唐诗人缘情之作，分为情感、事感、高逸、怨愤、徵异、徵咎、嘲戏七个门类。五代时，又有署名“处常子”

《续本事诗》,亦绪其体例,分为七章,今已遗失不传。别有聂奉先《续本事诗》一卷。

本事诗,诗歌之故事也。本事诗对欧阳修《诗话》之影响最为直接:一是论诗内容偏重诗本事;二是论诗体制采用一条一条内容互不相关的语录条目连缀而成。

是编版本众多,今有丁福保《历代诗话续编》(中华书局 1983 年校点本)。

13.《诗人主客图》

张为,袁州宜春(今属江西)人。工诗,有《张为诗》一卷。此书将中晚唐诗人八十四人,以主客之图,一一排座次,摘句评骘优劣,区分流派,开创一种独具特色的论诗体例。今存一卷本《函海》本、丁福保《历代诗话续编》校点本;另有三卷本《谈艺珠丛》本等。

14.《乐府古题要解》

吴兢撰,二卷,存。是书集乐府古题而解之,前有自序,后有毛晋跋语,称原本十卷,传本仅存二卷,毛晋家藏三册。今有丁福保《历代诗话续编》(中华书局 1983 年校点本)。

卷三　宋代诗话

【按语】

诗话之崛起，是中国诗文化与诗学批评最为独特的文化现象。

诗话之名与诗话之体，诞生于宋代，以欧阳修的《六一诗话》为标志。宋代诗话的总体特征与诗学风尚，大致有四：

一是随笔性，注重其"话"，则诗歌的故事，寓诗论、诗评于诗事之中，将论诗及事与论诗及辞融合为一。

二是语录体，论诗以条目，属于随笔体式，以一条一条内容互不相干的论诗条目连缀而成，不注重严密的逻辑体系，率性而为，应变作制，长短随宜。

三是诗性特质，论述以诗为中心，话诗、论诗、评诗，诗歌创作、诗人轶事、审美鉴赏、诗学批评，始终以诗为本，是诗之话，是诗之论，无论其论诗及事还是论诗及辞，诗话终究是中国诗文化的重要载体与传播媒介。诗话之体随着诗学潮流之变而变，随着苏黄诗风与江西诗派之崛起，诗话创作不再恪守论诗及事的格局，而演变成为诗学批评的工具，故而南宋诗话比北宋诗话更注重论诗及辞，出现张戒《岁寒堂诗话》、姜夔《白石道人诗说》和严羽《沧浪诗话》三部具有划时代意义的宋代诗话鼎足之作。

四是随意性，话诗、论诗、评诗，作者可以率性而为，随意而作，侃侃而谈，不受任何拘束，清人章学诚《文史通义·诗话篇》所谓"挟人尽可能之笔，著唯意所为之言"，仅仅只是读诗随笔而已。这是诗话之短处，也是诗话之长处。正如朱自清《诗论·抗战版序》所言："诗话大半是偶感随笔，信手拈来，片言只语，简练亲切，是其所长；但是它的短处在零乱琐碎，不成系统，有时偏重主观，有时过信传统，缺乏科学的精神和方法。"

宋代诗话文献考述，主要学术成果有：郭绍虞《宋诗话考》（中华书局 1979 年），郭绍虞《宋诗话辑佚》（中华书局 1980 年）；蔡镇楚《中国诗话史》（湖南文艺出版社 1988 年，2001 年修订本），蔡镇楚《石竹山房诗话论稿》卷四《诗话文献论·宋代诗话考略》（湖南文艺出版社 1995 年）。

1.《六一诗话》

欧阳修撰，一卷，存；又《附录》一卷，日人近藤元粹辑，存。欧阳修（1007—1072），字永叔，号醉翁，又号六一居士，庐陵（今属江西）人，北宋著名文学家，中国诗话之体的开创者。

是书系其晚年之作，初名《诗话》，后又有《欧公诗话》《六一诗话》《六一居士诗话》《欧阳永叔诗话》《欧阳文忠公诗话》诸称，取便称引而已。《百川学海》《四库全书》及稽留山樵《古今诗话》本均为二十九则，今郑文校点本据《欧阳文忠公全集》本与《历代诗话》本，将十七、十八两则合一，而作二十八则，误。卷首题词云："居士退居汝阴而集，以资闲谈也。"说明诗话的撰述宗旨，在于"以资闲谈"。

欧阳修之于中国诗话的开创之功，主要有三点：一是首创"诗话"之名，以诗为本，以话谈诗，"诗话"成为中国诗文化和诗学批评的主要样式，千年诗话，师承递传，卷帙浩繁，诗话之名，沿用古今，长盛不衰。据初步统计，现代知名的中国历代诗话之作，尚存 1800 余部，多数以"诗话"命名，而所谓"西方诗学"，自亚里士多德《诗学》之后，很少沿用其书名。二是开创诗话谈诗论诗的漫谈随笔体式，全书不分章节，由一条一条内容互不相关的论诗条目连缀而成，风格轻松活泼，展现文人诗话创作之风。这种体制，奠定了中国诗话著作的叙事模式，长短随宜，应变作制，条目之多寡，决定其诗话著作体制的大小。三是开创诗话之体"自然为文"的语言艺术范式，不像严肃正经的学术经典，却像亲切可人的古代散文随笔,作者侃侃而谈,读者娓娓读来,饶有趣味。

是书内容以记事为主,论诗及事,杂论唐宋诗人诗作,主要诗论大致有三:(1)主张“自然为文”,认为梅尧臣“平生苦于吟咏,以闲远古淡为意,故其构意极难”,而于范希文席间赋《河豚鱼诗》,“笔力雄赡,顷刻即成,遂为绝唱”。(2)注重“曲尽其妙”的写实之作,反对诗歌囿于“山水、风云、竹石、花草、雪霜、星月、禽鸟”之类题材。(3)重诗歌鉴赏,并引梅尧臣之语,提出“意新语工”“状难写之景如在目前,含不尽之意见于言外”以及“作者得于心,览者会以意”等新见,甚推苏梅,认为“子美笔力豪隽,以超迈横绝为奇;圣俞覃思精微,以深远闲淡为意;各极其长,虽善论者不能优劣也”,见解十分精辟,不愧大家。

是书有《欧阳文忠公全集》宋刊本、《百川学海》本、《说郛》本、《历代诗话》本,今人民文学出版社有1962年郑文标点《白石诗说》《滹南诗话》合刊本。今有北京图书馆出版社2004年蔡镇楚编《中国诗话珍本丛书》影印宋刊本。

2.《温公续诗话》

司马光撰,一卷,存。司马光(1019—1086),字君实,号迂叟,陕州夏县(今属山西)涑水人,世称涑水先生。是书凡三十一则诗话,卷首自称:“《诗话》尚有遗者。欧阳公文章名声虽不可及,然记事一也,故敢续书之。”说明此书乃模拟仿效之作,与《六一诗话》同旨,重在“记事”,于述事之中寓论诗之见。作者论诗推尊杜甫,认为“近世诗人,唯杜子美最得诗人之体”。并对《春望》诗作了精辟的赏析:

> “国破山河在,城春草木深。感时花溅泪,恨别鸟惊心。”山河在,明无余物矣;草木深,明无人矣;花鸟,平时可娱之物,见之而泣,闻之而悲,则时可知矣。

此论鞭辟入里,堪称典范。进而,他认为“古人为诗,贵于意在言外,使人思而得之，故言之者无罪，闻之者足以为戒也”，主张诗歌以蕴藉含蓄为美。

是书版本甚多，异名甚杂。有《百川学海》本，明刻《宋诗话五种》本、《津逮秘书》本、《历代诗话》、《萤雪轩丛书》本等；而《百川》本作《司马温公诗话》，《宋四库阙书目》作《司马光诗话》，《通志·艺文略》作《司马君实诗话》，《诗话总龟》作《司马太师诗话》，《苕溪渔隐丛话》作《迂叟诗话》，伍涵芬《说诗乐趣》称之司马光《洛阳诗话》，张宗楠《词林纪事》称之《温公诗话》《温叟诗话》，名目甚繁。

3.《中山诗话》

刘攽撰，存。刘攽（1022—1088），字贡父，临江新喻（今江西新余）人。是书又名《刘贡父诗话》，有一卷、二卷、三卷本之分，如《郡斋读书考》《通考》作三卷，《宋四库阙书目》作二卷，而《直斋书录解题》《通志》以及《百川学海》《说郛》《宋诗话五种》《津逮秘书》《历代诗话》均作一卷。

是书凡六十六则诗话，沿袭欧阳修《六一诗话》闲谈记事之习，多涉诗事考证，杂以诙谐博洽，于述事中间见吉光片羽似的诗论之见：一是强调“诗以意为主，文词次之”，认为“意深义高，虽文词平易”，也是“奇作”，故要求咏风景之诗应该“含蓄深远”，不以“影似百物”为贵。二是主张为诗应“量力致功”，精思有恒，认为“唐人为诗，量力致功，精思数十年，然后名家”，称道严肃认真的写作态度。三是提倡诗歌用事应该“事如己出，天然浑成”，而不要一概反对“用事”。这些见解，十足可取，在中国诗话史上有较大影响。然而是书内容芜杂，所载亦多误谬，则为后人非议。

4.《玉壶诗话》

释文莹撰，存。文莹，字道温，钱塘（今属浙江）人。是书系后人以其《玉壶清话》中论诗之语辑集而成，辑者佚名。《四库存目提要》云：“考《宋史·艺文志》，载《玉壶清话》十卷，今其书犹存，或题曰《玉壶野史》，无所谓《玉壶诗话》者。此本为《学海类编》所载，仅寥寥数页，以《玉壶清话》较之，盖书贾摘录其有关于诗者，裒为一卷，诡立此名，曹溶不及辨也。”

《玉壶诗话》凡三十五则，仍以“记事”为主，于记事中间有论评。作者论诗，力推杜甫，认为杜诗“自可为一时之史”。宋人诗话于杜诗有“诗史”之誉，盖以此论为先声。

是书原有《学海类编》本、《丛书集成》本和台湾广文书局《古今诗话丛编》本，蔡镇楚石竹山房藏。今有北京图书馆出版社 2004 年蔡镇楚编《中国诗话珍本丛书》影印本。

5.《沈存中诗话》

沈括撰，卷数、辑者不详，佚。沈括（1031—1095），字存中，钱塘（今属浙江）人。著有《梦溪笔谈》二十六卷，又《补笔谈》《续笔谈》各一卷。是书疑后人从《梦溪笔谈》中所辑出，诸家著录者有《南溪笔录群贤诗话》《浙江通志·经籍志》文史类与《杭州府志·艺文志》诗文评类等，并云据《续文献通考》，沈括长于自然科学，以科学家眼光论诗，一则注重求实，“造微”，认为诗歌的状物、写景、叙事，均应确实真切；二则反对夸饰，批评白居易《长恨歌》和杜甫《古柏行》等唐人诗均失其实，说明沈氏犯有求实太过之病。

6.《洛阳诗话》

不著撰人，卷数未详，佚。是书未见著录，唯《诗话总龟》前集称引，总目作《洛阳诗话》，卷五《投献门》引“吕申公镇河阳府”条注云“《洛阳诗话》”，后一条又注云“《司马太师诗话》”（按：此条与《温公续诗话》第六条同）。可见《洛阳诗话》并非与《续诗话》同为一书。考《诗话总龟》前集总目又有《洛阳旧闻》书目，卷四、卷三十六皆有称引，则知《洛阳诗话》与《洛阳旧闻》亦非同书异名者。《洛阳旧闻》，司马光撰。罗根泽以《洛阳旧闻》为《洛阳诗话》异名而同书，似有失考之嫌（《中国文学批评史》第三册）。

7.《东坡诗话》

旧题苏轼撰，二卷，今本一卷，存。苏轼（1037—1101），字子瞻，号东坡居士，眉州眉山（今属四川）人。轼并无诗话之著，后世流传之《东坡诗话》，系后人所辑。晁公武《郡斋读书志》称“轼杂书有及诗者，好事者因集成二卷”。《诗话总龟》前集卷二十四引书已有《苏公诗话》之目，知此书成书较早。今存《说郛》（宛委山堂）本为一卷，凡三十三条诗话，台湾《古今诗话续编》影印稽留山樵《古今诗话》卷三，收录为三十二条。

是编以随笔漫谈之法论诗，主要诗论之见有：（1）注重艺术创作必须立足于生活实际，认为“非亲到其处”，不知杜诗之工；“非古之耦耕植杖者”，不能道陶诗之妙；“非至吴越”之地，不见《自记吴兴诗》中风景之幽。（2）注意诗歌的社会功能，倡言“诗须要有为而作”，要求诗歌创作“有补于世”。（3）注重以“意”为主，而提倡“境与意会”，认为陶诗“采菊东篱下，悠然见南山”，最为妙处，达到“境与意会”的艺术境界；若作“望南山”则“此一篇神气多索然矣”。（4）讲求诗歌的“枯淡”之美，提倡“外枯而中膏，似淡而实美”的艺术风格，推崇陶渊明、柳子厚的诗“贵乎枯淡”。

是书《通志·艺文略》诗文评类著录，称之“《苏子瞻诗话》一卷”。又有明抄本一卷，名为《东坡先生诗话》，后有李盛铎跋，北京大学图书馆藏。

8.《东坡诗话补遗》

旧题苏轼撰，日人近藤元粹辑，一卷，存。近藤氏云：“余已就《说郛》中取《东坡诗话》，已至于此卷首。坡翁之大才，而不过仅仅三十余条，未足以饱人意。乃就《东坡志林》中，抄出系于诗者，命曰《东坡诗话补遗》，附载于此，不复无益于后学也。”其辑录之旨，已昭著于世。

是书凡六十六条，皆循《东坡诗话》闲谈随笔体式，述事尤多，诗论甚少，片言只语，并非能补东坡诗论之“遗”，如《东坡题跋》之许多颇有新见的论诗条目，仍未辑入《补遗》之中。当然，是书吉光片羽式的论诗之见，亦有不少，如苏氏认为“诗人有写物之功”，强调诗歌创作要能准确捕捉事物形象，写出其独特风韵，并赞赏司空图关于诗贵有“味外之味”说，要求诗有“思致”，提倡以杜甫“才力富健”之笔力，创造“清逸绝俗”“清远如画”之诗境等，还是可取的。

是书以《东坡诗话》附录，刊入近藤元粹《萤雪轩丛书》之中。

9.《诗病五事》

苏辙撰，一卷，存。原载《栾城集》三集卷八，宋时不以为书名，明陶宗仪辑入《说郛》《四川通志·经籍志》始以名书，著录于诗文评类。日人近藤元粹又据《说郛》本刊入《萤雪轩丛书》中。又有稽留山樵《古今诗话》本，收入台湾《古今诗话续编》之中。

苏辙（1039—1112），字子由，眉州眉山（今属四川）人。苏轼之弟，自号颍滨遗老。所撰《诗病五事》仅五则，通论“诗病”，于唐宋诗人攻击甚烈，谓李白诗“华而不实，好事喜名，不知义理”；说白居易诗“拙于纪事”，说韩愈自谓《元和圣德诗》无愧于雅颂“何其陋也”；斥唐人工于为诗而“陋于闻道”，王安石《兼并诗》为诗病之最酷者。这些批评，说明：（1）苏辙论诗力主“养气”之说，强调诗要有“文气”“词气”“奇气”，以“义理”为准，因而带有功利主义偏见；（2）苏辙论诗以“义理”为旨归，强调诗歌的思想性，要求诗歌合乎儒家诗教规范，因而一反初期诗话“闲谈”“记事”之陋习，独树诗歌理论批评之帜，影响极为深远；（3）苏辙论诗，强调思想内容，却忽视诗歌的艺术特征，议论偏执，间有所失，为后人非议。清钱振锽《诗话》卷上斥之“狂悖庸妄”“不知诗”者。

10.《临汉隐居诗话》

魏泰撰，一卷，存。蔡正孙《诗林广记》称引名之《隐居诗话》，又有称《临汉诗话》者，今有《知不足斋丛书》本、《龙威秘书》本、《古今说部》本、《萤雪轩丛书》本，均为足本；残本有《说郛》本、《古今诗话》本、《学海类编》本、《历代诗话》本等；尚有清抄本一部，清卢文绍校并跋，中国国家图书馆藏。

魏泰，字道辅，号溪上丈人，鄂州襄阳（今属湖北）人。曾布内弟，恃势为患，《墨庄漫录》载襄阳民谣曰："襄阳二害，田衍、魏泰。"是书系晚年之作，《宋史·艺文志》著录于集部文史类，《四库全书》收于集部诗文评类，《四库提要》称之"党熙宁而抑元祐"，"坚执门户之私"，恐非确论。

（1）是书凡七十条，论诗重"味"，说："凡为诗，当使挹之而源不穷，咀之而味愈长"，"诗者，述事以察情，事贵详，情贵隐，及乎感会于心，则情见于词，此所以入人深也。如将盛气直述，更无余味，则感人也浅。"此所谓"余味"，则诗歌之韵味、情味、趣味，读之所产生的感人至深的艺术魅力。作者认为，诗要有"味"，要给读者以"余味"，对应"事贵详，情贵隐"。详，则有"写物之功"；隐，则有含蓄蕴藉之美。魏氏以"余味"为标准，斥韩诗为"押韵之文"，欧诗"少余味"，苏黄之诗"逞豪放而致怒张"，讥山谷追求用字之"奇"不过是拾羽失鹏而已。正中苏黄诗风要害，针对性极强，说明诗话的文学批评功能提高了。

（2）魏氏认为"诗主优柔感讽"，力倡杜甫"诗史"之说，指明杜诗之高妙处，"非但叙尘迹摭故实而已"，而在以"诗史"之笔，写时势之危、抒家国之难，望天子"鉴夏商之败"。宋人诗话中杜甫"诗史"之说，因以成立、展开，其贡献无可磨灭。

11.《黄山谷诗话》

旧题黄庭坚撰，卷数未详，佚。黄庭坚（1045—1105），字鲁直，号涪翁，自称"山谷道人"，洪州分宁（今属江西）人。山谷诗论甚富，以儒家诗教为本，主张"有为而作"，"非有为而不发于笔端"，因而论诗宗杜、尊杜，提倡诗歌创作"点铁成金""夺胎换骨"及"无一字无来处"，被江西诗派奉为"不传之秘"的"法宝"。

其《答洪驹父书》云：

> 老杜作诗，退之作文，无一字无来处；盖后人读书少，故谓韩、杜自作此语耳。古之能为文章者，真能陶冶万物，虽取古人之陈言入于翰墨，如灵丹一粒，点铁成金也。

又据释惠洪《冷斋夜话》云：

> 山谷云：诗意无穷，而人才有限。以有限之才，追无穷之意，虽渊明、少陵不得工也。然不易其意而造其语，谓之换骨法；窥入其意而形容之，谓之夺胎法。

所谓"点铁成金"，就是取"古人陈言"加以点化之。语出禅宗，如《五灯会元·翠岩令参禅师》云："还丹一粒，点铁成金；至理一言，转凡为圣。"以之论诗，范温《潜溪诗眼》亦云："句法以一字为工，自然颖异不凡，如灵丹一粒，点铁成金也。"所谓"夺胎换骨"，也是取古人之意加以形容之。"夺胎"侧重于意，"换骨"侧重于辞。

黄庭坚是江西诗派的领袖人物，也是苏黄诗风的代表作家，却并无诗话之作，今传《黄山谷诗话》疑为时人纂辑本，蔡梦弼《草堂诗话》早有称引，为《黄山谷诗话》。今此书纂辑者佚名，亦无传本，论诗之见多为《诗话总龟》《苕溪渔隐丛话》《诗人玉屑》《草堂诗话》《竹庄诗话》《南溪笔录群贤诗话》等所称引，或谓之《山谷诗话》。

12.《王彦辅诗话》

王得臣撰，未见其书，卷数未详。王得臣（1036—1116），字彦辅，号凤台子，安陆（今属湖北）人。嘉祐四年进士，官至司农少卿。有《麈史》三卷，其卷中为《诗话》。《王彦辅诗话》仅见蔡梦弼《草堂诗话》录存一则，郭绍虞《宋诗话考》称其"疑即采《麈史》中语而改题诗话，或时人已有辑《麈史》中论诗之语以为诗话"；而《中国历代诗话选》根据《草堂诗话》所引其他诗条皆题为《麈史》，则以为"另有《诗话》一书"。孰是孰非，亦未可知。以《麈史》及《草堂诗话》卷一称引之语观之，王得臣论诗“无一字及苏黄，亦无一字攻苏黄”(《四库提要》)，倾向于宗杜，倡言杜甫“诗史”之说，认为杜诗“周情孔思，千汇万状，茹古涵今，无有端涯。森严昭焕，若在武库，见戈戟布列，荡人耳目。非特意语天出，尤工于用字，故卓然为一代冠，而历世千百，脍炙人口”。说韩退之谓“火焰万丈长”，而世号“诗史”，是完全可信的。

按：《宋诗话考》称“(王)得臣不闻有诗话，唯蔡正孙《草堂诗话》称引之”。此处“蔡正孙”疑为“蔡梦弼”之误。

13.《秦少游诗话》

旧题秦观撰，卷数未详，佚。秦观(1049—1100)，字少游，号淮海居士，江苏高邮人。本无诗话传世，是书唯蔡梦弼《草堂诗话》著录称引，为后人纂辑，亦无传本。不过，秦观系“苏门四学士”之一，论诗亦多从师说，宗杜，首倡杜诗“集大成”之说(《淮海集》卷十《韩愈论》)，于后世影响极大。

14.《侯鲭诗话》

赵令畤撰，日人近藤元粹辑，一卷，存。赵氏(1051—1134)，又据孔凡礼考，赵氏生于治平元年)，字德麟，号聊复翁，河南涿县人。因与苏轼过密，入党籍，南渡后，袭封安定郡王。著有《侯鲭录》。

是书系日人近藤元粹辑录《侯鲭录》中论诗之语而成，刊入《萤雪轩丛书》之中。赵氏论诗，崇尚苏黄，推重江西派诗人诗作，注重诗歌的炼字、用事、属对、句法，理论创见甚少。

15.《郭思诗话》

郭思撰，十卷，一名《瑶溪集》或《瑶池集》，原书久佚。郭思，字得之，河阳温县(今属河南)人。元丰五年(1082)进士，官至徽猷阁待制，秦凤路经略安抚使。著《瑶溪集》，吴曾《能改斋漫录》卷二称之曰《郭思诗话》。其“口号”条云：“郭思诗话，以口号之始，引杜甫《欢喜口号绝句》十二首，云，观其辞语，殆似今通俗凯歌，军人所道之辞。”其论诗条目，《渔隐丛话》《竹庄诗话》《能改斋漫录》等多有称引录存，体例近似《竹庄诗话》和《诗林广记》，以诗存话，因诗而论。郭氏论诗宗杜，推崇“老杜于诗学，世以谓前无古人，后无来者”，谓“老杜体格，无所不备，斯周诗以来，老杜所以为独步也”，称“诗人之全者，唯杜子美时能兼之”。称颂之辞，无以复加。郭绍虞《宋诗话辑佚》得二则，远非完本。

16.《后山诗话》

陈师道撰，一卷，存。《直斋书录解题》及《文献通考》作二卷，《宋史·艺文志》子部小说类作一卷。师道（1053—1101），字无己，一字履常，号后山居士，彭城（今属江苏）人。《宋史》卷四百四十四有传，著有《后山先生集》。后山诗学山谷，论诗亦宗山谷，恪守江西诗派“点铁成金”“夺胎换骨”与“无一字无来处”的圭臬，以“四宁四毋”（即“宁拙毋巧，宁朴毋华，宁粗毋弱，宁僻毋俗”）为宗旨，着眼于形式技巧和用字造句。然而又反对“以文字为诗，以议论为诗，以才学为诗”，批评苏轼诗“失之粗”、山谷诗“失之奇”、介甫诗“失之巧”，具有实事求是的批评态度。在江西诗派诗话中，是书具有较重要的理论价值和历史地位。郭绍虞《宋诗话考》指出，“此书虽仍是随笔体裁，但与以前诸家诗话有所不同。一，所论不限于诗，兼及古文四六，扩大文学批评之范围，为此后《诚斋诗话》诸书之所祖。二，即其言诗不偏于论事，而论辞又不限于摘句，则又为《沧浪诗话》《对床夜语》诸书之所自出，使诗话之作由说部而进入理论批评，则其关系至钜，正不必以依托病之矣。”

此书异名有：一曰《陈无己诗话》，王文诰《苏海识余》卷二称引；二曰《后山诗评》，何薳《春渚纪闻》称引；三曰《后山居士诗话》，明万历商浚刻《稗海》本，傅增湘校并跋，藏于中国国家图书馆。又，南宋陆游亦曾为《后山居士诗话》作跋。是书有《百川》本、《稗海》本、明刻《宋诗话五种》本、《历代诗话》本、《津逮秘书》本、《萤雪轩丛书》本、《说郛》本、《适园丛书》本以及《后山先生全集》本。

17.《陈辅之诗话》

陈辅撰，一卷，残。辅，字辅之，号南郭子，人称南郭先生，金陵（今属江苏）人，侨居丹阳南郭。少为王安石所识，以诗名世。后与丹阳郡守以诗争高下，为守捃摭挞之致残。《宝庆四明志》《嘉定镇江志》有传。是书久佚，原卷数未详。今有节本及辑佚本，节本有：曾慥《类说》十三则，陶宗仪《说郛》十二则；辑佚本有：罗根泽本十七则，郭绍虞本二十四则，均非足本。辅之论诗本于儒家诗教，宗王安石，以六一居士和楚老为"二宗师"，故论诗多引荆公之语。认为"诗家之工，全在体物赋情"。据此，他说林和靖《梅花》诗"疏影横斜水清浅，暗香浮动月黄昏"一联"近似野蔷薇"，一反前人称许之词，好立异说。而他讥苏轼"推门入室书纵横，蜡纸灯笼晃云母"之诗尽现"儒生残态"，也许出于党见。

18.《静照诗话》

撰者及卷数未详，佚。是书唯见南宋尤袤《遂初堂书目》文史类称引，郭绍虞《宋诗话考》以《宋史·艺文志》有陆经《静照堂诗》一卷，推测"是否即述静照堂唱和之事，遂由总集性质之著转变而为文史"。然而陆经曾与欧阳修游，唱和之作亦载《六一集》，却未有"诗话"之称，或后人衍其事而为诗话，皆不得其解，亦难以考证。又罗根泽作《静熙诗话》，见《两宋诗话年代存佚残辑表》（《中国文学批评史》第三册，上海古籍出版社 1984 年）。孰是孰非，自成一谜。（参见《宋诗话考》）

19.《王禹玉诗话》

王珪撰，一卷，佚。珪（1019—1085），字禹玉，成都华阳（今属四川）人。《宋史》卷三百一十二有传。是书不见传本，唯《通志·艺文略》诗话类著录之。郭绍虞《宋诗话考》云："赵令畤《侯鲭录》陆游《老学庵笔记》均称禹玉诗善用事，惜未见其诗话，不知其议论若何也。"王珪有《华阳集》

六十卷，附录十卷。故诗话恐为后人辑录其论诗之语而成一帙。

20.《唐宋分门名贤诗话》

佚名编，二十卷，残。又名《唐宋名贤诗话》《名贤诗话》《唐宋诗话》《分门诗话》。称《名贤诗话》者，有严有翼《艺苑雌黄》、黄朝英《湘素杂记》、张镃《仕学规范》以及《古今类总诗话》；称《唐宋诗话》者，有《集诸家老杜诗评》《事实类苑》《遂初堂书目》等；郭绍虞《宋诗话考》谓《宋史·艺文志》"文史类"有"《唐宋名贤诗话》二十卷，不言作者姓氏"，并把《唐宋名贤诗话》与《分门诗话》别为二种。《宋诗话辑佚》于《唐宋名贤诗话》辑得五则诗话，集唐宋名贤论诗之语，多记奇人异事，很少有论诗之见。

宋人严有翼《艺苑雌黄》、黄朝英《湘素杂记》、张镃《仕学规范》以及《古今类总诗话》称引，皆作《名贤诗话》；南宋时代，方深道《集诸家老杜诗评》以及《事实类苑》《遂初堂书目》称引，而题为《唐宋诗话》。故郭绍虞《宋诗话考》将是书误作为二书，分别为《唐宋名贤诗话》与《分门诗话》。其《宋诗话辑佚》于《唐宋名贤诗话》仅录得五则。

是书乃中国诗话分门类总之嚆矢者，是中国第一部诗话类编，比南北宋之交阮阅的《诗话总龟》还早。久佚。今韩国赵钟业教授于旧书肆得1491年之木刻本，题为《唐宋名贤诗话》，目录尚存，标明为"《唐宋分门名贤诗话》二十卷"凡三十四门，正文卷一至卷九尚存，其余俱佚。今编入《韩国诗话丛编》之中。1981年赵氏著文于台湾《中国书目季刊》第十五卷第三期（今收入其《韩国诗话研究》一书第九章），详细考证《唐宋分门名贤诗话》之版本、成书及刊行年代，认为此书成于宋熙宁六年（1073）之后到熙宁末年（1075）之前，散佚之后，直到明弘治四年（1491）秋始又刊行于世。以其内容考证，比宋人任舟《古今类总诗话》之分门者要早得多。故今人吴文治主编《宋诗话全编》亦未收录。

韩国赵钟业教授之赵氏家藏本为二十卷，目录至卷九尚存，合为一册，其余均佚。前二页有仲钧刊识之文，封页背面已剥落不存，前面漫漶

已甚,唯“唐宋名贤诗话”六字尚依稀可判读之。此本目录如下:

第一卷:品藻

第二卷:鉴诫、讥讽

第三卷:嘲谑

第四卷:纪赠

第五卷:知遇、不遇

第六卷:激赏、聪悟

第七卷:豪俊、轻狂

第八卷:迁谪、闲适

第九卷:登览、隐逸

第十卷:咏古、感兴

第十一卷:题咏

第十二卷:离别、幽思

第十三卷:伤悼、图画

第十四卷:谶兆

第十五卷:诗卜、纪梦

第十六卷:神仙、道释

第十七卷:伶伦、鬼魅、正讹

第十八卷:笺释

第十九卷:杂记

第二十卷:乐府

由此目录观之,此本正与《宋史·艺文志》所谓“《唐宋名贤诗话》二十卷”之述相吻合,分门别类,共三十四门,故亦可视为分门诗话之嚆矢也。今有蔡镇楚编《中国诗话珍本丛书》影印韩国流传本,此乃中国大陆唯一之影印本,揭开千年诗话谜团,具有补缺廓清意义。

21.《潜溪诗眼》

范温撰,一卷,残。温,字元实,号唐鉴儿,成都华阳(今属四川)人。

范祖禹之子，秦观之婿，少游词有"山抹微云"句，因自矜"山抹微云女婿"。蔡绦《铁围山丛谈》述其轶事。是书久佚，今有郭绍虞《宋诗话辑佚》本，收二十九则。非为足本，然诗论亦具一斑。晁公武《郡斋读书志》、吕本中《紫微诗话》均称其"学于黄庭坚"，故是书所论本江西诗派之见，尊杜重识，矜视诗法，着重论述杜诗风格、布局谋篇、字眼句法。观其名书者，以"诗眼"而不以"诗话"，则论诗主旨昭著矣。

"诗眼"之说，最早出自唐人诗格。唐代普惠院著名诗僧保暹《处囊诀》一卷，以禅论诗，其中"诗有眼"一则认为贾生《逢僧》"天上中秋月，人间半世灯"之"灯"字、"鸟宿池边树，僧敲月下门"之"敲"字、"过桥分野色，移石动云根"之"分"字……"乃是眼也"。所谓"诗眼"，乃诗之神光所聚者，是诗中最为传神的关键字眼。眼睛，是人的心灵的窗户；诗眼，是展现诗人心灵的窗户。透过"诗眼"，我们可以洞察诗人心灵深处的思想真谛与诗歌深层结构中的艺术底蕴。范温以"诗眼"名书，足见他对诗眼的重视。"诗眼"之说，因此而发展成为诗词艺术审美鉴赏的一种方法。这无疑是富于创造性的，在中国诗歌美学史上应占一席之地。

22.《唐诗史》

范师道撰，卷数未详，佚。师道（生卒年未详），字贯之，长洲（今属江苏）人，范仲淹之侄。是书宋以来从未见诸家著录，仅于《苏州府志·艺文志》见之，余无可考，疑为未刊或未成之作。究其内容，顾名思义，盖述唐人诗事，与《唐诗纪事》《全唐诗话》之类无别。今人郭绍虞《宋诗话考》卷下著录之。

唐诗繁荣发展，成就了一个诗歌王国。而唐诗发展演变的历史轨迹，就是唐诗史。早在宋代，范师道以"唐诗史"为题，虽然内容并未对唐诗史进行系统研究与论述，却开了唐诗史研究之先河，显示出其对唐诗进行历史研究的史家意识。

23.《刘咸临诗话》

刘和叔撰，残。刘氏（生卒年未详），字咸临，南康（今属江西）人。年少有英才，早逝，年仅二十五。黄山谷《文集》卷二十三有《刘咸临墓志铭》，称"观其诗刻厉而思深，观其文河汉而无极"，可谓推崇不已。《东坡题跋》卷一亦有《跋刘咸临墓志》文。是书为未成之作，仅数十篇。王直方《归叟诗话》云："刘咸临醉中尝作《诗话》数十篇，既醒，书四句于后曰：'坐井而观天，遂亦作天论。客问天方圆，低头惭客问。'盖悔其率尔也。"（《诗话总龟》前集卷八引）窃以为此为诗话本事，不足为据。

24.《刘真之诗话》

刘真之撰，卷数未知，佚。是书未见诸家著录，唯《四库总目提要》卷一百二十三于江少虞《事实类苑》一条称引时曾说"北宋一代遗闻逸事，略具于斯（按：指《事实类苑》），……其间若……《刘真之诗话》《李学士丛谈》等书，今皆久佚，借此尚考见一二"。郭绍虞《宋诗话考》下卷著录，亦仅引此一则，罗根泽则从未言及。

25.《潘兴嗣诗话》

潘兴嗣撰，一卷，佚。潘氏，字延之，号清逸居士，南昌新建（今属江西）人。与王安石、曾巩、王回、袁陟交游甚笃，熙宁初召为筠州推官，辞而不就。是书未见宋人著录，至清厉鹗《宋诗纪事》方称其"有文集及诗话补遗"，光绪年间重修《江西通志·艺文略》以《潘兴嗣诗话》之名著录于诗文评类，并无传本。其孙潘淳则有《诗话补遗》，后人称之《潘子真诗话》者，亦未提及此书，故郭绍虞《宋诗话考》以为是书"殆在当时已早佚矣"，此说可信。而罗根泽《两宋诗话年代存佚残辑表》却据《宋诗纪事》称之"《诗话补遗》一卷"，恐非确论。既无《诗话》，又何以《补遗》？窃以为《江西通志》著录，较为切实。

26.《闲居诗话》

未著撰者，卷数未详，佚。今有郭绍虞《宋诗话辑佚》本，得十二则，亦多见于《温公续诗话》及《中山诗话》。是书久佚，不见诸家著录。《宋诗纪事》卷九十，曾谓诗僧智圆有《闲居编》。释智圆，字无外，钱塘（今属浙江）人，俗姓徐，号中庸子，居孤山玛瑙院，与林逋为邻友。故郭绍虞疑是书系后僧侣辑录《闲居编》论诗之语而成。所辑条目，多涉诗人逸事，其中论述诗僧之诗者凡四条（如贯休、惠崇），记林逋者一条，均异于司马光及刘攽所载，疑即智圆之《闲居编》中语。

27.《蔡宽夫诗话》

蔡居厚撰，三卷，佚；今郭绍虞、罗根泽均曾辑其散佚，以《宋诗话辑佚》本最为完备，得八十七则。蔡氏，字宽夫，临安（今属浙江）人。御史承禧之子，第进士，累官吏部员外郎。《宋史》有传。蔡氏论诗，崇尚自然，注重诗境之"浑然天成"，反对用事太多，"用工太过"，认为"诗语大忌用工太过，盖炼句胜则意必不足。语工而意不足，则格力必弱，此自然之理也"。因而，他提倡诗歌"天然自在""语意自到"，力主"自然"，所论多针对晚唐以来诗风颓靡、崇尚诗格诗法之时风而发，文学批评性很强，直斥晚唐"妄立格法""用事深僻"之弊。

诗话的价值何在？是"小道""末技"，还是中国诗文化的主要载体与传播媒介？元代之后，非难诗话之声不绝于耳。然而，早在宋代，有识之士就深刻洞察到诗话的文化价值。《蔡宽夫诗话》云："古今沿革不同，事之琐末者，皆史氏所不记，唯时时于名辈诗话见之。"诗话可通史记，可补正史之缺，这是蔡宽夫的真知灼见。

28.《李希声诗话》

李錞撰，一卷，佚，今有郭绍虞《宋诗话辑佚》本，得十七条。李錞，字希声，豫章（今属江西）人。官至秘书丞。有《李希声集》。他是江西诗社人，为诗宗山谷。是书久佚，《宋史·艺文志》文史类著录，名之《李錞诗话》;而《苕溪渔隐丛话》《诗人玉屑》诸家称引,又皆作《李希声诗话》。书中多述诗事,然而从中亦可见其论诗"以风调高古为主",注重学识和人品,反对雕琢使事与"嘲风弄月"。诵芬堂影刻日本元和时期翻宋绍兴本《皇朝事实类苑》称引《李希声诗话》甚多,可资参考。

29.《三莲诗话》

员逢原撰,卷数未详,佚。逢原字资深,华阴(今属陕西)人,官至朝议大夫,有《三莲集》二十卷(《郡斋读书志》引)。其诗话未见著录,唯韦居安《梅磵诗话》卷上谓员资深有《三莲诗话》,并说"《诗话》系录本,员乃南渡前人"。这则诗话,已为郭绍虞《宋诗话辑佚》录存之。又,《宋四六话》卷二十曾引作《玉莲诗话》,实系字讹而已。

30.《潘子真诗话》

潘淳撰,一卷,残。潘淳,字子真,新建(今属江西)人,曾任建昌县尉。《江西通志》一百三十四卷有传,称其师事黄山谷,有《诗话补遗》一卷传世,盖补其祖潘兴嗣所著《诗话》之遗而作。子真论诗以黄山谷为宗,崇尚杜甫,谓"山谷尝谓余言:老杜虽在流落颠沛,未尝一日不在本朝,故善陈时事,句律精深,超古作者,忠义之气,感发而然。"重句律,探来历,讲求语意清新,气韵深隐。李之仪《赠子真诗》云"文章明镜现诸相,句律蛰户惊春雷"。可见潘子真为诗论诗,皆主江西诗派。然而,吕本中并未将其列入《江西宗派图》。有《说郛》本凡四则,今有稽留山樵《古今诗话》本,列入台湾《古今诗话续编》之中。又郭绍虞《宋诗话辑佚》本凡三十七则,罗根泽得三十五则,均非足本。

31.《洪驹父诗话》

洪刍撰,一卷,佚;今有辑佚本。郭绍虞得二十二条,罗根泽得二十六条。洪刍字驹父,豫章(今属江西)人。绍圣进士,崇宁入元祐党,靖康中为谏议大夫。金兵入汴,坐为金人括财,流放沙门岛卒。洪氏兄弟俱有才名，其中朋、刍、炎三人皆入图江西诗派，世称“三洪”，受诗法于其舅父黄庭坚。是书久佚，未见诸家著录，而《苕溪渔隐丛话》《竹庄诗话》《诗人玉屑》《诗林广记》均有录存。驹父论诗宗尚黄山谷，推尊杜子美，故此书关涉子美、山谷诗者，几近半数，注重句法、格式，讲求属对律切，称杜诗“极工，不在沈、宋下”。谓山谷诗“句法高妙”、格调“警拔”，全书多替江西诗派立言。

32.《古今诗话》

李颀撰，卷数未详。原书久佚。《宋史·艺文志》集部文史类曾著录李颀《古今诗话录》七十卷，郭绍虞《宋诗话考》疑即此书。是书有节本、辑佚本，曾慥《百家类说》节编本凡五十九则，《诗话总龟》录存三百六十六则，他如《渔隐丛话》《诗人玉屑》《诗林广记》《竹庄诗话》《全唐诗话》《优古堂诗话》《竹坡诗话》等均有称引；辑佚本有郭绍虞《宋诗话辑佚》本得四百四十四条，罗根泽得三百九十四条。

是书系诗话总集，大率录昔人旧说，自撰甚少，称之《古今诗话录》较名副其实。全书以“记事”为主，寓论诗之见于述事之中，以为茶余酒后闲谈之资，故内容庞杂，漫无中心。择其要有：(1)以意兴言诗，认为“意”须诗外求之，妙在“意出尘外”，“自古工诗未尝无兴也，睹物有感焉则有兴”，故诗歌宜重在立意感兴。(2)以含蓄论诗，提倡诗歌语言贵在含蓄，“言尽而意不尽”，即使描状花木鸟兽，也应“飘然有物外意”。(3)以鉴赏为主，采用摘句为评之法，进行大量的诗歌佳句欣赏，且主张随其所好，不拘一格，如“宗莒公好玉谿诗，不爱韦苏州。晏元献取少陵多，取太白少”然，不必强人使同己。

33.《王明之诗话》

王仲甫撰，卷数未详，佚。《宋史纪事》卷二十九云：“王仲甫，字明之，岐公之从子，少年以词赋登科。”吴骞《拜经楼诗话》卷一亦云：“宋王仲甫字明之，岐公犹子也。翰墨著于一时。”又，龚明之《吴中纪闻》亦载此事。而所著之诗话，唯见《遂初堂书目》文史类，他书皆未见称引。

34.《优古堂诗话》

吴幵撰，一卷，存。吴氏，字正仲，滁州（今属安徽）人。绍圣中宏词科，靖康中官翰林承旨，主和金人，为误国庸臣，后被窜谪而死。所撰诗话《四库全书》收入诗文评类，《宋史·艺文志补》《续通志》等皆有著录，宋时无刻本，辗转传抄而得流传。今中国国家图书馆藏有明抄本、清抄本各一部。清抄本有清鲍廷博校、章悰、蒋凤藻跋，又有《历代诗话续编》本，凡一卷，一百五十四条。

所论以北宋诗人诗作为主，间及唐人，内容多系考证诗中用事出处，为江西派诗话中别开生面的考据型论诗之著。后世论者因之以为无足可取，《四库总目提要》称其"夺胎换骨，翻案出奇，作者非必尽无所本。实则无心暗合，亦多有之。必一句一字求其源出某某，未免于求剑刻舟"。指斥未免过甚。

35.《纪诗》

佚名撰，卷数未详，佚。《诗话总龟》前集引此书，凡九条。郭绍虞、罗根泽曾辑其所佚。罗得九条，辑为一卷，并于《两宋诗话存佚残辑表》中径引为苏轼所撰；郭得六条，收入《宋诗话辑佚》之中，并认为"实则《纪诗》为东坡未完成之作，自经后人增益窜乱，则更不能视为东坡所著矣"（《宋诗话考·纪诗》）。二说是非，很难裁定。观《纪诗》佚文，多记东坡诗事，内容往往亦见《东坡题跋》之中，窃以为后人纂辑之作，未尝"东坡自撰之诗话"也。

36.《西清诗话》

蔡絛撰，三卷，存。絛（生卒年未详），字约之，别号无为子，兴化仙游（今属福建）人。蔡京之子，京为太师，事悉决于絛；京败，絛亦窜谪而死。

是书《宋史·艺文志》《直斋书录解题》《通考·经籍考》著录，均为三卷。后有《季沧苇书目》抄本无卷数，《艺风堂藏书记》抄本二卷，《述古堂书目》《近古堂书目》抄本三卷，藏于复旦大学图书馆。

蔡氏论诗，以苏轼、黄庭坚为本，属变化自得，反对“百首如一首，卷初如卷终”似的“不能变态”之作，认为“作诗者陶冶物情，体会光景，必贵乎自得”。书中颇多新见，如“作诗用事要如禅家语，水中着盐，饮水乃知盐味”，“诗家当要有情致，抑扬高下，使气宏拔，快字凌纸”，“少陵、太白当险阻艰难，流离困踬，意欲卑而语未尝不高，至于罗隐、贯休得意于偏霸，夸雄逞奇，语欲高而意未尝不卑”之论，皆有自得，为后人所宗。故郭绍虞《宋诗话考》曾针对曾敏行《独醒杂志》卷二对蔡絛之非议，指出：“是彼于苏黄势替之后，不党于其父，而独崇元祐之学，亦可谓特立独行者矣。”

是书今有辑佚本。郭绍虞《宋诗话辑佚》本得百十二条，罗根泽得百零七条，仍作三卷。台湾广文书局《古今诗话续编》据明抄本影印，仍为三卷，注明“无为子撰”。此明抄本，蔡镇楚石竹山房珍藏，今有蔡镇楚《中国诗话珍本丛书》北京图书馆出版社 2004 年影印本。

37.《蔡百衲诗评》

旧题蔡絛撰，卷数未详。宋以来皆未见诸家著录，仅《苕溪渔隐丛话》及《竹庄诗话》录存一条。胡仔云“《西清诗话》，蔡百衲絛所撰也，已尝行于世矣。余旧录得百衲所作《诗评》，今列于此”，而何汶《竹庄诗话》卷一称引则直录《蔡百衲诗评》之名。然而，此书之有无，尚无定论。所录存之诗条，以两点论，两分法，综论王维、李白、杜甫、苏轼、黄山谷等唐宋十四家诗风，指出其长短得失，瑕瑜互见，议论颇多新见。云：

> 柳子厚诗，雄深简淡，迥拔流俗，至味自高，直揖陶、谢；然似入武库，但觉森严。王摩诘诗，浑厚一段，覆盖古今；但如久隐山林之人，徒成旷淡。杜少陵诗，自与造化同流，孰可拟议；至若君子高处

廊庙，动成法言，恨终欠风韵。黄太史诗，妙脱蹊径，言谋鬼神，唯胞中无一点尘，故能吐出世间语；所恨务高，一似参曹洞下禅，尚堕在元妙窟里。东坡诗，天才宏放，宜与日月争先，凡古人所不到，发明殆尽，万斛泉流，未为过也；然颇恨似朔极谏，时杂以滑稽，故罕逢酝藉。韦苏州诗，如浑金璞玉，不假雕琢成妍，唐人有不能到；至其过处，大似村寺高僧，奈时有野态。刘梦得诗，典则既高，滋味亦厚；但正若巧匠矜能，不见少拙。白乐天诗，百擅天然，贵在近俗；恨如苏小，虽美，终带风尘。李太白诗，逸态凌云，照映千载；然时作齐梁间人，体段略不近浑厚。韩退之诗，山立霆碎，自成一法；然譬之樊侯冠佩，微露粗疏。柳柳州诗，若捕龙蛇、搏虎豹，急与之角而力不敢暇，非轻荡也。薛许昌诗，天分有限，不逮诸公远矣；至合人意处，正若刍豢时复，咀嚼自佳。王介甫诗，虽乏风骨，而翻出清新，方似学语之小儿，酷令人爱。欧阳公诗，温丽深稳，自是学者所宗；然似三馆画手，未免多与古人传神。杜牧之诗，风调高华，片言不俗；有类新及第少年，略无少退藏处，固难求一唱而三叹也。右此十四公，皆吾生平宗师追仰所不能及者，留心既久，故闲得而议之。至若古今诗人，自是珠联玉映，则又有不得而知也已。

（《苕溪渔隐丛话》后集卷三十三）

这种评论，在中国诗话史上实属创见，对后世诗话的意象批评影响深远，甚是难得。

38.《**金玉诗话**》

旧题蔡絛撰，一卷，残。此书有节本，《说郛》本存十则，《古今诗话》本又合其中二则为一，而作九则。日人近藤元粹据之而辑入《萤雪轩丛书》之中，题“宋阙名”，而不署“宋蔡絛撰”，较为谨慎。今人郭绍虞曾以《金玉诗话》节本与《西清诗话》进行核对，通过比较，“遂以为《西清》《金玉》同为一书”（《宋诗话考》卷中）。此外，罗根泽《两宋诗话存佚残辑表》

亦云“今案即《西清诗话》”。然而,二说能否成立,尚待进一步考证。台湾广文书局《古今诗话续编》影印稽留山樵《古今诗话》卷三录存《金玉诗话》,仅九则,题下注“阙名”。

39.《汪信民诗话》

汪革撰,一卷,佚。汪革,字信民。临川(今属江西)人,试礼部第一,分教长沙。有《清溪类稿》《论语直解》等。张泰来《江西诗社宗派图录》称其有“《诗话》一卷”。考陈振孙《直斋书录解题》称汪革有《清溪集》十卷,《附录》一卷,郭绍虞《宋诗话考》猜测此《附录》“即其诗话也”。

40.《王直方诗话》

王直方撰,六卷,佚。曾慥《百家类说》有节编本,凡一卷五十二条;《苕溪渔隐丛话》《诗话总龟》《诗人玉屑》等称引甚多,郭绍虞、罗根泽有辑佚本,郭得三百零六条,罗得二百八十条,仍编作六卷。王直方(1069—1109),字立之,号归叟,汴京(今属河南)人。舍人王棫之子,补承奉郎。力学汲古,家藏万卷,书室名定至斋。他是江西诗社人,山谷极爱其文,尝云:“固若琼枝琪树,常欲在人目前”。《王直方诗话》异名甚杂,《郡斋读书志》《遂初堂书目》均作《归叟诗话》,《诗林广记》《南溪笔录群贤诗话》等作《王立之诗话》,吴曾《能改斋漫录》卷三作《兰召诗话》,方深道《诸家老杜诗评》称作《归叟诗文发源》,王构《修辞鉴衡》又作《诗文发源》。还有更称为《王子立诗话》《王子直诗话》者,恐为误称,因子立非王直方之字,与二苏诗所称之王子立,盖别一人。是书论诗宗杜,认为杜甫“才力富健”,谓“不行一万里,不读万卷书,不可看老杜诗”。书中多述诗事,直录苏黄语录,论诗语甚少,即论诗之语,亦多系转述他人,自得甚少,又失考据,多为后人纠谬。然而,于述事和佳句摘引之中,亦偶见其论事好恶,诸如关于杜诗“著意深远”“诗贵圆熟”“诗不厌多改”之见,以及他恪守贺方回论诗信条:“平淡不流于浅俗,奇古不邻于怪癖;题咏不窘于物象;叙事不病于声律;比兴深者通物理;用事工者如己出；格见于成篇，浑然不可镌；气出于言外，浩然不可屈。”这些诗见，吉光片羽，亦足可取。

41.《冷斋夜话》

释惠洪撰，十卷，存，又作《冷斋诗话》，而《郡斋读书志》《直斋书录解题》《宋史·艺文志》诸家著录，多入小说家类、《四库》亦入杂家类，毛晋跋文亦称之“小说家言”。惠洪(1071—1128)，一名德洪，字觉范，筠州(今属江西)人。云游湖湘，曾为岳麓山赫石坡之景德寺住持，是“石门文字禅”的开创者，嗜茶，工诗文，为宋代诗僧之冠，是“诗禅论”和“茶禅论”两大学说的积极倡导者。

《四库提要》称“是书杂记见闻而论诗者居十之八，论诗之中，称引元祐诸人又十之八，而黄庭坚语尤多。盖惠洪犹及识庭坚，故引以为重”。所论甚允，然而自宋以来，多所非难，斥之有“假托伪造之迹”，“剽窃之弊”。窃以为惠洪论诗虽以“苏黄”为宗，左袒元祐，而所论已超越闲谈记事之藩篱，识见甚广，议论极深。惠洪论诗力主含蓄天然，指出诗有“句含蓄”“意含蓄”“句意俱含蓄”，要求诗歌“得于天趣”，“其妙意不可以言传”，如唐僧“比物以意”式的“象外句”然，“其气韵无一点尘埃”。

是书有《稗海》《说郛》本，毛氏汲古阁本；今中华书局有陈新点校与《风月堂诗话》《环溪诗话》合刊本，并新辑佚文二十八则，蔡镇楚石竹山房藏。

42.《石门洪觉范天厨禁脔》

释惠洪撰，三卷，存。《郡斋读书志》著录于小说类，《四库全书》则收录于诗文评类。

是书专论诗格，宋人病之甚烈：《苕溪渔隐丛话》谓其“论诗若此，皆非知诗者”；严羽《沧浪诗话》更斥“《天厨禁脔》最害事”。窃以为宋人未公，是书以唐宋名人诗句为式，专论诗法、诗格。总结出二十余种诗法、句法、韵法，创见甚多，补《冷斋夜话》诗论之不足。是书明确提出诗有

“三趣”（即奇趣、天趣、胜趣）之说，谓“奇趣”即“脱去翰墨痕迹，读之令人想见其处”；“胜趣”者，指“吐词气宛在事物之外”；“天趣者，自然之趣耳”，“如水流花开，不假功力”。这则是对《冷斋夜话》提出“天趣”“奇趣”的补充和深化。

惠洪论诗重含蓄，是书曾列说“含蓄法”“绝弦句法”“比物句法”等；他如所谓 “颔联法”“琢句法”“用事法”“对句法”“造语法”“赋题法”“遗音句法”“押韵法”“顿挫掩抑法”等等，虽不无杜撰、臆想之迹，然亦资参证，可备一说，后学不该轻视之。是书有明抄本及明活字印本，中国国家图书馆藏本。

43.《历代吟谱》

蔡传撰，五卷，存。传（生卒年未详），字永翁，兴化仙游（今属福建）人。蔡襄之孙，父蔡旬早逝，母刘氏抚教至于知书。历朝奉郎，通判南京留守司。年四十三致仕，奉亲以归。是书《四库存目》作五卷本，始西汉以及唐宋，总录历代诗人，间有所评。卷末有清厉鹗跋文，云此书尝有麻纱刻本，节略不全。其叙次当以汉迄唐为第一卷，宋为第二卷，名僧为第三卷，闺秀为第四卷，武人为第五卷。今本序次，殆与跋同。此外，又有明抄本，凡八卷，存，暨南大学图书馆藏本。

44.《松江诗话》

周知和撰，卷数未知，佚。周氏，钱塘（今属浙江）人，曾为吴江县尉。据郭绍虞考证，知和当为周邦彦之族弟，周辉《清波杂志》称之为从叔。此书仅王楙《野客丛书》和吴景旭《历代诗话》称引之，未见诸家著录。今人郭绍虞收入《宋诗话辑佚》之中，仅得三则，纯系诗事而已。

45.《垂虹诗话》

周知和撰，一卷，佚。是书唯《宋史·艺文志》著录于小说类，黄畲《山谷先生年谱》及《山谷诗外集》卷二史容注称引之。据郭绍虞《宋诗话考》,此书之名“垂虹”,一是《吴郡志》称“吴江有垂虹亭,以新桥得名”,二是知和曾撰《垂虹赋》,皆与周知和曾作吴江县尉有关。窃以为言之有理,是可信也。其佚文仅二则,今郭绍虞收入《宋诗话辑佚》之中。

46.《漫叟诗话》

佚名撰,卷数未知,残,有《说郛》节本,一卷,凡十二则,日人近藤元粹收入《萤雪轩丛书》之中,又收入台湾《古今诗话续编》中的《古今诗话》之内,今有辑佚本,郭绍虞、罗根泽据《渔隐丛话》《诗林广记》《诗人玉屑》《竹庄诗话》《草堂诗话》等书称引,皆辑得六十一则诗话。是书作者无从考证,郭绍虞根据张邦基《墨庄漫录》卷九,疑为李公彦所撰。窃以为论据不足,是非难断。是书多述诗事,漫无主旨,似重格韵,讲究用事。如称“东坡最善用事,既显而易读,又切当”,不失为“天然奇作”,又引东坡《和李公择诗》谓其“用事亲切如此,他人不及”。是书于诗歌用事之考订甚矣,盖为考据型诗话,与《优古堂诗话》同列。明稽留山樵收入《古今诗话》卷四,今有台湾广文书局《古今诗话续编》影印本,蔡镇楚石竹山房藏。

47.《诗事》

佚名撰,卷数未详,佚。是书未见诸家书目著录,唯何汶《竹庄诗话》称引甚多。郭绍虞《宋诗话辑佚》本,仅得十五则。是书所述皆北宋时事,以记事为主,对唐宋诗人诗作亦多评点,注重含蓄,认为郑汶宝咏柳有“余意”,“终篇了不道柳,唯一‘系’字是工夫”,对于“颇有情致”,“诗意俱新”之作,颇多褒扬。有人设疑尤袤《遂初堂书目》所引《叙事诗话》或吴曾《能改斋漫录》所引《吕氏诗事录》即此书(郭绍虞《宋诗话考》)。罗根泽《两宋诗话年代存佚辑表》则云:《吕氏诗事录》一卷,吕某撰。书中详于苏黄元祐诸人。并于备注中明确指出:“《竹庄》作《诗事》,《漫录》作《吕氏诗事录》。”据此,《诗事》与《吕氏诗事录》则一书矣。

48.《**吕大有诗话**》

吕大有撰，卷数未详。大有（生平事迹不详），寿州（今属安徽）人。《紫微诗话》载，知其为吕本中之从叔。该诗话有二则述及吕大有：一谓“叔祖待制公尝与宾客饮酒，时大有尚幼，侍侧。叔祖令大有作四声，大有应声云：‘微雨变雪。’”又一则谓“从叔大有少时诗云：‘范雎才拊穰侯背，蔡泽闻之又入秦’。不减王荆公得意时也。”是书仅屈复《玉溪生诗意》所附《玉溪生诸家诗评》称引一则，名之《吕大有诗话》。郭绍虞《宋诗话考》“疑无此书”。不得确证，录此存疑而已矣。

49.《**诗谈**》

佚名撰，十五卷，残。南宋尤袤《遂初堂书目》著录之，未著撰者及卷数；《宋史·艺文志》文史类编录，作十五卷，亦无撰者。今有《说郛》删节本，一卷，仅七则，分录任昉《文章缘起》、白居易《与元九书》、沈括《梦溪笔谈》《唐书·文学·宋之问传》、李肇《国史补》、司马光《温公续诗话》、欧阳修《归田录》之述，重在论辞，与《诗事》性质有别，无一己见，属辑录体诗话之早者。明稽留山樵收于《古今诗话》卷七之中，今有台湾《古今诗话续编》影印本。

50.《**汉皋诗话**》

张氏撰，卷数未详，残。尤袤《遂初堂书目》文史类著录，未著撰者及卷数。《苕溪渔隐丛话》后集卷三十三所引《复斋漫录》一条称“汉皋张君《诗话》，谓鲍当咏《孤雁》云：‘更无声接续，空有影相随。’当时号为‘鲍孤雁’”。周煇《清波杂志》谓：“顷得诗话一编，目曰汉皋，王季羔端朝尝借亲为是正，亦言不知何人作。”是书作者，宋人亦未能考。是书久佚，今所传有《说郛》残本，仅十一则；郭绍虞《宋诗话辑佚》本，得十五则。是书多编于考据注释，尤以校正杜诗为多，治学严谨，亦有所得。另有一卷本，台北“故宫博物院”藏，收入台湾广文书局《古今诗话续编》之中。

51.《高斋诗话》

曾慥撰，卷数未详，佚。曾慥（生卒年未详），字端伯，号至游居士，晋江（今属福建）人。官尚书郎，直宝文阁，奉祠家居，集《百家类说》凡六百二十余种，宋人诗话多赖以录存。所撰《高斋诗话》未见著录，《渔隐丛话》《诗话总龟》《诗人玉屑》《诗林广记》《野客丛书》《竹庄诗话》《韵语阳秋》《云麓漫钞》《云谷杂记》《宋诗纪事》《历代诗话》《词林纪事》诸书均多称引。曾有《高斋漫录》二卷，《高斋诗话》或许为后人从《漫录》辑出别行。《福建通志·艺文志》著录于诗文评类，作一卷。今郭绍虞搜罗散佚，得二十五则，收入《宋诗话辑佚》之中，《宋诗话考》又云从李壁《王荆文公诗笺注》卷四十《池上看金沙花诗》注中得《高斋诗话》佚文一则，"复补辑之"。是书偏于考订名物故实，于诗人诗句，亦略作品评，然而诗学之见，则苦于未可细绎矣。

52.《许彦周诗话》

许顗撰，一卷，存。《直斋书录解题》著录于文史类，《四库全书》收入集部诗文评类。许顗（生卒年无考），字彦周，襄邑（今属河南）人。是书亦称《彦周诗话》，凡一百三十七条，《四库全书简目》称其"论诗宗元祐之学，故所述苏黄绪论为多。其品弟诸家，颇为有识。唯掺杂以神怪之说，自秽其书，为深可惜耳"。此评较为妥当。

是书之价值，不在于论诗，而在于论诗话，为诗话正名。许氏于卷首自序云："诗话者，辨句法，备古今，记盛德，录异事，正讹误也；若含讥讽，著过恶，诮纰缪，皆所不取。"

诗话之体，自欧阳修创始，以"资闲谈"为宗旨，以"记事"为内容。至许顗《许彦周诗话》问世，说明宋人对诗话的认识有了新的飞跃。所谓"辨句法"，是讲诗学方法；"备古今"，是说诗学源流；"正讹误"，是言诗学利病；而"记盛德"，是指诗学观念。《易·系辞上》云："日新之谓盛德。"所谓"盛德"，旧指美盛的品德而言。许顗认为，"记盛德"应作为诗话的一种社会职能，歌颂美盛之德，不"含讥讽"，不"著过恶"，不"诮纰谬”。显然，这在当时是颇有权威性的诗学观念。许顗对“诗话”的解释，反映出宋人从事诗话创作的思想空间已有新的开拓，不啻扩大了诗话创作的领域，亦说明诗话在其演进过程中已进入有为而作的“自觉”时代。由此意义而言，《许彦周诗话》属于中国诗话史的一座里程碑。是书有《百川学海》本、《说郛》本、《稗海》本、《津逮秘书》本、《历代诗话》本、《萤雪轩丛书》本，均为一卷。明人焦竑《国史经籍志》曾作二卷，所据未详。

53.《唐子西诗话》

唐庚述，强行父记，一卷，存。唐庚（1069—1120）字子西，眉山（今属四川）人。绍圣进士，为宗子博士，擢京畿常平。后因为张商英赋《内前行》而被贬惠州，赦归，卒于返蜀途中。《宋史》卷四百四十三有传。强行父（1091—1157），字幼安，余杭（今属浙江）人。曾官睦州、宣州通判。行父曾与唐庚同寓京师，庚卒后，行父以其平日论诗谈文口述追记而成《唐子西文录》，实为语录体诗话之作。王若虚《滹南诗话》卷二即称之为《唐子西语录》。郭绍虞亦谓“是为语录通诗话之始”（《宋诗话考》卷一）。后《季沧苇书目》著录时，也曾改《文录》为《唐庚诗话》；《千顷唐书目》又称司马泰《古今类说》讲唐庚论诗文之语别为二种：一曰《唐庚文录》，二曰《唐子西诗话》。《唐子西诗话》一卷，凡三十五条，论诗力主杜甫、苏轼，认为“六经以后，便有司马迁，三百五篇之后，便有杜子美。六经不可学，亦不须学，故作文当学司马迁，作诗当学杜子美”。而东坡诗“叙事言简而意尽”，用字传神。他指出：“诗，最难事也。”主张诗歌以“浑然天成”为妙。这是有见地的。然而，他又提倡“收拾诗材”，多读书，“以资为诗”，也就不免打上苏黄诗风之印记。

是书有明人何文焕《历代诗话》1980年中华书局校点本。

又《文录》一卷，题宋强行父撰。存，清曹琰抄本。又一部，唐庚撰，明阳山顾氏刻文房小说本。中国国家图书馆藏。

54.《石林诗话》

叶梦得撰，三卷，存。《直斋书录解题》著录于集部文史类，《四库全书》收入集部诗文评类。叶梦得（1077—1148），字少蕴，号石林居士，吴县（今属江苏）人。《宋史》卷四百四十五有传。梦得乃晁无咎之甥，《四库提要》称其诗话出于党见，“论诗推重王安石”，而于欧阳修、苏轼诗“皆有所抑扬”。窃以为此论未尽公允。叶公论诗“以气格为主”，要求诗歌创作做到“意与言会，言随意遣，浑然天成”，反对苏黄“用事”之法，批评江西派片面追求语工字奇之诗风。因而，他指出诗家妙处，在于“缘情体物”，强调诗歌贵含蓄，贵自然，如“初日芙蕖”，似“弹丸脱手”。

是书开创以禅论诗之先河。全书九十则诗话，虽沿袭“闲谈”“记事”之诗话格局，却于述事中不乏精到之见。特别是谓“禅宗论云间有三种语：其一谓随波逐浪句，其二谓截断众流句，其三为涵盖乾坤句”，而“老杜诗亦有此三种语，但先后不同”。郭绍虞认为“是为沧浪以禅喻诗之所出”，其论诗宗旨对南宋诗禅之说，影响极大，堪称创见。

是书有一卷、二卷、三卷本之分：《直斋书录解题》《津逮秘书》《四库全书》均作一卷；《文献通考·经籍考》《浙江通志·经籍考》则作二卷；而《百川学海》《历代诗话》《萤雪轩丛书》等又作三卷。今有：

《石林诗话》三卷，宋叶梦得撰；附录一卷，清叶廷琯辑。清道光二十四年（1844）叶孝培等刻本，叶廷琯校并跋，南京图书馆藏。

《叶梦得诗话》三卷，宋叶梦得撰。影印元抄本，叶德辉跋，湖南图书馆藏。

《叶先生诗话》三卷，宋叶梦得撰。元陈仁子刻本，中国国家图书馆藏。又一部，清影印元抄本，清叶廷琯校，上海图书馆藏。又一部，清抄本，中国国家图书馆藏。

55.《竹坡诗话》

周紫芝撰，一卷，存。《遂初堂书目》作《周少隐诗话》，又有称《竹坡老人诗话》。周紫芝（1082—？），字少隐，号竹坡居士，宣城（今属安徽）

人。绍兴年间进士,曾任枢密院编修官,又出知兴国军。著《太仓稊米集》七十卷。

是书《宋史·艺文志》与《四库全书》皆著录于集部诗文评类。凡八十二条,《国史经籍志》《也是园书目》《百川学海》《萤雪轩丛书》均作三卷,他如《津逮秘书》本、《宋诗话十种》本、《历代诗话》本、明刻《诗话八种》本等,又多作一卷。卷数虽异,内容相同。周氏论诗宗"苏黄",为江西诗派张目。全书多以考证诗歌故实、词句出处,力推苏轼、黄庭坚祖述前人作语的"点化"之功,称颂其不愧为"诗中三昧手""点铁成黄金手"。

郭绍虞《宋诗话考》云:"盖紫芝诗论不外二病:其一,在称扬时人而轻议古作,如以东坡文潜诸人咏梅之诗为远胜和靖之类。此殆与其以诗媚秦桧父子同一作用,人品既卑,识亦随之,固宜其品评之鲜当矣。其二,则泥于江西诸人点化之说而益趋极端,遂不免重在一字争奇,求之过细,斯失之愈凿耳。"指瑕亦可谓甚矣。然而,《四库简目》却称其论诗"考证品评多有可取"。周氏主张"作诗正要写所见耳,不必过为奇险";又提倡"平淡"诗风,认为"作诗到平淡处,要似非力所能"。这两点还是可取的,不宜全盘否定之。

《竹坡老人诗话》一卷,明弘治无锡华珵刊本,台北"故宫博物院"藏。

56.《诗谳》

周紫芝撰,不分卷,存。是书今有台湾《古今诗话丛编》影印本,题下署名"宋宣城周紫芝少隐录"。蔡镇楚石竹山房藏。今有2004年北京图书馆出版社出版的蔡镇楚《中国诗话珍本丛书》影印本。上海刘德重称其为"伪书"。

"乌台诗案"是典型的文字狱,是对苏轼等人的政治迫害。是书专门为苏轼"乌台诗案"而作,详细记录迫害者"深文周纳"的细节与经过,属于案件档案性质。前有二案,并引王定国《甲申杂记》、姚宣《闻见录》等,以说明苏东坡"乌台诗案"始末;后又有周紫芝书后记,云:"翰林苏公以元丰二年八月十八日属吏十二月二十七日狱成，有旨责授检校水部员外部充黄州团练副使。公就逮百有余日，凡御史追捕訊鞫之辞，率坐诗语讥谤。故当时款牍好事者往往争相传诵，谓之《诗谳》。”谳，平议也。诗谳，则以诗审判定案也。作者辑录东坡《山村绝句》《塔前古桧》等二十一首诗，或以“谳案”形式，或引诗话文献等，逐首加以说明苏诗讥谤朝政之意。如《山村绝句》“谳案”云：“此诗意言是时贩私盐者多带刀仗，故取前汉龚遂令人卖剑买牛、卖刀买犊，曰：‘何为带刀佩犊？’意言但得盐法宽平，令民不带刀剑而买牛犊则民自力耕，不劳劝督，以讥盐法太峻不便也。”虽然“谳案”如此穿凿附会，妄加罪名，而其历史文献价值，以此昭著矣。

57.《乌台诗案》

朋九万撰，一卷，存。朋氏，生卒里贯家世未详。此编述苏轼之乌台诗案，与周紫芝《诗谳》大同小异。异者有三：一是仅录苏诗十二首，比《诗谳》少九首；二是不采用“诗案”字样，仅作诗解；三是前后无序跋之类。此书多为后人称引，今有台湾《古今诗话续编》影印明稽留山樵《古今诗话》本，又一部，清乾隆三十九年(1774)青芝山堂藏花马氏本，一册，湖南图书馆藏。

58.《蓉塘诗话》

不著撰人，卷数不详，原书久佚。唯厉鹗《宋诗纪事》卷九十六有所录存，袁枚《随园诗话》卷一亦称引一条，题名曰宋《蓉塘诗话》，故此述虽与明人姜南《蓉塘诗话》同名，亦可知其为二述也。是书多述宋人诗事，如赋梅花以梅喻陈蒙，见其巧；“出韵不驻思”，见其捷。又讥白太傅在杭州，“忆妓诗多于忆民诗”，袁枚斥之为“苛论”与“腐论”。

59.《紫微诗话》

吕本中撰，一卷，存。本中（1084—1145），字居仁，号紫微，祖籍东莱，寿州（今属安徽）人。吕希哲之孙，好问之子。绍兴六年赐进士出身，历官中书舍人，权直学士院，故诗家称之“吕紫微”，诗话亦以为名，或称《东莱诗话》《东莱吕紫微诗话》。以忤秦桧而去官，以著述、讲学自娱。卒，谥文清。《宋史》卷三百七十六有传。

是书《郡斋读书附志》著录于杂说类，而《四库全书》收入集部诗文评类，其《提要》称《紫微诗话》“大致以论诗为主，其学出于黄庭坚”。《四库简目》又称“其学源出豫章，而所论不主一家，亦不主一格”。综观全书，凡九十八条，以记述家世旧闻和宋代诗坛杂事为主，论诗而及事者居多，基本倾向系传承江西诗派，宗杜，师山谷，主张“专学老杜”。要求“字字有来处”。吕本中是江西派之骨干，曾撰《江西诗社宗派图》，以黄庭坚为宗主，列陈师道等二十四人于后，“江西诗派”之名因此而生。但吕氏并不固守江西诗派衣钵，能较清醒地认识到“江西派”诗风之弊，提倡“活法”说，创作以及诗见，都较为通脱开朗，南渡后的悲慨时事之作，尤趋于沉痛苍凉。

是书有《说郛》残本，足本有《百川学海》本、明冯忠刊《宋诗话五种》本，《津逮秘书》本、《历代诗话》本、《萤雪轩丛书》本，其中《百川学海》《萤雪轩丛书》为最佳。

60.《童蒙诗训》

吕本中撰，一册，佚。明叶盛《菉竹堂书目》卷四，杨士奇《文渊阁书目》卷十均著录之，列入宋人诗话。吕氏原有《童蒙训》三卷，系蒙训课本。明人辑其论诗之语而为《童蒙诗训》，极论诗文必“以苏黄为法”。是书久佚，今有郭绍虞《宋诗话辑佚》本，凡七十五条。作为吕氏诗训，其论诗主旨则在于崇尚“苏黄”，师法“苏黄”。他指出：“自古以来，语文章之妙，广备众体，出奇无穷者，唯东坡一人，极风雅之变，尽比兴之体，包括众作，本以新意者，唯豫章一人。此二者，当永以为法。”全书以论诗学为主，不录诗事，综论古今诗人诗作，述论切实，颇多精当之见。郭绍虞《宋诗话考》又据张镃《仕学规范》补辑之，得十一条，共计辑得八十六条。

61.《风月堂诗话》

朱弁撰，二卷，存。弁（1085？—1148），字少章，号观如居士，徽州婺源（今属江西）人。建炎元年（1127）以通问副使赴金，被拘于金凡十七年。绍兴十三年（1143）始与洪皓、张邵南归，易宣教郎、直秘阁。《宋史》卷三百七十三有传。

是书系朱弁使金被拘时所作，《四库提要》称其"度宗时始传至江左"，故晁公武《郡斋读书志》与陈振孙《直斋书录解题》未及著录，《四库全书》收入集部诗文评类。作者《自序》云："予复以使事羁绊漯河，阅历星纪，追思曩游风月之谈，十仅省四五，乃纂次为二卷，号《风月堂诗话》。"据此，窃以为《风月堂诗话》乃忧患之作也，未可等闲视之。

朱弁论诗，一反江西派故态，以得为贵，而不以用事为高。他指出："诗人胜语，咸得于自然，非资博古。"认为"古今胜语，皆自肺腑中流出"，像老杜诗一样，"句法妙处，浑然天成，如虫蚀木，不待刻雕，自成文理"。北宋诗坛，"苏黄"并称，而朱弁不以为然，认为苏胜于黄，立论依据则在于论诗主"自然"，在于山谷诗"拘挛补缀"，非"自然之妙"。此等诗见，于"苏黄"诗风嚣尘之北宋，并不多见。

是书二卷，凡七十条，有《宝颜堂秘笈》本、《诒经堂藏书七种》本。今有中华书局1988年陈新校点与《冷斋夜话》《环溪诗话》合刊本。南京图书馆所藏兰丝栏抄本，名之《风月楼诗话》，据郭绍虞《宋诗话考》以为作"楼"者当误。今有北京图书馆出版社2004年蔡镇楚编《中国诗话珍本丛书》影印本。

62.《诗话总龟》

阮阅编撰，十卷，佚；重编本，前后集凡一百卷，存。版本甚富，至今易见者是《四部丛刊》影印明月窗道人刊本。中国国家图书馆与南京图书馆藏有一百卷的明抄本，抄手拙劣；台湾图书馆藏有《天禄琳琅书目》著录之本，“抄手极工”；清江阴谬荃孙手校的九十八卷明刊本，藏于中国国家图书馆，十册；宋褚斗南编《诗话总龟》六十卷明影宋抄本，十二册，藏于台湾图书馆；此外，浙江图书馆又藏有《增修诗话总龟》十二卷，清初抄本；人民文学出版社又有1987年周本淳校点《诗话总龟》本，精当全面，别成一新面貌矣。

阮阅（生卒年未详），字闳休，又字美成，自号散翁，又号松菊道人。庐州舒城（今属安徽）人。元丰八年（1085）进士，知巢县，宣和中知郴州，建炎元年（1127）以中奉大夫知袁州，有政绩。喜吟咏，时号“阮绝句”，有《郴州百咏》二卷。后致仕，居于宜春，以撰述自娱，辑纂《诗话总龟》十卷。原名《诗总》，后为人补辑成前后二集，各五十卷，刊于闽中，易名为之曰《诗话总龟》，亦称《百家诗话总龟》。今之流传本又经明宗室月窗道人改编，名《增修诗话总龟》，前集四十八卷，后集五十卷。

此书名为“诗话”，实是杂录。前人多以此为中国诗话类编之首创者，殊不知此前之北宋亦有《唐宋名贤分门诗话》之编。而此编之价值在于：一是重在诗坛掌故和诗人轶事之掇拾，以事为纲，分门别类，注明出处，所引著作多已失传，零章断简或片语只言，全赖以仅存，具有重要的史料价值。二是门类齐全，保存有许多鲜为人知的著述。据其前集卷《集一百家诗话总目》所列，自陶岳《零陵总记》、毕田《湘中故事》以下就是二种，多系历史、地理、小说、随笔、考证之作，真正标名“诗话”者仅仅八部。这就混淆“诗话”之体与笔记小说之界限，说明宋人对“诗话”之认识，还是比较粗浅的。然而，是书最为疏驳芜杂，后集分到六十一门，尤为杂乱无章，重复枝蔓之病，随处可见。

63.《艺苑雌黄》

严有翼撰，原二十卷，佚；今十卷，亦题严氏撰，实为伪书。严有翼（生卒年未详），建安（今属福建）人。绍兴间曾为泉、荆二郡教官。是书本非论诗之著，论文谈艺，无所不包。故陈振孙《直斋书录解题》著录于子部杂家类，《宋史·艺文志》改收集部文史类，《四库提要》则著录于集部诗文评类存目，作十卷。此书所论“大抵辨正讹谬，故曰雌黄”。其中驳难讥诋坡公尤烈，故洪迈《容斋五笔》曾载严有翼《艺苑雌黄》语，名其篇曰“辨坡”。然而，有翼论诗又服膺于江西诗派，力主“脱胎换骨”“无一字无来处”之说，认为江西派“为文皆有所本”，讲求“用事”出处，并提出“反用故事法”和“蹉对法”，追求“一字两用”之工。

今所存有《说郛》节本，仅八条，日人近藤元粹收入《萤雪轩丛书》中。罗根泽、郭绍虞曾辑其所佚，罗得八十一条，郭得八十四条，收入《宋诗话辑佚》中。又有稽留山樵《古今诗话》摘录本，仅录《金错刀》等八则，收入台湾广文书局《古今诗话续编》之中。

64.《杜诗笺》

黄庭坚撰，不分卷，存。是编内容如题，注释杜诗。作者摘录杜诗凡六十条，诗下笺注，称引甚广，语言简练，当为宋人“千家注杜”之一种。

明稽留山樵将其收入《古今诗话》卷八，今有台湾《古今诗话续编》影印本。蔡镇楚石竹山房藏。

65.《苕溪渔隐丛话》

胡仔撰，存。胡氏（1095？—1170）字元任，自号苕溪渔隐，徽州绩溪（今属安徽）人。以父荫仕，授迪功郎，两浙转运使，官至奉议郎。后卜居吴兴苕溪，以渔钓自适，因《苕溪渔隐丛话》名世。

是书系北宋诗话总集，采录诗话约六十四种。分前后二集，凡一百卷。前集六十卷，成书于宋高祖绍兴十八年（1148）；后集四十卷，成稿于宋孝宗乾道三年（1167）。《遂初堂书目》与《直斋书录解题》均著录于文史类,《宋史·艺文志》著录于小说类,唯《四库全书》收于集部诗文评类。胡仔自称此编为继阮阅《诗话总龟》而作,故所录元祐以来诸公诗话,凡《诗总》所有,则不再纂集。其中既博采前人之说,又收录时人之论,间述编者个人之见。全书编排分类亦异于阮阅《总龟》,以人物为纲,以年代为秩,便于考见古今诗话之异同。《四库全书总目提要》论及阮胡二书之优劣得失,云:

> 二书相辅而行,北宋以前之诗话大抵略备矣。然阅书多录杂事,颇近小说;此则论文考义者居多,去取较为谨严。阅书分类编辑,多立门目;……此则多附辨证之语,尤足以资参订。故阅书不甚见重于世,而此书则诸家援据,多所取资焉。

这一比较,切中肯綮。郭绍虞认为:"阮阅《诗总》,则闲谈之资料也;胡仔《渔隐丛话》,则成为学术研究之资料矣。"(《宋诗话考》)可谓的论。

是书虽以纂集北宋诗话为主,然编者的论诗主旨仍很明显。胡仔于后集自序云:

> 余尝谓开元之李、杜、元祐之苏、黄皆集诗之大成者,故群贤于此四公,尤多品藻;盖欲发扬其旨趣,俾后来观诗者,虽未染指,固已能知其味之美矣。

由是可见,胡仔论诗,师少陵而友江西,崇尚李杜、苏黄,认为李、杜、苏、黄"皆集诗之大成",颂扬"唐之李、杜、韩、柳,本朝之欧、王、苏、黄、清辞丽句","名与日月争光"。为此,是书论诗:李白二卷,杜甫十三卷,韩愈四卷,欧阳修三卷,王安石四卷半,苏轼十四卷,黄庭坚五卷。推崇之意,溢于言表。

是书又有《苕溪诗话》《渔隐诗话》《苕溪渔隐诗话》(见《南溪笔录群贤诗话》)之称。版本甚富:有乾隆年间海盐杨传启耕耘楼依宋本重刊本，傅增湘校并跋；清吕氏南阳讲习堂抄本，清王铣跋；今有人民文学出版社 1962 年廖德明校点本及 1980 年补正本。丛书本又有《海山仙馆》本、《四部备要》本等。

66.《桐江诗话》

佚名撰，卷数不详，残。今有《说郛》删节本，一卷，仅五则。其中三则，已为《苕溪渔隐丛话》称引，此外《诗人玉屑》《诗林广记》《竹庄诗话》等亦有称引。知是书于南宋时代尚有传本。今人郭绍虞、罗根泽曾辑其佚文。郭得二十三条，罗得二十二条。由《宋诗话辑佚》本观之，是书论诗颇重字句，如谓“许浑集中佳句甚多，然多用水字，故国初士人云‘许浑千首湿’是也”。书中摘句品藻者，不胜枚举。论诗主旨，殆与江西诗派无异。

今有台湾《古今诗话续编》所收《古今诗话》影印本。

67.《大隐居士诗话》

不著撰人，一卷，佚。是书著录于《宋史·艺文志》子部小说类，注云“不知姓名”。而《湖州府志·人物传》却谓为朱肱所撰，不知其所据也。今人郭绍虞《宋诗话考》以为邓深所撰，并谓：“深与胡仔同时。然地不相接，则仔不知其书亦不足怪。况深于其集且不著其名，则对偏于述事仅资闲谈之诗话，更不欲以名自显矣。”此说能否成立，尚待考证矣。

68.《渤海诗话》

高若虎撰，卷数未知。若虎，福州（今属福建）人，生平未详。是书久佚，仅台湾版《福州府志》卷七十二著录之。

69.《珊瑚钩诗话》

张表臣撰，三卷，存。表臣（生卒年未详），字正民，单父（今属山东）人。曾官右承议郎，通判常州，绍兴年间擢为司农丞，卒于任上。

是书三卷，取名于杜诗“文采珊瑚钩”之句，意在一自炫文采，二崇杜宗杜。《四库全书》著录于集部诗文评类。张表臣论诗，宗法元祐之学，与惠洪《冷斋夜话》同旨，宗主有二：一则推尊陶潜，一则宗尚杜甫。尊陶，则主张诗歌应“以含蓄天成为上，破碎雕锼为下”，“以平夷恬淡为上，怪险蹶趋为下”，批评西昆体刻意雕琢，失自然天真之趣，认为李贺诗又失之险怪；宗杜，则提倡“诗以意为主，又须篇中炼句，句中炼字，乃得工耳”，标举“气韵”“格力”，认为“以气韵清高深眇者绝，以格力雅健雄豪者胜”，而“元轻白俗”“郊寒岛瘦”，都是诗歌之病。此书遂多记杂闻琐事，然而其中亦颇多精到之见；曾未尽脱江西派窠臼，却能独抒己见，不为前人所藩篱。张氏关于“吟咏情性，总合而言志谓之诗”，关于诗体以及古今诗体变化的论述，全面而中肯，于诗体及其发展演变史之研究，具有重要参考价值。

《珊瑚钩诗话》有《历代诗话》中华书局1981年排印本，《萤雪轩丛书》本，均为三卷；还有《说郛》一卷本，不全；北京大学图书馆并藏有明抄本三卷。

70.《集诸家老杜诗评》

方深道撰，五卷，存；续一卷，宋方醇道撰，佚。深道（生卒年未详），方次彭之子，莆田（今属福建）人，宣和六年（1124）进士，曾官奉议郎，知泉州晋江县。醇道，系其胞弟，《福建通志·经籍志》云：“醇道字温叟，有《笔锋集》五卷，《类集杜甫诗史》三十卷，《集诸家老杜诗评》一卷，与方深道并附父次彭良史传”。是书《直斋书录解题》《宋史·艺文志》《福建通志·经籍志》《近古堂书目》《四库全书存目》以及《虞山钱道王藏书目录汇编》等，均有著录，然而于编者、书名、卷数，错乱甚多，今人郭绍虞《宋诗话考》曾为之考证辨误，所述甚详。是书皆汇辑唐宋诸家评论杜诗之语，体制粗疏，了无新义，然而却是中国诗话史上专论一家诗的“专家体诗话”之开山祖。故郭绍虞说：“在诗话中专就一家诗而汇辑诸家诗评者，当以是编为最早。”（《宋诗话考》）此类诗话中之辑本，类集昔人评论之作，虽无新义发明，却可省翻检之劳，亦为学者所需也。此书有《永乐大典》本，明抄本仅存三卷，书名无“集”字，藏于中国国家图书馆。

71.《吟窗杂录》

陈应行辑，五十卷，存。陈氏，生平不详，《四库全书总目》著录于集部诗文评类存目，并谓陈应行为“状元”。是书系诗格丛书，收录唐五代诗格之著。前有绍兴五年（1135）重阳后一日浩然子序，序末有嘉靖二十七年（1548）孟夏崇文书堂家藏宋本刊字，盖伪书也。前列诗格，除钟嵘《诗品》为有据，而删削失真，其余如李峤《评诗格》、王昌龄《诗格》、皎然《诗式》、贾岛《二南密旨》、齐己《风骚旨格》、白居易《金针诗格》、梅尧臣《续金针诗格》《诗评》等诸家诗格诗评类凡三十种。是书作者，《直斋书录解题》《通考·经籍考》以及毛晋《跋风骚旨格》等宋明著录，皆谓为北宋蔡传撰，而今存之明刊本则称南宋陈应行编。据罗根泽先生考证，认为此书“原出蔡传，而此本或由陈氏重编”（《中国文学批评史》〈二〉第215页）。

此书有明抄本，中国国家图书馆藏；有明嘉靖二十七年（1548）崇文堂刊本，名为《陈学士吟窗杂录》五十卷，吉林、上海、重庆、北京大学图书馆藏。又一部，二十卷，明嘉靖刊本，六册，台北“故宫博物院”藏。

72.《藏海诗话》

吴可撰，一卷，存。吴可（生卒年未详），《四库总目提要·藏海居士集》云：“可事迹无考，亦不知何许人。考集中年月，当在宣和之末。”然又据《宋诗纪事》可知，可字思道，号藏海居士，祖籍瓯宁，居于金陵，宣和末年，曾官团练使，责授武节大夫致仕，有诗名。著有《藏海诗话》一卷，《四库全书》著录于集部诗文评类。是书久佚，清人从《永乐大典》中辑出，厘为一卷，今有丁福保辑《历代诗话续编》本。其论诗之见，与韩驹同属“苏黄”一派，而于苏子瞻更为切近。

是书曾以极大篇幅申说苏轼诗论主张，故能深知江西诗派之利病得失处，而又折中于苏黄之间，首倡“以杜为体，以苏黄为用”之主张，认为诗应“以意为主，辅之以华丽”，因为立“意”，诗才有“归宿处”。但吴可又提倡“风韵超然”，强调风格之含蓄蕴藉，化诸体而“自成一家”。《四库提要》谓“其论诗，每故作不了了语，似乎禅家机锋”。实际亦然，吴可以禅喻诗，说“作诗如参禅，须有悟门”，《诗人玉屑》卷一又载其《论诗诗》三首：

学诗浑似学参禅，竹榻蒲团不计年；
直待自家都了得，等闲拈出便超然。

学诗浑似学参禅，头上安头不足传；
跳出少陵窠臼外，丈夫志气本冲天。

学诗浑似学参禅，自古圆成有几联？
春草池塘一句子，惊天动地至今传。

此等论述，已开严羽“以禅喻诗”之先声。是书有清乾隆四库全书抄本，丁丙跋，藏于南京图书馆；鲍廷博《知不足斋》、李调元《函海》本、丁福保《历代诗话续编》本、日本近藤元粹《萤雪轩丛书》本等。

73.《诗说隽永》

佚名撰，卷数不详，佚。是书未见诸家著录，亦无传本，唯《苕溪渔隐丛话》与《诗话总龟》多所称引，《苕溪渔隐丛话》称《诗说隽永》，《诗话总龟》称《诗话隽永》，一字之差，名称虽异，而称引内容相同，仅述夏均父一则，《苕溪渔隐丛话》未见所引。据此，郭绍虞《宋诗话考》《宋诗话辑佚》认为：或称《诗话隽永》，或称《诗说隽永》，乃“一书异称”而已，作者疑为胡宗汲。胡氏，字彦思，号醇儒，绍兴五年进士，绍兴余姚人。《宋诗》卷三百八十八有传，附于其子胡沂传后。尤袤《遂初堂书目》文史类著录，名为《诗话隽永》而不著撰者卷数，当为是书。今有郭绍虞《宋诗话辑佚》本，凡二十则，多述唐宋诗事，了无半点诗见。稽留山樵《古今诗话》有《诗话隽永》，题为“无喻正已”所撰，是为同名而异书也。

74.《诗论》

释普闻撰，一卷，残。普闻，诗僧，南宋初人，生平无考。是书久佚，《宋四库阙书目》著录于文史类，未著撰者。今有《说郛》(涵芬楼)残本，仅二则。论诗宗杜，认为“老杜之诗，备于众体，是为诗史”，且推崇东坡、鲁直、荆公。普闻又注重炼句，提出意句、境句之分，谓“天下之诗莫出于二句：一曰意句，二曰境句。境句则易琢，意句难制”。此所谓“境句”，则写景状物之句；所谓“意句”，则寓意深远，境界全出之句。作者强调“意句之妙”，在于“意从境中宣出”。这种见解，颇能启迪后人。

75.《休斋诗话》

陈知柔撰，五卷，佚。知柔(生卒年未详)，字体仁，号休斋，永春(今属福建)人。绍兴十二年(1142)进士，知循州，后徙贺州。是书久佚，元方回《文选颜鲍谢诗评》卷四曾云“近世有《休斋诗话》者”，《福建通志·经籍志》亦称“陈知柔《休斋诗话》五卷”。今郭绍虞据《诗人玉屑》《诗林广记》等历代诗话之称引，辑其散佚于《宋诗话辑佚》之中，也仅得九则。是编论诗注重“野意”，称云：“人之为诗要有野意。盖诗非文不腴，非质不枯，能始腴而终枯，无中边之殊，意味自长，风人以来得野意者，唯渊明耳。”此所谓“野意”，就是顺乎自然的诗歌艺术趣味和意境。以此为标准，知柔推崇陶、杜，而贬抑太白、乐天以及郊寒岛瘦。台湾广文书局《古今诗话续编》影印《南溪笔录群贤诗话》，录存一则。

76.《李君翁诗话》

李君翁撰，卷数未知，佚。作者生平不详，郭绍虞《宋诗话考》推测为南宋初人。是书未见宋诸家书目著录，仅南宋姚宽《西溪丛语》卷上称引之，且斥之为“陋”，知时人早已弃之。今人郭绍虞《宋诗话辑佚》，辑得一则，云《卜居》诗疑宋玉拟作，并以庾信《哀江南赋》“诛茅宋玉之宅”为证。

77.《岁寒堂诗话》

张戒撰，二卷，存。张戒（生卒年未详），绛郡（今属山西）人。宣和六年（1124）进士，绍兴五年（1135）以赵鼎荐授国子监丞，后因随赵鼎反对议和而贬于台州，主管崇道观而终。《宋史·赵鼎传》附其事。著《岁寒堂诗话》二卷，《四库全书》著录于集部诗文评类。

是书被钱钟书先生《宋代的诗话》推崇，称其与姜夔《白石道人诗说》、严羽《沧浪诗话》可为宋诗话的鼎足之作，上乘之作（见中国社会科学院文学研究所《中国文学史》第三册）。

是书之价值在于诗学批评，猛烈斥责苏黄诗风。他论诗重“诗教”，“言志之为本”，认为“言志乃诗人之本意，咏物特诗人之余事”，要求诗歌创作必须恪守“温柔敦厚”之旨，发挥诗歌的美刺功能，为沈德潜之“格调说”开了先声之同时，以“温柔敦厚”诗教出发，张氏又主张诗以词婉意微为贵，认为情意须有余，情意不可太详，景物不可太露。据此，他极推杜甫，而发难于苏黄，尖锐批评苏黄诗风“乃诗人中一害”，因为“诗妙于子建，成于李杜，而坏于苏黄”。致使“风雅自此扫地”，“诗人之意扫地”。是书针对风靡全宋的苏黄诗风而发，有立有破，表现出作者大无畏的批判精神，其文学理论批评价值，是不可低估的。

此书二卷本有《历代诗话续编》本。广东广雅书局刊本，福建重刊本，江西书局刊本，光绪年间俪峰书屋刊本。一卷本有明正德十二年俞弁抄本，藏于上海图书馆；清乾隆间《四库全书》据《说郛》本，台北“故宫博物院”藏；清咸丰九年韩应陛抄本，韩应陛跋，藏于中国国家图书馆。其余如《学海》本，《萤雪轩丛书》本，皆不全。

78.《钱申仲诗话》

钱绅撰，卷数未知，佚。绅（生卒年未详）字申仲，无锡（今属江苏）人。宋徽宗大观三年（1109）进士，曾任知州。陈岩肖《庚溪诗话》记其事略，称其“退居漆塘，有园亭之胜”，一时之名士大夫“皆为之赋诗”，并说“申仲以能诗自负，尝作《诗话》甚详”。然而，是书从未见诸家著录，郭绍虞《宋诗话考》卷下“疑其未刊行”于世。如是而已，他未知之矣。

79.《古今类总诗话》

任舟辑，五十卷，佚。任舟，生平里贯无考，据是书自署，知其曾官左宣教郎。元人方回《桐江集》卷七有《古今类总诗话考》一文，云：

> 《古今类总诗话》五十卷，题曰“左宣教郎任舟集录”。录有绍兴丙寅年序，婺板也。序文似非深于诗者，其第一卷曰诗体，二曰诗论，三曰诗评，至四卷诗仙以下，多不述出处，必不得已曰某人云，他则若出予已所云者，不如胡元任《丛话》明写出处以告人也。

元王构《修辞鉴衡》亦颇多称引者，知是书元代尚传于世，此后散佚。王构称引是书八则，其中有七则已见于张镃《仕学规范》卷三十七、三十八、三十九。郭绍虞称：“此书分类又与阮阅《诗总》、胡仔《丛话》不同，盖兼有二者之长，而开《诗人玉屑》之先声者。”（《宋诗话考》）

80.《诗话集录》

佚名辑，卷数未详，佚。此书尤袤《遂初堂书目》文史类著录之，而海山仙馆本《遂初堂书目》又写作《诗话集类》，故郭绍虞《宋诗话考·诗话集录》曾提出此即《古今类总诗话》之嫌，并以叶盛《菉竹堂书目》及《文渊阁书目》著录之事，怀疑此书至明代尚有传本。真伪难辨矣。

81.《碧溪诗话》

黄彻撰，十卷，存。彻（生卒年未详），字常明，号碧溪，莆田（今属福建）人。宣和六年（1124）进士，历官辰溪县令，沅州判官，麻阳、嘉鱼平江县令。以拙直忤权贵，弃官而归，寓居兴化碧溪，著作《碧溪诗话》。《直斋书录解题》《遂初堂书目》皆著录于文史类，《四库全书》收入集部诗文评类。

是书十卷，凡二百十四条，论诗主“诗教”，注重诗歌的社会功能，品评诸家之诗，皆以“辅名教”“存风雅”为标准，扬杜抑李，摈弃“嘲风雪弄草木而无预于比兴”之作。黄彻提倡以“辅名教”“论当否”为诗话创作宗旨。所谓“辅名教”指的是诗学观念；“论当否”，指的是诗学利病。这种诗学观点，补许顗“辨句法，备古今，记盛德，录异事，正讹误”之说之不足。然而，由于过分强调世教风化，持论保守迂腐，后人对其多有所指斥，郭绍虞先生亦认为黄氏“矫枉有心宁过正，强将名教入风骚”（《论诗话绝句·碧溪诗话》）。

此书之丛书本有《知不足斋丛书》本、《学海类编》本、《武英殿聚珍版丛书》本、《七子诗话》本、《萤雪轩丛书》本、《历代诗话续编》本。单行别出本有清乾隆二十九年（1690）吴城抄本，浙江图书馆藏；吴兴抱经楼曹岱岳抄本，上海图书馆藏；今有人民文学出版社1986年汤新祥校注本。前有乾道四年（1168）九月二十七日陈俊卿序和黄彻《自序》，后设《附录》，有跋九则、《四库提要》、辑评以及《福建通志》所载黄彻传，并附校注者《后记》，资料完备，堪称善本。

82.《观林诗话》

吴聿撰，一卷，存。吴聿（生卒年未详），字子书，自署楚东（今约江苏西南部一带）人。《四库全书总目提要》考为南宋初人。是书《直斋书录解题》著录于集部文史类，《四库全书》收入集部诗文评类。

吴聿《观林诗话》一卷（今本《历代诗话续编》目录误作二卷），凡一百十五条，《四库简目》称其“凡所考证，大抵典核，为宋人诗话之佳本”，推崇实属过甚。吴氏论诗偏重于考证，间及诗歌轶事。其学亦宗元祐，书中多称述苏黄，于王介甫和陈后山亦多推崇，主张诗歌创作要“曲尽人情之妙”，自然，工致，讲究“气格”，“用事精切”，而又“出人意外”。

此书传本颇稀，有明抄本（四库底本），南京图书馆藏；今有丁福保《历代诗话续编》中华书局 1983 年本。

83.《唐诗纪事》

计有功撰，八十一卷，存。计氏（生卒年未详），字敏夫，号灌园居士，原籍为四川临邛人。《四库总目提要》谓为安仁人，张浚从舅也。而《唐诗纪事》自序称成都府路邛州人。安仁县，今在湖南郴州之北。张浚父子从四川南下湖湘，其舅未必也随之入湘而居。宣和三年（1121）进士，长期为其外甥张浚之幕僚；绍兴五年（1135）为右承议郎、知简州、提举两浙西路常平茶盐公事，后历知眉州、利州路转运判官、知嘉州。计有功穷毕生精力，编撰其规模宏大的《唐诗纪事》，凡八十万字之富，共录唐代诗人一千一百五十家，以人物为纲汇集诗人的生平行实、名篇丽句、前人评论等有关资料，按题材分门纂列，规模宏巨，资料翔实，网罗散佚，开中国历代纪事体诗话之先河，启迪后之《宋诗纪事》《辽诗纪事》《元诗纪事》《明诗纪事》与《清诗纪事》等。其论诗注重“读其诗，知其人”，具有较高的文献资料价值，系唐诗研究的必备之书。唐震亨《唐音癸签》卷三十一，称“此书虽诗与事迹、评论并载，似乎诗话之流，然所重在录诗。故当是编辑家一巨撰。收采之博，考据之详，有功于唐诗不细”。

是书前有灌园居士临邛计敏夫有功自序，初刻于南京宁宗末年，世称王禧刊本；明嘉靖二十四年（1545）洪楩清平山堂本和崇祯五年（1632年）毛晋汲古阁刻本；今有中华书局 1965 年铅印本，又有吴文治《宋诗话全编》江苏古籍出版社 1998 年排印点校本。

84.《环溪诗话》

吴沆撰，三卷，存。吴沆（1116—1172），字德远，号无莫居士，抚州崇仁（今属江西）人。所著《环溪诗话》，凡二十九则，论诗宗“一祖二宗”。环溪云：“所谓一祖二宗，杜甫、李白、韩愈是巳（已）。”又说：“杜甫长于学，故以字见工；李白长于才，故以篇见工；韩愈长于气，故十数篇见工。”是书多重句法，以为多用实字、事实、健语，可救空疏率易之弊。关于评论诗歌好坏的标准，他认为“诗有肌肤，有血脉，有骨格，有精神。无肌肤则不全，无血脉则不通，无骨格则不健，无精神则不美；四者备，然后成诗”（卷中）。吴沆此论，开宋人诗话以人体生命喻诗之先声，属于诗话意象批评的生命之喻，对姜白石《白石道人诗说》和严羽《沧浪诗话》影响甚大。

《环溪诗话》采用问答形式论诗，自述学诗经历和心得体会，并举唐宋诗人隽句加以适当分析，较之其他宋人诗话，颇有论辩色彩，独具一格，启人意智。

是书《直斋书录解题》著录于文史类、《四库全书》收入集部诗文评类，均作一卷；而《千顷堂书目》《汲古阁珍藏秘本书目》《孝慈堂书目》《佳趣堂书目》以及《学海类编》本，则为三卷；又有明抄本三卷，中国国家图书馆藏；今有中华书局1988年与《冷斋夜话》《风月堂诗话》合刊陈新点校本，台湾广文书局《古今诗话丛编》影印本，蔡镇楚石竹山房藏。

85.《声律关键》

郑起潜撰，八卷，存。清嘉庆间阮元进呈抄本，四册。台北“故宫博物院”藏。

86.《艇斋诗话》

曾季貍撰，一卷，存。季貍（生卒年未详），字裘父，号艇斋，南丰（今属江西）人。举进士不第。著有《论语训解》《艇斋杂著》《艇斋诗话》。是书《直斋书录解题》著录于文史类，《宋史·艺文志》著录于小说类。艇斋尝师事韩驹、吕本中、张栻，为诗学江西派，论诗亦宗江西诗派，注重炼字、炼句、用事，对“夺胎换骨”“点铁成金”“悟入”“活法”之说，多有发挥。是书凡三百零九则，多述江西派诗人之遗闻轶事，于其师长韩子苍、吕东莱等所述甚多，称引甚富，并指出：

> 后山论诗，说“换骨”；东湖论诗，说“中的”；东莱论诗，说“活法”；子苍论诗，说“饱参”。入处虽不同，然其实皆一关捩，要知非悟入不可。

此乃江西诗论之典型，强调“换骨”“中的”“活法”与“饱参”“悟入”。是书旧有《说郛》节本，今有明抄本，中国国家图书馆藏；清咸丰三年胡珽活字印《琳琅秘室丛书》本，佚名录，清劳格校，丁丙跋，南京图书馆藏；中华书局1983年校点丁福保《历代诗话续编》本，蔡镇楚石竹山房藏。

87.《芥室诗话》

不著撰人，卷数未详，佚。是书未见诸家著录，唯吴曾《能改斋漫录》卷五“黄帝炎曲‘炎’当作‘盐’”一条称引，谓“《芥室诗话》以盐者有味之谓”。未知何据也。

88.《韵语阳秋》

葛立方撰，二十卷，存。立方（？—1164），字常之，丹阳（今属江苏）人。绍兴八年（1138）进士，官至吏部侍郎。著有《归愚集》《西畴笔耕》《归愚词》以及诗话《韵语阳秋》。

是书又名《葛立方诗话》《葛常之诗话》，系葛氏晚年之作，成书于隆兴元年（1163）。《直斋书录解题》《遂初堂书目》著录于文史类，《四库全书》收入集部诗文评类。《四库简目》称“其评诗不甚论工拙，唯辨别风旨之是非，故谓之阳秋”。阳秋，晋语，即春秋之意，指史书。

这部诗话论诗旨在求风雅之正，以事理为要，内容甚富。其最大价值在于文化，不啻是宋代雅俗文化的集大成者。大体以内容归类分卷，各有所侧重。一、二卷论诗法诗格，三、四卷论诗之本事，五、六卷重在考证，七、八卷多涉于用事，九、十卷多史评之作，十一卷论仕宦升沉之况，十二卷述生死达观之理，十三卷重在考证有关山水地理、风土人情，十四卷多论书画，十五卷多述舞乐，十六卷则辨诗中花鸟虫鱼，十七卷杂采医卜技艺之事，十八卷论诗人交游识鉴，十九卷述时令、风俗、妇女、饮食之事，二十卷专录诗人行事。

全书以述事为主，寓诗论之见于诗事之中，属于正统的欧派诗话之列，故《四库全书总目提要》誉之为宋人诗话之善本。葛氏诗论，最值得注重的是论“诗思”，其中关于诗思之源，诗思之特征，如何把握“诗思”等论述，完全符合诗歌创作之艺术规律，见解极为精辟。

是书今有《学海类编》本、《历代诗话》本、《常州先哲遗书》本、《艺圃搜奇》本；宋乾道二年（1166）刻本，上海图书馆藏，1984年上海古籍出版社影印出版，线装二册，蔡镇楚石竹山房藏，精美隽秀，皇帝玉玺之印，清晰美观，具有很高的宋刊版本文献价值；又有明正德二年（1507）葛谌刻本，中国国家图书馆、上海图书馆、四川省图书馆、中山大学图书馆藏。

89.《雪溪诗话》

佚名撰，卷数未详，佚。是书未见诸家著录，郭绍虞《宋诗话考》谓“唯见蔡正孙《诗林广记》卷三所引有‘鹭诗’一条”，且辑入其《宋诗话辑佚》中。今查郭氏所言甚误：其一所引《鹭》诗一条，不在《诗林广记》卷三，而见之于后集卷一，是为出处有误；其二所引《鹭》诗之评出于《庚溪诗话》，而非《雪溪诗话》，是为书名错乱；其三查《庚溪诗话》卷下第三十一条：“众禽中，唯鹤标致高逸，其次鹭亦闲野不俗”。此则与《诗林广记》所引，内容大同小异。故此，窃以所谓《雪溪诗话》，盖本无此书。

90.《诚斋诗话》

杨万里撰，一卷，存。万里（1127—1206），字廷秀，号诚斋，吉州吉水（今属江西）人。绍兴二十四年（1154）进士，历官永州零陵丞、太常博士、宝谟阁直学士。与陆游、范成大、尤袤，并称为南宋“中兴四大诗人”，著有《诚斋集》。《宋史》卷四百三十三有传。杨万里为诗，初学江西，而后“忽若有悟”，敢于创新，形成以清新活泼为特征的“诚斋体”。这是对“江西体”的超越和革新。诚斋论诗重“味”，以禅喻诗。他继承司空图“味外之味”说，认为“诗已尽而味方永”者为佳，诗应当“意味深长，悠然无穷”，学诗者于李、杜、苏、黄，当“得其意味”。其《江西宗派诗序》云：

> 江西宗派诗者，诗江西也，人非皆江西也。人非皆江西，而诗曰江西者何？系之也。系之者何？以味不以形也。

他认为，系之于江西诗派者正是“以味不以形”。推而广之，辨别李杜、苏黄诗之异，也只能是：“一其形，二其味，二其味，一其法者也。”而所谓“味”，正是诗人的审美趣味及其体现于诗歌之中的艺术风格。所以，诚斋论诗主张师法自然，反对模拟，在诗歌理论和创作实践两方面，突破了江西诗派的藩篱，对后世诗话有积极影响。

是书原有《诚斋集》本，《四库全书》收入集部诗文评类，今有中华书局《历代诗话续编》校点本；又一部，清星凤阁赵之玉抄本，中国国家图书馆藏；又一部，旧抄本，名之《杨诚斋诗话》，中国国家图书馆与台湾图书馆藏。

91.《淡庵诗话》

胡铨撰，二卷，佚。铨（1102—1180），字邦衡，号淡庵，吉州庐陵（今属江西）人。建炎二年（1128）进士，曾任枢密院编修官，因抗疏诋和议，被贬。秦桧死，权兵部侍郎，以资政殿学士致仕。《宋史》卷三百七十四有传。是书唯杨万里《胡公行状》（《诚斋集》卷一一八）与周必大《胡忠简公神道碑》(《省斋文稿》卷三十)著录,杨氏所列胡氏著作中有"《诗话》二卷"。其他诸家均未著录,亦不见称引。

92.《胡英彦诗话》

胡公武撰,卷数不详,佚。公武(1124—1179)字英彦,号学林居士,吉州庐陵(今属江西)人。胡铨之侄。公武诗学元白而宗苏黄。其诗话之作未见称引,仅杨万里《胡英彦墓志铭》(《诚斋集》卷一二八)称其"有诗若干篇,诗话若干卷",他家未见著录。

93.《诗宪》

不著撰人,卷数未详,佚。是书未见著录,据郭绍虞考,黄公绍《在轩集·诗集大成序》云:"盛唐而降,诗评诗话之且千;近世所传,《诗总》《诗宪》之有二。"元人王构《修辞鉴衡》卷一曾称引三条,均系诠释诗话之名词术语,颇多精辟之见。如"含蓄者,言不尽意也"。并引《冷斋夜话》指出"含蓄"有三种类型:句含蓄,意含蓄,句意含蓄。又如论"换骨"云:"换骨者,意同而语异也。《冷斋》云:'不易其意而造其语,谓之换骨法。'"据此,郭绍虞以为"黄氏以《诗宪》与《诗总》对举而言,疑二书性质不同,如以《诗总》为诗话论事之代表,则《诗宪》或为诗话论辞之代表"。(《宋诗话考》)惜其未传,不然将有补于诗学矣。今有郭氏《宋诗话辑佚》本,仅三条。

94.《春台诗话》

赵彦慧撰,卷数未知,佚。彦慧,字凝远,南安(今属福建)人。著有《靖节年谱》二卷及《古锦囊诗》。是书唯清道光年间重纂之《福建通志·经籍志》著录,未见称引。余无可考,故存而未论。

95.《容斋诗话》

洪迈撰，六卷，存。洪迈（1123—1203），字景庐，别号野处，鄱阳（今属江西）人。《宋史》卷三百七十三有传。洪迈著有《容斋五笔》七十四卷。《容斋诗话》六卷，系后人辑录《容斋五笔》中的论诗之语而成。辑者未详。

是书采用摘句为评的方法，纵论唐宋诸家之诗，推尊杜甫、白居易、苏轼、黄庭坚，注重诗法与考证，于唐人“诗谶”“戏语”“歇后语”“避讳”等多有正误，鉴裁颇精。原有曹溶《学海类编》清道光十一年（1831）六安晁氏活字本，台北“故宫博物院”藏；邓邦述《群碧楼善本书录》。

是书六卷，原有抄本，称“抄手极旧，惜无藏印”。今有台湾广文书局《古今诗话丛编》影印清刊本，一册；北京图书馆出版社 2004 年蔡镇楚编《中国诗话珍本丛书》影印本。

96.《庚溪诗话》

陈岩肖撰，二卷，存。岩肖（生卒年未详），字子象，号西郊野叟，金华（今属浙江）人。绍兴八年（1138）以任子中词科，官至兵部侍郎。《南宋馆阁录》《景定建康志》有其传略。

是书诸家著录，卷数不一：《述古堂书目》《浙江通志·经籍志》作一卷；《四库提要》《续通志·艺文略》《续通考·经籍考》《澹生堂藏书目》《近古堂书目》均作二卷；《也是园书目》著录作三卷。岩肖论诗宗尚江西诗派，于元祐诸家征引尤多。

是书二卷，凡八十一条，重在记述诗歌本事，但于记事之中亦对唐宋诗家各有评骘。上卷冠以宋代御制，次为历代帝王诗作，又次为杜甫、苏轼之诗；下卷杂论宋人诗歌，也间及其词，讲求实际，多据实情，许多散佚诗词，赖以传世。《四库总目》评论说：“其论山谷诗派一条，深斥当时学者未得其妙，而但使声韵拗捩，词语艰涩，以为‘江西’，尤为切中后来之病。”可见，陈岩肖论诗并未恪守元祐之学，对江西格批评，由于出入江西营垒，反戈一击，则能击中要害。

是书有一卷本：《说郛》本仅三十九则，《古今诗话》本二十五则，《学海类编》二十九则，皆不全；全本二卷，有《百川学海》本、《四库全书》本、《历代诗话续编》本、《萤雪轩丛书》本以及《续金华丛书》本。

97.《南宫诗话》

叶凯撰，一卷，佚。郭绍虞《宋诗话考》谓作者叶凯，而其“里贯仕履均未详”。是书《宋史·艺文志》著录于小说类，明人焦竑《国史经籍志》收入诗文评类。他未有称引，故无佚文可辑，于此存而不论。

98.《潜夫诗话》

刘炎撰，卷数未详，佚。炎，字潜夫，号撝堂，邵武（今属福建）人，与黄罃同学于朱熹。是书不见著录，唯黄罃《山谷年谱》卷五“过平舆怀李子先时在并州”条称引，云：

> 按：《潜夫诗话》载：“山谷教人云：‘世上岂无千里马，人中难得九方皋。此可以为律诗之法。’即此诗也。”

又元黄溍《黄文献公笔记》云：

> 陶靖节诗曰：“昔在黄子廉，弹冠佐名州。”汤伯记注云：“《三国志·黄盖传》注，南阳太守黄子廉之后。”《刘潜夫诗话》亦云：“子廉之名仅见盖传。”

仅此二处称引，足见是书元时尚存。作者名姓，经郭绍虞考证，以为南宋刘炎（《宋诗话考》），此从郭说。

99.《二老堂诗话》

周必大撰，一卷，存。必大（1126—1204），字子充，一字洪道，号平园老叟，庐陵（今属江西）人。绍兴进士，官至枢密使、左丞相，封益国公，后以观文殿大学士出判潭州（今长沙）。宁宗朝以少傅致仕，卒谥文忠。《宋史》卷三百九十一有传。

《二老堂诗话》一卷，凡四十六条，以考证为主，《四库总目提要》称“必大学问博洽，又熟于掌故，故所论多主于考证”。周氏论诗崇尚东坡，称其“迈往凌云”，“与人有情，于物无着”，说苏公诗，“初若豪迈天成，其实关键甚密”。是书《四库全书》著录于集部诗文评类，有《益国文忠公全集》本，作二卷；又有《四库全书》《津逮秘书》《历代诗话》《萤雪轩丛书》本，作一卷；《善本书宝藏书志》作三卷。

100.《老学庵诗话》

旧题陆游撰，一卷，日人近藤元粹辑，存。陆游（1125—1210），字务观，号放翁，山阴（今属浙江）人，以宝谟阁待制致仕。《宋史》卷三百九十五卷有传。陆氏有《山阴诗话》一卷，《宋史·艺文志》著录于子部小说类，唯未见其书。又有《老学庵笔记》十卷，其中论诗之语，后为日人黑琦璞斋与饮村岳六摘录而出，辑成《放翁诗话》，此书亦未见。其后近藤元粹加以校补，改题而为《老学庵诗话》，编入《萤雪轩丛书》之中。放翁陆氏重气格，重体味，重“躬行”，认为学诗之道“工夫在诗外”，故诗人必须“重其身而养其气”，告诫人们：“纸上得来终觉浅，绝知此事要躬行”。此乃陆游诗论之旨归所在。

101.《山阴诗话》

旧题陆游撰，一卷，佚。是书著录于《宋史·艺文志》子部小说类，其后《国史经籍志》与《浙江通志·经籍志》亦有著录，多承《宋史》，未必确见其书。陆游已有《老学庵诗话》，如前所述，此《山阴诗话》若存书，亦为后人辑录之。以其多述陆游山阴故事得名。辑者何许人也，不得而知。

《直斋书录解题》卷二十二有李兼《山阴诗话》一卷，郭绍虞《宋诗话考》曾疑此二书“即一书否”。

102.《山阴诗话》

李兼撰，一卷，佚。兼（生卒年未详），字孟达，宁国（今属安徽）人。开禧三年（1207）以朝请郎出知台州，后除宗正丞，未行而卒。著有《雪岩集》。其《山阴诗话》一卷，《直斋书录解题》《通考·经籍考》及《安徽通志·艺文志》均曾著录之。罗根泽《两宋诗话年代存佚辑残表》则直称“《陆游山阴诗话》一卷，李兼撰”，并说：“宋志止题《陆游山阴诗话》，未言李兼撰，似以为陆游撰，盖误。”可资佐证。

103.《西林诗话》

不著撰人，卷数未详，佚。是书不见诸家著录，仅蔡正孙《诗林广记》后集卷四论苏轼《塔前古桧》诗称引一条，并点明《西林诗话》之书名。其佚文见中华书局 1982 年《诗林广记》点校本。

104.《全唐诗话》

旧题尤袤撰，六卷，存。袤（1127—1194），字延之，号遂初居士，无锡人。绍兴十八年（1148）进士，累官给事中、正奉大人、礼部尚书兼侍读。以诗与杨万里、范成大、陆游齐名，世称“尤杨范陆”。尤氏有《遂初堂书目》一卷，著录之宋人诗话，足为后人所必稽。

关于《全唐诗话》作者，《四库提要》谓为贾似道门客廖莹中抄窃计有功《唐诗纪事》而成，近人丁福保考为尤袤之孙尤焴所编。孰是孰非，很难断论。

是书六卷，录取三百二十二名唐人诗事。卷首收帝王后妃以至王之涣等五十四家，卷二收刘长卿以至元、白等五十三家，卷三收牛僧孺以至张浑等五十六家，卷四收项斯以至高蟾等五十五家，卷五收于武陵以至伍唐珪等五十二家，卷六收韩定辞等以及诗僧和妇女诗人五十二家。

是书论诗宗唐，咸淳七年(1171)重阳日遂初堂原序云："唐自贞观来，虽尚有六朝声病，而气韵雄深，骎骎古意。开元、元和之盛，遂可追配风雅。"然而，《全唐诗话》不选录宋之问、杨炯、卢照邻、高适、岑参、李白、杜甫、崔颢、张巡、元结、储光羲、薛涛等名诗人，遭后人非议甚多。

是书版本甚繁，三卷本：有明正德二年(1507)秦相西安刊本，存中国国家图书馆、台湾图书馆；又一部，明正德十二年(1517)鲍继文教养堂刻本，存中国国家图书馆；又一部，明正德十五年(1520)太监尚景元闽中刊本，存台湾图书馆。六卷本：有明嘉靖二十二年(1543)华亭王教王政刊本，存中国国家图书馆、江西省图书馆、山东大学图书馆；又一部，明万历三十六年(1608)沈儆炌刻兰印本，存中国国家图书馆、上海图书馆；又一部，清乾隆十二年(1747)徐文正抄本，存上海图书馆。八卷本，旧题宋尤袤撰，清孙涛续辑，清乾隆三十九年(1774)孙涛清芬堂刻本，存湖北省图书馆、南开大学图书馆。《天禄琳琅书目》著录又作二卷本。今常见者有《历代诗话》何文焕校订本、孙涛《重订全唐诗话》本以及《津逮秘书》本。

105.《剡溪诗话》

高似孙撰，一卷，存。似孙(生卒年未详)，字续古，号疏寮，余姚(今属浙江)人。淳熙十一年(1184)进士，历官校书郎、徽州丞倅、处州太守。著有《疏寮小集》《选诗句图》《剡录》等。是书恐为后人以《剡录》中辑录而成，唯《铁琴铜剑楼书目》著录于诗文评类，宋人皆未见著录和称引。似孙论诗未脱江西派窠臼，多注重于诗家之遣词、造句、用事之类。全书三十九条，除诸家诗之称引类比，别无诗论新见。今存者仅为抄本，有明正德十二年(1517)俞弁抄本，俞弁跋，上海图书馆藏；又一部，清抄本，与张戒《岁寒堂诗话》合订成册。亦有俞弁跋，盖有刘墉石庵印章，中国国家图书馆藏。

106.《清邃阁论诗》

旧题朱熹撰，朱玉辑，一卷，存。熹（1130—1200），字元晦，号晦庵，一号晦翁，徽州婺源（今属江西）人。绍兴进士，官至宝文阁待制。《宋史》卷四百二十九有传。其后裔朱玉编《朱子文集大全类编》，《清邃阁论诗》存于其中。

此乃理学家论诗之作，重理轻文是其主旨。朱熹论诗以言志为本，强调“修辞立诚”，而以“立诚”为先，讲“心虚理明”，此“心”者，则“诚意”也；“理”者，则“义理”也。唯有“理明”“虚静”，方能做好诗、识好诗。他指出：“今人不去讲义理，只去学诗文，已落得第二义。”又说：“不虚不静，故不明；不明，故不识；若虚静而明，便识好物事。”朱熹论诗又主张雍容平淡，自然浑成而有蕴藉，反对片面追求格律，认为格律工拙不可断诗之优劣，要像李白、杜甫学《选》诗，“非无法度，乃从容于法度之中”。朱氏以道学家之眼光论诗，持论有时不免过迂，然而亦不乏独到之见，可资借鉴。是书今有《朱子文集大全类编》本。

107.《晦庵诗说》

陈文蔚等录，一卷，存。文蔚，字才卿，号克斋，广信上饶（今属江西）人。是书系陈文蔚等人据《朱子语录》纂辑而成，并于每一诗条下具注辑录者之名，如“夔孙”“德明”“方子”“人杰”“毅刚”“舒璘”“道夫”“必大”等，郭绍虞曾依次考证之（《宋诗话考》卷中）。此书未见诸家著录，今有《谈艺珠丛》清光绪十一年（1885）长沙玉尺山房刻本（第二册），中国国家图书馆及湖南图书馆藏。此外《南溪笔录群贤诗话》称引名为《晦庵诗话》，凡三则，盛赞石曼卿“为人豪放，胸次极高”，其诗“缜密”极佳，其书气力遒劲，颇有“颜筋柳骨”。《虞山钱道王藏书目录汇编》亦有《晦庵诗话》之目，不知其同书异名否。

108.《履斋诗说》

孙奕撰,日人近藤元粹辑,一卷,存。孙奕(生卒年未详),字季昭。号履斋,庐陵(今属江西)人。宋宁宗时曾官侍从。著《履斋示儿编》。是书一卷,凡四十四条,系近藤氏自《示儿编》卷九、十中论诗之语辑成,收入《萤雪轩丛书》中。孙奕论诗宗杜而师法元祐之学,注重于词例、句法和修辞。是书以杜诗为范例,分类举例进行语言分析,寻求语言艺术规律,如"假对""偏枯对""双字""出奇""属对不拘"等等,有补于修辞学研究。于宋人诗话而言,可谓别具一格。此书有《履斋示儿编》抄本,中国社会科学院图书馆藏;又有《萤雪轩丛书》青木嵩山堂刊本,中国国家图书馆藏。《南溪笔录群贤诗话》称引时又有《孙季昭诗话》之名,凡二则皆论杜诗;又有《孙季昭示儿编》之称,皆自其《示儿编》出之矣。

109.《公晦诗评》

李方子撰,卷数不详,佚。方子(? —1223),字公晦,一字正叔,邵武(今属福建)人。嘉定七年(1214)进士,朱熹弟子,曾任泉州观察推官、国子学录、通判辰州。是书未见诸家书目著录,唯刘克庄有《跋李耘子所藏其兄公晦诗评》(见《后村题跋》卷二)一文。跋云:"昔韩欧二公病六朝五季文体卑弱,于是各为一家之言以变之,不独一时学者从风而靡,向使徐庾扬刘诸人及与二公同时,亦必北面竖降矣。今举世病晚唐诗,犹韩欧遗意也。然徒病之而无以变之,苛于评而谦于教,独何欤?盖公晦及颖叔论近人之诗详矣,窃意公晦所谓冲淡淳古之趣,颖叔所谓和乐之音,可以变,可以教,而余偶未之见也。"由此可知,是书论诗主"变"重"教",张扬"冲淡淳古之趣"。颇有见地。惜其无传矣!

110.《诗法》

赵蕃撰,卷数未详,佚。赵蕃(1143—1229),字昌父,号章泉,祖籍郑州,南渡寓信州(今属江西)。问学于朱熹,以诗受知于杨万里。以荫补官,尝为太和主簿,官至承议郎,直秘阁致仕,卒谥文节。著《淳熙稿》二十卷、《章泉稿》五卷。是书久佚，未见著录，魏庆之《诗人玉屑》多次称引其佚文，然不言有《诗法》，唯蔡正孙《诗林广记》卷五评王维《南山遣兴》诗，则直接点明赵章泉《诗法》之名。

赵蕃论诗主禅悟，曾有和吴可《学诗诗》三首，以为“学诗浑以学参禅”，为严羽《沧浪诗话》“诗禅说”之先声。据其佚文可知，是书所论诗法，盖以盛堂诗法为本，论其情性、气度、诗格、意境，而述作诗方法者甚少。《诗人玉屑》卷一录《赵章泉诗法》一则云：“或问诗法于晏叟，因以五十六字答之云：‘问诗端合如何作？待欲学耶毋用学。今一秃翁曾总角，学竟无方作无略。欲以鄙律恐坐缚，力若不加还病弱。眼前草树聊渠若，子结成阴花自落。’”可参照一二。又，《南溪笔录群贤诗话》称引，名之为《章泉诗话》也。

111.《锦机诗话》

黄钟撰，卷数未知，佚。钟（1140—1217）字器之，号定斋，仙游（今属福建）人。乾道五年（1169）进士，任德化县尉，漳州府录事参军。著有《杜诗注》和《锦机诗话》。是书《兴化府志·艺文志》著录于诗赋类，为元枢侨所称赏。余无可考。

112.《诗学规范》

张镃撰，一卷，存。镃（1153—1211），字功甫，一字时可，号约斋，西秦（今属陕西）人居临安（今属浙江）。官承事郎，直秘阁。诗与姜白石齐名，著《南湖集》《仕学规范》。是书《澹生堂藏书目》著录，称《诗法统宗》中有《诗学规范》一卷。罗根泽谓明人胡文焕辑录其《仕学规范》论诗之语而成书，收入《格致丛书·诗法统宗》之中。今郭绍虞《宋诗话辑佚》得四十则。是书名为“诗学”，却未脱“闲谈”“记事”之习；名曰“规范”，却仅注重于“用事”“俗语”之列。拾羽失鹏，不得要领。今有胡文焕《格致丛书》本、郭绍虞《宋诗话辑佚》本。

113.《陈日华诗话》

陈晔撰，一卷，佚。晔（生卒年未详），字日华，福建人。淳熙五年（1178）为淳安令，后知汀州。与姜白石有诗交，《白石道人诗集》有《陈日华侍儿读书》诗传世。著有《谈谐》。《四库存目·谈谐》提要称陈日华“别有《诗话》一卷，多引朱子之语”，当指是书。是书久佚，《天一阁书目》言有兰丝栏抄本，《浙江采集遗书总录》收入庚集说家类，写本一卷，盖出天一阁藏本，未见。

114.《敖器之诗话》

敖陶孙撰，一卷，残。陶孙（1154—1227），字器之，号臞翁，福清（今属福建）人。庆元五年（1199）进士，官泉州签判，终奉议郎，后主管华州西乐庙。著有《臞翁集》。是书亦名《臞翁诗评》，附于《臞翁集》卷末（《南宋六十家诗集》卷四十）。敖氏此书论诗侧重风格，尊重杜甫。他评古今二十八位名人诗，均以比喻论述各家风格特色，要言不烦，生动形象，恰到好处。现俱录如下：

> 因暇日与弟侄辈评古今诸人诗：魏武帝如幽燕老将，气韵沉雄；曹子建如三河少年，风流自赏；鲍明远如饥鹰独出，奇矫无前；谢康乐如东海扬帆，风日流丽；陶彭泽如绛云在霄，舒卷自如；王右丞如秋水芙蕖，倚风自笑；韦苏州如园客独茧，暗合音徽；孟浩然如洞庭始波，木叶微脱；杜牧之如铜丸走坂，骏马注坡；白乐天如山东父老课农桑，言言皆实；元微之如李龟年说天宝遗事，貌悴而神不伤；刘梦得如镂冰雕琼，流光自照；李太白如刘安鸡犬，遗响白云，核其所归，恍无定处；韩退之如囊沙背水，惟韩信独能；李长吉如武帝承露盘，无补多欲；孟东野如埋泉断剑，卧壑寒松；张籍如优工行乡饮，酬献秩如，时有诙气；柳子厚如高秋独眺，霁晚孤吹；李义山如百宝流苏，千丝铁网，绮密瑰妍，要非适用；本朝苏东坡如屈注天潢，倒连沧海，变眩百怪，终归雄浑；欧公如四瑚八琏，止可施之宗

庙；荆公如邓艾缒兵入蜀，要以险绝为功；山谷如陶弘景袛诏入宫，析理谈玄，而松风之梦故在；梅圣俞如关河放溜，瞬息无声；秦少游如时女步春，终伤婉弱；后山如九皋独唳，深林孤芳，冲寂自妍，不求赏识；韩子苍如梨园按乐，排比得伦；吕居仁如散圣安禅，自能奇逸。其他作者，未易殚陈。独唐杜工部，如周公制作，后世莫能拟议。

陶孙以比喻论诗如此，堪称中国诗话史之一创举，为宋人以喻论诗之最。是书有《南宋六十家诗集·臞翁诗集》本；又一部，清乾隆间写《四库全书》之《说郛》本，台北“故宫博物院”藏。

115.《迂斋诗话》

不著撰人，一卷，残。是书久佚，不见诸家著录，唯厉鹗《宋诗纪事》卷三十引刘郛《谐谑诗》后注云《迂斋诗话》。宛委山堂本《说郛》正集卷八十一有《迂斋诗话》残本，仅五则，述诸家诗事，无甚识见，今有稽留山樵《古今诗话》本，收入台湾广文书局《古今诗话续编》之中。

116.《诗海遗珠》

汤岩起撰，九卷，佚。岩起（生卒年未详），字梦良，池州铜陵（今属安徽）人。是书原为九卷，《宋史·艺文志》著录于小说类，仅作一卷。方回《桐江集》有《诗海遗珠考》，谓“《诗海遗珠》九卷，六百二十七条，九华汤岩起梦良分教潭阳日所集也”。考汤梦良乃阮阅同乡，据汤氏自序，“盖淳熙十三年丙午（1186）取闳休家所有书抄录而成”。此书循阮闳休《诗话总龟》体例而续补之，故曰“遗珠”。所论“宋诗人一百六十余人，有苏仲豫而无叔党，有江端友而无端本，清江三孔，昭德诸晁皆不与。王立之父王棫，非诗人也；张山人作十七字诗者，诗之优伶也，则皆书之”。故所谓“遗珠”者亦徒有其名，乃踵《诗总》之遗绪而已。

117.《玄散诗话》

不著撰人，一卷，残。有《说郛》节本，稽留山樵《古今诗话》卷四载录，仅四则，述古人尺素鱼缄，缝衣诗及沈云卿遇美人苗蕴、苏紫虅寄诗谢耽之事。记事琐屑，无任何意义。今有台湾广文书局《古今诗话续编》影印本。

118.《茅斋诗话》

赵舜钦撰，不知卷数，佚。郭绍虞《宋诗话考》谓"赵舜钦里贯仕履均未详，其书亦不见诸家著录"，唯史温《山谷诗·别集注》曾称引之。今郭绍虞据此辑入《宋诗话辑佚》中，仅得此一条，云山谷《压沙寺梨花》诗事。

119.《青琐诗话》

刘斧撰，辑者未详，一卷。郭绍虞《宋诗话考》卷下称"斧有《青琐高议》前集十卷，后集十卷，晁公武《读书志》《宋史·艺文志》皆著录，唯均作十八卷，疑二卷出后人增补。蔡絛《铁围山丛谈》称为《青琐小说》今陶珽所编《说郛》，又于《青琐高议》之外别出《青琐诗话》，盖均随意定名者"。此言似非。是书之名早已存在，明末所刊稽留山樵《古今诗话》，卷四则收录《青琐诗话》，凡九条，分述李昉、李清臣、张士逊，吕夷简、范文正等宋室重臣诗事。唯其署名为"元刘斧"视之为元人，则非也。今有台湾广文书局《古今诗话续编》影印本。

120.《余师录》

王正德撰，四卷，存。是书作者生平无考，据自序成书于绍熙四年（1193）。《四库全书》著录于集部诗文评类。《四库提要》并谓"今本自《永乐大典》中辑录而成"。王正德论诗宗杜，说："王介甫以工，苏子瞻以新，黄鲁直以奇，而杜子美之诗，奇、常、工、易、新、陈，莫不好也。"（卷一）是书辑录前代论诗文之语，自北齐而下迄于宋，以论诗为主，时出新见。此书有清乾隆间文渊阁《四库全书》本，二册，台北“故宫博物院”藏；又一部，清道光间钱熙祚《守山阁丛书》本。

121.《草堂诗话》

蔡梦弼撰，二卷，存。梦弼（生卒年未详），字傅卿，南宋建安（今属福建）人。嘉泰年间（1201—1204）著《草堂诗笺》四十卷，《补遗》十卷。《草堂诗话》原附刻其后。

是书专集宋人诗话、语录、文集、笔记之中有关论杜甫及杜诗之语，凡二百余条，继《苕溪渔隐丛话》之编排体例，汇辑而成。此乃专家诗话之体，博采诸家之说，间附辨证之语，与唯事采摭的诗话之作大相径庭。故《四库提要》称其“详赡，胜于方道深《续集诸家老杜诗评》”，丁福保亦称此书“颇足以资参考，远在方醇道《老杜诗评》之上”。

此书今有清乾隆年间写文渊阁《四库全书》本一册；又有《古逸丛书》本《后知不足斋丛书》本、《历代诗话续编》本（1983 年中华书局校点重印）等。

122.《竹庄诗话》

何汶撰，二十四卷，存。《宋史·艺文志》有“何谿汶《竹庄诗话》二十七卷”；《千顷堂书目》《浙江采集遗书总录》 均作二十二卷；《四库全书》著录于集部诗文评类，作二十四卷，仍题为“何谿汶撰”。《四库总目提要》谓“今本二十四卷，其数稍异，或传写佚其三卷，或后人有所合并”。今郭绍虞《宋诗话考》谓方回《桐江集》卷七有《竹庄备全诗话考》云：“《竹庄备全诗话》二十七卷，开禧二年（1206）丙寅处州人新德安府教授何汶所集也。”由此可知，是书成于宋宁宗开禧二年（1206），原名《竹庄备全诗话》，编者是何汶，而非谿汶。何汶，号竹庄居士（据钱曾《读书敏求记》），处州（今属浙江）人，“汶群从淡等七人登科，洋湇同庆元丙辰（1196）榜”，曾任新德安府教授。

此书名曰诗话，实是附有诗话的诗歌选集。其体例与蔡正孙《诗林广记》相似，在诗评总集之间，每则以前人诗话列前，以所论之诗全篇附载于后，相互勘证，颇便参考。其中卷一是总论，包括《讲论》《品题》；卷二至卷十分别选录历代诗歌，并酌情辑录相关诗话；卷十一至卷二十二为杂论，按题材和风格相类编排；卷二十三、二十四为《警句》选，先摘句后列诗话，以摘句为评论诗。书中选诗及诗评，虽属习见，无甚发明，然而成书甚早，故有重要的文献价值。

是书宋版书目作《竹庄诗话》十八卷六本（《虞山钱遵王藏书目录汇编》）；清乾隆间写文渊阁《四库全书》本八册；上海商务印书馆 1935 年据《四库》本影印本；今有中华书局 1984 年常振国、绛云点校本。

123.《练溪诗话》

张顺之撰，卷数未知，佚。顺之（生卒年未详），号练溪居士，婺源（今属江西）人，受学于吴可，游乡校，以诗名。著有《练溪集》。是书久佚，不见诸家著录称引，唯程洵《尊德性斋小集》卷二存有《练溪诗话跋》云："练溪居士张顺之，少好为诗，老而不衰，尝得句法于金陵吴思道。思道，盖东坡先生门下士也，东坡之诗并包众体，天宽地大，思道得其一体，而顺之承其后焉，则其源流可知矣。顺之晚倦游，归休乎练溪之上，惜其平日所得于思道及前辈诸名胜者将遂湮没无闻，乃录《诗话》一编以记之，而其旨趣大率不出思道机轴之外。"

张顺之论诗承师长之旨，以禅悟论诗。正如郭绍虞先生《宋诗话考》指出："张氏既为吴可弟子，而论诗旨趣又不出其机轴之外，则其书非近性灵说之主张，定偏于禅悟，为沧浪之先声者矣。"

124.《清林诗话》

王明清撰，卷数未详，佚。叶盛《菉竹堂书目》、杨士奇等《文渊阁书目》均有著录，而撰者何人未录。清厉鹗《宋诗纪事》卷五十八云王明清撰《清林诗话》:"明清字仲言,汝阴人,雪溪先生王铚之次子。庆元间寓居嘉兴,官泰州倅,著有《挥麈三录》《玉照新志》《投辖录》《清林诗话》。"郭绍虞《宋诗话考》说《嘉兴府志》卷五十一流寓王明清传中亦有此语,今查之亦然。

125.《续老杜诗评》

方铨撰,五卷,佚。铨(生卒年未详),字叔平,号真窖,莆田(今属福建)人。淳熙二年(1175)进士,宦游事迹不详。是书《宋史·艺文志》和《福建通志·经籍志》等均著录之,系方铨继其先辈方深道、方醇道集诸老杜诗评之业而续编者,内容与体例均与《老杜诗评》相同。

126.《杜诗九发》

吴泾撰,不知卷数,佚。吴泾,号荜门,莆田(今属福建)人,生平仕履不详。是书唯见于李昂英《文溪集》卷三《吴荜门〈杜诗九发〉序》,云:"草堂诗名辈商评尽矣!反复备论为一书者盖鲜。甫田吴君泾思覃句中,意索言外,寻音响,溯脉络,举纲目,工部胸襟气象模写曲尽,皆前人所未到。"李昂英,字俊明,番禺(今属广东)人,淳祐年间官吏部侍郎。李氏为之作序,于是书又推崇备至,可见吴泾仕宦地位之高,且知是书成于南宋理宗淳祐年间(1241—1252)。郭绍虞认为:"宋时论杜之诗话,大都汇萃旧说,求其自发胸臆,成为专著者,当以是书为嚆矢矣。"(《宋诗话考》)

127.《元祐诗话》

佚名撰,一卷,佚。此书不见称引,唯《宋史·艺文志》著录于文史类,佚文无可考。然顾名思义,是书盖述元祐党人诗事。成书当在元祐党禁松弛之后,疑为南宋初年之作。

128.《白石道人诗说》

姜夔撰，一卷，存。夔（1155？—1221？），字尧章，号白石道人，鄱阳（今属江西）人。一生未仕，浪迹江湖，常与陆游、范成大、尤袤、杨万里、朱熹、辛弃疾、叶适诸人游，与湖湘结缘。娴于音律，善度新调，为南渡一代词宗。所撰《诗说》，又名《白石诗说》《姜氏诗说》《白石诗话》《白石道人诗话》。《直斋书录解题》与《宋史·艺文志》均著录于集部之别集类。《四库全书》亦然，作二十七条，《历代诗话》厘为三十条。

据其自序，乃知姜夔游于南岳得若士之悟而作，颇有神秘色彩，却在于沟通诗道与禅道之关联而已。白石论诗，注重诗道、诗法、诗病。与欧派诗话之述事尚考据不同。

是书是宋代诗话之中诗论最为严正之作，其论诗具有三个特点。第一，小而全，集古今诗论之大成。全书一卷凡三十条，仅一百余字，篇幅短小精悍，内容丰富多彩，有人归纳为十端：立法度，树妙境，尚自然，倡含蓄，崇意格，辨诗体，重精思，贵独创，主情性，讲涵养。所谓“法度”，一指礼义之法度，即道德规范；二指诗歌之法度，即艺术规范。一般论者只注意其二，而忽视其一。以致得出白石论诗“重形式而忽视内容”之片面结论。第二，简而精，寓诗歌创作经验于形象化比喻之中。白石论诗，语言极为简精，如语录、格言，音调抑扬，排比有序，文辞华美，体念深微，如诗如画，生动形象。第三，广而新，于闲谈随笔之中见内在理论体系。全书三十条，首条总论“诗道”，末条概括全篇点明写作之目的，中间二十八条分论诗教、诗法、诗体、诗境、作者、风格、鉴赏和批评等，构成“总—分—合”之结构体系，构思完整，独具匠心。《四库提要》仅以“精思独造”四字概括此篇，似有拾羽失鹏之嫌。

是书各本皆附于《白石道人诗集》后，又有《学海类编》《历代诗话》《诗话楼琐刻》《诗触丛书》《四库全书》《谈艺珠丛》《诗法萃编》《学诗津逮》《榆园丛刻》《南宋群贤小集》《娱园丛书》《萤雪轩丛书》《艺圃搜奇》《一瓻笔存》诸本。今有广西师范大学出版社2007年出版蔡镇楚《宋代诗话选释·白石道人诗说》注释本。

129.《藜藿野人诗话》

藜藿野人撰，卷数未知，佚。是书魏庆之《诗人玉屑》卷三、卷七称引，凡二则，述东坡、放翁诗事。元人陈秀明《东坡诗话录》卷下及清人伍涵芬《说诗乐趣》卷六亦转述之，其中伍本又引作《藜藿诗话》《藜藿老人闲话》。今有郭绍虞《宋诗话辑佚》本仅得二则。

130.《诗说》

吴陵撰，卷数未知，佚。陵（生卒年未详），字景仙，邵武（今属福建）人，严羽之继叔。沧浪《答出继叔临安吴景仙书》云："吾叔《诗说》，其文虽胜，然只是说诗之源流，世变之高下耳。虽取盛唐，而无的然使人知所趋向处。其间异户同门之说，乃一篇之要领。然晚唐本朝，谓其如此可也，谓唐初以来至大历之诗，异户同门已不可矣；至于汉魏晋宋齐梁之诗，其品第相去，高下悬绝，乃混而称之，谓锱铢而较，实有不同处，大率异户而同门，岂其然乎？"又蔡正孙《诗林广记》后集卷十称引一则。原书久佚未见著录。吴陵论诗，由上可见一斑。《福建通志》亦云："自（严）羽以妙远言诗，扫除美刺，独任性灵，邑人上官伟长、吴梦易、朱叔大、黄裳、吴陵盛传宗派，几与黄鲁直江西诗派并行。"可知吴陵与严羽同派。《诗林广记》所引其论"诗思"者，虽袭葛立方，亦见其对诗歌创作灵感论之重视。

131.《杜诗发挥》

杜旃撰，一卷，佚。旃（生卒年未详），字仲高，金华（今属浙江）人。著有《癖斋小集》。是书久佚，唯《直斋书录解题》与《通考·经籍考》著录于文史类。郭绍虞《宋诗话考》根据叶盛《菉竹唐书目》卷四有《杜诗发微》一册及楼钥《攻愧集》卷六十六《答杜仲高书》所载，以为"挥""微"音近而混，即《杜诗发微》是也。是书顾名思义，论诗宗杜，以发少陵之微意。

132.《沧浪诗话》

严羽撰，一卷，存。严羽（1192？—1245？），字仪卿，一字丹丘，号沧浪逋客，邵武（今属福建）人，著有《沧浪吟卷》。《樵川二家诗》和《福建通志》有传。

是书《四库全书》著录于集部诗文评类，原为一卷，许印芳《诗法萃编》厘为二卷。全书分《诗辨》《诗体》《诗法》《诗评》《考证》五部分，从内容到形式，自成一个完备的理论体系。《诗辨》是全书论诗主旨，理论总纲，以"以禅喻诗"为核心，论及其诗学和美学之基本主张；《诗体》探讨古代诗歌的体制与诗歌流派之发展演变情况；《诗法》论诗歌创作之法则与技巧，近乎姜夔《白石道人诗说》，颇多经验之谈；《诗评》系严羽的诗歌批评论，着重品评以唐诗为主体的历代诗人诗作；《考证》重在对历代诗歌作品，选本及字句真伪、舛讹的辨证考订。

中国学术文化史上，诗、禅、茶，形成三足鼎立之势；而禅与诗、茶的结合，成就了两大学说：一是"诗禅说"，二是"茶禅论"。严羽《沧浪诗话》的诗学宗旨，是主"妙悟"而以禅喻诗，是宋代"诗禅说"的集大成者。为纪念严羽《沧浪诗话》，清顺治年间，改"望江亭"而为"诗话亭"，又将一原名"八角楼"改名为"沧浪阁"。

沧浪论诗，为救一代诗弊而发，具有鲜明的针对性。然而，严羽的理论缺憾仍十分明显，最突出之点就是扬唐而抑宋，即对宋诗的全盘否定，开中国文学史"唐宋诗之争"的先河。

是书一般附于《沧浪诗集》后，朱霞《樵川二家诗》亦然。其单行别出者，有明正德十一年（1516）九峰书屋刊本，作《严沧浪诗话》一卷，一册，中国国家图书馆藏本；丛书本有《百川学海》《天都阁藏书》《津逮秘书》《历代诗话》《诗话楼琐刻》《诗触丛书》《诗学指南》《清芬堂丛书》《秘册丛书》《说郛》《诗法萃编》《谈艺珠丛》《宝颜堂秘笈》《萤雪轩丛书》《宋诗话七种》《学诗津逮》诸本。

133.《沧浪严先生诗谈》

严羽撰，一卷，存。严羽有《沧浪诗话》，未闻《诗谈》，盖为后人辑其论诗谈艺之语而成，辑者不详。今有陈继儒《宝颜堂秘笈》广集明万历本、民国石印本，上海图书馆等藏。

134.《苍山曾氏诗评》

曾原一述，黎艾明辑，一卷，佚。原一(生卒年未详)，字子实，号苍山，赣州宁都(今属江西)人。曾官承奉郎，知南昌县，绍定间与戴石屏结江湖吟社。艾明，字希贤，原一同乡。是书《江西通志·艺文略》著录于诗文评类，吴澄《吴文正公集》卷二十一有《苍山曾氏诗评序》一文，其中云："其学识则章贡曾子实为诸诗人之冠，《诗评》一篇乃其同乡之士黎希贤所辑，可与朱子《答巩仲至》一书相并，而又发其所未发，备评诸家诗，未有若是其的切周悉者也。得此，不唯可以见前辈观书之眼目，抑真可以为后进作诗之阶梯。"吴氏于是书推崇至此，故其内容亦可见一斑矣。

135.《熊掌诗话》

郑揆撰，卷数不分，佚。揆(生卒年未详)，号蒙泉，莆田(今属福建)人。宋孝宗隆兴元年(1163)进士，仕宦不详。是书久佚，未见宋人著录称引，至清道光间重纂《福建通志》方著录于《经籍志》，另《兴化府志》及《莆田县志》之《艺文志》均有著录。所以名之曰《熊掌诗话》，是否取法于《孟子·告子上》"鱼，我所欲也；熊掌，亦我所欲也"，则不得而知。

136.《吴氏诗话》

吴子良撰，二卷，存。子良(1198—1257？)，字明辅，号荆溪，临海(今属浙江)人。宝庆二年(1226)进士，官至湖南转运使、太府少卿，后忤史嵩之而罢官。据传，他曾聘朱熹再传弟子欧阳守道为岳麓书院副山长，著有《林下偶谈》。

《吴氏诗话》，系后人辑录其《林下偶谈》中论诗之语而成，非为吴氏自撰。《台州府志》卷八十四著录。《四库存目提要》云:“今核其文,即吴子良《林下偶谈》中摘其论诗之语,非别一书也。”吴子良学于叶适,是书论诗涉于叶适之诗者尤多,主张融“义理”于诗歌“境界”“襟度”“想象”之中,认为叶诗之“义理”、之“境界”、之“襟度”、之“想象”,可与少陵争衡。然而,吴氏又不为学派门户所累,提倡含蓄婉约诗风,要求诗歌“婉而不迫”,又做到“状难写之景如在目前”,“摹想无穷之趣如在目前”。吴子良以“义理”论诗,于叶适颇多溢美之词,甚而推至“虽少陵未必能追攀”之高度,显然纯属欺人之语。

是书原有清道光十一年(1831)六安晁氏活字本《学海类编》本,台北“故宫博物院”藏。今有台湾广文书局《古今诗话丛编》本,凡二卷三十八则诗话,题下作“宋吴(名字未详)著”。蔡镇楚石竹山房藏,今有北京图书馆出版社2004年蔡镇楚编《中国诗话珍本丛书》影印本。

137.《林下偶谈》

吴子良撰,四卷,存。《四库全书》著录于集部诗文评类,不著撰人。是书又名《荆溪林下偶谈》,原为八卷,今作四卷,有姚士粦跋。如前所述。“吴子良学于叶适”,是书亦多录叶适之说。《四库简目》云:“子良为叶适门人,学问具有端绪。故此编品评诗文,多述(叶)适之余论,大抵精确者居多。”是书有明抄本,八卷,四库馆臣墨笔签校,台湾图书馆藏;又一部,四卷,清抄本,清丁丙跋,南京图书馆藏;又一部,一卷,有《说郛》本与《唐宋丛书》本。蔡镇楚石竹山房藏。

138.《林下诗谈》

不知撰人,一卷,存。是书与吴子良《林下偶谈》仅一字之差,似从吴书辑出论诗之语而成,然而非是。此本皆论妇女之诗,拟为“名媛闺秀诗话”之开山祖。今有宛委山堂《说郛》本(卷八十八)及《香艳丛书》本(第十五集)。稽留山樵辑录于《古今诗话》卷五(台湾广文书局《古今诗话续编》本),仅录七则诗话。蔡镇楚石竹山房藏。

139.《娱书堂诗话》

赵与虤撰，二卷，存。与虤（生卒年未详），字威伯，涿州（今属河北）人，为宋太祖十世孙，著有《娱书堂诗话》。是书二卷，《诗人玉屑》引为《赵威伯诗余话》或《余话》，《宋史·艺文志补》著录于文史类，《四库全书》收入集部诗文评类。《四库简目提要》称"其论诗源出江西，而兼涉江湖宗派，故所取或涉于庸腐。然名章隽句、轶事遗文，亦络绎其间，亦未可以其芜杂，并弃其菁华也"。然而，今人郭绍虞认为："是书备论诗法，兼有考证，附及时人轶事，在南宋诗话中尚为佳本。"（《宋诗话考》）是书有《说郛》残本，仅六则；又有清乾隆间写文渊阁《四库全书》本，一卷；今有丁福保《历代诗话续编》本，二卷；还有《也是园书目》《述古堂书目》《读书敏求记》则均作四卷，今存一明抄本，一册，台湾图书馆藏。郭绍虞《宋诗话考》谓《说郛》本末二则为《历代诗话续编》本所无。今录之，以补其阙如：

（1）宋人紫芝赠李道士云："教人知道甲，笑客问勾庚。"前人所未对，亦警语也。

（2）白乐天诗云："倦倚绣床愁不动，缓垂丝带髻环低。辽阳春尽无消息，夜合花前日又西。"好事者画为《倦绣图》。

140.《续广本事诗》

聂奉先撰，五卷，残。撰者里贯字号生平未详。本事诗肇于晚唐孟棨，专述诗歌本事。其后有处常子、罗隐《续本事诗》各一。聂奉先《续广本事诗》则续晚唐三种《本事诗》而作。陈振孙《直斋书录解题》，文史类著录是书，且云："虽曰广孟启之旧，其实集诗话耳"。事实也是。其中许多诗条，见于《王直方诗话》《古今诗话》等。是书今有宛委山堂《说郛》节本，仅一卷；又有《丛书集成》初编本（文学类），《中国文学参考资料小丛书》第二辑本。今有台湾广文书局《古今诗话续编》影印稽留山樵《古今诗话》本。蔡镇楚石竹山房藏。

141.《诗人玉屑》

魏庆之撰，二十卷，存。庆之（生卒年未详），字醇甫，号菊庄，建安（今属福建）人。无意科第，种菊自遣，故号菊庄。编有《诗人玉屑》（亦名《玉屑诗话》）。是编亦名《玉屑诗话》，前有黄昇淳祐甲辰（1244）一序，知此书成于南宋理宗淳祐四年之前。

是书辑录两宋诗话论诗之语，以资料丰富、理论色彩突出而见称于世。前十一卷以"诗辨""诗法""诗评""诗体""句法""警句""口诀""初学蹊径""命意""造句""下字""用事""压韵"等门目，分论诗体、诗艺、诗格、诗法和学诗宗旨等各类诗学原理，体例虽略同于《诗话总龟》，然而更为严正。不落小说家之窠臼；第十二卷之后品评历代诗人诗作，则以人为纲，以时为序，体例又似《苕溪渔隐丛话》，却又更趋严密精巧，其不涉考证，不及琐事，去芜存菁，亦高出《渔隐丛话》一筹。全书虽有重复枝蔓之病，但排比大致有序，且又兼取阮阅、胡仔二书之长，而无二书之弊，系宋人诗话集之范本。

是编版本较多，通行本为二十卷，元刊本，上海图书馆、台湾图书馆藏。又一部，明嘉靖六年（1527）洪都潜仙刻本，中国国家图书馆、上海图书馆藏。又一部，明谢天瑞刻本，佚名批校，清丁丙跋，南京图书馆、台湾图书馆藏。又一部，明处顺堂刻本，四川大学图书馆藏。二十卷本有名《新刊古今锦绣诗人玉屑》者，明刻本，中国国家图书馆藏。

二十二卷本，名为《新刊诗人玉屑》，明钱塘胡文焕校勘本，台湾图书馆藏。

二十一卷本（附加《中兴词话》），有日本宽永十六年（1639）田原仁刊本，十册，中国国家图书馆、台湾图书馆藏。今有上海古籍出版社1978年据清道光古松堂重印本，附有《校勘记》。

142.《玉林诗话》

黄升撰，卷数未知，佚。昇（生卒年未详），字叔旸，号玉林，又号花庵词客，建安（今属福建）人。曾受知于游九功，《四库提要》称其词“上逼少游，近摹白石”，著有《散花庵词》。《玉林诗话》亦称《玉林中兴诗话补遗》，久佚，未见著录，仅《诗人玉屑》称引甚众，次则《诗林广记》。是书论诗以平淡自然、含蓄蕴藉之境为贵，认为诗当“寄大音于泬寥之表，存至味于泊淡之中”。所论评杨万里、戴复古、赵蕃诸家南渡诗人诗作，采用先录其诗，略加评点之法，颇多精当之见。是书《诗人玉屑》录存三十三条，《诗林广记》录存五条，《南溪笔录群贤诗话》录存亦为五条。罗根泽据此辑为一卷，郭绍虞辑为二十九条，收入《宋诗话辑佚》一书之中。

143.《深雪偶谈》

方岳撰，一卷，存。方岳（生卒年未详），字元善，号匊田，宁海（今属浙江）人。《宋季忠义录》有传。所撰《深雪偶谈》一卷，《宋史·艺文志补》著录于子部小说家类。《四库全书》收入集部诗文评存目，又《台州府志·艺文志》著录于诗文评类。方岳论诗多从苏轼，主“诗本性情”之说，宗尚魏晋，提倡诗之“天成”“自得”“超然”，认为陶渊明、谢康乐二公之作，“辞近旨远”，高风绝尘，“如天成，如自得，如超然”。是书所论，虽从苏轼之说，略加申述，却不乏所见，非闲谈记事者可比。此书有《说郛》本、《艺圃搜奇》本、《宋人百家小说》本、《续百川学海》本、《学海类编》本等；又有清曹琰抄本，明阳山顾氏刻《文房小说》本，皆藏于中国国家图书馆。今有台湾广文书局《古今诗话丛编》本，凡十五则诗话。

144.《雪矶诗评》

乐雷发撰，一卷，佚。雷发（1210—1271），字声远，号雪矶，道州宁远（今属湖南）人。少颖慧，长诗赋，而累举不第。后门人姚勉登科，以让第疏上，宋理宗召之，亲试对，赐及第。因数议时政未用，辞官归隐雪矶，人称雪矶先生，著有《雪矶丛稿》。《永州府志》有传。是书亦称《雪矶诗话》，《湖南全省掌故备考续编》卷八著录于诗文评类。

145.《抒情诗话》

不著撰人，卷数未详，佚。是书未见著录，唯何汶《竹庄诗话》卷二十论杜牧《闻歌》（即《夜泊秦淮》）称引，谓"《抒情诗话》云：'杜牧之绰有诗名，纵情雅逸。金陵舣舟，闻倡楼歌声，有诗云云。风雅编缀，不可胜纪。与杜甫齐名，时人呼为大杜、小杜。'"《诗话总龟》前集和《诗人玉屑》称引有《抒情录》，卢瓌撰。不知此《抒情录》与《抒情诗话》为一书否？

146.《抒情录》

卢瓌撰，卷数不详，佚。是书《遂初堂书目》著录于小说类，故其成书当于宣和五年（1123）之前。原书久佚，唯《诗话总龟》前集总目作"卢瓌《抒情》"，卷一《讽谕门》称引五条，皆述唐人诗事。其中二条，《诗人玉屑》卷九亦曾转述。然而，《竹庄诗话》所称引者，并非复见于《诗总》《玉屑》。故《抒情诗话》与《抒情录》，二书是否一书，皆不能定论。

147.《叙事诗话》

不著撰人，卷数未知，佚。是书《遂初堂书目》著录之，罗根泽据此而收入《两宋诗话年代存佚残辑表》之中。是书久佚，无以为考。

148.《对床夜话》

范晞文撰，五卷，存。晞文（生卒年未详），字景文，号药庄，钱塘（今属浙江）人。太学生，咸淳二年（1266）以劾权相贾似道而窜琼州。元世祖时，为人荐于朝，不受职，流寓无锡而终。著有《对床夜语》五卷，《四库全书》著录于集部诗文评类。是书亦称《对床夜话》，凡一百三十七条，皆论诗之语，自汉魏六朝而至于宋，历代诗人诗作皆有品评。范氏论诗主"妙悟"之说，于沧浪论诗多有发挥，重情思，贵含蓄，提倡"情景兼融"与"情融神会”，认为“景无情不发，情无景不生”，因而诗则应“以实为虚”，“虚实相伴”，“化景物为情思”，使之情皆“景中之情”，景皆“情中之景”；诗也当动静相间，能“置静意于动中”，“置动意于静中”。这些论点，十分鲜明而精当，开历代诗话“情景论”之先声，于明清诗话影响甚为深远。是书以情论诗，追慕汉魏、盛唐，故于“四灵”“晚唐”诸体，非议甚烈。《四库简目提要》称其“虽不免瑕瑜互见，然当宋之末，能力排四灵、晚唐二派，亦可云特识矣”。

是书有《学海类编》《知不足斋》《萤雪轩丛刊》《八千卷楼丛刊》《武林往哲遗著》《历代诗话续编》等丛书本，皆作五卷；又一部，五卷，明祁氏澹生堂抄本，明祁永爜跋，清张载华校，丁丙跋，上海图书馆藏；《对床夜话》五卷，乌丝栏旧抄本，二册，过录明祁永爜跋语，又清黄丕烈，手校并跋，中国国家图书馆藏；又一部，八卷，清初抄本，清黄丕烈手书题记，台湾图书馆藏。

149.《谢叠山诗话》

谢枋得撰，卷数不知，佚。枋得（1226—1289），字君直，号叠山，信州弋阳（今属江西）人。宝祐四年（1256）进士，曾为考官，以讥贾似道政事而被罢斥。后起用，任江东提刑、江西招谕使，知信州。宋亡，隐居闽中，福建参政强之北行，迫其出仕。至大都，乃绝食而卒。《宋史》有传。是书久佚，未见诸家著录，唯蔡正孙《诗林广记》称引二十二条，名之《谢叠山诗话》。是书论诗力主含蓄，认为诗之妙，在于“意在言外，寄有于无”，强调“意味”。为此，谢氏推崇陈后山，称许后山佳句如善画，“意味悠长，可与杜工部争衡”。当然是书多为历代诗歌赏析之论，无多诗论之见，故学术价值不高。郭绍虞《宋诗话辑佚》未予辑出。

150.《弁阳诗话》

周密撰，一卷，存。密（1232—1298），字公谨，号草窗，原籍山东济南，流寓吴兴，居于弁山之阳，号弁阳啸翁，又号萧斋，宋末曾任义乌令等职，入元不仕，自称四水潜夫。词与吴文英（号梦窗）齐名，世称“二窗”。著有《浩然斋雅谈》三卷，《四库全书》著录于集部诗文评类。上卷考证经史、品评文章，中卷为诗话，下卷为词话。是书原为日人梁川星岩、菅老山辑其《浩然斋雅谈》论诗之语而成，取名曰《浩然斋诗话》，已佚；其后近藤元粹重新辑录之，改名为《弁阳诗话》，厘为一卷，凡一百零三条。周密论诗主“语妙而意婉”，要求语言“妙合自然”，意新而能“深中人情”。然而，是编多述旧人旧事，诗论色彩淡薄。今有《萤雪轩丛书》本。

151.《浩然斋诗话》

周密撰，卷数未知，佚。是书为日人梁川星岩、菅老山辑其《浩然斋雅谈》中论诗之语而成，非周密自撰也。

152.《崔德符诗话》

崔德符撰，卷数未知，佚。崔德符，生卒里贯仕履未详，是书亦不见诸家著录，唯蔡梦弼《杜工部草堂诗话》及何汶《竹庄诗话》称引一二，其中《竹庄》引作《少陵诗纵目》，佚文大同小异，只是“《八哀诗》”后与“可以表里《雅》《颂》”之间，增加“古风中最为大笔，崔德符尝论斯文”数字（卷六）。可见其成书当于南宋宁宗嘉泰四年（1204）之前。此外，《南溪笔录群贤诗话》亦称引之，迳名《崔德符诗话》，谓“少陵《八哀诗》可以表里《雅》《颂》，中古作者莫及也。学者宜常讽诵之”，殆与《草堂诗话》所录相似。今有台湾广文书局《古今诗话续编》影印《南溪笔录群贤诗话》本，一册。

153.《后村诗话》

刘克庄撰，十四卷，存。克庄（1187—1269），字潜夫，号后村居士，莆田（今属福建）人。以荫入仕，迁建阳令，以《落梅》诗免官。淳祐六年（1246）赐同进士出身，累官秘书监、工部尚书兼侍读，以龙图阁直学士终，卒谥文定。《宋诗钞》《宋史翼》有传。是书十四卷，前集二卷，后集二卷，续编四卷，新集六卷，近六百条。《四库全书》著录于集部诗文评类。

前三集主要评论汉魏以下诗人诗作，而以唐、宋人为主；新集则专采唐人诗歌，间加品评。克庄论诗“以吟咏性情为本意”，重骨气，重社会生活，崇尚汉魏、盛唐，于陈子昂、李白、杜甫称许甚多，评价尤高，颇具识力。于艺术上，克庄提倡独创，主张自成“一家之言”，反对齐梁之纤弱诗风。

是书有《说郛》残本；全本有《后村大全集》本、《适园丛书》本，清乾隆间写文渊阁《四库全书》本；又有清抄本，南京图书馆藏；今有中华书局1983年王秀梅点校本，台湾广文书局《古今诗话丛编》影印本，二册。蔡镇楚石竹山房珍藏，一册。

154.《江西诗派小序》

刘克庄撰，一卷，存。此编本非诗话之体，原于《后村大全集》九十五卷，后丁福保据《知不足斋丛书》之附，而辑入《历代诗话续编》之中。鉴于已成事实，今亦著录之。

是编凡十九条，以山谷为祖，以陈师道等二十五人为法嗣，立宗派之名，重体制之变，自成一家。克庄推尊山谷，能于宋代诗歌演变之历史高度认识山谷之文学地位，云：“豫章稍后出，荟萃百家句律之长，究极历代体制之变，搜猎奇书，穿穴异闻，作为古律，自成一家，虽只字半句不轻出，遂为本朝诗家宗祖，在禅学中比得达磨，不易之论也。”推崇至此，无以复加。

是编与杨万里《江西宗派诗序》以及张泰来《江西诗社宗派图录》，皆研究江西诗派之重要资料。有《全集》本、《历代诗话续编》本。

155.《谢氏诗源》

不著撰人，不知卷数，佚。是书久佚，未见诸家著录和称引，唯宛委山堂本《说郛》有节编本，仅十七条，名曰“诗源”，实则多释诗中名物，如所谓“背与襟”“乌鲫”“莲子”之类，各有考证，可资参考。明稽留山樵收入《古今诗话》卷六，今有台湾广文书局《古今诗话续编》影印本。

156.《诗林广记》

蔡正孙撰，二十卷，存。正孙(1239—？)，字粹然，号蒙斋野逸，人称“蒙斋先生”。谢枋得之门人。编辑《诗林广记》，是书又称《精选诗林广记》《历朝诗林广记》《名贤丛话诗林广记》《精选古今名贤丛话诗林广记》，翻刻重印本又名《新刊精选古今名贤丛话诗林广记》者，繁称至此，实为鲜见。

是书二集，前集十卷，后集十卷，《四库全书》著录于集部诗文评类。二集皆精选古今名贤诗作，前集选录晋唐诗人之作，后集选录北宋诗人之作，又以诗话录诗，以为附录，以便参校比照，其体例介于总集与诗话之间。郭绍虞以为其特点有三：“大要一重在选人，偏重在名家大家，其他则附见卷后；二重在选诗，取其有话可辑者，凡无所评论考证者即不空录，则所录之诗自多脍炙人口之作；三重在选话，不求话之备而求话之正确。”(《宋诗话考》)是书所引诗话等资料书，多达一百七十余种。然而亦有引之过滥之病，所录之评论亦有不甚确当之处。后张宗泰有《总跋诗林广记》和《再跋诗林广记》，曾一一驳正其编(《鲁岩所学集》卷十四)。

是书最早有元刊本，仅后集十卷，十册，台湾图书馆藏；其次是明弘治十年(1497)济南张鼒刊本，二集二十卷，四册；又一部，明嘉靖二十年刻本，二册，中国国家图书馆藏；又一部，四卷，四册，明万历间陈继儒刊本，台湾图书馆藏，有广文书局《古今诗话续编》本，二册，蔡镇楚石竹山房珍藏；今有中华书局 1982 年常振国、降云点校本；又有北京图书馆出版社 2004 年蔡镇楚编《中国诗话珍本丛书》影印本。

157.《诗可言》

王柏撰，前集七卷，后集十三卷，佚。王柏(1197—1274)，字会之，号长啸，又号鲁斋，金华(今属浙江)人。《宋史》卷四百三十八有传。是书又称《可言集》或《诗可言集》，专为评诗之语，故曰“可言”。《宋史》本传著录，而其《艺文志》又收入经解类，不妥。此书早佚，未见称引，唯方回《桐江集》卷七有《可言集考》，称其前集七卷，一至三卷“取文公文集语录等，所论《三百五篇》之所以作及《诗》之教、之体、之学，而及于《骚》”；四至七卷“取文公所论汉以来至宋及题跋近世诸公诗，皆颠扑不破之说也”。此集系采集朱熹论诗评诗之语，自撰甚少。后集多系自撰，专论道学家之诗，凡二十三家，如濂溪、横渠、龟山、罗豫章、李延年、徐逸平、胡文定、吕紫微，并附见刘静春、赵章泉等五人。最末一卷为续集，专取汉唐山夫人《房中乐》，立论亦严。是书以评诗为主，其旨趣则在道学家之诗之言。宋诗话，如此专为程朱理学立言者，并不多见，惜其无传矣。

158.《粟斋诗话》

不著撰人，卷数未详，佚。是书未见著录，唯周遵道《豹隐纪谈》称引其俚语二对，一云：“天生好句未尝无对，俚俗之语得之为难。《粟斋诗话》载二对云：‘死人身边有活鬼，强将身下无弱兵。’一云：‘老手旧胳膊，穷嘴饥舌头。’”郭绍虞收入《宋诗话辑佚》中，余无可考。

159.《黄超然诗话》

黄超然撰，十卷，佚。超然（1236—1296），字立道，号寿云，黄岩（今属浙江）人。乡贡进士，精通易学，入元不仕，至治初卒，年六十二岁。著有《周易通议》二十卷，《或问》五卷，《发例》三卷，《释象》五卷。据郭绍虞《宋诗话考》，《元诗选》癸集甲称“其诗话笔记及会要历各十卷，又《赤城会通记》亦称其有《诗话》十卷”。《黄岩新志》著录于子部小说家类，《浙江通志·经籍志》收入文史类，《台州府志·艺文志》著录于诗文评类，只称《诗话》十卷。而未见诸家称引，故其论诗内容，无从考见。

160.《诗话钞》

陈存撰，卷数未知，佚。存(生卒年未详)，字体仁，号本斋，龙泉(今属浙江)人。淳祐进士，宝祐五年(1257)以史馆校勘召试，除秘书著作郎，后累迁兵部尚书，端明殿大学士，知庆元府沿海制置使，宋亡不仕。据郭绍虞《宋诗话考》是书似为摘抄纂录之著，未见著录，唯周密《志雅堂杂钞》卷下书史类谓姚子敬"有陈本斋《诗话钞》"。原书久佚，余无可考。

161.《诗评》

王镐撰，五卷，佚。镐字从周，永丰(今属江西)人，曾任忠州守。是书《江西通志·艺文略》著录于诗文评类，《永丰县志》亦载之。未见诸家称引，故其论诗之见，不得知之矣。

162.《北山诗话》

不著撰人，一卷，存。旧抄本，一册，近人莫裳手跋。台湾图书馆藏。晁瑮《晁氏宝文堂书目》文集类著录，指明有宋刻本，凡一百零七条，中有一页脱落，后有明嘉靖二十四年(1545)后记，云："嘉靖乙巳之岁，借同年晁春陵太史宋本录此，中脱第十六一页，俟后再遇补完也。四月既望，文山识"。

是书纵述古今诗歌，肇自《南风》而迄于北宋，间有所评。排比无序。其中三十九条云："诗之说云不可蹈袭，且曰字字要有来历，此皆诗病。自换骨法兴，诗体方备，典律精奥。若效'行到水穷处，坐观云起时'，则不可。"足见其论诗之宗尚矣。

是书有台湾广文书局《古今诗话续编》影印旧抄本，蔡镇楚石竹山房藏。今有北京图书馆出版社2004年蔡镇楚编《中国诗话珍本丛书》影印本。

163.《新编四六宝苑群公妙语》

祝穆编，二卷，存。祝氏，歙人，字和甫，初名丙，幼孤，与弟祝癸从朱熹受业，刻意问学，以儒学昌其家业。著《事文类聚》前后续别四集、《方舆胜览》等。是编专论四六，凡一百五十二条，卷一为“议论要诀”上，总论体制、叙述、题目、属对、用事、修辞等，共八十六条；卷二为“议论要诀”下，着重论四六作法及其风格特色，共六十六条。四六者，骈文之一体也。祝氏云：“四六施于制诰表奏文檄，本欲便于宣读，多以四字六字为句。”故世称骈四骊六，通称“四六文”。

是书今有台湾广文书局《古今诗话续编》影印本，署名为“建安祝穆和父编”。蔡镇楚石竹山房珍藏。今有北京图书馆出版社2004年蔡镇楚编《中国诗话珍本丛书》影印本。

164.《比红儿诗话》

冯曾撰，一卷，存。红儿，唐鄜州李孝恭歌伎。与鄜州从事罗虬相交，刺史干预，杜红儿不从，为之所杀。刺史抓捕罗虬下狱，罗虬追悔不已，被释放以后，为杜红儿撰写《比红儿》绝句一百首，以古今美女比拟杜红儿之美，历数古今美女，皆不及红儿（事见王定保《唐摭言》卷十）。

冯曾是编仅十一条诗话，明稽留山樵编入《古今诗话》卷八，题为《比红儿诗话》，署名“宋冯曾”所撰，述历代后妃、仙女、歌妓、情侣欢燕诗事，如：“孙绰《情人》诗云：‘碧玉破瓜时’；吕洞宾诗云：‘功成当在破瓜年’；杨文公谓‘俗以破瓜为二八’。”此外，清康熙间吴兆宜注《玉台新咏》亦著录之，今有台湾广文书局《古今诗话续编》影印本，蔡镇楚石竹山房藏。

165.《碧鸡漫志》

王灼撰，五卷，存。王灼（1081？—1160？），字晦叔，号颐堂，又号小溪，遂宁（今属四川）人。高宗绍兴年间尝为幕官，后寓居成都碧鸡坊，以著述为乐。此编论词，述上古至唐代歌曲演变过程，考证唐五代乐曲之名及其与宋词之关系，品藻北宋词人风格流派，极推苏轼，称苏词能“新天下耳目”，而讥贬柳永，谓柳词“浅近卑俗”，似欠公允。今有台湾广文书局《古今诗话丛编》影印本，不分卷，仅三十四条，卷末有新城王士禛评论，谓“此卷考核援引最详，雅可与段安节《乐府杂录》并传为词林佳话”。

166.《李商老诗话》

不著撰人，卷数未详，佚。未见诸家著录，仅《南溪笔录群贤诗话》前集称引一则，名为《李商老诗话》，云：“尝见徐师川说，一士大夫家有老杜墨迹。其初云，‘桃花欲共杨花语’，自以淡墨改三字，乃知古人字不厌改也。”考其名，李商老确有其人。北宋后期，谢薖《竹友词》有四首词，是与李商老唱和赠别之作（唐圭璋编《全宋词》，中华书局 1965 年版第 703页）。

167.《柳溪诗话》

佚名撰，卷未详。原书久佚，仅《南溪笔录群贤诗话》称引一则，题为《柳溪诗话》，言赵蕃（章泉）《哭蔡西山》之诗：“鹃叫春林复递诗，雁回霜月忽传悲。兰枯蕙死迷三楚，雨暗云昏碍九嶷。早岁力辞公府檄，暮年名与党人碑。呜呼季子延陵墓，不待镵辞行可知。”西山者，蔡元定之雅称也。据传，蔡氏曾登西山绝顶，忍饥读书，学者称之为“西山先生”。《柳溪诗话》称“当时哭诗，推此篇为首”。后《宋诗纪事》卷五十九又录存《南溪笔录群贤诗话》所述此条（《万有文库》本）。

168.《韩子苍诗话》

不著撰人，卷数未详，佚，仅《南溪笔录群贤诗话》前集后集各称引其一则诗话，著录为《韩子苍诗话》。子苍者，北宋韩驹之字也。所辑二则盖韩驹论诗之语，一论苏公老杜，二论韦苏州。今有台湾广文书局《古今诗话续编》本。韩驹论诗主“妙悟”,《赠赵伯鱼诗》云:“学诗当如初学禅,未悟且遍参诸方。一朝悟罢正法眼,信手拈出皆文章。”其影响颇大,后有吴可、赵蕃等人继之,倡“学诗浑似学参禅”,为严羽《沧浪诗话》“以禅喻诗”之先声。

169.《王琪诗话》

佚名撰,卷数未详。佚,唯《南溪笔录群贤诗话》称引一则,名为《王琪诗话》。王琪,宋华阳人,岐国公王珪从兄,字君玉,举进士,任江都主簿,除馆阁校勘集贤校理,以礼部侍郎致仕,政尚简净。是篇一则,以论子美之诗词质,如谓“麻鞋见天子,垢腻脚不袜”之句,具“转石于千仞之山势也”。

170.《本事诗话》

不著撰人,卷数未详,佚。仅《南溪笔录群贤诗话》称引一则,题为《本事诗话》。考其内容,主要出自唐人孟棨《本事诗》,云:“太白才逸气高,与陈拾遗子昂齐名,先后合德。其论诗云:‘齐梁以来,艳薄斯极。沈休文又尚以声律,将复古道,非我而谁与?’观此诗,则太白之志可见矣。斯其所以为有唐诗人之称首欤?”撰者引《本事诗》原文,稍作改动,而后加以发挥。

171.《皮日休诗话》

不著撰人,卷数未详。佚,唯《南溪笔录群贤诗话》称引一则,名为《皮日休诗话》。是则述皮日休论诗之语,称道“吾乡浩然孟先生”章句之风“大得建安体”。

172.《乐天诗话》

不著撰人,卷数未详。佚,唯《南溪笔录群贤诗话》称引一则,题为《乐天诗话》,云:“苏州歌行,才丽之外,颇近兴讽。其五言又高雅闲淡,自成一家诗。今人秉笔者，谁能及之？然当苏州在时，人亦未甚爱重，必待身没而后重之。”此言韦苏州之诗也。

173.《荆公诗话》

不著撰人，卷数未详，佚。荆公者，王安石是也。王安石本无诗话，此不知何人所辑，盖引王安石论诗之语也。《南溪笔录群贤诗话》称引一则，言“诗人各有所得”者，名之曰《荆公诗话》，语云：

> 诗人各有所得。“清水出芙蓉，天然去雕饰”，此李白所得也；“或看翡翠兰苕上，未掣鲸鱼碧海中”，此老杜所得也；“横空盘硬语，妥帖力排奡”，此韩愈所得也。

174.《诗准》

王柏辑，三卷，存。柏（1197—1274），字会之，初号长啸，后改号鲁斋，婺州金华（今属浙江）人。从何基游，著述甚富。有《书疑》九卷，《诗疑》二卷，《鲁斋集》二十卷。《诗准》之名出自朱熹《答巩仲至书》，曰：“尝妄欲抄取经、史诸书所载韵语，下及《文选》、汉魏古词，以尽乎郭景纯、陶渊明之所作，自为一编，而附于《三百篇》《楚辞》之后，以为诗之根本准则；并择其近古者，复为一编，以为诗之羽翼舆卫。”是篇题下注引题解，而后撮录古瑶歌词一卷（附录一卷），复掇汉、魏、晋、宋诗二卷，始于《康衢瑶》，而以江淹《陶徵君潜田居》一首终焉。名为诗准，实则诗歌选注。《四库提要》卷一九一称其“题为宋何无适，倪希程同撰”非是。

今有台湾广文书局《古今诗话续编》影印明《名家诗法汇编》本，蔡镇楚石竹山房藏。

175.《诗翼》

王柏辑，四卷，存。“诗翼”命名已如《诗准》所述。《四库全书总目》卷一九一著录，谓其“杂撮唐杜甫、李白、陈子昂、韦应物、韩愈、柳宗元、权德舆、刘禹锡、孟郊、宋苏轼、黄庭坚、欧阳修、王安石、陈师道、陈与义、秦观、张耒、郭祥正、张孝祥诗，为四卷，而以陆游一首终焉，命曰《诗翼》”。后有元至治壬戌(1322年)杨仲弘跋，并附原序三篇，云“诗者，声之文也，乐之本也”。

今有台湾广文书局《古今诗话续编》影印明《名家诗法汇编》卷十本，蔡镇楚石竹山房藏。

176.《蒙斋诗话》

蔡正孙撰，卷未知。是编未见著录，仅《南溪笔录群贤诗话》称引有《蒙斋诗话》之名，摘录其论诗条目五则，分论陈师道、陈简斋、魏野、西山真先生等诗人诗作，第五则迳作《蔡蒙斋诗话》。据此五则诗话所论内容，考之《诗林广记》，则知此书均摘录《诗林广记》之蔡氏论诗之语而成，如陈师道一则出于《诗林广记》后集卷六，第二则称引于《诗林广记》卷八之论陈简斋《重阳》诗语，等等。是书系蔡氏自辑，抑或他人所辑，不得而知。

177.《孝徵诗话》

不著撰人，卷未详。未见著录，仅《南溪笔录群贤诗话》称引一则，题作《孝徵诗话》。据其文，孝徵，即祖孝徵。原诗话条文云：

> 沈隐侯曰：“文章当从三易：易见事，一也；易识字，二也，易读诵，三也。”邢子才常曰：“沈侯文意用事，不使人觉，若胸臆中语。”祖孝徵曰：“沈诗云‘崖倾护石髓’，此岂用事耶？”余按坡仙诗“神仙一合五百年，风吹石髓坚如铁”，乃嵇康、王烈事，则“崖倾护石髓”，非不用事也。

此则诗话言沈约诗文用事，录此存疑。今有台湾广文书局《古今诗话续编》影印《南溪笔录群贤诗话》本。

178.《张子昭诗话》

不著撰人，卷未详。是书仅《南溪笔录群贤诗话》称引一则，题作《张子昭诗话》。张子昭，不知何许人也。此则诗话比较陶渊明与杜子美诗文境界之高下。云：

> 渊明云："云无心而出岫，鸟倦飞而知还。"杜子美云："水流心不竞，云在意俱迟。"若渊明与子美相易其语，则识者往往以谓子美不及渊明矣。观其"云无心""鸟倦飞"，可知其本意，至于"水流"而"心不竞""云在"而"意俱迟"，则与物初无间断，气更混沦，难轻议也。

录自台湾广文书局《古今诗话续编》影印本《南溪笔录群贤诗话》。

卷四 金元诗话

【按语】

金元时期，是中国诗话崛起于宋之后的第一个低迷与徘徊时期。

金元诗话，留存不多，仅存者的基本特征有四点：

一是诗话多诗法诗格之类诗学入门之述；

二是诗话论诗大多承袭严羽《沧浪诗话》之旨，以扬唐抑宋为宗，辛文房的《唐才子传》，大昌宗唐之风；

三是论诗取向，大多尊杜抑李，金人元好问首倡“杜诗学”，率先在中国诗史上为杜诗立学；

四是开始注重宋诗话的考释。方回是第一个对宋人诗话予以考辨的学者，撰有《诗话总龟考》《渔隐丛话考》《诗人玉屑考》《竹庄备全诗话考》《古今类总诗话考》《瑶池集考》《可言集考》等，分别对宋人诗话之卷数、作者、内容、文字传播正误及其版本等进行认真的考辨，具有颇高的文献价值。

金元诗话文献考述，主要学术成果有：蔡镇楚《石竹山房诗话论稿》卷四《诗话文献论·金元诗话考略》（湖南文艺出版社 1995 年），张健《元代诗法校考》（北京大学出版社 2001 年），张红《元代唐诗学研究》（岳麓书社 2006 年）。

1.《小雪堂诗话》

文伯起撰，卷数不详，佚。伯起，汝南（今属河南）人，生平事迹未详。

是书未见诸家书目著录，龚显曾《金史·艺文志补录》亦阙收之。唯元好问《东坡乐府集选引》云："绛人孙安尝注坡词，参以汝南文伯起《小雪堂诗话》"。又赵翼《瓯北诗话》卷十二"南宋人著述未入金源"条曰："文伯起《小雪堂诗话》载坡词数十首"，则此诗话乃专论东坡诗词也。王若虚《滹南诗话》卷中引文伯起论东坡诗云："文伯起曰：'先生虑其不幸而溺于彼，故援而止之，特立新意，寓以诗人句法。'"疑此数语即《小雪堂诗话》之佚文。

2.《鼎新诗话》

魏道明撰，卷数未详，佚。道明，字元道，易县（今属河北）人。少工诗，举进士，官至安国军节度使。晚居近雷溪，自号"雷溪子"。著有《鼎新诗话》。是书仅龚显曾《金史·艺文志补录》著录之。又元好问之《中州集》卷八亦称魏道明"有《鼎新诗话》行于世"。

3.《诗话》

范墀撰，卷数未知，佚。是书仅龚显曾《金史·艺文志补录》著录，又元好问《中州集》卷八谓范墀有"《诗话》行于世"，其他未见称引。

4.《滹南诗话》

王若虚撰，三卷，存。若虚（1174—1243），字从之，号慵父，晚年又号滹南遗老，藁城（今属河北）人。《金史》卷一二六有传。以文学、经学、史学显于世，有《滹南遗老集》四十五卷。

其《滹南诗话》三卷，凡八十九条，突出的诗学观点与审美特征是论诗主"真"。其一指"情性之真"，要求诗人抒发"真情性"，写出"真襟抱"；其二指"事物之真"，主张诗歌必须真实地反映社会现实生活，叙事状物，应"从肺腑中流出"。其三指"境界之真"。他认为要达到真境界，首先须处理好内容与形式的关系，强调"以意为主，以言语为役"，认为"工于外而拙于内"的诗歌，是没有艺术生命力的。王若虚一反金源诗坛痼习，

“其论文宗苏轼，而不甚取韩愈；论诗宗杜甫，而不甚取黄庭坚”（《四库提要》）。他说：

山谷之诗，有奇而无妙，有斩绝而无横放，铺张学问以为富，点化陈腐以为新，而浑然天成，如肺肝中流出者，不足也。此所以力追东坡而不及欤!（《滹南诗话》卷中）

其次是处理形似与神似的关系，他强调二者的辩证统一。他指出：

东坡云：“论画以形似，见与儿童邻。赋诗必此诗，定非知诗人。”夫所贵于画者，为其似耳；画而不似，则如勿画。命题而赋诗，不必此诗果为何语。然则，坡之论非欤？曰：论妙于形似之外，而非遗其形似；不窘于题，而要不失其题，如是而已耳。世之人不本其实，无得于心，而借此论以为高。画山水者，未能正作一木一石，而托云烟杳霭，谓之气象。赋诗者茫昧僻远，按题而索之，不知所谓，乃曰格律贵尔。（《滹南诗话》卷中）

这段论述十分重要，一方面他认为“形似”是根本，诗歌创作如果“不本其实，无得于心”，不讲形似，不注重形象性，而凭空追求所谓“神似”“气象”，就势必“茫昧僻远”，“不知所谓”；另一方面，他又十分赞同苏轼的观点，反对“空陈形似”，认为诗歌“妙在形似之外，而非遗其形似”。这就清楚地阐明了“形似”与“神似”的辩证关系。“形似”与“神似”，是中国古代文艺理论中两个独特的美学概念，研究二者的辩证统一关系，是传统美学的重要课题之一。王若虚论诗主“真”，要求形神统一，注重传形之神，实在是真知灼见。

对于江西诗派追求“无一字无来处”的模拟复古倾向，则给予严厉批判，认为黄山谷“夺胎换骨”“点铁成金”之论“特剽窃之黠者耳”，与张戒《岁寒堂诗话》如出一辙。他说：

> 鲁直论诗，有“夺胎换骨、点铁成金”之喻，世以为名言。以予观之，特剽窃之黠者耳。鲁直好胜，而耻其出于前人，故为此强辞，而私立名字。夫既已出于前人，纵复加工，要不足贵。虽然，物有同然之理，人有同然之见，语意之间，岂容全不见犯哉？盖昔之作者，初不校此，同者不以为嫌，异者不以为夸，随其所自得，而尽其所当然而已。至于妙处，不专在于是也。故皆不害为名家，而各传后世，何必如鲁直之措意邪？（《滹南诗话》卷下）

在《文辨》中，王若虚甚至指斥江西诗派的诗歌为“斯文之蠹”。批评之尖刻，至矣，尽矣，蔑以加矣！鉴于诗歌审美的本质特征，应该说，独创性是诗歌的艺术生命。蹈袭前人，拾人牙慧，而不从社会、人生、情性的土壤中去发掘诗歌之源，诗歌的生命之树就会枯萎。引导“夺胎换骨”的人们从自我封闭的框架中走出来，这就是王若虚《滹南诗话》的真正价值之所在。

王氏还有《论诗诗》八首，以七绝出之，前四首论苏轼、黄庭坚，后四首论白居易。于苏黄，重新变，持论较为通达，既不为古今所囿，对宋诗之异于前古者，不以为病，而对江西诗派宗法山谷，而无取于东坡，则集而矢之。所论多与《滹南诗话》主旨为一，推尊苏轼，说苏诗如三江滚滚，笔底翻澜，白诗如百斛明珠，晶莹圆彻；以其诗境主要出于一个“真”字，写出真襟抱，真性情，不假雕饰也。王若虚说：“文章自得方为贵，衣钵相传岂是真”；又云：“信手拈来世已惊，三江滚滚笔头倾”；认为苏诗、白诗都如“百斛明珠一一圆”一样新鲜可爱。

是书有《知不足斋丛书》二卷本，三卷本有《滹南遗老集》本，《七子诗话》坊刻本、《四库全书》本、《历代诗话续编》本，今有人民文学出版社1962年与《六一诗话》《白石诗话》合刊本，霍松林、胡主佑校点。

5.《**杜诗学**》

元好问撰。好问(1190—1257),字裕之,号遗山,秀容(今属山西)人。金宣宗兴定五年(1221)进士,历官内乡令、左司都事、行尚书省左司员外郎。金亡不仕,号遗山真隐。诗文俱佳,为金源一代文宗。《金史》卷一二六有传。著有《遗山集》四十卷,并辑金代之诗而为《中州集》十卷,附录乐府一卷。《杜诗学》,《遗山集》中有元好问《杜诗学引》一文,明《文渊阁书目》著录,清黄虞稷《千顷堂书目》作一卷,列入"文史类"。周采泉《杜集书录》谓其恐非全本。原版未见,今有日本《萤雪轩丛书》本。

杜诗学,是研究杜甫诗歌的一门专门学问,简称为"杜学"。杜诗学之名,始见于金代元好问《杜诗学》一书。杜诗学的创立,是元好问文学批评的一个创造性成果,也是元好问文学批评以杜甫为宗的美学宗尚的具体表现。

是书久佚,今仅存《杜诗学引》文一篇,收入明弘治本《遗山先生文集》卷三十六。是书辑录唐以来论诗之见,卷首有杜甫的《志传》《年谱》。原文如下:

> 杜诗注六七十家,发明隐奥,不可谓无功;至于凿空架虚,旁引曲证,鳞杂米盐,反为芜累者亦多矣。要之,蜀人赵次公作《证误》,所得颇多。托名于东坡者为最妄,非托名者之过,传之者过也。
>
> 窃尝谓子美之妙,释氏所谓学至于无学者耳。今观其诗,如元气淋漓,随物赋形;如三江五湖,合而为海,浩浩瀚瀚,无有涯涘;如祥光庆云,千变万化,不可名状;固学者之所以动心而骇目。及读之熟,求之深,含咀之久,则九经百氏古人之精华,所以膏润其笔端者,犹可仿佛其余韵也。夫金屑丹砂、芝术参桂,识者例能指名之;至于合而为剂,其君臣佐使之互用,甘苦酸咸之相入,有不可复以金屑丹砂、芝术参桂而名之者矣。故谓杜诗为无一字无来处,亦可也;谓不从古人中来,亦可也。前人论子美用故事,有着盐水中之喻,固善矣,但未知九方皋之相马,得天机于灭没存亡之间,物色牝

牡，人所共知者为可略耳。

先东岩君有言，近世唯山谷最知子美，以为今人读杜诗，至谓草木虫鱼，皆有比兴，如试世间商度隐语然者，此最学者之病。山谷之不注杜诗，试取《大雅堂记》读之，则知此公注杜诗已，意可为知者道，难为俗人言也。

乙酉之夏，自京师还，闲居崧山，因录先君子所教，与闻之师友之间者为一书，名曰《杜诗学》。子美之传志、年谱，及唐以来论子美者在焉。候儿子辈可与言，当以告之，而不敢以示人也。六月十一日，河南元某引。

由是所云，元好问《杜诗学》一书作于宝庆元年（1225）之夏闲居崧山之际，录先君子所教与闻之师友之间者而成，意在标举“杜诗学”之旨。而这部具有开创意义的光辉著作早已失传，其所论之内容不得而知，然而从上文所引来看，元氏标举“杜诗学”之名，乃杜诗研究史上的一大开创之举。

元好问标举“杜诗学”，大凡是出于以下理性思考：

（1）杜诗集大成说

清人潘德舆《养一斋李杜诗话》卷二云：“集大成之说，首发于东坡，而少游和之。然考元微之《杜工部墓志》曰：“此即集大成之义，特未明言耳。”前有元稹《杜工部墓系铭》是第一个确评杜诗集大成者，后有秦观《韩愈论》之论及杜甫诗与韩愈文云：

……犹杜子美之于诗，实积众家之长，适当其时而已。昔苏武、李陵之诗，长于高妙；曹植、刘公干之诗，长于豪逸；陶潜、阮籍之诗，长于冲淡；谢灵运、鲍照之诗，长于峻洁；徐陵、庾信之诗，长于藻丽。于是杜子美者，穷高妙之格，极豪逸之气，包冲淡之趣，兼峻洁之姿，备藻丽之态，而诸家之作所不及焉。然不集诸家之长，杜氏亦不能独至于斯也。岂非适当其时故耶？孟子曰：伯夷，圣之清者也;伊尹,圣之任者也;柳下惠,圣之和者也;孔子,圣之时者也。孔子之谓集大成。呜呼!杜氏、韩氏,亦集诗文之大成者欤!(《淮海集》卷二十二)

秦观所述最明,其后宋人论杜每踵武其说,如陈师道《后山诗话》谓:"苏子瞻云,子美之诗,退之之文,鲁公之书,皆集大成者也。学诗当以子美为师,有规矩,故可学。"严羽《沧浪诗话》云:"少陵诗宪章汉魏,而取材于六朝,至其自得之妙,则前辈所谓集大成者也。"杜甫与杜诗研究始终是中国历代诗歌研究的热门话题。中国诗话乃至日本诗话和朝鲜诗话,都曾以大量笔墨论杜,为杜诗张目。此乃"杜诗学"得以成立的首要条件。

(2)杜甫诗史说

杜甫继承《诗经》、汉乐府"即事名篇,缘事而发"以及"借古题写时事"的创作传统,努力创作反映安史之乱时代社会现实的一系列新题乐府及抒写时事的"诗史"名篇,故素有杜甫"诗史"之誉。晚唐孟棨《本事诗》首倡杜甫"诗史"之说,云:"杜逢禄山之难,流离陇蜀,毕陈于诗,推见至隐,殆无遗事,故当时号为'诗史'。""诗史",乃杜甫诗歌的主体意识,也是所谓"少陵本色"的集中体现。

以杜诗为"诗史"者,其立论依据大致有三:

一是"千汇万状,茹古涵今"(《王彦辅诗话》)。杜诗最显著的特点,在于反映社会现实生活的广阔性。他身逢安史之乱,颠沛流离,毕陈于诗,推见至隐,诗歌创作向政治、历史、社会各个方面开拓,极其广泛而深刻地反映了当时的社会现实和历史面貌,表现时代的重大事件和重大主题。一部杜诗,不啻是"安史之乱"时期唐代社会生活的一面镜子。

二是"善陈时事","史笔森严"。杜诗的又一突出特点,是揭露社会现实的真实性和深刻性。其于天宝十四年(755)冬创作的《自京赴奉先县咏怀五百字》,于乾元二年(759)写作的《新安吏》《潼关吏》《石壕吏》《新婚别》《垂老别》《无家别》(简称"三吏三别")等名垂千古的现实主义诗篇,忧战乱,呼苍生,怜疮痍,运用艺术典型化手法,将历史诗化,将政治时事诗化,将经世策论诗化,将人物评论诗化,富有《春秋》笔法,似太史公纪传,是诗家之笔与史家之笔的综合运用,故能极其深刻地揭示社会现实生活的本质特征。

三是“律切精深,千言不衰”。诗,毕竟不同于史,世间“伤时感事,形诸歌咏”者多矣,唯杜诗得“诗史”之誉而当之无愧者,还在于杜诗“笔力豪劲”“律切精深”,能将叙事、抒情、写景、议论熔为一炉,寓个人身世之叹于诗歌艺术形象之中,又善于从缜密的诗律之中创造出不囿于格律的“千字律诗”形式,以至于二十韵、三十韵之众,气象愈高,波澜愈阔,步骤驰骋而愈严愈紧密,诗歌艺术反映社会生活的表现力,在杜甫笔下得到了前所未有的发挥。杜甫诗史之说,集中体现了杜诗之“诗笔”与“史笔”紧密结合的艺术特征。

(3)杜甫“诗圣”说

古今中外,人们对杜甫的推崇已经到了与孔子比肩的地步:

清人黄子云《野鸿诗的》云:“孔子,兼尧、舜、禹、汤、文武、周公而成圣也;杜陵,兼《风》、《骚》、汉魏六朝而成圣也。”

日本古贺侗庵《侗庵非诗话》云:“诗至老杜,是谓集大成之孔子。”

高丽崔滋《补闲集》云:“言诗不及杜,如言儒不及夫子。”

清人袁枚《随园诗话》云:“文尊韩,诗尊杜,犹登山者必上泰山,泛水者必朝东海也。”

杜诗以其高洁人格、伤时济世、周情孔思、道德伦理,构建起千载万代共同景仰的儒家“诗圣”风范。宋人首倡杜甫人格者为王安石与苏轼。王安石有《杜甫画像》一诗,高度赞扬杜甫的人格精神。清人仇兆鳌认为“荆公深知杜,酷爱杜,而又善言杜。此篇于少陵人品心术、学问才情,独能中其窾会,后世颂杜者,无以复加矣”(《杜诗补注》)。继王之后,苏轼《王定国诗集叙》以杜甫“一饭未尝忘君”为依据,称杜甫为“古今诗人”之首。王得臣《增注杜工部集序》谓杜诗“周情孔思,千汇万状,茹古涵今,无有端涯”。陆游《读杜诗》“常憎晚辈言诗史,《清庙》《生民》伯仲间”，把杜甫诗史与《诗经》比肩。而宋代诗话之推崇杜诗，更是不遗余力。吴沆《环溪诗话》首倡“一祖二宗”说，论诗以杜甫为祖；陈师道《后山诗话》提倡“以子美为师”，《唐子西诗话》认为“学诗当学杜子美”；吴可《藏海诗话》主张“以杜为体，以苏、黄为用”；吕本中《紫微诗话》提出“专学老杜”；范温《潜溪诗眼》尊杜重法，倡“诗眼”。受宋诗话尊杜、宗杜之风影响，宋代诗话专门论杜者，最早有方深道《集诸家老杜诗评》和蔡梦弼《杜工部草堂诗话》。明人杨慎《词品序》称“诗圣如杜子美”。“诗圣”之说风行于诗坛。至清代，息翁《兰丛诗话序》云：“余少学朱竹篘先生家，见《草堂诗话》之专言杜者，凡五十家”。《草堂诗话》独盛的现象，说明杜甫“诗圣”在中国历代文坛诗苑中的崇高地位。

（4）杜诗“无一字无来处”说

杜诗以《文选》为宗，精于《文选》之理。黄庭坚最早倡言杜诗“无一字无来处”，谓“老杜作诗，退之作文，无一字无来处。盖后人读书少，故谓韩杜自作此语耳”。（《答洪驹父书》）而孙觉则说“杜子美诗，无两字无来处”（赵次公《杜诗先后解序》）。无论“一字”还是“两字”，都说明杜诗精深入理，必如王直方《诗话》所言：“不行一万里，不读万卷书，不可看老杜诗。”正因为如此，宋代盛行所谓“千家注杜”之风。据考，《集千家注分类杜工部诗》等注本所引之注释杜诗者，多达一百五十家之富。在诸家注杜中，北宋末赵次公之《杜诗先后解》五十九卷，以编年为序，详释字义典故，于串解诗意中间以评析，集各家注杜之大成，被后世誉为“少陵忠臣”（曾噩《九家集注杜诗序》）。

然而唐末五代的战争洪流冲散了杜甫诗集，宋初偶得旧本，亦文多脱误，残破不堪。从宋代开始，大量翻刻杜集，笺注、集注、评点杜诗，历代学者争言杜诗，杜诗之整理、刻印、注释、评骘之风，历久不衰。据周采泉《杜集书录》所载，自唐迄于今者，历代出版的杜集书目，包括集校笺注辑评考订汇选年谱者，凡七百五十六种之富，可谓汗牛充栋。这些杜集版本、选本、校勘、笺注、辑评、考释、年谱之类，既是杜诗学研究的对象，又是杜诗学之成立与繁荣发展的主要标志。

继杜甫《戏为六绝句》之后，元好问以绝句体式论诗，作《论诗三十首》，比较完整系统地评述汉魏以降一千多年间之诗人诗作与诗派诗风，以作家论为主，间及诗歌艺术创作原理，目的在于"知古人之渊源"。

6.《论诗三十首》

元好问撰，以七言绝句形式出之，基本构成一个论诗系统：第一首为这一组诗的序言和纲领，开宗明义，扼要交代论诗之原委、宗旨、标准和目的。"汉谣魏什久纷纭，正体无人与细论。谁是诗中疏凿手？暂教泾渭各清浑。"元好问认为，汉魏以来，名家辈出，群芳斗艳，良莠不分，正伪难辨，论者却褒贬失当，是非颠倒。"谁是诗中疏凿手"？元好问以"疏凿"为己任，追本溯源，匡正别源。故清人查慎行以为元好问"分明自任疏凿手"（《初白庵诗评》），宗廷辅亦谓"此自伸其论诗之旨也"（《古今论诗绝句》）。其后二十九首，以时为序，先后分为三大块：前以九首论汉魏六朝诗，从建安开始，首举曹刘，张扬建安风骨；次论唐诗，重杜甫、李白、元结、柳宗元，而批评唱和次韵之风；后论宋诗，有褒有贬，肯定苏诗求"精真"，批评宋人"曲学虚荒"，不得古学之正途，批评江西诗派求"奇"失"真"之风。

元好问论诗，重在尚真情，主自然，忌雕琢，故以师古为标准，但又不泥于古者。他曾写过一阕《摸鱼儿·雁丘词》，其中"问世间、情为何物，直教生死相许？"是对人世间最真挚的爱情所作的一种最真切的阐释，令古往今来中国钟情的青年男女所倾倒。他在《杨叔能小亨集引》中从儒家诗教出发，对自己学诗、治学、为人之道做了精辟的概括：

> 初予学诗，以十数条自警云：无怨怼，无谑浪，无骜狠，无崖异，无狡讦，无媕阿，无傅会，无笼络，无衒鬻，无矫饰，无为坚白辨，无为贤圣癫，无为妾妇妒，无为仇敌谤伤，无为聋俗哄传，无为瞽师皮相，无为黥卒醉横，无为黠儿白捻，无为田舍翁木强，无为法家丑诋，无为牙郎转贩，无为市倡怨恩，无为琵琶娘人魂韵词，无为村夫

子兔园策，无为算沙僧困义学，无为稠梗治禁词，无为天地一我、今古一我，无为薄恶所移，无为正人端士所不道。信斯言也，予诗其庶几乎？（《遗山先生文集》卷三十六）

这二十九条诗学、治学、为人准则，既是元好问用以“自警”的诗歌创作原则，也是元好问恪守儒家诗教从事文学批评的重要标准。温柔敦厚，不偏不倚，以端人正士自律，充分显示出元好问诗学崇尚古雅恬淡的审美情趣和艺术风范。

根据这种诗学标准，元好问于金亡后，选录金源一代二百一十七人诗作，编为《中州集》，并附《中州乐府》，为金代作家立传，以诗存人，以人存史，于金代文学史与文学批评史研究颇多裨益。

7.《修辞鉴衡》

王构撰，二卷，存。构（1245—1310），字肯堂，东平（今属山东）人。元世祖至元间授翰林国史院编修官，武宗时官至翰林学士承旨。是书《四库全书》收入集部诗文评类。上卷论诗，为诗话集，下卷论文，多采录宋人诗话、笔记编次而成，仅下卷结语一条为编者自作。此编每则均加有小标题。编者注重于诗歌的写作技巧和方法，汇集前人许多宝贵的诗歌创作经验与心得体会，所选内容颇为精当，所引各书，如《诗文发源》《诗宪》《蒲氏漫斋录》等，现已散佚失传，而所摘《吕氏童蒙训》三十一条。亦多为今本所不载。如此断简残篇，仅赖此书而存。是书有元至顺四年（1333）集庆路儒学刻本，二卷，二册，当为最早之刻本，藏上海图书馆；又一部，明抄本，清黄丕烈跋，中国国家图书馆藏；今有《四库全书》本、《郎园先生全书》本、《丛书集成初编》本；又有《文学津梁》本，作一卷。

8.《莲堂诗话》

祝诚撰，二卷，存。祝诚，生卒仕宦不详，杭州（今属浙江）人，元世祖至元年间（1264—1294）在世。是书或作《莲塘诗话》，《杭州府志·艺文志》著录。全书承欧公《诗话》之旨，杂述唐、宋、金、元历代诗人轶事和诗歌掌故，兼涉考证，述事生动有趣，其中亦可见作者之文学好恶及其创作意趣。今有明嘉靖三十一年（1552）连阳精舍抄本，中国国家图书馆藏；又一部，清咸丰三年（1853）胡珽活字《琳琅秘室丛书》第四集本，佚名录，清劳格校，附《校伪》一卷，浙江图书馆、南京图书馆藏；又有《丛书集成初编》本，清董金鉴续校。

9.《山房随笔》

蒋正子撰，一卷，存。是书《四库全书》著录于子部小说家类。撰者蒋正子，或作蒋子正，孰是孰非，无以评判。全书凡四十八则，《四库简目》称其“所记多宋末元初事，而叙贾似道误国始末尤详”。盖以述诗事为主，间寓其诗见于述事之中，属欧派诗话之末流耳。

是书有明梅纯《艺海汇函》抄本、《古今说海》本、《稗海》本、《说郛》宛委山堂本、《知不足斋丛书》本、《历代诗话》《说库》本、《四库全书》本。

又一部，一卷，补遗一卷，《藕香拾零》本。

又一部，不分卷，商务印书馆《说郛》本。

10.《瀛奎律髓》

方回撰，四十九卷，存。《四库全书》收于集部诗文评类。方回（1227—1307），字万里，号虚谷，又号紫阳居士，歙县（今属安徽）人。曾官严州知府，《元书》有传。《四库全书总目提要》谓为“学问议论，一尊朱子，崇正辟邪，不遗余力，居然醇儒之言”。有《虚谷集》，已佚，今存《桐江集》及《续集》。

其《瀛奎律髓》成书于元至元二十年（1283），系一部诗评与诗选相结合的诗话集。所选皆为唐宋律诗，故名“律髓”。方氏自序云：“文之精者为诗，诗之精者为律。所选，诗格也；所注，诗话也。学者求之，髓由是而得也。”

是书分类编排，有评语、圈点、搜集唐宋律诗三千零七首，其中唐诗一千二百五十一首，宋诗一千七百五十六首，凡四十九类，每类皆以小序点明选题之旨，阐明一己之见。集中反映方回诗学的主要观点与审美特征，是论诗以盛唐为宗，以杜甫为祖，排西昆而主江西，首倡“一祖三宗”之说，谓“老杜诗为唐诗之冠，黄、陈诗为宋诗之冠。黄、陈，学老杜者也；嗣黄、陈而恢张悲壮者，陈简斋也；流动圆活者，吕居仁也；清劲洁雅者，曾茶山也”。又云：“古今诗人当以老杜、山谷、后山、简斋四家为‘一祖三宗’，余可预配飨者有数焉。”（卷二十六）

观其所述所为，方回诗学的主要成就和卓越贡献，大凡有四。

第一，首倡“一祖三宗”之说，为江西诗派正名。

江西诗派以其诗歌创作成就与独特的艺术风格影响一代宋诗，然而自南宋末年严羽《沧浪诗话》扬唐抑宋之后，江西诗派一直为人所斥。方回论诗推尊杜甫、山谷、后山、简斋为“一祖三宗”，从而提高了江西诗派的文学地位，为江西诗派正名。这无疑是对文学史关于流派研究的一大贡献。方回《瀛奎律髓》卷二十六云：“古今诗人，当以老杜、山谷、后山、简斋四家为‘一祖三宗’，余可预配飨者有数焉。”方回论江西诗派，以杜甫为不祧之祖，将风行于北宋的江西诗派提高到杜甫一派的高度，既是为江西诗派确立名位，又为后学之宗江西者揭示出一个更高一层的学习目标。而将宋室南渡之际崛起的陈与义列为“三宗”之一，不仅是对简斋诗学地位的肯定，而且扩大了学者了解江西诗派的学术视野，壮大了江西诗派的力量和诗歌美学阵营。

第二，方回诗学以融合唐宋为尚，力主“格高”，认为“诗以格高为第一”（《唐长孺艺圃小集序》），以“格高”为诗文批评标准。《瀛奎律髓》卷二十一说“诗先看格高而意又到、语又工为上”，卷十三谓陈与义之诗“独是格高，可及子美”。此所谓“格高”，一指人格，二指诗格，强调人格与诗格的统一，要求诗歌苍劲自然的风骨神韵及其所体现的高尚人格精神融会一体。《瀛奎律髓》卷十称杜诗集中之作往往是“一节高一节，愈老愈剥落”，属于人格与诗格高度融合的诗歌境界。基于此等“格高”之论,方回论诗不分唐界宋,凡是合乎“格高”者尚之,否则亦非之。于宋贬抑四灵和江湖之诗,于唐则集矢姚合、许浑,认为宋诗之衰起于四灵江湖之师法晚唐。他选编唐宋律诗之佳者而为《瀛奎律髓》,自序云:“瀛者何?十八学士登瀛洲也;奎者何?五星聚奎也。”①因此,名曰“瀛奎律髓”,实则“唐宋律诗之精髓”者也。方回论江西诗派之以杜甫为祖,以一黄二陈为宗,其真谛之所在乃申明一代宋诗是对唐诗的继承和发扬,唐宋诗道并非二致,而是一脉相承,师承祖述,因而不可以扬唐抑宋,妄加贬斥。他在《瀛奎律髓》卷四十三称:“学老杜诗,当学山谷诗。”卷十又称“后山诗步骤老杜,而深奥幽远”;卷二十四评陈与义之辈又称:“简斋诗,气势浑雄,规模广大。老杜之后,有黄、陈,又有简斋,又其次则吕居仁之活动、曾吉甫之清峭,凡五人焉。”方回认为:“老杜诗为唐诗之冠,黄、陈诗为宋诗之冠,黄、陈学老杜者也。”(卷一)宋诗是继唐诗之后又一光辉的诗歌艺术高峰,“孰谓宋诗非唐诗乎”?(卷一)方回论诗尊唐宋,而针对宋末元初尊唐抑宋之风,力排众议,高度评价江西诗派乃至一代宋诗。

第三,注重宋代诗话的考证辨误。诗话之体崛起于宋以后,辗转传抄,流布甚广,加之校刻时的任意删改,错误颇多。方回是第一个对宋人诗话予以考辨的学者,撰有《诗话总龟考》《渔隐丛话考》《诗人玉屑考》《竹庄备全诗话考》《古今类总诗话考》《瑶池集考》《可言集考》等重要论文,分别对宋人诗话之卷数、作者、内容、文字传播正误及其版本等进行认真的考辨,具有颇高的文献价值。有些宋人诗话之著早已失传,后人仅以方回《桐江集》卷七所录之考辨者,而略知其面貌,如《古今类总诗话》《瑶池集》《可言集》等。方回《古今类总诗话考》云:

> 《古今类总诗话》五十卷,题曰“左宣教郎任舟集录”。录有绍兴丙寅年序,婺板也。序文似非深于诗者。其第一卷曰诗体,二曰诗

① “瀛”“奎”均为唐宋事典据《旧唐书·褚亮传》载,唐太宗造文学馆,以杜如晦、房玄龄、褚亮、陆德明、孔颖达、许敬宗等十八人为学士,每天六人值班,讨论典籍,时人号为“十八学士登瀛洲”。

论，三曰诗评，至四卷诗仙以下，多不述出处，必不得已曰“某人云”，他则若出予己所云者，不如胡元任《丛话》明写出处以告人也。

又如《可言集》，系南宋著名理学家王柏撰著，凡二十卷，其中前集七卷，后集十三卷，《宋史》本传称为《诗可言》或《诗可言集》，专为评诗之语，故曰“可言”。然而是书未见，仅依方回《桐江集》卷七有《可言集考》而知其梗概，称是书“前集七卷，一、二、三卷取文公文集语录等所论《三百五篇》之所以作及《诗》之教、之体、之学，而及于《骚》”，“四、五、六、七卷取文公所论汉以来至宋及题跋近世诸公诗，皆颠扑不破之说也”；而“后集十三卷，各专一类，而论其诗者二十三人，曰濂溪、横渠、龟山、罗豫章、李延平、徐逸平、胡文定、致堂、五峰、朱韦斋、刘屏山、潘默成、吕紫微、曾文清、文公、宣公、成公、黄谷成、黄勉斋、程蒙斋、徐毅斋、刘篁嵲、刘漫塘”。这说明前集录其师祖朱熹论诗之言，后集以评诗为主，多论理学家之诗。凡此宋人诗话之佚者，郭绍虞《宋诗话考》仅以述之者，得益于方回《桐江集》卷七的宋诗话考。方回之于宋人诗话的考证之功，亦可谓大矣。

第四，评点。评点之学源于南宋刘辰翁的《刘须溪批评九种》，元人注意诗文评点，叶德辉《书林清话》卷二称元人不仅翻刻刘辰翁评书九种，且“方虚谷回亦好评点唐宋人说部、诗集，坊估刻以射利，士林靡然向风，有元以来，遂及经史”。方回是继刘辰翁之后又一位评点大家，评点是方回诗学及其文学批评的主要方式。其《瀛奎律髓》于选诗之外亦采用评点方式，将其“句眼”圈点出来，并在批语中对字眼、句法技巧加以说明。如卷四十二评点李虚己《次韵和汝南秀才游净土见寄》云：

潘邠老以句中眼为响字，吕居仁又有“字字响、句句响”之说，朱文公又以二人晚年诗不皆响责备焉。学者当先去其“哑”可也，亦在乎抑扬顿挫之间，以意为脉，以格为骨，以字为眼，则尽之。

方回以文学评点方式，将选诗与评诗结合起来，融诗选与诗话于一体，在《瀛奎律髓自序》中将诗话通于诗选，说："所选，诗格也；所注，诗话也。"这既是对南宋评点之学的继承和发展，也是对宋人诗话观念的补充与更新。

是书有清康熙间吴之振刊本、清乾隆间纪昀评点卢氏广州刻本，以及《四库全书》本。

11.《文选颜鲍谢诗评》

方回撰，四卷，存。原书久佚，《四库全书》馆自《永乐大典》录出，收入其集部之总集类。是书取《文选》所录颜延年、鲍照、谢灵运、谢瞻、谢惠连、谢朓六家之诗，评骘其工拙，兼论注家之得失。《四库提要》称"其说较《瀛奎律髓》颇为惬当"，盖为方回晚年之作。

此书虽不全注《文选》，而其诗皆自《文选》摘出，改附于《文选》之后。今有《永乐大典》本，《四库全书》本；又一部，清抄本(四库底本)，北京大学图书馆藏。

12.《虚谷评五谢诗》

方回撰，一卷，存。是书历评南朝谢氏家族之谢灵运、谢惠连、谢瞻、谢庄、谢朓五人之诗，议论精微，是为一说。有明抄本，中国国家图书馆藏。

13.《虚谷诗话》

方回撰，不分卷，存，有《说郛》本。今台湾广文书局影印稽留山樵《古今诗话》，列入《古今诗话续编》之中，题为《虚谷诗话》，署名"元方回"所撰，仅十六条，于宋人多有奖饰，谓简斋诗"独是格高，可及子美"；称后山诗"淡中藏美丽，虚处着工夫，力能排天斡地"；说半山诗"工密圆妥，不事奇险"，"淡静而有味"；徐鼎臣诗"有白乐天之风"，等等，其论诗崇高，可见一斑矣。

14.《名僧诗话》

方回撰，卷数未详，或曰六十卷。《安徽艺文志》诗文评著录。是书见于其乡人洪焱祖《方总管传》，谓方回有《瀛奎律髓》《名僧诗话》等(《杏亭摘稿》)。方回《桐江集》卷一有《名僧诗话序》，云：

> 三代无佛，两汉无佛，魏晋以来无禅，禅学盛而至于唐。南北宗分：北宗以树，以镜譬心，而曰“时时勤拂拭，不使惹尘埃”；南宗谓“本来无一物，自不惹尘埃”，高矣。后世善为诗者，皆祖此意，谓之翻案法。李杜、韩柳、欧王、苏黄，排佛好佛不同，而所与交游多名僧，尤多诗僧。……而朱文公道学宗师，亦于杏雨柳风之句寓赏心焉。此予名《名僧诗话》之所以作也。

由此可见，方回撰《名僧诗话》，旨在张扬名僧特别是诗僧论诗之语，以人存诗，以诗存人，是为中国第一部名僧诗话之集别，惜其久佚而未传矣。

15.《郭氏诗话》

郭友仁撰，卷未详。赵文《青山集》卷一有《郭氏诗话序》，云：“吾来文山，日从宋季任、郭友仁言诗，季任诸家之说，友仁增广而编次之，凡《渔隐》诸书之所已陈者，一语不录。二君盛年强力，使有科举之累，亦安得余力及此噫！”可知《郭氏诗话》乃依赵文日与宋季任、郭友仁言诗，郭氏增广编次而成，体制与《渔隐丛话》类似，但其内容不相重复而已。

16.《青山诗话》

赵文撰，卷未详。赵文，字仪可，一字惟恭，号青山，庐陵(今属江西)人。宋景定、咸淳间尝冒宋姓，三贡于乡，后复本姓，入学为上舍。宋亡入闽，依文天祥。元兵破汀州，与文天祥相失，遁归故里。后为东胡书院山长，选授南雄文学。及卒，程钜夫为之作志铭，见于《雪楼集》；刘将孙作《赵青山先生墓表》，见于《养吾集》。刘将孙云："吾庐陵巽斋欧阳先生，沈潜贯穿，文必宿于理，而理无不粲然而为文。繇是吾先君须溪先生与青山赵公相继，今四方论文者，知宗庐陵，而后进心胸耳目，涵儒依响，无不有以自异。独时殊施狭，不能丕变当世如昔六一公之盛，而私淑之文献，可以俟来世而不惑，夫岂一人一家之私言哉？"赵氏有《青山集》八卷，系《四库全书》从明《永乐大典》本辑出。《四库总目提要》谓"其文章，则时有《哀江南赋》之余音"，"今观其诗文，皆自抒胸臆，决无粉饰"。是书未见诸家著录，仅韩国赵钟业《中韩日诗话比较研究》一书著录之。故其论诗之旨及其内容，均不得而知。

17.《学诗舟楫》

周闻孙撰，卷未详。闻孙，字以立，庐陵（今属江西）人，与欧阳修、赵文等为同乡。有《鳌溪文集》二卷，集前有永乐辛丑（1421年）邹绢序，称周闻孙年三十五，举进士，会试中乙榜，揭傒斯荐之史馆。因论修《宋史》不合，出为鳌溪书院山长，复为贞文书院山长，遭乱还乡。后又任白鹭书院山长，改教授袁州，未及赴而乱甚，遂不仕。所著之书凡二十卷，无复存者。今《四库存目》著录其《鳌溪文集》二卷，系明正统七年（1442）其曾孙翰林院侍读叙所辑，诗文各一卷。是书亦未见著录，以其书名"舟楫"者，盖亦言学诗之法也。另有《书经一览》《五经纂要》等，均佚之未见。

18.《庶斋老学丛谈》

盛如梓撰，三卷，存。如梓（生卒年未详），自号庶斋，衢州（今属浙江）人。南宋末曾任崇明判官，入元隐居以终。《元诗选》癸集有传。是书凡二百二十九条，《千顷堂书目》著录于子部小说类，《补辽金元艺文志》著录于小说类，《补元史艺文志》著录于子部杂家类，《四库全书》亦然。《四库提要》谓"其书多辨论经史、评骘诗文之语，而朝野逸事亦间及之”。盛氏论诗，以真实为本，认为“诗者，纪一时之实，只要据眼前实说”。是书最早提出“诗人之诗”与“学者之诗”之别，而重“学者之诗”，说学者之诗“读着似质，却有无限滋味，涵咏愈久，愈觉深长”。此书又《四库全书》本、《知不足斋丛书》本、《丛书集成》本。又一部，四卷，《笔记小说大观》本（第四辑）。

19.《梅硐诗话》

韦居安撰，三卷，存。韦氏生平事迹不详，吴兴（今属浙江）人，南宋理宗景定（1260—1264）年间进士。所撰《梅硐诗话》《元史·艺文志》著录于文史类，《四库全书》收入未收书目之中，并称其“所论多南宋时人之作，名篇警句往往在是，采掇亦复谨严”。观其全篇，凡一百六十一则诗话，皆述唐宋诗事，间有所见，承袭欧派诗话衣钵，故丁福保辑评谓是书“持论精当，无所偏颇，深得诗话之体”。其中卷上多述北宋诗事，兼及考证；卷中多述南宋浙江诗事；卷下杂论宋诗，于南渡前后知诗所述甚详，寓故国之思，抒亡国之恨。含而不露，颇为得体。韦氏论诗主张“有感而发”，认为“非亲历其景，不足以见诗之妙”。

是书之丛书本有《宛委别藏》本、《读书斋丛书》本、《丛书集成初编》本、《历代诗话续编》本；单行别出者有明嘉靖二十七年（1548）葛会抄本，明袁表、清韩应陛跋；又一部，清雍正十一年（1733）厉鹗家抄本，厉鹗、翁方纲跋，中国国家图书馆藏；又一部，清嘉庆年间阮元进呈影抄巾箱本，有宛委山堂《说郛》本、《古今说部丛书》本。

20.《东坡诗话录》

陈秀民撰，三卷，存。秀民（生卒年未详），字庶子，温州（今属浙江）人，初官湖南武冈、城步巡检，后擢知常熟州，迁浙江行中书省参知政事、翰林学士。《元诗选》有传。是书系陈氏辑录诸家评论苏诗之语而成，《四库全书》著录于诗文评类存目，称其“排纂后先，既不以本诗之事类为次第，又不以原书之年代为次第，殊无体例”。

是书论诗，力主江西，宗苏轼、黄山谷和陈师道，要求作诗“宁拙毋巧，宁朴毋华，宁僻毋俗”，强调“文字频改，工夫自出”，于绚烂之中造平淡，追求陶诗“如大匠运斤，无斧凿痕”之高远境界。陈秀民是元人，然而诗话之中有引明人田汝成《西湖游览志余》一条，故后人怀疑此书为伪造之作。

是书有《学海类编》本；又一部，清抄本，清吴云跋，南京图书馆藏。今有台湾广文书局《古今诗话丛编》影印本，分上、中、下三卷，书名“元四明陈秀民编”。今有北京图书馆出版社2004年蔡镇楚编《中国诗话珍本丛书》影印本。

21.《吴礼部诗话》

吴师道撰，一卷，存。师道（1283—1344），字正传，号兰阴山人，婺州兰溪（今属浙江）人。元英宗至治元年（1321）进士，历官国子助教、奉议大夫、礼部郎中。《元史》有传。其诗话系随笔体，多述郡邑诗人及其诗歌本事，明胡应麟跋此书及《敬乡录》时谓此书“遍举郡邑，凡有闻者，缉其制作履历，粲若指掌，下逮畸流逸客，片语只词，亦博采旁证，竟其隐伏，耳目所不及，点缀无遗，其为力勤而用心苦矣”。是书凡六十八则，并附有《吴礼部词话》七则，后有清厉鹗跋文。

吴师道论诗“以李杜为宗”，尚唐人诗话，曾摘引时天彝评论《唐百家诗选》之语，凡十八则，称其“深知唐人诗话者也”。作者特别注重诗歌欣赏，说：“作诗之妙，实与景遇，则语意自别。古人模写之真，往往后人耳目所未历，故未知其妙耳”，认为耳目亲历，方能解诗之妙。亦为可取。

是书有《知不足斋丛书》本、《历代诗话续编》本、《续金华丛书》本、《丛书集成初编》本；又一部，二卷，缪氏藕香簃抄本，浙江图书馆藏。又一部，乌丝栏旧抄本，二卷，一册，清黄丕烈、周锡瓒各手校并跋，又周氏过录厉鹗跋语，台湾图书馆藏。

22.《诗法家教》

杨载撰，一卷，存。杨氏（1271—1323），字仲弘，蒲城（今属福建）人。元仁宗延祐二年（1314）进士，任饶州路同知，后迁儒林郎，卒于宁国路总管府推官。与虞集、范梈、揭傒斯以诗齐名，并称“元诗四大家”。《元史》卷一百九十有传。

是书前有引论，后有总论，中间分论“诗学正源”“作诗准绳”“律诗要法”“古诗要法”等，而以诗法为主。杨氏论诗主“六义”说，认为“诗之六义，而实则三体。风、雅、颂者，诗之体；赋、比、兴者，诗之法”，并以此为“诗学之正源，法度之准则”。实为有识之见。其中所论各条，或称引宋人诗论，如《白石诗说》《沧浪诗话》之语，或自抒己见，亦会通前贤之论，谈得比较切实在理，有一定参考价值。

是书有《格致丛书》本、《诗学指南》本、《历代诗话》本（乾隆本、文宝公司石印本、医学书局石印本、中华书局校点本）、《谈艺珠丛》本，清张作楠《翠微山房丛书》稿本，台湾广文书局《名家诗法汇编》本题作《杨仲弘诗法》，见《古今诗话续编》本。

23.《诗学正源》

杨载撰，一卷，存。是书综论诗之六义，以“风、雅、颂”三体与“赋、比、兴”三法为“诗学正源”，于《诗》之“六义”说多所发明，议论精到，不乏灼见。今有《诗学指南》本，台湾广文书局《古今诗话续编》影印，《名家诗法汇编》本。

24.《木天禁语》

范梈撰，一卷，存。范氏（1273—1330），字亨父，一字德机，清江（今属江西）人。以荐举为左位教授，迁翰林院编修官，后任海北海南道廉访司照磨等，诗与虞集、杨载、揭傒斯齐名，《元史》等有传。是书《元史·艺文志》与《补辽金元艺文志》均著录于文史类，《四库全书》则收录于集部诗文评类存目，疑其“为庸妄书贾剽取学范为之”。

作者于《内篇》自称“是编犹古今《本草》,所载无非有益寿命之品”,“外则用之以观古人之作,万不漏一;内则用之以运自己之机,闻一悟十”。实则纯属自夸之词。此书论诗重篇法、句法、字法、气象、家数、音节,视为“六关”,并以此为纲,纲下分子目,各引唐诗为证,专谈诗法,而未脱唐人诗格窠臼。其可取者,盖重诗之“气象”,谓“诗之气象,犹字画然,长短肥瘦,清浊雅俗,皆在人性中流出”,认为诗人之“涵养性情,发于气,行于言,此诗之本源”,将诗歌气象与诗人之情性联系之,说明元人于诗歌审美特征之探讨,已有新发展,于后世诗话影响较大。

此书有《格致丛书》本,《学海类编》本,《丛书集成初编》本,《谈艺珠丛》本,《历代诗话》本,台湾广文书局《古今诗话续编》影印《名家诗法汇编》本。

25.**《诗学禁脔》**

范梈撰,一卷,存。是书《元史·艺文志》著录于文史类,《补辽金艺文志》亦然,《四库全书总目提要》收入集部诗文评类存目,并称其“浅陋尤其”,“必非真本”。全书分格论诗,如“颂中有讽格”“美中有刺格”“先问后答格”“感今怀古格”“一句造意格”“物外寄意格”“雅意咏物格”“一字贯篇格”“起联应照格”“一意格”“雄伟不常格”“想象高唐格”“抚景寓叹格”“专叙己情格”,凡十五格,每格选录一唐诗为式,然后逐句简释之。其中间出少许新见,认为诗人“思之切,虑之深”,系“得乎情性之正”,亦不无可取之处。

范梈《诗格》以“诗学禁脔”与“木天禁语”命名,反映其诗学地位和审美价值。“木天”本是唐代宫中庋藏图书典籍的秘书阁,属于宫中最高敞的建筑,因称之为“木天”(见《唐六典》),亦指翰林院。“木天禁语”,犹言禁中之语、内府秘语之列,其诗学地位之高,带有明显的权威性。“禁脔”一词出自《晋书》卷七十九《谢混列传》,本义是指味美的猪肉。晋元帝即位前,镇守建业,因财力不足,每得一猪,视为珍膳。猪的项部肉味更美,部下不敢自吃,都献送元帝,称为“禁脔”。早在北宋中期,僧惠洪曾撰《天厨禁脔》二卷。而范梈以“禁脔”喻诗学,说明他对自己这部诗学著作是充满信心的，也揭示其审美价值之高。

是编有《格致丛书》本，《谈艺珠丛》本，《历代诗话》本，台湾广文书局《名家诗法汇编》本；单行别出者有明野竹家刻本，清翁同龢跋；又一部，清吴翌凤抄本，吴翌凤跋并录毛表、冯武题识。

26.《诗家一指》

范椁撰，存。是书论诗主气，重意境，承严羽《沧浪诗话》之旨。并篇有引言，然后论"十科""四则""二十四品"，最后为普说。所谓"十科"，则"意""趣""神""情""气""理""力""境""物""事"也；所谓"四则"，谓"句""字""法""格"也；所言"二十四品"者，与司空图之说差不多。

范氏此书集唐宋诗法之大成，其所谓"诗家一指"者，他说："集之一指，所以返学者迷途三造，所以发学者之关钥十科，所以别武库之名件四则，条达规键，指真践履；二十四品，所以摄大道如载图经，于诗未必尽似，亦不必有似，而或者为诗人之尤，抑真人而后知诗之真，知诗之真而后知一指之非真，而非真之真，备是一指夫。"

此书今有台湾广文书局《古今诗话续编》影印《名家诗话汇编》精装本，蔡镇楚石竹山房珍藏。

时人多以为《诗家一指》为明释怀悦之作，故周维德将其编入《全明诗话》。1994 年 11 月，复旦大学陈尚君、汪涌豪发表《司空图二十四诗品辨伪》长文，提出《二十四诗品》非司空图所作，而是出之于明人怀悦《诗家一指》之说。北京大学张健发表《〈诗家一指〉的产生时代与作者——兼论〈二十四诗品〉作者问题》一文，认为《诗家一指》的作者不是怀悦，而是元人虞集，因而《二十四诗品》作者当为虞集。但亦颇多不以为然者，认为《二十四诗品》出于司空图之手是可能的。我们认为，《二十四诗品》作者之谜，并不影响《二十四诗品》本身的诗学价值和美学地位。故以下资料可资借鉴：(1)元末明初陶宗仪编纂《说郛》于卷七十九录《二十四诗品》正式标名"唐司空图撰"。明末继之者有毛晋《津逮秘书》第八集，吴永《续百川学海》壬集以及《锦囊小史》等。清人继之者有姚培谦、张景星《砚北偶钞》、陈国《紫藤书屋丛刻》、张海鹏《学津讨原》、管庭芬《一瓻笔存》等。(2)明万历丁丑(1577)潜川朱绂编《名家诗法汇编》,卷二收录《诗家一指》,则题为"范德机"者,以其《二十四品》为"中篇秘本",与今本《二十四诗品》大同小异。之后,黄省曾编《名家诗法》卷五录《诗家一指》,仍未标名作者姓名,其《二十四品》与朱绂本同。(3)明人梁桥《冰川诗式》冬卷收录有"诗有二十四品者",全录品文于后,不分段,品目之下有"者",如"雄浑者"云云。(4)明稽留山樵《古今诗话》卷九收录有《二十四诗品》,题为"唐司空图"者。还有其他。由此可见,一是《诗家一指》非怀悦之作,张健所论为是,陈、汪所论为非;二是《二十四诗品》标名为"唐司空图撰"者至迟始于元末明初,说其始于明末者,非也;三是明人许学夷《诗源辩体》卷三十五早就指出:"《诗家一指》,出于元人。中有十科、四则、二十四品。"张健称《诗家一指》为虞集所作。查证台湾广文书局《古今诗话续编》影印《名家诗话汇编》本,可以佐证张健之论者亦难以成立矣。蔡镇楚石竹山房藏。

27.《诗法正宗》

揭傒斯撰,一卷,存。揭氏(1274—1344),字曼硕,龙兴富州(今属江西)人。曾官至翰林侍讲学士,总修辽、金、宋三史。卒谥文安。其诗如"美女簪花",与杨载、虞集、范梈齐名。《元史》有传。

揭傒斯论诗,颇多精到之见。其中论诗味者,极力推崇司空图的"味外之味"学说,而又有所发扬光大,自成一格,认为诗味之妙在"意外生意、境外见境"。他指出:

> 唐司空图教人学诗须识味外味,坡公尝以名言。如所举"绿树连村暗""棋声花院闲""花影午时天"等句是也。人之饮食,为有滋味;若无滋味之物,谁复饮食之为?古人尽精力于此,要见语少意多,句穷篇尽,目中恍然,别有一境界意思。而其妙者,意外生意,境外见境,风味之美,悠然甘辛酸咸之表,使千载隽永,常在颊舌。今

人作诗,收拾好语,襞积故实,秤停对偶,迁就声韵。此于诗道,有何干涉?大抵句缚于律而无奇,语周于意而无余。语句之间,救过不暇,均为无味。槁壤黄泉,蚓而后甘其味耳。若学陶、王、韦、柳等诗,则当于平淡中求真味。初看未见,愈久不忘,如陆鸿渐品尝天下泉味,如杨子中泠为天下第一水,味则淡,非果淡,乃天下至味,又非饮食之味可比也。但知饮食之味者已鲜,知泉味又极鲜矣。(《古今诗话续编·名家诗法汇编》)

这是古今"味论"最精彩的论述,认为无味之诗犹如"无滋味之物,谁复饮食之为",而诗中之味"又非饮食之味可比",乃"天下之至味"。在论及"诗妙"时,他又说:"刘宾客谓:'诗者,人之神明。'谓当神而明之,大而化之,如林间月影,见影不见月;如水中盐味,知味不知盐;如画不观形似,而观萧散淡泊之意;如字不为隶楷,而求风流萧散之趣。超脱如禅,飘逸如仙,神爱如龙虎,抵掌笑谈如优孟,诙谐滑稽如东方朔,则极玄造妙矣。"这一连串的比喻,以各种不同的意象来比喻诗歌之妙处,进而倡言学诗者应该力行"五事":第一是"诗本",第二是"诗资",第三是"诗体",第四是"诗味",第五是"诗妙"。他最后殷切地期待着说:"诸君倘能养性以立诗本,读书以厚诗资,识诗体于原委正变之余,求诗味于盐梅姜桂之表,运诗妙于神通游戏之境,则古人不难到,而诗道昌矣。"元代文学批评中的"味论",有揭傒斯这一段论述足矣,标志着中国味论发展史上继钟嵘、司空图之后,第三座里程碑已经巍然矗立。

是书有《格致丛书》本、《诗学指南》本。台湾广文书局《名家诗法汇编》本。蔡镇楚石竹山房藏。

28.《诗宗正法眼藏》

揭傒斯撰,一卷,存。是书未见诸家著录。揭氏以佛教名词"正法眼藏"名书,说明其创作目的在于要像释迦牟尼在灵山法会以正法眼藏传给大弟子迦叶那样，以心传心，把诗学之法传给广大读者，以维护传统诗学的“诗宗”地位。

论诗宗唐尊杜，认为“学诗当以唐人为宗”，“欲学诗，且须宗唐诸名家；诸名家又当以杜为正宗”，并说杜诗之中“自有正法眼藏”。所谓正法，则禅宗所言全体佛法；眼藏，即指佛法朗照宇宙，包含万有。揭氏认为杜诗“铺叙正、波澜阔、用意深、琢句雅、使事当、下字切”，故以喻之。是见其崇拜杜甫之心，而于南宋末江湖派诗风，则斥其“格卑气弱”“最不足观”。

是书今有《格致丛书》本、《诗学指南》本，台湾广文书局《古今诗话续编》影印《名家诗法汇编》本。蔡镇楚石竹山房藏。

29.《诗谱》

陈绎曾撰，二卷，存。陈氏生卒年未详，字伯敷，号汶阳左客，处州（今属浙江）人，侨居湖州。曾官至国子监助教。《元史》有传，称之“文辞汪洋浩博”。著有《文筌》《文说》及《古今文矜式》等。是书《元史·艺文志》著录于文史类，《四库全书》收入集部诗文评类存目。

据自序，《诗谱》成书于元文宗至顺三年（1332）之前。作者按照“古体”“律体”“绝句体”和“杂体”四类编排，分论《诗经》至魏晋六朝诸家之诗，言简意赅，议论颇为精当，以真为宗，如论《古诗十九首》及陶渊明，称其诗“情真，景真，事真，意真”，是为创见。

是书有《文筌》本、《说郛》宛委山堂本、《五朝小说·魏晋小说品藻家》本以及《五朝小说大观》本。今有《历代诗话续编》本，台湾广文书局《古今诗话续编》影印本。

30.《诗法正论》

傅若金撰，一卷，存。若金（1304—1343），字与砺，新喻（今属江西）人。曾官广州文学讲士。其受诗法于虞集、范梈，诗风雄浑悲壮，有老杜遗风。《元书》《新元史》有传。

是书论诗，主情性，重人品，提倡个性。他论唐宋诗之争，颇多开创之见，首次道破了唐宋诗各自不同的时代特征、审美情趣、艺术方法的差异性而导致诗歌特质和风格的时代差异性。他指出："盖唐人以诗为诗，宋人以文为诗。唐诗主于达情性，故于《三百篇》为近；宋诗主于立议论，故于《三百篇》为远。达情性者，《国风》之余；立议论者，《雅》《国风》之变。固未易以优劣之也。"认为宋诗与唐气象夐别，在于一是"唐人以诗为诗，宋人以文为诗"；二是"唐诗主于达情性"而"宋诗主于立议论"。情性不同，诗法各异，自然风格气象各异，因为"诗源于德性，发于才情，心声不同，有如其面"，太白有太白之诗，子美有子美之诗，昌黎有昌黎之诗，诗系乎人所养，每每各自为体，不可强同，"故法度可学，而神意不可学"，是则皆为可取。然则，是书所论多为诗法，所述甚详，大多无甚可取。

是书今有《格致丛书》本、《诗学指南》卷一本，台湾广文书局《古今诗话续编》影印《名家诗法汇编》本，蔡镇楚石竹山房藏。今收入蔡镇楚《中国诗话珍本丛书》北京图书馆出版社 2004 年影印本第十二册，还有周维德《全明诗话》校点本。

31.《诗文正法》

傅若金撰，一卷，存。是书未见诸家著录，仅有《格致丛书》收录之。论诗以儒家"诗教"为本，力主"诗发乎情，止乎礼义"，倡言诗歌"乐而不淫，哀而不伤"，认为"言不关于世教，义不出于比兴，诗亦徒作"。

是书今有《格致丛书》本，台湾广文书局《古今诗话续编》影印《名家诗法汇编》本，蔡镇楚石竹山房藏。

32.《南溪笔录群贤诗话》

佚名撰，二卷，存。是书又名《南溪诗话》，据《四库全书总目》编者考证，书中所引已有白珽、刘履诸名，无疑为元末人所撰。然久佚其姓名，今本出于明人王恕之家，前有王恕之子王承裕序，称"南溪"为辑录者别号，逸其姓名，当为胜国时人。《四库总目》著录于诗文评类存目，其《四库提要》卷一百四十小说家类《玉壶野史》条称引作“元人《南溪诗话》”；而《百川书志》著录为《南溪笔录群贤诗话》，分前、后、续三集，云：“述者不传，序曰：会群思以归于正，执群言以求乎中。由是形诸歌咏，有警而不敢苟也。非徒资洽闻，助剧谈而已。”此书杂录各家诗话，而不置议论，略如阮阅《诗话总龟》之例，却不分门类。

是书有《四库全书》本（天一阁藏本）。又一部，三卷，明正德五年(1510)程启充三原刊本，三册，台湾图书馆藏；又一部，四卷，三册，虞山钱遵王《藏书目录汇编》著录。台湾广文书局《古今诗话续编》影印本名为《南溪笔录群贤诗话》，凡三集，有王承裕序（题为《南溪诗话序》，说明二名互通），系明正德五年程启充三原刻本，是为明初王恕所续辑本，蔡镇楚石竹山房藏。今有北京图书馆出版社 2004 年蔡镇楚编《中国诗话珍本丛书》影印本。

33.《唐才子传》

辛文房撰，十卷，存。文房（生卒年未详），字良史，西域色目人。曾官省郎职，元初人。所著《唐才子传》，据卷首自引，成书于元成宗大德八年(1304)，并云：“传成，凡二百七十八篇，因而附录不泯者又一百二十家，厘为十卷。”是书久佚，《四库全书》从《永乐大典》所存各韵引文中辑出，仅得二百二十四人，又附传者四十四人，厘为八卷，是为辑本。现行十卷本，系清人陆芝荣据日本所刊《佚存丛书》本校刻之，共计三百九十八人，与辛文房自序所称相符，堪称完本。

此书虽以“传”名，实则以论诗为主，而不重在记事之翔实，系纪传体诗话之作。《唐才子传》的主要价值，不在于史料方面，而在于诗学批评方面。正如《四库提要》所说，“所载之人，亦多详其逸事，及著作之传否，而于功业行谊，则只撮其梗概。盖以论文为主，不以记事为主也”。由此推而广之，《唐才子传》的诗学批评特点有四：

(1)以人为纲，以时为序，替唐才子立传。此所谓“才子”，本泛指富有文才者，辛文房于传中曾提及几次，盖唐时称诗人为“才子”者蔚然成风，如《新唐书》卷一七四元稹传载，元稹长于诗，与白居易相埒，宫中呼之为“元才子”。据《唐才子传》而言，其称之为“才子”者，大凡有进士、举子、名士、寒士、隐士、奇士、雅士、高士、处士、美丈夫、节士、道士、诗僧之辈，凡其“擅美于诗”者，均被辛文房列入《唐才子传》之中，自序云：“唐兴尚文，衣冠兼化，无虑不可胜计。擅美于诗，当复千家。岁月苒苒，迁逝沦落，亦且多矣。”为了不让“擅美于诗”者迁逝沦落，辛文房都苦心搜罗，钩沉积腋，而为是编。上至帝王将相，下迄僧、妓、女道士之类，不分门第尊卑，仕宦穷达，一概以时代为序，先后列于卷中，不因人而轩轾，与正史之儒林、文苑、文艺、文学传之类迥然不同。

(2)以论诗为主，“传”与“论”相结合，实为作家评传。《唐才子传》重在论诗，注重作家主体，多于诗人姓名、字号、籍贯之后，笔述诗人科第遭遇、个性特征、诗坛奇闻轶事、人格品操、诗品评议、诗学崇尚，兼选录其名篇佳句以为例证，详不为冗，简亦非陋，自具意匠，而于诗人之勋业行谊，却仅略述其概。传末载其诗集卷数，说明存佚残辑等流传情况，旨在以人系诗，以诗人传略为线索，阐明唐代诗歌发展演变的历史全过程。一部《唐才子传》，不啻是一部以作家为纲、以时为序的唐代诗史。然而，与宋人计有功《唐诗纪事》之不同者，是《唐才子传》采用“论诗及事”与“论诗及辞”相结合的创作手法，传记与论评统一，于传记之后，“触事兴怀”，多有简要评论，论诗、论事、论人、论流别，不拘一格，随感而发，颇多独到之见。如王绩、李季兰、灵一道人、吕岩四传之后，各撰有一段较长的总论，分别论述隐逸、妇女、僧侣、神仙四类诗人的行藏取舍与诗歌创作得失，言简意赅，论多中肯。所以《四库提要》高度评价云：“传后间缀以论，多掎摭诗家利病，亦足以津逮艺林，于学诗者考订之助，固不为无补焉。”四库馆臣对《唐才子传》这一特点的评论是比较公允的。

(3)论诗宗唐，主气，重情性，重兴趣，以兴象、风骨、格力、体制为标榜。《唐才子传》是宋元之际诗风转变的产物。自南宋末年，严羽《沧浪诗话》论诗扬唐抑宋之后，元诗“一以唐为宗，而趋于雅”(顾嗣立《寒厅诗话》)。这种转变的诗学理论是诗咏性情,而学习的标的是唐音。出于为元诗立则的需要,辛文房作《唐才子传》,论诗宗唐,主气,重性情,重兴趣,并且以为唐诗批评之标准者。他谓储光羲诗"得浩然之气";薛据"为人骨鲠,有气魄,文章亦然";畅当"英气逼人";韩愈"有冠冕珮玉之气";姚合有"平淡之气";李远诗"多逸气";李宣古"有英气";陈陶诗"无一点尘气";贯休"笔吐猛锐之气"。又如卷一谓张子容诗"兴趣高远,略去凡近";卷三称张志和诗"兴趣高远,人不能及";卷五说姚系"与林栖谷隐之士往还酬酢,兴趣超然";卷六谓姚合诗"兴趣俱到,格调少殊";卷八称于武陵诗"兴趣飘逸多感"。此等高远、超然、飘逸的诗歌"兴趣"之旨,就是辛氏所追求和赞赏的"如水中月,如镜中相,言可尽而理无穷"(卷五"论长孙佐辅诗"部分)以及"写难状之景,了了目前;含不尽之意,皎皎言外"(卷五"论陈羽诗"部分)的诗歌艺术趣味和审美境界,就是辛文房在传中一再标榜的以"兴象""风骨""格调""体制"为审美特征的唐诗风范。因而反对晚唐诗风中"嘲云戏月,刻翠粘红,不见补于采风,无少裨于化育"(卷八评于濆诗后)之作,称颂"善于状景咏物,读之如咽冰雪,心爽神怡,能远声病,气象清楚,格调且高,中间别有一种风情"者为"佳作也"(卷九"论崔鲁诗"部分)。

(4)注重道教与道家思想对唐诗作者的影响,这是《唐才子传》的又一个突出特点。唐朝以道教为国教,受道教与道家思想之影响,唐代诗人或仕或隐、或遇或毁,从思想到生活方式、从诗学观念到创作方法,大多深深打上道教及道家思想的烙印。同时,辛文房生活的时代,道教宗派繁盛,全真教与太一道崛起,处在一种特定的宗教文化氛围之中,去研究受道教及道家思想浸染于心的唐代诗人群,故使《唐才子传》一书洋溢着神奇飘逸的道骨仙风,除了《道藏》之外,人物传记与文学批评著作中则鲜为人见。据初步统计,《唐才子传》立传者中,与道教道家有缘者就有一百一十三人之多,约占总立传才子的四成,其中如吴筠、李冶、吉中孚、施肩吾、韩湘、任蕃、方干、灵一、陈陶、曹唐、李建勋、吕岩、陈抟等,本身就是唐五代著名道士,特别是韩湘子、吕洞宾又成为神话传说中的“八仙”之一，陈抟成为著名的内丹大师，以内丹理论奠定了道教内丹学的基础。辛文房于《唐才子传》中，不仅为之立传，而且于传中颇多精彩评论。例如吕岩传后所论神仙之类诗人曰：

> 论曰：晋嵇康论神仙非积学所能致，斯言信哉。原其本自天灵，有异凡品，仙风道骨，迥凌云表。历观传记所载，雾隐乎岩巅，霞寓于尘外，崆峒、羡门以下，清流相望，由来尚矣。虽解化一事，似或玄微，正非假房中、黄白之小端，从而服食颐养，能尽其道者也。不损上药，愈益下田，熊经鸟伸，纳新吐故，无七情以夺魂魄，无百虑以煎肺肝，庶几指识玄户，引身长年，然后一跃，顿乔、松之逸驭也。今夫指青山首驾，卧白云振衣，纷长往于斯世，遗高风于无穷，及见其人，吾亦愿从之游耳。韩湘控鹤于前，吕岩骖鸾于后，凡其题咏篇什，铿锵振作，皆天成云汉，不假安排，自非咀嚼冰玉，呼吸烟霏，孰能至此。宁好事者为之，多见其不知量也。吴筠、张志和、施肩吾、刘商、陈陶、顾况等，高躅可数，皆颉颃于玄化中者欤！

论者超凡脱俗，纵论此类诗人之“指青山首驾，卧白云振衣，纷长往于斯世，遗高风于无穷”的主体意识与“其题咏篇什，铿锵振作，皆天成云汉，不假安排”的诗歌风尚，字里行间，充满了道教真人的一股玄风仙气和神秘色彩，别具一格。而究其缘由，这种诗学批评宗尚，是与元朝道教宗派之一的全真教盛行于北方分不开的。

《四库提要》称“其体例因诗系人，故有唐名人，非卓有诗名者不录，即所载之人，亦多详其逸事及著作之传否，而于功业行谊，则只撮其梗概。盖以论文为主，不以记事为主也。大抵于初，盛稍略，中、晚以后渐详。至李建勋、孙鲂，沈彬、江为、廖图、熊皦、孟宾于、孟贯、陈抟之论，均有专传，则并下包五代矣”。辛氏论诗注重传统诗教，谓：“夫诗所以动天地、感鬼神，厚人伦，移风俗也，发乎其情，止乎礼义，非苟尚辞而已。”而于嘲云戏月，刻翠粘红之作，则深有不满。作者先述诗人生平轶事，后品评其诗作，因诗系人，以评骘优劣高下，大致勾勒出唐诗风格流变轮廓，揭示唐诗艺术特色，既具史料价值，又富有理论批评意义。

是书《四库全书》收入史部传记类，有日本《佚存丛书》本、《指海》本。《粤雅堂丛书》本、《江氏聚珍板丛书初集》本，今有黑龙江人民出版社 1986 年王大安校订本。1987 年中华书局有傅璇琮主编《唐才子传校笺》。蔡镇楚石竹山房藏。

34.《霏雪录》

刘绩撰，二卷，存。刘绩（生卒年未详），字用熙，又字孟熙，洛阳（今属河南）人，后徙山阴，曾任镇江知府，入元后任三茅书院山长。所著《霏雪录》，《千顷堂书目》与《明史·艺文志》均著录于小说家类，《四库全书》收入子部杂家类。

是书论诗，扬唐而抑宋，说“唐人诗一家自有一家声调”“吟而绎之，令人有闻《韶》忘味之意”，而宋诗则如“村鼓岛笛，杂乱无伦”。作者认为唐宋诗之别在于：“唐人诗纯，宋人诗驳；唐人诗活，宋人诗滞；唐诗自在，宋诗费力；唐诗浑成，宋诗饾饤；唐诗缜密，宋诗漏逗；唐诗温润，宋诗枯燥；唐诗铿锵，宋诗散缓；唐人诗如贵介公子，举止风流；宋人诗如三家村乍富人，盛服揖宾，辞容鄙俗。”扬唐抑宋至此，固然失偏，然所论亦为一家之言，排比有序，寓比较于比喻之中，意新语工，奇趣盎然，于唐宋诗之争中，颇具其代表性。

是书有《四库全书》本，二卷；又有一卷者，有《百川学海》本、《古今说海》本、《说郛续》本、《学海类编》本、《丛书集成初编》本。

35.《诗词余话》

俞焯撰，一卷，存。焯（生卒年未详），字元明，号午翁，又号越来子，太仓（今属江苏）人，亦称长乐（今属福建）人。元泰定四年（1327）进士，授仙居县丞，至正年间官德兴尹。著有《诗词余话》一卷。

是书仅六则，分论时人陈古愚、沈景高、詹天游、朱熠等及其诗歌。

作者先述其生平里贯,后论其诗歌本事,以述事为主,间有所论评,如谓陈古愚"作诗高古,无宋末气"云,亦可知俞氏之论诗旨趣也。此书有宛委山堂《说郛》本(卷八十四),商务印书馆《说郛》本(卷四十三),清《惜寸阴斋丛钞》本,清王耤《艺苑丛钞》稿本,今有台湾广文书局《古今诗话续编》影印明稽留山樵《古今诗话》本。

36.《诗文规范》

徐骏撰,二卷,存。原有浙江鲍士恭家藏本,后有《四库全书》本。

卷五

明代诗话

【按语】

明代，是中国诗话走出金元低谷而繁荣发展的复兴时期。其创作倾向和总体特征有四：

一是宗唐之风承袭金元而来，宗唐而抑宋，肇始于严羽《沧浪诗话》的“唐宋诗之争”至明代而愈演愈烈；

二是拟古主义倾向，以前后七子为代表，掀起“文必秦汉，诗必盛唐”的复古思潮；

三是诗学派别林立，派别之间攻讦不休，整个诗坛充满霸气、火药味儿，诗话几乎成为各个派别之间攻击不休的舆论工具；

四是诗学论争加速了诗话由北宋欧阳修的“论诗及事”向“论诗及辞”的演变，诗话的诗学批评价值在明代前后七子的文学复古思潮之中得到广泛的升华，中国诗话经历金元时期的低迷衰微之后，迎来了明代诗话的全面复兴。

明代诗话的考辨，主要成果有：蔡镇楚《石竹山房诗话论稿》卷四《诗话文献论·明代诗话考略》（湖南文艺出版社 1995 年），连文萍《明代诗话考述》博士论文（台湾东吴大学 1998 年），周维德《全明诗话》校点本、《明代诗话提要》（齐鲁书社 2005 年）。

1.《归田诗话》

瞿佑撰，三卷，存。佑（1341—1427），字宗吉，号存斋，钱塘（今杭州）

人。曾官国子助教。后因诗得祸系狱，谪贬保安（今陕西志丹县），明仁宗洪熙元年（1425）放还而归。所撰《归田诗话》，又名《存斋诗话》《存斋归田诗话》《妙集吟堂诗话》，系晚年自谪所返故里后所作。前有自序、柯潜序、钱塘木讷序，还有钱塘知县胡道《存斋诗话小序》；后有乾隆年间朱文藻跋语。《四库全书》著录于集部诗文评类。今有周维德《全明诗话》校点本。

是书是明代诗话之最早者，据自序，成书于洪熙乙巳（1425年）。自称此书笔录，"平日耳有所闻，目有所见，及简编之所记载，师友之所谈论……其有关于诗者"，凡一百十二条，厘为上、中、下三卷，书名出于欧阳修之《归田录》。卷上说唐以及北宋，卷中述宋、金、元，卷下及元末至当朝。以论诗及事为旨，略加数语评说。

瞿氏论诗主唐音，是明代诗坛宗唐之风的滥觞者，倡言诗歌"直言时事不讳"，却以封建伦理纲常为准则，据史实以论诗，不免于拘泥、保守，表现出一种比较现实的诗学批评观点。其史学观点具有两大特征：一是宗唐而不贬宋，明确指出："世人但知宗唐，于宋则弃不取，众口一辞，至有'诗盛于唐坏于宋'之说。私独不谓然，故于序文备举前后二朝诸家所长，不减于唐者，附以已见，而请观者参焉。"其后题诗又有"举世宗唐恐未公"之语。二是法杜而不抑李，多以李杜并尊。《归田诗话》之论李、杜，能互见短长，不加抑扬，谓"老杜诗识君臣上下"，"可谓知大体矣"；而李白诗"略无上下之分"，"二公虽齐名，见趣不同如此"。又称李白诗"足以见其襟抱不凡"，多"奇妙句，惜世少称之者"。可见《四库提要》谓"此书所见颇浅"，是为有失公允。

是书版本繁复，有《知不足斋丛书》本、《龙威秘书》本、《古今说部丛书》本、《历代诗话续编》本、《丛书集成初编》本。又一部，明成化三年刻本，三卷，清黄丕烈手书题记，天一阁文物所、台湾图书馆藏。又一部，明弘治刻本，三卷，中国国家图书馆藏。又一部，清初抄本，三卷，清吴允嘉跋，上海图书馆藏。又一部，清曹炎抄本，周叔弢跋，周一良抄补，中国国家图书馆藏。又一部，一卷，《说郛续》卷三十三。

2.《存斋诗话》

瞿佑撰，一卷，存，明抄本，中国国家图书馆藏。

3.《妙集吟堂诗话》

瞿佑撰，三卷，存，明初刻本，《杭州府志·艺文志》著录。南京图书馆藏。

4.《西江诗法》

朱权撰，一卷。朱权，明太祖第十七子，封宁王，永乐初改封南昌。自号臞仙、涵虚子。著《汉唐秘史》等书数十种。是书言诗法，前有自序，凡二十五目，分为诗体源流、诗法源流、诗家模范、诗法大意、作诗骨格、诗宗正法眼藏、诗法家数、诗学正源、律诗准绳、律诗要法、字眼、古诗要法、五言古诗法、七言古诗法、绝句诗法、讽谏诗法、荣遇诗法、登临留题诗法、征行诗法、赠行诗法、咏物诗法、赞美诗法、赓和诗法、哭挽诗法、作乐府法，多为承袭前人之论编辑而成，可谓古今诗法论之荟萃。《百川书志》卷十九著录，署作"臞仙编"。有明嘉靖十一年(1532)刻本，天一阁藏。今有周维德《全明诗话》校点本。

5.《菊坡丛话》

单宇撰，二十六卷，存。宇(生卒年未详)，字时泰，号菊坡，临川(今属江西)人。正统四年(1439)进士，知侯官县，《明史》有传。

是书采摭古今论诗谈文之语编次成帙，分为二十六门，其中论诗者二十四卷，论四六者一卷，论乐府者一卷。据自序，此书编纂意在与宋胡仔《苕溪渔隐丛话》相配，故以"丛话"为名。分为"天文""地理""时令""花木""诗人""诗法"等二十六门类，然是书采摭不及胡仔书广博，且仔书多论文，单书多记事；仔书多考证，单书不重论述考证，仅抄撮旧文。

是书有明成化年间原刊本，中国国家图书馆藏；又一部，明蓝格影抄本，清吴骞手校并跋，台湾图书馆藏。今有台湾广文书局《古今诗话续编》

承台湾图书馆善本影印本，二册，前有成化间黎扩、黎近、单宇三序，以及台湾懒散道人校理记。蔡镇楚石竹山房藏；今有蔡镇楚《中国诗话珍本丛书》影印本；又有周维德《全明诗话》齐鲁书社 2005 年校点本。

6.《诗学梯航》

周绪（原作周鸣者，误）撰，一卷，存。周绪，字公绪，江西吉水人。永乐十六年（1418）进士，官至南京翰林侍讲学士，有《唐诗类编》与《诗学梯航》。

是编前有正统十三年（1448）自序，署名吉水周绪编，后有彭光同年后序，知其得先君与族伯王汝嘉参与编辑《永乐大典》绪余编辑之《诗法》笔记，略加整理，参插己意而成，更名为《诗学梯航》。“梯”者，指登山；“航”者，指航海。其自序云：“《诗学梯航》者，论作诗法序源流，先职方府君之所藏而考订焉者也。”是编旨在为初学诗者指路领航，乃诗学入门之路。是书原有明抄本，天一阁藏。今有周维德《全明诗话》校点本。

7.《廷礼诗话》

高棅撰，一卷，存。高棅（1350—1423），字彦恢，更名廷礼，号漫士，长乐（今属福建）人。永乐初，以布衣召入翰林，官翰林院待诏，后迁典籍。工诗，为“闽中十子”之一。曾编纂《唐诗品汇》一百卷。其所撰《廷礼诗话》系后人辑其论诗之语而成。

高棅论诗，以盛唐为正宗，首倡唐诗分期“四唐”（初唐、盛唐、中唐、晚唐）之说，为唐诗之分期贡献甚大。是书采用论事论辞相结合之手法，分论唐人之诗，有一定参考价值。

此书未见诸家著录，今有齐鲁书社出版周维德《全明诗话》校点本。

8.《诗学权舆》

黄溥辑，二十二卷，存。溥（生卒年未详），字澄济，号石厓居士，弋阳（今属江西）人。正统进士，官至广东按察使。著有《石崖集》。

所辑《诗学权舆》一书，兼收众体，各为注释，分“名格”“名义”“韵谱”“句法”“格调”诸目，又杂引前人诸说以证之，是为诗学权舆之冠。《四库全书》收入集部总集类存目，其《总目提要》谓是书“采摭虽广，考证多疏。如卷首《董少年歌》，不知‘鸣’‘平’为韵，古多此格，乃误以为七言一句之歌；甚至以《楚辞》与《骚》分为二体，可谓不知而作亦”。所言极是，名为“诗学权舆”，实则于初学诗者无足可取。

是书有两淮马裕家藏本（四库底本）；最早有明成化五年（1469）黄氏自刻本，存二十一卷，缺第十卷，中国国家图书馆藏；又一部，二十二卷，明成化六年（1470）熊斌刻本，南京大学图书馆藏；又一部，二十二卷，明天启五年（1625）复礼堂刻本。

9.《诗话随抄》

杨春先辑，九卷，其中上集四卷，下集四卷，附集一卷，存。有明人抄本，南京图书馆藏。

10.《古今诗话纂》

李本纬辑，六卷。存，有明万历年间刻本，安徽博物院藏。

11.《怀麓堂诗话》

李东阳撰，一卷，存，又名《麓堂诗话》。《四库全书》收入集部诗文评类。东阳（1447—1516），字宾之，号西涯，茶陵（今属湖南）人。明英宗天顺八年（1464）进士，官至吏部尚书、华盖殿大学士，少师兼太子太师。《明史》卷一八一有传。李东阳主盟明初文坛，奉为一代诗宗，开创“茶陵派”。

是书论诗，上承南宋严羽论诗之旨，力推李杜，以盛唐为法，以李杜并尊，称李白“天才绝出，真所谓‘清水出芙蓉，天然去雕饰’”者，认为李杜能兼山林之诗与台阁之诗“二者之妙”，故“李杜诗，唐以来无和者，知其不可和也”。认为诗应当有“真情实感”“天真兴致”，抒发情性，要如“自肺腑中流出”。

李东阳“格调”的核心是以“声”论诗。故是书以大量篇幅谈论诗歌声调轻重、清浊、长短、高下、缓急以及遣词用字虚实、结构之起承转合，手法之比兴对仗等。其诗论，于明初诗坛则起承上启下作用，前纠西昆之弊，后开前后七子宗唐拟古之先声。明代七子之论格调，承李东阳之论而来。

是书最早有辽阳王铎维扬刻本，前有王铎序。后有《四库全书》本、《历代诗话续编》本；《麓堂诗话》则有《知不足斋丛书》本、《谈艺珠丛》本、《古今说部丛书》本、《丛书集成初编》本，今有周维德《全明诗话》校点本。

12.《余冬诗话》

何孟春撰，二卷，存。何氏（1474—1536），字子元，郴州（今属湖南）人。弘治六年（1493）进士，师从李东阳，官至吏部左侍郎、南京工部左侍郎、礼部尚书，谥号文简。《明史》有传。

是书《四库全书》著录于集部诗文评类存目，实为摘录其《余冬序录》论诗之语而成。此为茶陵派的主要诗话之一，以记事为主，论诗从其师李东阳之说，宗唐法杜，著力于诗歌体制、音节、声调，于苏轼颇多微词，谓苏文“无见于道，枉读书耳”。故《四库全书总目提要》谓何氏“以讲学之论文，已不能得文外之致；至以讲学之见论诗，益去之千里”。此评似乎过于尖刻。

是书有《学海类编》本、《丛书集成初编》本、台湾广文书局《古今诗话丛编》影印本，蔡镇楚石竹山房藏。今收入蔡镇楚《中国诗话珍本丛书》北京图书馆出版社 2004 年影印本第十二册，还有周维德《全明诗话》校点本。

13.《诗话》

杨成玉辑，十卷，存。杨氏生卒里贯未详，唯知其编此书于扬州知府任上。是书著录于《四库全书总目》集部诗文评类存目，《西谛书目》著录。

此乃中国古代诗话丛书之最早者，搜辑宋人诗话之作，凡十家，分别为刘攽《中山诗话》、欧阳修《六一诗话》、司马光《续诗话》、陈师道《后山诗话》、吕居仁《紫微诗话》、周紫芝《竹坡诗话》、许顗《彦周诗话》、张表臣《珊瑚钩诗话》、叶梦得《石林诗话》、陈岩肖《庚溪诗话》。

此书有明弘治三年（1490）马忠刻本，今存七卷（一至七），上海图书馆藏；又一部，存五卷，明刊本，一册（存卷三至卷七），《西谛书目》著录于集部诗文评类；足本有《四库全书》馆底本，十卷，副都御史黄登贤家藏本。

14.《松石轩诗评》

朱奠培撰，一卷。朱奠培（？—1494），号竹林懒仙，朱权之孙，封宁靖王。后有成化甲午《诗评后序》，知其成于成化十年（1474），有成化甲午刻本。今有周维德《全明诗话》校点本。

是书凡一百四十五则条目，以评述为尚，历评西汉至于元朝诸家之诗，凡二百余家诗人诗作，言简意赅，注重意象批评。通篇以各种自然意象和人文意象评论历代诗人诗作，形容毕至，比喻联珠，曲尽其妙，早已超越王世贞《国朝诗评》之评，可谓中国意象批评之集大成者，如其论评："阮籍之作，如剡溪雪夜，孤楫沿流，乘兴而来，兴尽而已；左思之作，如丹厓翠巘，金象乳壑，晶莹璀璨，光景可挹"，具有较高的诗学价值和审美语言学意义。是书又名《懒仙诗评》。存，有明成化间刻本。北京大学图书馆、天一阁等藏。

15.《南濠诗话》

都穆撰，一卷，存。都氏（1458—1525），字玄敬，号南濠居士，吴县（今属江苏）人。明弘治十二年（1499）进士，授工部都水主事，历礼部郎中，加太仆少卿。所撰《南濠诗话》一卷，又名《南濠居士诗话》《都玄敬诗话》，《四库全书》著录于集部诗文评类存目，系都氏晚年之作。前有正德癸酉（1513）秋黄桓《都南濠先生诗话序》，后有无锡邵宝题词。

是书论诗，承严羽论诗之旨，力主《沧浪诗话》之“妙悟”说，认为严羽“禅道惟在妙悟，诗道亦在妙悟”之说，“最为的论”。

都穆秉承严羽之旨，主要诗学之见有三：

其一，注重“真情”与“实境”，认为作诗之道必须“景与情合”“情与景会”，方可与之言诗。此“情”者，真情也；此“景”者，实境也。主张诗应“但写真情并实境”，“须知妙语出天然”（《论诗诗》）。

其二，强调“诗须有为而作”，反对“无为而强作”的唱和应酬之习。对那些“无为而强作”的应酬诗，对于句摹字拟、笔下随人的拟古之作，他认为缺乏艺术个性，应该群起而攻之。显然，这是针对“台阁体”与渐露端倪的“前七子”的啴缓冗沓与摹拟复古诗风而发的。

其三，认为“诗须苦吟，则语方妙”，称扬严羽“别材”之说能得诗之真谛，故对唐代苦吟诗派之孟郊、贾岛、卢廷让、杜荀鹤之辈的艺术创作实践给予充分肯定。在《南濠诗话》中，他又引用杜甫“读书破万卷，下笔如有神”以及萧千岩、范景文之论来说明读书与为诗的关系，认为“以才学为诗”“以万卷之书为诗”固然不好，但不注重读书，不加强自身的文学艺术修养，亦不能“为诗”。故以为严羽“诗有别材，非关书也”而“非多读书……则不能极其至”的见解能得杜诗“读书破万卷，下笔如有神”之论的真谛。然而都氏并不一味遵从严羽。严氏论诗分唐界宋，都氏不以为然，且以为欧、梅、苏、黄等宋诗大家之作于唐诗亦“真无愧色”。

他注重诗歌“真情”与“实境”，主张诗必须“景与情合”；强调“有为而作”，反对“俯仰随人”、摹拟复古；提倡“苦吟”，称许“苦吟诗派”。然而，都穆于严羽分唐界宋之论却不以为然，能实事求是，认为欧、梅、苏、黄等宋诗大家，于唐诗“真无愧色”。不主一家之言，不存门户之见，反对扬唐抑宋之论，说：

昔人谓“诗盛于唐，坏于宋”，近亦有谓元诗过宋诗者，陋哉见也。刘后村云：“宋诗岂惟不愧于唐，盖过之矣。”予观欧、梅、苏、黄、二陈至石湖、放翁诸公，其诗视唐未可便谓之过，然真无愧色者也。

元诗称大家，必曰虞、杨、范、揭。以四子而视宋，特太山之卷石耳。

是书版本甚繁，丛书本有《知不足斋丛书》本，《历代诗话续编》本；《说郛续》卷三十三本；单行本有黄桓和州刻本，凡七十二则；又有文璧吴郡刻本，凡四十二则，较黄本少三十则，而其中有三条则为黄本所无；清乾隆间长塘鲍廷博以黄、文二本参校，合而为七十五则，是为《四库全书》所本；而近人丁福保《历代诗话续编》本，凡七十九则，是为足本。今有周维德《全明诗话》校点本。

又一部，《都玄敬诗话》二卷，明都穆撰，明琴川徐绾家塾刊本，二册，台湾图书馆藏。

16.《李诗辨疑》

朱谏撰，二卷。朱谏（1462—1541），字君佐，浙江乐清人。弘治九年（1496）进士，曾任江西赣州、吉安二郡知府。曾著有《李诗选注》，是篇当为选注李白诗歌的辨疑之作。前有《辨疑小序》，阐述其辨疑李诗之宗旨与选诗之准则，其中辨疑李诗二百一十六首，辨析其真伪，论述其高下，认为李白诗集之中混杂有李益、李赤之作。足见其选诗之严谨，治学之严谨，可谓诗话之作的楷模典范，于李白诗之研究，十分有益。是书有嘉靖刻本和《敬乡楼丛书》本，今有周维德《全明诗话》校点本。

17.《诗文浪谈》

林希恩撰，一卷，存。林氏，号龙江，莆中（今属福建）人。是篇论诗重声律，认为“夫诗之声也，岂曰平而平、仄而仄焉已哉？即平之声有轻有重，有清有浊；仄之声亦有轻有重，有清有浊，此天地自然之声也”，而“轻重清浊之声，亦皆出于自然也；不知轻重清浊之声之自然，而曰能尽诗之情者，余弗知之矣”。全篇十二条诗话，多以“林子曰”论述个人之诗论见解，颇具论辨特色。

原有《说郛续》(卷三十三)本,今有台湾广文书局《古今诗话续编》影印明稽留山樵《古今诗话》卷五本,周维德《全明诗话》校点本。

18.《诗话类编》

王昌会辑,三十二卷,存。昌会(生卒年未详),字嘉侯,上海人。万历四十三年(1615)应试于南京,曾助纂《松江府志》,又编撰《全史详要》。

其所编纂《诗话类编》,《四库全书总目》著录于《诗文评类存目》,称之"摭拾诸诗话,参以小说,裒合成书",倍加贬斥。然是书卷一述体格,卷二、三述名论,卷四至十七述各类诗人诗作,卷十八、十九为考订,卷二十至二十四为品评鉴赏,卷二十五至三十二杂述诗事等,分门别类,采编甚广。清人宋征璧《抱真堂诗话》谓其"文芜而浅,其失也俗"。就其体例而言,确有芜蔓失精之病,但可视如敝帚也。

此编有明万历刻本,十二册,存。首都、杭州、湖北、徐州、上海等图书馆和中国国家图书馆;今有台湾广文书局《古今诗话续编》影印本,精装四册,前有万历丙辰(1616)孟秋临川友人吴之甲元秉父题辞,当为善本,蔡镇楚石竹山房藏。今有蔡镇楚《中国诗话珍本丛书》影印本,周维德《全明诗话》校点本。

19.《琼台诗话》

蒋冕撰,二卷,存。冕(生卒年未详),字敬所,号琼台居士,全州(今属广西)人。明成化二十三年(1487)进士,官至户部尚书、谨身殿大学士。谥文定。《明史》有传。著有《湘皋集》三十三卷。所撰《琼台诗话》,又名《琼台先生诗话》《四库全书》著录于集部诗文评类存目。

是书论诗宗唐,主诗教,认为"美教化,敦风俗,示劝诫,然后足以为诗"。蒋氏系邱濬之门人,因裒辑邱氏生平吟咏,各详其本事,凡七十五条,据其序,此书除论述已见,"凡先生之乡人暨当世之士,夫读论有及于诗者,冕或闻之,亦谨录于其间",故记述乡人诗事者尤多。

是书有明崇祯十一年(1639)爱吾庐刻本,辽宁省图书馆、桂林图书馆藏。

20.《琼台先生诗话》

蒋冕撰,二卷,存,明万历二十六年(1598)许自昌刻本,吴县图书馆藏。

又一部,中国国家图书馆影抄本,二册。

21.《俨山诗话》

陆深撰,一卷。陆深(1477—1544),字子渊,号俨山,松江(今属上海)人。弘治十八年(1505)进士,嘉靖七年(1528)官国子监祭酒,与前七子李梦阳、何景明等友善,后任山西提学副使,官至江西、四川布政使。著有《俨山文集》一百卷,《俨山外集》二十四种四十卷。

诗话三十二则,多记载诗事,兼以考证,论见甚少。是书有《俨山文集》卷二十五本(四库本),今有周维德编《全明诗话》校点本。

22.《渚山堂诗话》

陈霆撰,三卷,存。霆(生卒年未详),字声伯,号水南,德清(今属浙江)人。弘治十五年(1502)进士,授刑科给事中。正德初,以忤刘瑾谪判六安州,刘瑾被诛,起历山西提学佥事,后隐居渚山,以著述自娱。著有《水南先生稿》《唐余纪传》《渚山堂词话》等。其《渚山堂诗话》本与其《词话》同刊,以其"诗格颇纤",《词话》较胜其《诗话》,故《四库总目》未予著录,仅收录其《词话》三卷。

是书以记事为主,轶事逸篇,引述较多,而论说不足。杂论唐宋以来诗句工拙,而以明诗为主,采用《冷斋夜话》《珊瑚钩诗话》之例,多举己诗为证,如谓古人之诗,用事当如"水中著盐",寓意当如"空中散花",作者因以己作"独背小阑无一语,门前吹尽落花风"句为"空中散花",而以"风月多情自进楼"句为"水中著盐",皆非确论。《四库提要》称"其引据古人，亦颇疏舛"，如李商隐"杀风景"语，本出自《义山杂纂》，谓"花间喝道，看花泪下"等九事为"杀风景"。此书删本曾载《说郛》中，而陈氏却指为《遗山诗品》，世传本无此书。是书有一些议论，考证失当之处。《明清江苏文人年表》著录，主要版本有明嘉靖间刊本，三卷，一册，台湾图书馆藏。浙江范懋柱家天一阁藏本（四库底本），又一部，八千卷楼抄本，南京图书馆藏。

23.《**蓉堂诗话**》

姜南撰，一卷，存。姜南，字明叔，号蓉堂，仁和（今属浙江）人。生平不详，明嘉靖间人。是编后有张秉壶《蓉堂诗话跋》，谓其"诗话多所评诗，然旁及时事，附己意，最为读者所善"。

是书论诗，以孔门为宗，主张经世致用，论诗体例类似《唐才子传》，多述明宣德、正统、景泰、成化年间诗人诗事，间有所评。

是书版本甚繁，明嘉靖二十六年洪楩刻本，题为《蓉堂诗话》，凡二十卷，与《杭州府志·艺文志》著录者同；又一部，题为《蓉堂诗话》，六卷，有张秉壶跋，明抄本；又一部，题为《蓉堂诗话》，一卷，明钮氏世学楼抄本。今有《说郛续》卷三十三，不分卷；又有稽留山樵《古今诗话》节本，仅十七则，收入台湾广文书局《古今诗话续编》之中，蔡镇楚石竹山房藏。又有周维德《全明诗话》校点本。

24.《**拘墟诗谈**》

陈沂撰，一卷。沂（1469—1538），字宗鲁，后改鲁南，号石亭，上元（今属江苏）人，亦称浙江鄞县人。十二岁从父陈钢官黔阳，作《赤宝山赋》。正德间进士，与顾璘、王韦并称为"金陵三俊"。授翰林院编修。嘉靖中出为江西参议、山东参政，后改山西行太仆寺卿致仕。少好苏轼诗，自号"小坡"。中年宗盛唐，为文出入《史记》《汉书》。著有《拘墟集》，总六卷，《诗谈》一卷，《金陵世纪》四卷等等。是编著录于同治《上元江宁两县志·艺文》卷十二，及《明清江苏文人年表》等，附于《四明丛书》第四集

《拘墟集》之中。

是编凡四十八则，论诗宗盛唐，而品评诗人诗作为尚，于苏诗多有奖饰，认为诗体之变随世道之变而来，“世日降，气日衰，声日淫，意日卑浅矣”。

此书原有《四明丛书》第四集《拘墟集》刊本，前有陈凤之序，今有齐鲁书社所刊周维德编《全明诗话》校点本。

25.《谈艺录》

徐祯卿撰，一卷，存。祯卿（1479—1511），字昌谷，一字昌国，吴县（今属江苏）人。弘治进士，官国子监博士。少与唐寅、祝允明、文徵明齐名，人称“吴中四子”。其《谈艺录》一卷，《四库全书》收入集部别集类《迪功集》附录中。

是书承前七子“文必秦汉，诗必盛唐”之旨，古诗宗汉魏，律诗宗盛唐，于“台阁体”有救弊之义。徐氏论诗主情致，重神韵，强调诗歌之“情”“气”“思”“力”，以“情”为“诗之源”，所谓“因情以发气，因气以成声，因声而绘词，因词而定韵”者，就是“诗”；以“广教化之源，崇文雅之致，削浮华之风，敦古朴之习”。

此书版本甚富，主要有《致林丛书》本、《历代诗话》本、《诗触》本、《学海类编》本、《谈艺珠丛》本、《四库全书》本；又有明刻本，中国国家图书馆藏；又一部，清惠氏红豆斋抄本，上海图书馆藏。

26.《升庵诗话》

杨慎撰，十四卷，存。慎（1488—1559），字用修，号升庵，新都（今属四川）人。明正德六年殿试第一，授翰林院修撰，后上疏议大礼，直谏下狱，旋谪云南永昌卫，凡三十余年，卒于戍所。天启中，追谥文宪。著作等身，为明季之冠。《明史》有传。其《升庵诗话》今有《历代诗话续编》之改编本，其余版本，错舛甚多，殆不足取。

杨慎与前七子同时，又与何景明友善，然其诗学观点却并不随风俯仰，不满于前七子之尊唐抑宋及“宋无诗”之说，曾以宋人寇准《江南曲》测试何景明，讽刺前七子领袖们盲目排斥一代宋诗的行径（《升庵诗话》卷十二）；于卷十一又列《劣唐诗》，认为“不可云宋无诗”，亦不可云唐诗一切都好，强调实事求是地评价唐宋诗。

杨慎论诗，诗学标准有二：

一是重性情，主“诗以道性情”之说。《升庵诗话》卷八有“唐诗主情”一则说：“唐人诗主性情，去《三百篇》近；宋人诗主理，去《三百篇》却远矣。”唐诗主情，宋诗主理，本是元人共识。杨慎以此为准，论诗宗唐，但不论初、盛、中、晚唐，凡是重性情之诗，都予以肯定。前七子论诗绝对化，迷信盛唐，大历以后“一切吐弃”；杨慎不为世俗和时风所累，推崇唐诗，而不贬斥宋诗，表现出不同于“前七子”的文学宗尚和审美情趣。杨慎在《李前渠诗引》中又说：“六情静于中，万物荡于外，情缘物而动，物感情而迁。是发诸性情而协于律吕，非先协律吕而后发性情也。以兹知人人有诗，代代有诗。”这“人人有诗，代代有诗”之说，较之前七子的“宋无诗”与“大历以后书勿读”的观点，不知要进步多少。

二是注重清新天然、蕴藉含蓄。《升庵诗话》卷九评“清新庾开府”云：“清者，流丽而不浊滞；新者，创见而不陈腐也。”针对七子摹拟复古之弊，杨慎倡言诗歌艺术风格的“清新”“天然”“蕴藉”“含蓄”；又在《论文》中提出文不论繁简难易，“唯求其美”（《杨升庵全集》卷五十二），以“美”为衡量作品高下的一条重要的艺术标准，鼓励作者独创，去追求作品的清新蕴藉之美，赞扬庾信诗，兼有“绮艳”“清新”与“老成”之长，“绮而有质，艳而有骨，清而不薄，新而不尖”，独见其美（卷九《庾信诗》）。

根据以上两大论诗标准，杨慎率先反对宋人关于杜甫诗史之说。卷十一《诗史》云：“宋人以杜子美能以韵语纪时事，谓之‘诗史’。鄙哉宋人之见，不足以论诗也。”杜甫“诗史”之说，始于晚唐而盛于宋人。杨慎认为“诗”与“史”各自有体，不可兼之，又认为直陈时事违背了“诗以道性情”和“意在言外”之旨，因而反对“诗史”之说。杨氏把“道性情”与“纪时事”两种功能截然对立起来，视杜甫“三吏三别”之直陈时事之作为“下乘”，显然是片面的，故多受时人訾议。当然，杨氏对杜诗的批评，旨在纠明代“前七子”摹唐拟杜之习，以救明中叶日益“衰飒 ”的诗风而已，并非一概反对“诗史”。

《四库简目》评论其《诗话补遗》云：此书“作于谪戍永昌之时，边地少书，惟凭记忆，故不免小有舛讹。然慎学有根柢，兼富词章，其所论说，究在明人诗话之上。”此书又有明嘉靖二十年（1541）程启允刻四卷本，四册，台湾图书馆藏。又一部，十二卷，补遗二卷，有《函海》本、《丛书集成初编》本。

27.《诗话补遗》

杨慎撰，三卷，存，《四库全书》收入集部诗文评类。是书系作者谪戍云南所作，其门人曹命编次而成。于晚唐诗多有点评，认为晚唐诗并非一味卑下，有些可与盛唐诗峥嵘，他将晚唐诗分为两派：一是学张籍者，二是学贾岛者，指斥贾岛一派刻意为文。今有明嘉靖三十五年（1556）曹命合州刊本，中国国家图书馆、台湾图书馆、四川省图书馆、南京图书馆藏；又一部，明祁氏澹生堂抄本，中国国家图书馆藏。

28.《千里面谭》

杨慎撰，一卷，存。有明万历四年（1576）蔡氏琳琅馆刻本，又有《说郛续》卷三十四之本，今有台湾《古今诗话续编》影印明稽留山樵《古今诗话》卷八本，署名“成都杨慎”，先列梁简文帝、陈后主、温子升等七家之诗，后于诗加以简评，重声律格调。如论梁简文帝《春情》诗，谓“此七言律之始，犹未能也；而格调高古，当知其滥觞”，又称沈君攸《薄暮动弦歌》等“雄浑工致，固盛唐老杜之先鞭也”。今有周维德《全明诗话》校点本。

29.《谭苑醍醐》

杨慎撰，一卷，存。醍醐，本指酥酪上重凝之油，佛家用以比喻一乘教义，犹醍醐灌顶，给人以智慧。是编凡一百三十八条，多以《升庵诗话》

辑出，重诗论之语，如“唐诗主情”，“宋人论诗”“晚唐两诗派”“诗史”之说等，不乏独到之见，可谓为升庵论诗之精华，较之《升庵诗话》，此编尤佳。

是书有《说郛》宛委山堂本（卷八十），明周子文汇选于《艺薮谈宗》卷二，今有台湾广文书局《古今诗话续编》影印本；而稽留山樵《古今诗话》卷六所收录者，仅得十则诗话，署之为“阙名”撰，与《艺薮谈宗》本迥然不同。

30.《绝句衍义》

杨慎撰，四卷。有明朝嘉靖年间刻本，今有周维德《全明诗话》校点本。是书仿效宋人谢枋得注疏《唐诗百绝》之意，选录唐人绝句百首予以“笺而衍之”。此书是诗话最早专论唐人绝句者。

31.《艺苑玄机》

邵经邦撰，一卷，存。经邦（1491—1565）字仲德，仁和（今属浙江）人。正德十六年（1521）进士，官至刑部员外郎，《明史》有传。著有《弘艺录》三十二卷。其《艺苑玄机》一卷，《杭州府志》作《艺苑元机》。“元”与“玄”互通。

是书仅十三则，论及诗之教、诗之体、诗之才、诗之格、诗之病、诗之意、诗之情、诗之景、诗之识、诗之义、诗之词、诗之趣、诗之品，等等。论诗注重创新，反对模拟穿凿，认为“诗之意，贵于人所不经，尝能死中求生，无中生有，则过人远矣”，刻意求新如此，无怪乎名之“玄机”。玄机者，道家所谓奥妙之理也。是书于作诗之法，论述甚详，所论多有常见。

有清光绪二十年（1894）《武林往哲遗著》刊本，今有周维德《全明诗话》校点本。

【附录】

《律诗指南》四卷，邵经邦撰，《杭州府志·艺文志》著录。

《俪诗指迷》一卷，邵经邦撰，《杭州府志·艺文志》著录。

32.《四溟诗话》

谢榛撰，四卷，存。榛(1495—1575)，字茂秦，号四溟山人，临清(今属山东)人。眇一目，时称之“眇君子”，为明“后七子”之前期领袖。《明史·文苑传》有传。

是书论诗，力主格调说，提倡复古，强调气格，宗法盛唐，称颂李杜诗“格高似桃花，韵胜似海棠”；同时亦主张新变，提倡“意象”“兴会”和“妙悟”之说，上绍皎然、司空图、严羽之论，下启公安、竟陵及王夫之、王士祯之说，颇多理论建树，卓然立于明代诗坛。卷二以生动的比喻说明“情”与“景”的关系，认为“景乃诗之媒，情乃诗之胚，合而为诗”，这是对诗歌情景论的精辟概括。又说：“诗乃模写情景之具，情融乎内而深且长，景耀乎外而远且大，当知神龙变化之妙，小则入乎微罅，大则腾乎天宇。”(卷四)不仅如此，李梦阳也指出：“诗者，吟之章而情之自鸣者也。”(《鸣春集序》)认为诗歌是“情动则会，心会则契，神契则音”，“随遇而发”的结果。其《诗集自序》云：“夫诗者，天地自然之音也。今途咢而巷讴，劳呻而康吟，一唱而群和者，其真也，斯之谓风也。孔子曰：‘礼失而求之野。’今真诗乃在民间，而文人学子，顾往往为韵言，谓之诗。”又借王叔武之语曰：“真者，音之发而情之原也。”古往今来，人们注重民间歌谣者不乏其人，然而多囿于《国风》与乐府，颇有崇古陋今、取远遗近之感。而李梦阳此文以“真”为音之发与情之原，纵论民间文学的审美价值与流传不息，明确提出“真诗乃在民间”之说，足以使人耳目一新。中国诗学中的“情景论”，在明代七子笔下也得到了更为深刻的阐释，说明明人对诗歌的艺术本质和审美特征的认识又有了新的飞跃。

此书有《海山仙馆丛书》本、《历代诗话续编》本、《丛书集成初编》本；又有清乾隆十九年胡氏耘雅堂刻本，胡曾校订，湖北省图书馆、湖南师范大学图书馆藏；又一部，清姚鹏图批并跋，中央党校图书馆藏。今有人民文学出版社1961年与《姜斋诗话》之合刊校点本以及周维德《全明诗话》校点本。

33.《诗家直说》

谢榛撰，四卷，存。是书论诗，“以盛唐为法”，与《四溟诗话》论诗主旨及论诗内容大同小异。署名系谢氏自拟，明刊《四溟山人全集》本以至单行别出本，均题为《诗家直说》，其中卷四自云：“予著《诗说》，犹如孙武子作《兵法》，虽不自用神奇，以平列国，能使习之者戡乱策勋，不无补于世也。”此所谓《诗说》，即为《诗家直说》之简称。至于《四溟诗话》，乃始于清乾隆甲戌胡曾耘雅堂刻本，遂成至今流行名目。一般论者，多以为同书异名；窃以为《诗家直说》系《四溟诗话》之原稿本。故是书版本甚杂，有明万历三十九年(1611)蓬莱知县邢琦校勘本，中国国家图书馆、四川省图书馆藏；又一部，《谈艺珠丛》本；今有齐鲁书社 1987 年李庆立、孙慎之笺注本。

34.《四溟山人诗家直说》

谢榛撰，二卷，存，明万历四十年(1612)临清知州盛以进刊本，四册，台湾图书馆藏。

35.《梦蕉诗话》

游潜撰，二卷，存。潜，字用之，号梦蕉居士，丰城(今属江西)人。弘治十四年(1501)举人，知南宾州。著有《梦蕉存稿》《博物志补》。是书著录于《四库全书总目》集部诗文评类存目。

是书所论之诗，以明人居其大半，率无深解。大凡论诗力主严羽《沧浪诗话》“妙语”之说，主张“象外精神言外意”；论文推尊韩愈“明道”之论，宗唐音，重声韵，贵用事，不乏创见，反对“宋元无诗”之论，认为宋诗有理趣，元诗有情趣。他驳斥许顗《彦周诗话》论杜牧诗一条，颇有深解，非他家之所及。当然，游氏论诗，疏漏亦多。《四库提要》批评甚烈，称河源袭都实之说、嫦娥祖史绳、祖白斑之论，“剽剟陈言”；又谓论洪武正韵一条。谓沈约在宋、齐、梁、陈时，并居钧要，谱韵以词赋取士，积习久矣，及唐有天下，亦竟因之云云，“更为杜撰”，考沈约卒于梁代，并未入陈；

而以诗赋取士，更始于唐高宗调露二年(680)，梁代则无“以词赋取士”制度。故《四库》驳评，言之有据。

此书今有《梦蕉三种》本、《学海类编》本，又一部，明嘉靖二十七年(1548)丰城游氏家刊，万历及清康熙间递修补本，一册，中国国家图书馆藏。今有台湾广文书局《古今诗话丛编》影印本，蔡镇楚石竹山房藏。今收入蔡镇楚《中国诗话珍本丛书》北京图书馆出版社2004年影印本第十二册，还有周维德《全明诗话》校点本。

36.《诗法》

谢天瑞辑，十卷。是编辑录古今诗法，汇编而成。存，有明复古斋刻本，中国国家图书馆藏。又一部，明刻本，中央民族大学图书馆藏。孙殿起《贩书偶记续编》著录，名为《诗法大成》十卷，无刻书年月，约万历复古斋刻本。

37.《香宇诗谈》

田艺蘅撰，一卷，存。艺蘅(生卒年未详)，字子蘅，田汝成之子，钱塘(今属浙江)人。明嘉靖年间，以岁贡生官休宁县学训导。著有《田子艺集》《留青日札》《诗女史》等。《明史·文苑传》其父田汝成传后附本传。是书《杭州府志·艺文志》著录，系辑录其《留青日札·诗谈》之论诗之语而成，凡三十四则。

田氏论诗主唐音，重人品诗品，指出：“诗类其为人，且只如李、杜二大家。太白做人飘逸，所以诗飘逸；子美做人沉着，所以诗沉着。”作者认为：“文有似拙而实妙者，《史记》也；诗有似拙而实妙者，《乐府》也。拙忌其俚，妙忌其纤。”田氏于诗品、风格之论，颇为精当。此书原有《说郛》(卷三十四)本，今有周维德《全明诗话》校点本。

38.《阳关三叠图谱》

田艺蘅撰，一卷。《阳关三叠》，又名《阳关曲》。以王维《送元二使安西》为论题,衍为曲调,曲为三段,故名。田氏是编将此曲演成九种叠式:一曰“正体”,二曰“《阳关》连环三迭”,三曰“《阳关》四叠”,四曰“《阳关》依依三叠”,五曰“《阳关》三叠琴操”,六曰“《阳关》贯珠三叠”,七曰“一串珠三叠”,八曰“《阳关》飞花三迭”,九曰“飞花滚三叠”。(详见任二北《唐声诗》下篇《阳关曲》)原有《说郛》本、《广百川学海》本;今有周维德《全明诗话》校点本。

39.《颐山诗话》

安磐撰,二卷,存。安磐(生卒年未详),字公石,号颐山,嘉定(今属上海)人。弘治年间进士,官至兵科给事中。嘉靖初,因争大礼,廷杖除名。《明史》有传。其《颐山诗话》,《四库全书》著录于集部诗文评类。是书论诗宗严羽,内容多涉于历代诗歌之考证辨析,所见能破前人之论,自成一言。如陶诗,前人皆谓之“冲淡深粹,出于自然”,安磐则又知之“有志圣贤之学”一面,认为谢康乐之诗“贵情性”,其“池塘生春草”句尤“妙意在言外。神交物表,偶然得之,有天然之趣,所以可贵”。他说:诗之妙,在于“思之乎渺忽,神恍乎有无,情极乎真到,才尽乎形声,工夺乎造化”,所论颇为中理。《四库全书总目提要》称其“亦能诗”,故其“评论古人,多中窾会”。虽载及俳谐,涉于小说,内容略显芜杂,而论诗之宏旨则依然清晰可辨。此书有浙江范懋柱家天一阁藏本(四库底本),二卷。一卷本,有明抄本,中国国家图书馆藏;又一部,清顾氏艺海楼传抄《四库全书》本,一册,中国国家图书馆藏。

40.《钟伯敬先生朱评词府灵蛇》

钟惺撰,程云从订,四卷。存,有明天启间金陵唐建元刊朱墨套印巾箱本,今有台湾广文书局《古今诗话续编》影印本,蔡镇楚石竹山房藏。齐鲁书社刊周维德《全明诗话》校点本。

41.《南北朝诗话》

不著撰人，一卷，残本，《永乐大典》中秘本，今有台湾鼎文书局 1972 年《历代诗史长篇》影印本。

42.《诗法》

黄省曾撰，一卷，存。省曾(1490—1540)，字子肃，号勉之，吴县(今属江苏)人。著有《五岳山人集》三十八卷。

所撰《诗法》，又名《黄氏诗法》，论诗重“意”，主张“以妙悟为主”。云：“意在于假物取意，则谓之比；意在于托物兴词，则谓之兴；意在于铺张实事，则谓之赋。”认为“赋、比、兴”作为诗歌表现手法，皆以“意”为核心内容，“意”既立，必须得句，句有法，当“以妙悟为主”。何谓“妙悟”？黄氏解释之云：“妙悟”者，“意之所尚透彻玲珑，如空中之音，虽有所闻，不可仿佛；如象外之色，虽有所见，不可描摹；如水中之珠，虽有所知，不可求索”。于严羽“妙悟”说又多所发挥。何谓“妙句”？黄氏云：“奇绝者，如孤崖断峰；高古者，如黄钟大吕；飘逸者，如清风白云；森严者，如旌旗甲兵；雄壮者，如千军万马；华丽者，如奇花美女。是为妙句。”比喻生动形象，议论精微独到。名为“诗法”，却不囿于诗歌技巧之论，与“诗格”迥异，难能可贵。是书有《格致丛书》本、《诗学指南》本。今有周维德《全明诗话》校点本。

43.《名家诗法》

黄省曾撰，八卷，存。是书辑录唐宋以降各名家论作诗法之作，其中有白乐天《金针集》一卷、严沧浪《诗体》一卷、范德机《木天禁语》一卷、杨仲弘《诗法》一卷以及《诗家一指》一卷、《诗学禁脔》一卷、《沙中金集》二卷，凡七部八卷。

是书有明嘉靖二十四年(1545)结绿囊刻本，首都图书馆藏；又一部，明嘉靖三十四年詹氏白云馆刻本，安徽博物院藏；又一部，明赣郡萧氏古翰楼刻本，天一阁文物所藏。今有台湾广文书局《古今诗话续编》影印本明嘉靖二十四年结绿囊刊本，浙江叶杏园梓行，当为善本，蔡镇楚石竹山房藏。今收入蔡镇楚《中国诗话珍本丛书》北京图书馆出版社2004年影印本第十二册，还有周维德《全明诗话》校点本。

44.《吟窗小会》

沈周撰，一卷。沈周（1427—1509），字石田，长洲人。与文徵明、唐寅等游，布衣终生。著有《石田诗选》十卷、《石田文钞》、《石田杂记》一卷，《客座新闻》十一卷等。是编为论诗随笔，有清抄本，《明清江苏文人年表》等书著录，未见之。

45.《诗谈》

徐泰撰，一卷，存。徐泰（生卒年未详，《全明诗话》编者称其生卒年为1429—1479，误），字子元，海盐（今属浙江）人。弘治十七年（1504）中举人，知光泽县。著《诗谈》一卷，自谓仿钟嵘《诗品》而作，“辄于知者人笔一二语，非敢肆评品也，用写吾向慕耳”。是书著录于《四库全书》集部诗文评类存目，又《杭州府志》卷九十五亦著录之。

其论诗宗旨，大抵不出“前后七子”门庭。全书皆论明人之诗，凡175人，自刘基、高启而下，至黄省曾，各列品目，仿效钟嵘《诗品》和敖陶孙《诗评》之论诗体例，造语多用四言二句，独具一格，不乏精当之见。

是书有《百陵学山》本、《盐邑志林》本、《学海类编》本、《说郛续》（卷三十四）本。又一部，清咸丰元年刻《逊敏堂丛书》本，中国国家图书馆藏。今有台湾广文书局《古今诗话丛编》影印本，齐鲁书社刊周维德《全明诗话》校点本。

46.《诗筌》

王述古撰，六卷，存。有明刻本，河南省图书馆藏。

47.《存余堂诗话》

朱承爵撰，一卷，存。承爵（生卒年未详），字子儋，号舜城漫士，又号左庵，江阴（今属江苏）人。工画、好藏书，诗文古雅而有思致，与唐寅、祝允明交往甚深。著有《灼薪剧谈》二卷、《存余堂诗话》一卷。是书著录于《四库全书》诗文评类存目。全书凡二十九条，论诗主情味，重意境，以公安派“性灵”之说为圭臬，而于明代前后七子之“宗唐抑宋”，则不以为然，云：“作诗之妙，全在意境融彻，出声音之外，乃得真味。”所论涉于唐宋元明各家之诗，而重点在于宋、明两代之诗。是书有《历代诗话》本、《学海类编》本，明李如一编《藏说小萃十种》本、《丛书集成初编》本。今有周维德《全明诗话》校点本。

【附录】

《存余堂诗话》一卷首一卷。朱承爵撰，存，有《藏说小萃》本。

《存余堂诗话》一卷附录一卷。朱承爵撰，存，有《常州先哲遗书》（第一集·集类）本。

48.《逸老堂诗话》

俞弁撰，二卷，存。弁（1488—1547后），字子容（或作“客”，疑误），号守约居士，晚号戊申老人，长洲（今属江苏）人。好藏书，能诗，有《山樵暇语》。是书据自序，成于嘉靖二十六年（1547），书名取于其书斋“逸老堂”。

是书前有自序，后有求古居主人、卢文弨等人跋和丁福保题识，凡一百五十二则，分论明代及以前各代诗人诗作，间及词曲，而重在品评宋诗。上卷凡七十二则，重在品评历代诗歌；下卷凡八十则，注重于诗事考辨驳正。俞弁论诗，长于考证，主风雅“教化”之旨，宗儒家“诗教”，反对分唐界宋和剽取雷同之风，反对严羽“诗有别材，非关书也”之说，反对争险斗奇、句雕字缕，主张“有所感而赋”，提倡多读书，强调诗歌语言要通俗易懂，于前七子之论，颇多批评教正。

是书有清抄本，清卢文弨校并跋，中国国家图书馆藏。今有《历代诗话续编》本和周维德《全明诗话》校点本。

49.《夷白斋诗话》

顾元庆撰，一卷，存。元庆(1487—1565)，字大有，号大石山人，长洲(今属江苏)人。明嘉靖四十年(1561)，王穉登过访，年七十有五，尚酬对不倦。顾氏为都穆门人，藏书万卷，一生殆以图书自娱。所撰诗话，取名于顾氏之书斋名“夷白斋”。

是书又名《顾元庆诗话》，论诗以公安竟陵为尚，凡四十条，多述历代二三流作家及其诗事，注重诗画结合，论者旨趣与都玄敬近似，于尊唐抑宋之风极为不满，主张自“悟”自“养”，不假雕琢，以“启人之高志，发人之浩气”。

此书原有《顾氏明朝四十家小说》本、《历代诗话》本、《学海类编》本、《丛书集成初编》本，今有周维德《全明诗话》校点本。

50.《解颐诗话》

皇甫汸撰，八卷，存。汸(1498—1583)，字子循，号百泉山人，长洲(今属江苏)人。嘉靖八年(1529)进士，曾官云南按察司佥事。兄弟四人以诗齐名，时称“皇甫四杰”。是书著录于《四库全书》集部诗文评类存目，原称《解颐新语》，明周子文辑于《艺薮谈宗》卷三，今据《中国历代诗话选》本改。皇甫汸以匡衡、陆贾自况，作解人颐。《汉书·匡衡传》，“无说诗，匡鼎来；匡说《诗》，解人颐。”《齐东野语》云：“匡说《诗》，解人颐，盖言其善于讲诵，能使人喜而至于解颐也。”解颐，即开颜欢笑。皇甫汸作此诗话，意在为人解颐造语，述事考证，诠释评藻。

是书论诗，凡二百五十二条，按叙论、述事、诠藻、遗误、讥评分类，注重审美鉴赏，强调声韵和平。说：“诗贵和平，今人易晓。”认为“诗苟音律欠谐，终非妙境”，而“藻艳之中有抑扬顿挫，语虽合璧，意若贯珠，非书穷五车，笔含万花，未足云也”。全书所论，颇适解颐之趣，明清诗话多所称引。

今有台湾广文书局《古今诗话续编》影印本、周维德《全明诗话》校点本。

51.《元朗诗话》

何良俊撰，三卷，存。良俊（1506—1573），字元朗，号柘湖居士，华亭（今属上海）人。嘉靖中以岁贡入国学，荐授南京翰林院孔目。后弃官移居苏州，筑香严精舍以老，自谓与古人庄周、王维、白居易为友，书斋因名“四友斋”。著有《柘湖集》《何氏语林》《四友斋丛说》等。

其论诗之语，多见于《四友斋丛说》，后人从中辑出而成《元朗诗话》。何氏论诗，以性情为主，推崇白居易，称其“不事雕饰，直写性情”，而于诗之“六义”，却说：“六义者，既无意象可寻，复非言筌可得。索之于近，则寄在冥漠；求之于远，则不下带衽。”可见，何氏追求的，是一种朦胧剔透，不落言筌的意象之美。提倡“兴致高远”，强调“语入本色”，而又不废辞采音调，毛先舒谓“元朗少喜曲，中年病废，教童子习唱，遂通音调。是耽于曲学者，故不难于言情”（《诗辩坻》卷三），于前人诗之品评，亦较为允当。

是书有明万历刻本。其《四友斋丛说》收于周子文《艺薮谈宗》卷五，今有台湾广文书局《古今诗话续编》影印本、周维德《全明诗话》校点本。

52.《玉笥诗谈》

朱孟震撰，二卷，续一卷，存。孟震（生卒年未详），字秉器，新淦（今属江西）人。隆庆二年（1568）进士，曾官右副都御史，巡抚山西，后迁重庆府知府。与陈芹、魏学礼、张文柱、莫是龙等结青溪社。著有《秉器集》八卷。

其《玉笥诗谈》，凡三十三条，续四十六条，共计七十九条诗话，多述明人特别是青溪社之诗事，而涉于江西诗人诗作尤多，论诗大旨，以王世贞为宗，主张清新雅丽。

是书有《学海类编》本、《丛书集成初编》本；又一部，清抄本，南京图书馆藏。今有台湾广文书局《古今诗话丛编》影印本，周维德《全明诗话》校点本。

53.《名贤诗评》

俞允文编，二十卷，存。允文（1513—1579），字仲蔚，昆山（今属江苏）人。明诸生。与归有光定交，与王世贞友善，而不喜李攀龙诗。与卢柟、李先芳、吴维岳、欧大任齐名，王世贞称之为“广五子”。著有《俞仲蔚集》二十四卷。《明史·文苑传》附载于《王穉登传》中。

是编二十卷，由李仲芳删定，据宋人蔡正孙《诗林广记》扩充而成，前有自序，体例与蔡本相同，以人为纲，以诗为目，肇自汉高祖《大风歌》而迄于刘贡父《绝句》，集评古今八十余名诗人近六百首诗作，资料翔实，排比大致有序。

是书有明古吴俞氏原刊本及明万历间刊本，又有日本宽文刻本，仅五卷，即留存其自撰之前五卷，而自六卷起至二十卷有关《诗林广记》部分，则已全部删去；今有台湾广文书局《古今诗话续编》影印古吴俞氏原刊二十卷本，精装二册，蔡镇楚石竹山房珍藏。今收入蔡镇楚《中国诗话珍本丛书》北京图书馆出版社 2004 年影印本第十二册，还有周维德《全明诗话》校点本。

54.《冰川诗式》

梁桥撰，十卷，存。梁桥（生卒年未详），字公济，号冰川子，真定（今属河北）人。嘉靖年间，选贡生而授四川布政司经历。所撰《冰川诗式》十卷。

是书成书于嘉靖二十四年（1545）。首述诗原，次叙诗体，后言诗法，分“定体”“炼句”“贞韵”“审声”“研几”“综赜”六门，杂录旧说，参以臆见。论诗注重性情，以自然为主，反对雕琢，不乏新见。

此书有明隆庆四年（1570）朱睦㮮、梁梦龙刻本。中国国家图书馆、山东省图书馆藏；又一部，明万历寿槐堂刻本，清高凤翰批点，天津图书馆藏；又一部，明刻本，施梦龙校，浙江图书馆藏；又一部，日本万治三年刊本，台湾图书馆藏。今有台湾广文书局《古今诗话续编》影印本，精装一册。蔡镇楚石竹山房珍藏，今收入蔡镇楚《中国诗话珍本丛书》北京图书馆出版社2004 年影印本第十二册，还有周维德《全明诗话》校点本。

55.《欣赏诗法》

茅一相编，一卷，存。一相，字康伯，吴兴人。是书又名《诗法》。有明《欣赏续编》单行本，版心题“欣赏诗法”。此书注重于诗歌欣赏，言诗法亦从欣赏角度入手，首述诗学渊源，次述诗体、律法、诗派、诗评、诗诀等，旨在使人解颐也。

此书有明万历刻本，中国国家图书馆藏。今有周维德《全明诗话》校点本。

56.《艺苑卮言》

王世贞撰，八卷，存。世贞（1526—1590），字元美，号凤州，又号弇州山人。太仓（今属江苏）人。嘉靖进士，官山东副使、南京刑部尚书。主柄文坛二十年之久，门生盈庭，为明代“后七子”首领。著有《弇州山人四部稿》《弇山堂别集》等。诗话《艺苑卮言》八集，是明代七子诗话的代表作之一。论诗宗前七子，主格调，认为西汉以降，文格诗格代降，说：“西京之文实。东京之文弱，犹未离实也。六朝之文浮，离实矣；唐之文庸，犹未离浮也；宋之文陋，离浮矣，愈下矣；元无文。”（《艺苑卮言》卷三）

王世贞以复古自命，鼓吹“文必秦汉，诗必盛唐，大历以后书勿读”，并公开打出“是古非今”的旗帜，宣称“余作《艺苑卮言》时，年未四十，方与于鳞是古非今”（《归太仆赞》），声言自己是“是古非今”论者。然而，鉴于前七子之失，王世贞虽承前七子论诗衡文之旨，未脱拟古之迹。世贞晚年略有醒悟，较前七子之拟古，要显得开明得多。他力主格调说，却并不泥于格调，比较注重艺术特征之论，所以对前七子的拟古主义思潮又有某种程度上的突破：一是正确地论述了“格调”与才思的关系，卷一说:“才生思,思生调,调生格;思即才之用,调即思之境,格即调之界。”格调生于才思,是诗人才思境界的表现。这就纠正了前此一味从辞句上追摹古人格调而忽视个人才思境界的不良倾向。二是强调“诗乃心声之精”,要求诗歌创作必须“神与境会”。三是反对摹拟剽窃,认为“剽窃模拟,诗之大病”,只有学古而臻于“情景妙合,风格自上,不为古役,不坠蹊径”者,方为上乘之作。这些主张,比前七子确实要进步一些,表现出后七子成员在摹拟复古的反思之中的某种艺术觉醒。

是书有《谈艺珠丛》本、《历代诗话续编》本;又一部,明刻本,安徽博物院藏;又一部,十二卷,正文八卷,专论诗文,附录四卷,分论词、曲、书、画,有《四库全书·弇州山人四部稿》刻本。

57.《弇州山人艺苑卮言》

王世贞撰,十二卷,存,明万历间邹道元刻本,吉林大学图书馆、重庆图书馆藏。

58.《新刻增补艺苑卮言》

王世贞撰,十六卷,存,明万历十七年(1589)武林樵云书舍刻本,中国国家图书馆、上海图书馆、中山大学图书馆、中国人民大学图书馆、华东师范大学图书馆藏。

59.《全唐诗说》

王世贞撰,一卷,存。是书凡八十条,摘取《艺苑卮言》卷四之专论唐人诗歌之语而成。作者甚推盛唐诗人诗作,品评亦多创见,如谓李白之诗“以自然为宗”,可谓中的之论。王氏论诗,以盛唐为宗,对中唐之诗则多微词,如说白居易诗“极有冗易可厌者”,说韩退之“于诗本无所解”。于唐诗研究,有一定参考价值。是书有《学海类编》本、《丛书集成初编》本,今有台湾广文书局《古今诗话丛编》影印本。有周维德《全明诗话》校点本。

60.《国朝诗评》

王世贞撰，一卷，存。是书以博喻论及明人一百零五家诗之风格，系程兆胤摘录《艺苑卮言》卷五中专论明人诗歌之语而成，不仅全文引录了宋人敖陶孙《敖器之诗话》以意象论诗人的文字，认为其论述“语觉爽俊，而评似稳妥”，而且仿效这种论诗方法，广而生发，以评论明代诗坛一百多位诗人，云：

高季迪如射雕胡儿，伉健急利，往往命中；又如燕姬靓妆，巧笑便辟。刘伯温如刘宋好武诸王，事力既称，服艺华整，见王谢衣冠子弟，不免低眉。袁中潜如师手鸣琴，流利有情，高山尚远。刘子高如雨中素馨，虽复嫣然，不作寒梅老树风骨。杨孟载如西湖柳枝，绰约近人，情至之语，风雅扫地。汪朝宗如胡琴羌管，虽非太常乐，琅琅有致。徐幼文、张来仪如乡士女，有质有情，而乏体度。孙伯融如新就衔马，步骤未熟，时见轻快。孙仲衍如豪富儿入少年场，轻脱自好。浦长源、林子羽如小乘法中作论师，生天则可，成佛甚遥。解大绅如河朔大侠，须髯戟张，与之周旋，酒肉伧父。杨东里如流水平桥，粗成小致。曾子启如封节度募兵东征，解华杂沓，精骑殊少。汤公酿、刘原济如淮阴少年，斗健作啖人状。刘钦谟如村女簪花，浓艳羞涩，正得各半。夏正夫如卿啬夫衣绣见达官，虽复整饬，时露本态。李西涯如陂塘秋潦，汪洋淡沲，而易见底里。谢方石如乡里社塾师，日作小儿号嗄。吴匏庵如李究出身人，虽复闲雅，不脱酸习。沈启南如老农老圃，无非实际，但多俚辞。陈公甫如学禅家，偶得一自然语，谓为游戏三昧。庄孔阳佳处不必言，恶处如村巫降神，里老骂坐。陆鼎仪如吃人作雅语，多在咽喉间。张亨父如作劳人唱歌，滔滔中俗子耳。张静之如小棹急流，一瞬而过，无复雅观。杨文襄如老弋阳伎，发喉甚便而多鼻音，不复见调。桑民怿如洛阳博徒，家无担石，一掷百万千金。林待用如太湖中顽石，非不具微致，无乃痴童何？乔希大如汉官出临远郡，亦自粗具威仪。祝希哲如盲贾人张肆，颇有珍玩，位置总杂不堪。蔡九逵如灌莽中蔷薇，汀际小鸟，时复娟然，一览而已。王敬夫如汉武求仙，欲根正染，时复遇之，终非实境。石少保如披沙拣金，时时见宝。文征仲如仕女淡妆，维摩坐语；又如小阁疏窗，位置都雅，而眼境易穷。康德涵如靖中宰相，非不处贵，恇扰粗率，无大处分。蒋子云如白蜡糖，看似甘美，不堪咀嚼。王钦佩如小女儿带花，学作软丽。唐虞佐如苦行头佗，终少玄解。王子衡如外国人投唐，武将坐禅，威仪解悟中，不免露抗浪本色。熊士选如寒蝉乍鸣，疏林早秋，非不清楚，恨乏他致。张琦如夜蛙鸣露，自极声致，然不脱淤泥中。唐伯虎如乞儿唱《莲花乐》，其少时亦复玉楼金埒。边庭实如洛阳名园，处处绮草，不必尽称姚魏；又如五陵裘马，千金少年。顾玉华如春原尽花，芭蘼不少。刘元瑞如闽人强作齐语，多不辨。朱升之如桓武似刘司空，无所不恨。殷近夫如越兵纵横江淮间，终不成霸。王新建如长爪梵志，彼法中铮铮动人。陆子玄如入赀官作文语雅步，虽自有余，未脱本来面目。郑继之如冰凌石骨，质劲不华；又如天宝父老谈乱，事皆实际，时时感慨。孟望之如贫措大置酒，寒酸淡泊，然不至腥。黄勉之如假山池，虽尔华整，大费人力。高子业如高山鼓琴，沉思忽往，木叶尽脱，石气自青；又如卫洗马言愁，憔悴婉笃，令人心折。薛君采如宋人叶玉，几夺天巧；又如倩女临池，疏花独笑。胡孝思如骄儿郎爱吴音，兴到即讴，不必合板。马仲房如程卫尉屯西宫，斥堠精严，甲仗雄整，而士乏乐用之气。丰道生如沙苑马，驽骏相半，恣情驰骋，中多败蹶。王舜夫如败铁网取珊瑚，用力坚深，得宝自少。孙太初如雪夜偏师，间道入蔡；又如鸣蜩伏蚓，声振月露，体滞泥壤。施子羽如寒鸦数点，流水孤村，惜其景物萧条，迫晚意尽。王履吉如乡少年久游都会，风流详雅，而不尽脱本来面目；又如扬州大宴，虽鲑珍水陆，而时有宿味。常明卿如沙苑儿驹，骄嘶自赏，未谐步骤。张文隐如药铸鼎，灿烂惊人，终乏古雅。王稚钦如良马走坂，美女舞竿，五言尤自长城。陈约之如青楼小女，月下箜篌，初取闲适，终成凄楚；又如过雨残荷，虽尔衰落，嫣然有态。杨用修如暴富儿郎，铜山金埒，不晓吃饭着衣。李子中如刁家奴，辉赫车马，施散金帛，原非己物。廖鸣吾如新决渠，浮楚浊泥，一瞬皆下。皇甫子安如玉盘露屑，清雅绝人，惜轻缣短幅，不堪裁剪。袁永之如王、谢门中贵子弟，动止可观。黄才伯如紫瑛石，大似鞣鞨，晚年不无可恨。周以言如中智苾刍，虽乏根具，不至出小乘语。施平叔如小邑民筑室，器物俱完。张以言如甘州石斗，色泽似玉，肤理粗漫。胡承之如病措大习白猿公术，操舞如度，击刺未堪。华子潜如盘石疏林，清溪短棹，虽在秋冬之际，不废枫橘。张孟独如骂阵兵，嗔目喧袖，果势壮往。张愈光如拙匠琢山骨，斧凿宛然；又如束铜锢腹，满中外道。汤子重如乡三老入城，威仪举举，终少华冶态。傅汝舟如言《法华》作风话，凡多圣少。乔景叔如清泉放溜，新月挂树，然此景殊少，不耐纵观。蔡子木如骄女织流黄，不知丝理，强自斐然。王道思如惊弋宿鸟，扑刺遒迅，殊愧幽闲之状。许伯诚如贾胡子作狎游，随事挥散，无论中节。陈羽伯如东市倡，慕青楼价，微傅粉泽，强工颦笑。王允宁如马服子陈师，自作奇正，不得兵法；又如项王呕呕未了，忽发暗呜。徐昌谷如白云自流，山泉冷然，残雪在地，掩映新月；又如飞天仙人，偶游下界，不梁尘俗。何仲默如朝霞点水，芙蕖试风；又如西施、毛嫱，无论才艺，却扇一顾，粉黛无色；李献吉如金鸡擘天，神龙戏海，又如韩信用兵，众寡如意，排荡莫测。李于鳞如峨眉积雪，阆风蒸霞，高华气色，罕见其比；又如大商舶，明珠异宝，贵堪敌国，下者亦是木难、火齐。宗子相如渥洼神驹，日可千里，未免啮决之累；又如华山道士，语语烟霞，非人间事。梁公实如绿野山池，繁雅匀适；又如汉司隶衣冠，令人惊羡，但非全盛仪物。吴峻伯如子阳在蜀，亦具威仪；又如初地人见声闻则入，大乘则远。冯汝行如幽州马行客，虽见伉佷，殊乏都雅。冯汝言如晋人评会稽王，有远体而无远神。张茂参如荒伧度江，揖让简略，故是中原门第。卢少楩如翩翩浊世佳公子，轻俊自肆。朱子价如高坐道人，衩衣蹑屐，忽发胡语。陈鸣野如子玉兵，过三百乘则败。彭孔嘉如光禄宴使臣，饾饤详整，而中多宿物。徐汝思如初调鹰见击鹜，故难获鲜。黄淳父如北里名姬作酒纠，才色既自可观，时出俊语，为客所赏。谢茂秦如太官旧庖，为小邑设宴，虽事馔非奇，而饾饤不苟。魏顺甫如黄梅坐人谈上乘，纵未透汗，不失门宗。

如此博大精深、美妙绝伦的意象之喻，集古今人事故实之大成，酣畅淋漓，曲尽其妙，是中国诗话史上以意象论诗之最。中国诗话作者如此惊人的智慧与博学的知识水平，中国诗话如此丰富的语言表现力，确实令人瞠目结舌，惊叹不已！是掉书袋吗？非也；是卖弄知识吗？非也。这是诗，是创作，是审美，是妙笔生花，是意象的渊薮，是审美语言学的精华，是知识、语言与智慧的艺术结晶。

此书有《学海类编》天都阁藏书本、《丛书集成初编》本，《学海》作《诗评》，天都作《国朝诗评》。今有台湾广文书局《古今诗话丛编》本，题为《诗评》。今有周维德《全明诗话》校点本。

61.《明诗评》

王世贞撰，四卷，存。有《纪录汇编》卷一百二十本，今有中华书局1985年影印《丛书集成初编》本。前有王世贞《明诗评叙》，后又有其《后叙》，论诗极推明代七子领袖人物，以李攀龙为最。是书以人物为目，先述人物生平著述行事，后评论其诗，如谓李梦阳"诗如孙吴用兵，奇正阖辟，变化不穷；又如苍鹘击空，云龙戏海，健急怪伟，种种入神"；而何景明"诗如太华芙蓉，秀出云表，朝霞贴水，灿烂万状；又如西施毛嫱，工艺绝世，婉娈有情，气力少让李梦阳，烨烨动人，颇自不减"。对明代一百一十八位诗人之诗极尽形容比况之能，为中国历代诗话以喻论诗之冠者。今有周维德《全明诗话》校点本。

62.《国雅品》

顾起纶撰，一卷，存。起纶（1527—1597），字玄言，号更生，无锡（今属江苏）人。以国子生累官郁林州州判。著有《国雅》二十卷，续四十卷，选纂明代诸家诗歌。诗话之作《国雅品》列于《国雅》之卷首，仿钟嵘《诗品》体例，分“士品”“闺品”“仙品”“释品”“杂品”五类，其中“士品”专论明初至嘉靖、隆庆间之诗人诗歌，入品者凡一百三十二人，存目六十八人；“闺品”专论闺阁女子之诗，自洪武至嘉靖凡十九人入品，存目三人；“仙品”与“诗品”，则专论方士释子之诗，入品者凡二十人，存目二人；入“杂品”者，仅二人，存目一人。是书论诗，以王世贞《艺苑卮言》为圭臬，品评各家之诗，多称引《艺苑卮言》之见，于明代“前后七子”，极尽褒扬奖掖之词。是书有明万历二年（1574）《国雅》自刻本，今有《历代诗话续编》中华书局校点本。今有周维德《全明诗话》校点本。

63.《骚坛千金诀》

李贽撰，一卷，存。贽（1527—1602），字宏甫，号卓吾，别号温陵居士，泉州晋江（今属福建）人，曾官国子监博士、南京刑部员外郎、云南姚安知府。后以“异端”入狱，自刎而死。著有《焚书》《藏书》及其续编等。

其论诗之作仅《骚坛千金诀》一卷，是书以诗格体式，述作诗之法，而其诗学观点“童心说”，则散见于《焚书》等著述之中。论诗力主“童心”，认为诗人应有“赤子之心”，反对儒家道统，斥之为“假人之渊薮”。批判明代七子拟古复古之风，于公安派和清代“性灵说”之崛起影响极大。是书有《大雅堂订正枕中书》本、《李卓吾先生秘书八种》本。今有周维德《全明诗话》校点本。

64.《艺圃撷余》

王世懋撰，一卷，存。世懋（1536—1588），字敬美，号麟州，太仓（今属江苏）人。王世贞之弟，李攀龙辈称之为“少美”。嘉靖进士，累官太常少卿。诗话《艺圃撷余》一卷，《四库全书总目》著录于集部诗文评类。

论诗从其兄长王世贞之见，主格调，但不恪守七子之旨，主张“辨体”，注重“当行本色”，使格调通于神韵；又公开声称“今之作者只须真才实学，本性求情，且莫理论格调”，使格调通于性灵。因而较之只重字摹句拟的七子格调说要略高一筹，反映出七子诗学的转变。这种转变突出表现在，对于七子之论，既有继承，又有批判；既赞扬李梦阳、李攀龙精心学古，又不满于当时的拟古剽窃之风。《艺圃撷余》极推汉魏古诗和盛唐律诗之能“宣其性情”，“意兴不局”，“贵有风人之致”，又认为如此“以一家言，未尽古今之变也”，而古诗之变有三：曹子建“始为宏肆，多生情态”，是其一变；谢灵运以“《易》辞《庄》语，无所不为用”，是其二变；“杜子美出而百家稗官，都作雅音，马浡牛溲，咸成郁致，于是诗之变极矣”，是其三变。然而子美之后，则不能“欲令人毁靓妆，张空拳，以当市肆万人之观”，遂又落入“格以代降”之七子窠臼矣！但主张论诗“先须辨体”，强调“当行本色”，“本性求情”，声言“今之作者只须真才实学，本性求情，且莫理论格调”，认为作诗应当重视才学性情，不必过多去理会“格调”，比其兄之格调说则已略高一筹。

是书有《广百川学海》壬集本、《王奉常杂著》本、《宝颜堂秘笈》本、《四库全书》本、《历代诗话》本、《诗触》本、《学海类编》本、《谈艺珠丛》本、《丛书集成初编》本，今有周维德《全明诗话》校点本。

65.《名贤诗法》

史潜编次校勘，三卷。前有凡例，称此书“博采唐元名人诗法、诗评，旧未分类，今厘为上中下三卷，庶便观览。故总名目为《名贤诗法》”。此书原系抄本，佚名，无刻书年月，故孙殿起《贩书偶纪续编》谓“约明初金坛史潜校勘，黑口本，是书所采皆唐、元名人诗法、诗评”者。

又一部，名《新刊名贤诗法》三卷，明史潜校刻本，一册，中国国家图书馆藏。《西谛书目》著录作《新编名贤诗法》三卷。

66.《过庭诗话》

刘世伟撰，二卷，存。世伟（生卒年未详），字宗周，阳信（今属山东）人。嘉靖间曾官宁州州同。所撰《过庭诗话》著录于《四库全书》集部诗文评类存目。是书论诗，以严羽为宗，又多拾七子绪余，所论之诗多取苏黄诗之劣品，以证宋诗远不如唐皆在于苏黄诗风所坏。持论失当者，比比皆是。如论绝句则分所谓"绝前四句""后四句""中四句"诸体，于绝句之源流，殆无所知；论古乐府诗，则称"山上复有山"为字谜之祖，牵强附会，令人长嗟！是书有明嘉靖刻本，中国国家图书馆藏。今有周维德《全明诗话》丛书本。

67.《读诗拙言》

陈第撰，一卷，存。陈第（1541—1617），字季立，号一斋，福建连江人。万历秀才，学官弟子，历游击将军。著名音韵学家，以研究古音为己任，著有《毛诗古音考》《读诗拙言》《屈宋古音义》等。

其《读诗拙言》一卷，论诗以《三百篇》为本，申说"六义"，倡言"感物吟志"之说，强调音律之和谐。是书系"诗经学"之重要专著，也是音韵学的重要著作。认为"《三百篇》，诗之祖，亦韵之祖也"。

是书原有《一斋集》本、《学津讨原》本、《音韵学丛书》本、《凌氏传经堂丛书》本、《海山仙馆丛书》本，今有周维德《全明诗话》校点本。

68.《名家诗法汇编》

朱绂、谈禄编，宛嘉祥校正，十卷，存。前有明万历丁丑（1577）二月潜川朱绂题辞，谓"丙子岁夏日，予友宛白湖、谈小山、徐西石，偕予林皋闲憩，因相与拟议诸家著（述），遂为诠次校仇而会粹之，凡十卷"。

是书卷一为范椁《木天禁语》，卷二为《诗家一指》，皆朱绂编次；卷三为严羽《诗体》，卷四为杨仲弘《诗法》，卷五为白乐天《金针集》，卷六为范椁《诗学禁脔》、卷七为《沙中全集》，卷八为傅与砺《诗法正论》《诗文正法》，黄子肃《诗法》，揭傒斯《诗法正宗》《正法眼藏》，卷九为《诗准》，卷十为《诗翼》，皆潜川谈禄编次，可谓集古今诗法之大成者。

是书明万历五年潜川朱氏刊本，四册，台湾图书馆藏；今有台湾广文书局《古今诗话续编》影印本，一册。蔡镇楚石竹山房珍藏。

69.《骚坛秘语》

周履靖编次，刘凤校正，三卷，存。履靖（1543—？），字逸之，自号梅颠道人，浙江秀水人。旧从长洲皇甫汸学，曾辑《夷门广牍》一百五十八卷，有《梅颠稿选》二十卷。是书题下署名“嘉禾周履靖编次”“吴门刘凤校正”。嘉禾者，浙江嘉兴府之别称也。宋时以“嘉禾”为秀州（嘉兴府前身）之郡额，故名。

是书名为“骚坛秘语”，实则摘录《诗式》《沧浪诗话》《诗法家数》《木天禁语》《诗谱》《诗家一指》等前人诗格、诗式、诗话、诗法之语编次成册，卷上述“本、式、制、情、景、事、意、音、律、病、变、范”十二字之旨；卷中分“要、格、体、情、性、韵、调、会”八字之格；卷下即讲诗法，论家数，辨体格。

是书原有《夷门广牍》本，《丛书集成初编》本；今有中华书局 1985 年新版影印本，一册。今有周维德《全明诗话》校点本。

70.《诗源撮要》

张懋贤编次，周履靖校正，不分卷，存。题下署名为“四明后学张懋贤编次，槜李后学周履靖校正”，知撰者张懋贤为四明（今属浙江）人。是编摘录杜子美《收东京三首》《秋兴八首》等诗，逐一命其诗格，而后逐句解说，如谓其《秋兴》之一为“接项格”，之二为“交股格”，之三为“纤腰格”，之四为“双蹄格”，之五为“续腰格”，之六为“首尾互换格”，之七为“首尾相同格”，之八为“单蹄格”等等；后附有元杨仲弘至治壬戌四月《诗法源流旧序》。

是书原有周履靖《夷门广牍》第七卷本，明万历二十五年金陵荆山书林刻本；今有中华书局据《夷门广牍》影印之《丛书集成初编》1985 年新一版本。今有周维德《全明诗话》校点本。

71.《艺薮谈宗》

周子文编，六卷，存。子文（生卒年未详），字岐阳，无锡（今属江苏）人。明万历十一年（1583）在北京应试进士，余事不详。所编《艺丛谈宗》，凡六卷。

是书专取明代“名公之谭而不录汉、唐、宋诸家者”，其中卷一录宋濂、高棅、何景明、李东阳、徐祯卿、王廷相论诗之语，卷二录杨慎、都穆之语，卷三录皇甫汸《解颐新语》，卷四、卷五收王世贞《艺苑卮言》、何良俊《四友斋丛书》、谢榛《诗说》，卷六录王世懋、胡应麟、王稺登、屠隆、焦竑、李维桢、朱长春之语，凡十九家，论诗盖以王世贞《艺苑卮言》为圭臬。

是书有明万历二十五年（1597）梁溪周氏自刻本，八册，前有自序与编辑凡例。北京师范大学、台湾图书馆等珍藏。今有台湾广文书局《古今诗话续编》1972 年影印明刊本，精装二册，蔡镇楚石竹山房珍藏。前有 1972 年懒散道人校印之序，称其为“有明一代大家诗说之总汇，世所罕见之秘笈”。观其书，无愧此评也。今收入蔡镇楚《中国诗话珍本丛书》北京图书馆出版社 2004 年影印本第十二册，还有周维德《全明诗话》校点本。

72.《长卿诗话》

屠隆撰，一卷，存。屠隆（1542—1605），字长卿，一字纬真，号赤水、鸿苞居士，鄞县（今属浙江）人。万历进士，官至礼部郎中。有《鸿苞集》。《长卿诗话》系人辑其论诗之语而成，非屠氏自撰。今有周维德辑《全明诗话》校点本。

是书论诗承前后七子论诗之旨，以盛唐为宗，然已超越七子之藩篱。屠隆论诗衡文，概而言之，其要有三：

其一，以其文学史观而论，屠隆力主诗“随世递迁”之说。《鸿苞集》卷十七《论诗文》云：

诗之变随世递迁，天地有劫，沧桑有改，而况诗乎？善论诗者，政不必区区以古绳今，各求其至可也。论汉魏者，当就汉魏求其至处，不必责其不如《三百篇》；论六朝者，当就六朝求其至处，不必责其不如汉魏；论唐人者，当就唐人求其至处，不必责其不如六朝。汉魏凄惋如苏、李，沉至如《十九首》，高华如曹氏父子，何必《三百篇》？六朝冲玄如嗣宗，清奥如景纯，深秀如康乐，平淡如光禄，婉壮如明远，何必汉魏？唐人清绮如沈、宋，雄大如子美，超逸如太白，闲适如右丞，幽雅如襄阳，简质如韦、储，俊丽如龙标，劲响如高、岑，何必鲍、谢？宋诗河汉不入品裁，非谓其不如唐，谓其不至也。如必相袭而后为佳，诗止《三百篇》，删后果无诗矣！

这段议论很精彩，可视为对明代七子复古理论的一种拨正。

其二，以其审美情趣而言，屠隆以"适"论诗衡文，提倡以适者为美。其《旧集自叙》云："余恶知诗，又乌知美，其适者美邪！夫物有万品，要之乎适矣；诗有万品，要之乎适矣。……余读古人之诗则洒然以适，而读今人之诗则不适。斯其故何也？其美恶之辨与？余恶知诗，又恶知美。"所谓"适"者，当也，事之常然也。屠隆以物之万品喻诗之万品，认为自然风貌有"天青日出，山川晶晶"与"雷电交至，崩云走雨"之别，服饰有"翟冠翠翘"与"繑衣綦巾"之异，各有其所适，亦各有其所美，诗亦然以适为美。他以自然为适，批评韩愈和宋人违反自然之理而刻意追求之；他以悦耳快心为适，重兴趣而不重格调，认为"唐人长于兴趣，兴趣所到，固非拘挛一途"（《与友人论诗文》）。因此，"唐音去《三百篇》最远，然山林宴游之篇，则寄兴清远；宫闱应制之什，则体存富丽；述边塞征戍之情，则凄惋悲壮；畅离别羁旅之怀，则沉痛感慨：即非古诗之流，其于诗人之兴趣则未失也"（《文论》）。认为凡"悦耳快心"之作，即便是"郑、卫之声，拟之《咸池》《六英》"者，亦为"天下之繁音也"（同上）。

其三，以其创作主体而论，屠隆重性灵，抒性情，而不重格调。何谓"诗"？屠隆《与友人论诗文》云："诗者非他，人声韵而成诗，以吟咏写性情者也。固非?隐博古,标异出奇,旁通俚俗,以炫耀恢诡者也。”他认为诗道之大,“鸿巨者,纤细者,雄伟者,尖新者,雅者,俗者,虚者,实者,轻而清者,重而浊者,华而缛者,朴而野者,流利而俊响者,艰深而诘屈者,景之所触,质直可;情之所向,俚下亦可;才之所极,博综猥琐亦可。如是乃称无所不有”(同上)。他批评宋人“以文字为诗,以才学为诗,以议论为诗”,说“宋人多好以诗议论,夫以诗议论,即奚不为文而为诗哉”?“宋人又好用故实,组织成诗,夫《三百篇》亦何故实之有?用故实组织成诗,即奚不为文而为诗哉”?(《文论》)何谓“文”?屠隆指出:“夫文者华也,有根焉,则性灵是也。”(《鸿苞·文章》)他以“性灵”为文之“根”,认为诗文之技,均在于“主吟咏,抒性情”(《文论》),“舒畅性灵,描写万物,感通神人”(《高以达少参选唐诗序》)。

屠隆之重“性灵”,与公安三袁性灵派颇为接近,反映明代七子之后文坛审美趋向已逐渐由格调转向性灵。即使是七子营垒者亦在不断分化。这种分化,正是明代文坛诗苑对七子复古拟古主义思潮的反拨与超越。比较而言,屠隆较之王世懋、胡元瑞等其他七子末流走得更远,超越得更多,因而其文学理论批评价值更高。比如其《文论》之评论历代之文,立论高远,见解精当,议论公允,文辞华美,不失为明人论文之佼佼者。如论“贾、马之文,疏朗豪宕,雄健隽古。其苍雅也,如公孤大臣,庞眉华美,峨冠大带,鹄立殿庭之上,而非若山夫野老之修然清枯也;其葩艳也,如王公后妃,珠冠绣服,华轩翠羽,光彩射人,而非若妖姬艳倡之翩翩轻妙也”(《文论》)。此等评论,妙语如珠,高视千古,非批评大家之如椽巨笔所不能至也。

73.《雪涛诗评》

江盈科撰,一卷,存。盈科(1556—1605),字进之,号绿萝山人,湖广桃源(今属湖南)人。明万历壬辰(1592)进士,曾与袁宏道同官苏州,后迁四川提学副使。著有《雪涛阁集》十四卷、《雪涛诗评》一卷、《闺秀诗评》一卷。是书《湖南全省掌故备考续编》卷八著录,又见于《桃源县志》。

江氏与公安三袁友善,袁宏道有《与江进之书》。其诗学观点大率与“三袁”同旨,力主性灵之说,反对前后七子复古拟古思潮。是书专论明人之诗,而以公安三袁为宗,基本诗学主张如下。

一是主性灵,首倡“性灵说”。江盈科为袁宏道《敝箧集》作叙时称引其语云:“诗何必唐,又何必初与盛?要以出自性灵者为真诗尔。夫性灵,窍于心,寓于境。境所偶触,心能摄之;心所欲吐,腕能运之。……以心摄境,以腕运心,则性灵无不毕达,是之谓真诗。而何必唐,又何必初与盛之为沾沾?”袁宏道“以出自性灵者为真诗”中何谓“真诗”?他认为:“以心摄境,以腕运心,则性灵无不毕达,是之谓真诗。”

二是强调“诗本性情”,指出:“诗本性情。若系真诗,则一读其诗,而其人性情,入眼便见。大都其诗潇洒者,其人必鬯快;其诗庄重者,其人必敦厚;其诗飘逸者,其人必风流;其诗流丽者,其人必疏爽;其诗枯瘠者,其人必寒涩;其诗丰腴者,其人必华赡;其诗凄怨者,其人必拂郁;其诗悲壮者,其人必磊落;其诗不羁者,其人必豪宕;其诗峻洁者,其人必清修;其诗森整者,其人必谨严。譬如桃、梅、李、杏,望其华,便知其树,惟剿袭掇拾者麋蒙虎皮,莫可方物。假如未老言老,不贫言贫,无病言病,此是杜子美家窃盗也;不饮一盏而言一日三百杯,不舍一文而言一挥数万钱,此是李太白家掏摸也。举其一二,余可类推。如是曰诗本性情,何啻千里。”江氏此论,注重人品诗品,议论精当,颇有见地,于公安派诗论中,具有一定代表性。

三是江盈科论诗最注重一个“真”字,强调诗必“求真”“贵真”。《雪涛诗评》“求真”一则云:

> 善论诗者,问其诗真不真,不问其诗唐不唐、盛不盛。盖能为真诗,则不求唐、不求盛,而盛唐自不能外。苟非真诗,纵摘取盛唐字句,嵌砌点缀,亦只是诗人中一个窃盗掏摸汉子。

在“贵真”一则诗话中又说:“夫为诗者,若系真诗,虽不尽佳,亦必有趣;若出于假,非必不佳,即佳亦自无趣。”以“真”为标准,江进之认为杜甫“能象境传神,使人读之,山川历落,居然在眼。所谓春蚕结茧,随物肖形,乃谓真诗人、真手笔也”。

四是以“境界”论诗,说:“盖凡为诗者,或因事,或缘情,或咏物写景,自有一段当描当画。见前境界,最要阐发玲珑,令人读之,耳目俱新。”(《求真》)“香山自有香山之工,前不照古人样,后不照来者议,意到笔随,景到意随,世间一切都著并包囊括入我诗内。诗之境界,到白公不知开扩多少! ”(《评唐》)又称苏轼论诗“乃知唐人境界”(同上)。

五是以意象论诗。其中“评唐”一则,用意象批评方法来评论唐代著名诗人,云:

> 李太白诗,清虚缥缈,如飞天真仙,了无形迹,下八洞仙人,欲逐其后尘,已无可得,况凡人乎?若七言律诗,彼自逃束缚,不肯从事,非才不杜也。杜子美诗,古骨古色,如万金彝鼎,偶遇买手,逢识者自然善价而沽;若百室之邑,千人之聚,不必开口问价,谁能偿得此老,至其七言律,固云宏肆,然细读细思,何一句一字,不是真景,在盛唐中,真号独步。孟浩然遣思命语,都在目前,然有影无色,有色无像,如海中蜃市楼台人物,是真非真,是幻非幻;若要作诗,且须放下此老,勿与争衡。王摩诘诗,和平澹泊,发于自然,全是未雕未琢意思,譬如春园花鸟,羽毛声韵,色泽香味,都属天机,纵有边鸾好手描写出来,便隔一层,不相仿佛。李长吉,赋才奇绝,构思刻苦,观其用字用句,真是呕出心肝。卢玉川任才任性,任笔任意,兼太白之逸,并长吉之怪,为一人者也;诗家如李长吉,不可有二,如卢玉川不能有二。若王昌龄、刘随州、柳柳州、元刘、钱郎诸君子,都作得稳当,各自成家,所以不朽。至于李义山之刻画,杜樊川之匠心,贾浪仙之幽思,均罄殚精神,穷极精巧,方之诸人,更为刮目。白香山诗,不求工,只是好做,……较诸秦皇汉武,开边启境,异事同功,名曰广大教化主所自来矣。

江盈科评述唐诗，较之于其他以意象为喻而从事诗学批评者，有所不同。别人仅以意象为喻，不做解说，显得异常朦胧隐晦，而江盈科既用比喻，又予以解说，评述比较到位，语言平易通俗好懂。这是他以意象为喻论诗的特色，也是他的长处。

公安派论诗由"情"而"景"而"境"而"境界"，虽尚未成为一个体系，但对王国维"境界说"的发展成熟起了推波助澜的作用。

此书今有《续说郛》(卷三十四)本，又台湾广文书局《古今诗话丛编》之《雪涛小书》本，前有今人章衣萍 1935 年二序，蔡镇楚石竹山房藏。今收入蔡镇楚《中国诗话珍本丛书》北京图书馆出版社2004 年影印本第十二册，还有周维德《全明诗话》校点本。

74.《闺秀诗评》

江盈科撰，一卷，存。《中国丛书综录》与《湖南全省掌故备考续编》卷八著录，有《绿窗女史·闺阁郎才品》本、《续说郛》(卷三十四)本，实旨摘录《雪涛小书》(天都外史冰华生辑)中《闺秀诗评》而出。此乃中国闺秀诗话之滥觞者，采用先录闺秀之诗，诗后作评之体例，历评崔卢象妻、陈玉兰、鱼玄机等二十六家女诗人之作。前有江氏自序，云:"余生平喜读闺秀诗，然苦易忘。近摘取佳者数首，各为品题，以见女子自抒胸怀，尚能为不朽之论，况丈夫乎！"可见，江氏述闺秀之诗，旨在标举其论诗主性灵而已矣。

今有台湾广文书局《古今诗话丛编》之《雪涛小书》本，蔡镇楚石竹山房藏。今有蔡镇楚《中国诗话珍本丛书》影印本，周维德《全明诗话》校点本。

75.《冷邸小言》

邓云霄撰，一卷，存。云霄(生卒年未详)，字元度，东莞(今属广东)人。明万历二十六年(1598)进士，官至广西布政使参政。著有《百花州集》《冷邸小言》。

是书卷首有自序，称其“论诗什九，品古什一”。邓氏论诗极推严羽，以“妙悟”为宗，以“自然”为用，尊陶谢而祧苏李，左王孟而右杜韩。谓“诗之最上者，须在禅味中悟入”，以为司空图所谓“不著一字，尽得风流”者，“亦诗家之一派，不可废也；然以为极则，则狭矣”。全书议论精微，有一定见地。

是书有明抄本。《四库全书总目提要》收入集部诗文评类存目。又《广州府志》卷九十六著录。今有周维德《全明诗话》校点本。

76.《藕居士诗话》

陈懋仁撰，二卷，存。陈氏（生卒年未详），字无功，嘉兴（今属浙江）人。曾官泉州府经历，尝与公安派袁宏道、竟陵派钟惺、谭元春交游甚笃。著有《南泉杂志》《藕居士诗话》等。

是书著录于《四库全书总目》集部诗文评类存目。据自序称考证多而评骘少，寓理义的阐述于诗事之中；而评藻古人诗作，又多征引他人之说，间述己意。论诗大旨，则以公安、竟陵之论诗主张为宗，盛赞公安“三袁”和钟、谭诗文之作，于王世贞等前后七子拟古复古之说，则颇多贬词。

此书有清初抄本，清宋筠校并跋；又一部，清抄本。二书均藏于中国国家图书馆。

77.《诗薮》

胡应麟撰，二十卷，存。应麟（1551—1602），字元瑞，又字明瑞，号石羊生，又号少室山人，兰溪（今属浙江）人。万历中举，后久不第，隐居山中，聚书数万卷，以书为友，以著述为乐。与王世贞交往，被列入“末五子”之中。著有《少室山房类稿》和《少室山房笔丛》等。其诗话之作《诗薮》，分四编，其中内编六卷，以体为序，分论自周至元之诗；杂编六卷，分遗逸和闰余各三卷，系上二编补遗；续编二卷，论当代诗人诗作。是书论诗，大凡以王世贞兄弟为尚，承《艺苑卮言》与《艺圃撷余》论诗之旨，提倡“体格声调”和“兴象风神”。全书结构完整，征引广博，评论亦多精当之论，系明人诗话之上乘之作。

胡氏大凡秉承王世贞《艺苑卮言》与王世懋《艺圃撷余》的论诗之旨，提倡体格声调与兴象风神。其基本诗学倾向有二：

一是尚格而又主变。《诗薮·内编》开宗明义地指出：“四言变而《离骚》，《离骚》变而五言，五言变而七言，七言变而律诗，律诗变而绝句，诗之体以代变也；《三百篇》降而《骚》，《骚》降而汉，汉降而魏，魏降而六朝，六朝降而三唐，诗之格以代降也。”“诗之体以代变”而“诗之格以代降”，这就是胡应麟的论诗主旨，充分体现了胡氏的文学史观。他一则认为中国诗歌“体以代变”，一则又指出其演变趋势是“格以代降”。所谓“体以代变”，是指中国诗歌的发展演变受时代的制约和影响，时代不同，诗歌之体也因之而变。这是一种精辟的文学史观，核心理论就是“一代有一代之文学”。然而，令人遗憾的是，胡氏这种“体以代变”之说深深打上七子的烙印，严重地受到“格以代降”的制约，宣扬的仍然是前后七子的文学复古论。所谓“格以代降”，就是指诗格“一代不如一代”，从《三百篇》到一代唐诗，上下几千年，一代又一代，诗格却每况愈下，后不如前。这就为明代七子的文学复古拟古运动，提出了理论依据。为何会“格以代降”？他说：“诗至于唐而格备，至于绝而体穷。故宋人不得不变而之词，元人不得不变而之曲。词胜而诗亡矣，曲胜而词亦亡矣。明不致工于作，而致工于述，不求多于专门，而求多于具体，所以度越元、宋，苞综汉、唐也。”（《内编》卷一）这又为明代七子之复古找到了事实依据。由此可知，胡氏论诗尚格而又主变，主张尚格与主变统一，旨在复古。以其“体以代变”而至于“绝而体穷”，则“不得不变”，所谓“四言不能不变而五言，古风不能不变而近体，势也，亦时也”，“变”是理所当然；以其“格以代降”，后不如古，为救传统文学之衰，复古则势在必行。复古，是胡氏论诗的真谛之所在。

二是尚法而又重悟。《诗薮·内编》卷五云：“作诗大要不过二端：体格声调，兴象风神而已。体格声调有则可循，兴象风神无方可执。故作者但求体正格高，声雄调鬯，积习之久，矜持尽化，形迹俱融，兴象风神，自尔超迈。譬则镜花水月，体格声调，水与镜也；兴象风神，月与花也。必水澄镜朗，然后花月宛然。讵容昏鉴浊流，求睹二者？故法所当先，而悟不容强也。”胡氏所论，基本点在于使格调通入神韵，力求使诗歌创作达到“法”与“悟”的统一。此所言“法”，是指“体格声调”，即格调；所言“悟”，是指“兴象风神”，即神韵。胡应麟秉承严羽、王世贞、谢榛论诗之旨，以镜花水月为喻，认为诗歌的“体格声调”犹如水与镜，而诗歌的“兴象风神”则如月和花，唯“水澄镜朗”，方可使“花月宛然”。就是说，诗之神韵宜以格调为基，而格调应以神韵为归。这就是胡氏论诗的批评准则和审美情趣。据此，胡氏以盛唐为界，是古非今，厚古薄今。他推崇汉魏盛唐，称《古诗十九首》等诗“随语成韵，随韵成趣，辞藻气骨，略无可寻，而兴象玲珑，意致深婉，真可以泣鬼神、动天地”；谓两汉高格在于“兴象浑沦”；称盛唐“气象浑成，神韵轩举”，而绝句独主风神，其中“盛唐绝句，兴象玲珑，句意深婉，无工可见，无迹可寻；中唐遽减风神，晚唐大露筋骨”（《内编》卷六）。又称颂李杜，谓“唐人才超一代者李也，体兼一代者杜也。李如星悬日揭，照耀太虚；杜若地负海涵，包罗万汇”（《内编》卷四）。然而胡氏扬唐抑宋之迹亦是处可见，称“唐人诗如初发芙蓉，自然可爱；宋人诗如披沙拣金，力多功少；元人诗如镂金错彩，雕缋满前”（《外编》卷六），说明胡氏论诗并未尽脱七子窠臼。像胡应麟这样明确主张尚格和主变的统一，尚法与重悟的统一，提倡以神韵论诗者，在明代诗坛尚属鲜见。

胡氏论诗重“体格声调”与“兴象风神”者，尚有三点可取之处：

其一，强调诗歌须是骨肉、气韵、意象、声色俱存，而不应如“宋人学杜得其骨，不得其肉；得其气，不得其韵；得其意，不得其象；至声与色并亡之”（《内编》卷四）；只有“筋骨立于中，肌肉荣于外，色泽神韵充溢其间”，才能达到“诗之美善备”（《外编》卷五）的艺术境界。

其二，要求诗歌如“七言律之全美”。所谓“全美”，他在《内编》卷五解释说:“庄严,则清庙明堂;沉着,则万钧九鼎;高华,则朗月繁星;雄大,则泰山乔岳;圆畅,则流水行云;变幻,则凄风急雨。一篇之中,必数者兼备,乃称全美。”这种全美之诗,即便是名流哲匠亦难于达到。然而胡氏对诗歌艺术美的执着追求,精神实在可贵。

其三,提倡风格宜以“清”为贵。《外编》卷四云:“诗最可贵者清。然有格清,有调清,有思清,有才清;才清者,王、孟、储、韦之类是也。若格不清则凡,调不清则冗,思不清则俗;王、杨之流丽,沈、宋之丰蔚,高、岑之悲壮,李、杜之雄大,其才不可概以清言,其格与调与思,则无不清者。”何谓“清”? 他自己解释云:“清者,超凡绝俗之谓,非专于枯寂闲淡之谓也。”(同上)故以“清”为尺度而评论诗人的艺术风格,谓“靖节清而远,康乐清而丽,曲江清而淡,浩然清而旷,常建清而僻,王维清而秀,储光羲清而适,韦应物清而润,柳子厚清而峭,徐昌谷清而朗,高子业清而婉”(同上),令人耳目为之一新。

是书有明刻本,天津师范大学图书馆、南开大学图书馆、山西师范大学图书馆、吉林大学图书馆藏;又一部,明万历三十七年(1599)张养正刻本,南京图书馆藏;又一部,明崇祯五年(1634)延陵吴国琦等重刊《少室山房全集》本,八册,台湾图书馆藏;又一部,清抄本,上海图书馆藏; 今有中华书局上海编辑所 1958 年据南京图书馆藏日本贞亨三年(1686)武村新兵卫刊本校点本,台湾广文书局《古今诗话续编》影印本,三册。今收入蔡镇楚《中国诗话珍本丛书》北京图书馆出版社 2004 年影印本,另有周维德《全明诗话》校点本。

78.《少室山房诗评》

胡应麟撰,一卷,存。是书以品评明人诗歌为主,间涉诗论,虽承七子余绪,却持论允当,表现出由重格调而向神韵之转变。此为后人所辑,原有明万历二十五年刻本,北京师范大学图书馆、浙江图书馆藏版。今有周维德《全明诗话》校点本。

79.《说诗纪事》

胡之骥撰，三卷，存。明刊本，三册。《西谛书目》著录。

80.《诗源辩体》

许学夷撰，三十六卷，后集二卷。存。学夷（1563—1633），字伯清，江阴（今属江苏）人。恽应翼《许伯清传》称其“性疏略，不治边幅，不理生产，杜门绝轨，惟文史是紬。尝删辑《左传》《国语》《国策》、太史等书，手录参订，计数百卷，十年而功始毕。少学《诗三百篇》《楚骚》，古今诗靡不采索而泝其源。既而作《诗源辩体》，历四十年，十二易稿，业乃成”。

是书纵论古今诗歌，上自《诗经》《楚辞》，下迄明人诗作。初为十六卷，改定本凡三十八卷，探其源流，辨其体式。其中论《风》《骚》者二卷，论汉魏诗二卷，论晋诗二卷，论宋、齐、梁、陈、隋之诗各一卷，论唐诗二十卷，论五代诗一卷，论宋、元、明诗二卷，总论三卷。每一时代之诗，皆先综述，次分体，后评论作家作品。眉目清晰，条分缕析，“寻源流”“考正变”，标举盛唐，师宗严羽，主张“以三百篇为源，汉魏六朝、唐人为流”。又谓“古诗以汉魏为正，太康、元嘉、永明为变”，“律诗以初盛唐为正，大历、元和、开成为变”，其基本诗学观点又与前后七子同辕异辙，评论明诗又侧重于七子之作，表现出复古倾向，却不啻是一部中国诗史、诗体演变史和诗歌美学史。

许氏论诗体，亦多创见，其卷三十四以书法论诗体，曰：“诗体之变，与书体大略相类。《三百篇》，古篆也；汉魏古诗，大篆也；元嘉颜谢之诗，隶书也；沈宋律诗，楷书也；初唐歌行，章书也；李杜歌行，大草也；盛唐诸公近体不拘律法者，行书也；元和诸公之诗，则苏黄米蔡之流也。”

后人多以为《诗家一指》为明释怀悦撰编，余撰《中国诗话史》之际亦曾随之而误，以讹传讹，而后之修订本方改正之。周维德《全明诗话》亦误之。而许学夷在其中卷三十五明确指出：“《诗家一指》出于元人。中有十科、四则、二十四品。”

许氏此书有明万历四十一年（1611）刻本，十六卷，中国国家图书馆藏；又一部，三十六卷，后集纂要二卷，明崇祯十五年（1642）陈所学刻本，中国国家图书馆、南京图书馆藏。今有1998年人民文学出版社《诗源辩体》杜维沫校点本，蔡镇楚石竹山房藏。又周维德《全明诗话》校点本。

81.《艺苑闲评》

支允坚撰，一卷。存。支氏，字子固，号支山道人、梅坡居士。生平不详。是书有《梅花渡异林》本，今有周维德《全明诗话》校点本。前有自序和目次，凡157条，综论上古至于明七子之诗，以诗为主，间加评点，无多新见。

82.《豫章诗话》

郭子章撰，六卷，存。子章（生卒年未详），字相奎，号青螺，一号蠙衣生，泰和（今属江西）人，隆庆年间进士，曾官贵州巡抚，平播州杨应龙之叛乱，以功进太子少保、兵部尚书。《明史》卷三百三十三有传。

是编专论郭氏之乡人诗及诗之作于其乡者，上起古初而下迄于明代，凡方志所载之江西诗者，均收录其中，以诗存人，间有所论，于欧阳公甚为推誉，称之为“一代冠冕”。认为“诗非嘲风弄月之谓也，取其有关风教而已”（卷四）。然而，论诗内容亦未免芜杂，采摭自有失实之笔，如以“岩下老人，武帝问答”为“四言之祖”，以及房璘妻高氏碑刻之类，则无与诗话矣。

是书著录于《四库总目》集部诗文评类存目，有《豫章丛书》本，三册，中国国家图书馆藏；又一部，明万历三十年（1602）吴献台刻本，江西省图书馆及天一阁藏；今有台湾广文书局《古今诗话丛编》本，前有长洲张鼎思万历三十年（1602）序，谓其“诗话而曰豫章者，其人豫章之人也。不然，则其与也；不然，则宦而游，过而登览者，豫章之山川也”。又一部，清抄本，丁丙跋，南京图书馆藏。蔡镇楚石竹山房藏。今有蔡镇楚《中国诗话珍本丛书》影印本，周维德《全明诗话》校点本。

83.《恬志堂诗话》

李日华撰，四卷，存。日华(1565—1635)，字君实，浙江嘉兴人。万历进士，官至太仆寺少卿。著有《恬志堂集》四十卷。是书论诗凡一百四十六条，其中卷一有三十五条，卷二有三十四条，卷三有四十一条，卷四有三十六条，论诗重诗事，主要特点是论书画与论诗相结合，所述唐、宋、元、明人之诗，多重诗画三位一体者。是书原有《学海类编》本、《丛书集成初编》本，今有台湾广文书局《古今诗话丛编》影印本，蔡镇楚《中国诗话珍本丛书》影印本，周维德《全明诗话》校点本。

84.《清江诗法》

熊逵编，三卷，存。旧抄本，二册。台湾图书馆藏。是编收录《木天禁语》一卷，《诗学禁脔》一卷，《说诗要指》一卷。

85.《佘山诗话》

陈继儒撰，三卷，存。继儒(1558—1639)，字仲醇，号眉公，华亭(今属上海)人。自命隐士，居于小昆山，而又周旋于官绅之间，以遭时人讥评。有《陈眉公全集》，并辑《宝颜堂秘笈》。所撰《佘山诗话》三卷，以其居松江县之北有佘山，故名。

是书分上中下三卷，皆偏重摭拾诗坛掌故，罗列异闻趣事，偶尔亦论及诗歌创作之甘苦，如说写诗必须“多改”之类，于诗人风格特色之评论，则很少。此书有《学海类编》本、《丛书集成初编》本。今有台湾广文书局《古今诗话丛编》影印本，蔡镇楚《中国诗话珍本丛书》影印本，周维德《全明诗话》校点本。

86.《古今诗话》

稽留山樵撰，八卷，存，明末刊本，四十六册，台湾图书馆藏。今有台湾广文书局《古今诗话续编》影印本，精装三册。蔡镇楚石竹山房珍藏。

是书辑录古今诗话论诗之语，以原书名为目分卷，卷一摘录《许彦周诗话》《严沧浪诗话》《刘贡父诗话》《陈辅之诗话》《敖器之诗话》《潘子真诗话》，卷二录《竹坡老人诗话》《临汉隐居诗话》《六一居士诗话》《苕溪渔隐诗话》《司马温公诗话》《后山居士诗话》，卷三辑录《珊瑚诗话》《砦溪诗话》《东坡诗话》《兰庄诗话》《迂斋诗话》《金玉诗话》《汉皋诗话》《庚溪诗话》《紫微诗话》，卷四辑录《石林诗话》《环溪诗话》《西清诗话》《艇斋诗话》《梅磵诗话》《后村诗话》《漫叟诗话》《桐江诗话》《青琐诗话》《玄散诗话》《归田诗话》《虚谷诗话》，卷五摘录《南濠诗话》《蓉堂诗话》《梦蕉诗话》(缺)《敬君诗话》《蜀中诗话》《岁寒堂诗话》《娱书堂诗话》《二老堂诗话》《存余堂诗话》《怀麓堂诗话》《夷白堂诗话》《诗文浪谈》《竹林诗评》《林下诗谈》，卷六辑录《谢氏诗源》《潜溪诗眼》《诗话隽永》《风骚旨格》《韵语阳秋》《艺苑雌黄》《谭苑醍醐》《艺圃撷余》《雪涛诗评》《升庵词品》，卷七辑录《诗式》《诗谱》《诗谈》《诗论》《词品》《词旨》《本事诗》《续本事诗》，卷八辑录《诗词余话》《四六余话》《月泉吟社》《二十四诗品》《诗病五事》《闺秀诗评》(缺)《闲书杜律》《千里面谈》《乌台诗案》《比红儿诗话》《杜诗笺》《谈艺录》，凡七十九部诗话之作，其中早已失传的诗话之作，赖以仅存。虽体例芜杂，亦颇具资料价值。

87.《唐音癸签》

胡震亨撰，三十三卷，存。震亨(1569—1642)，字孝辕，号遯叟，又号赤城山人，海盐(今属浙江)人。万历举人，由固城县教谕历官兵部员外郎，后乞归，以著述为乐。著有《赤城山人稿》，并今有《唐音统签》十集凡一千零二十七卷。

是书为《唐音统签》第十集，故曰“癸签”，专收诗话，分七目：一目为体凡，论诗体；二目为法微，论诗之格律以及字句声调；三目为评汇，集诸家之评论；四目乐通，论乐府；五目诂笺，训释名物典故；六目谈丛，收录自己学习唐诗之心得、笔记；七目集录，首录唐集卷数，次录唐选各总集，再次为诗话及考释。全书于唐诗源委、变革、体制、风格、作家、作品等评论考释，议论精当，资料丰富，排比有序，系治唐诗者必备之书。

此书著录于《四库全书总目》集部诗文评类，有清顺治十五年(1658)双与堂刻本，北京大学图书馆、北京师范大学图书馆、首都师范大学图书馆、上海图书馆、南开大学图书馆藏。

88.《唐诗谈丛》

胡震亨撰，五卷。存，有《学海类编》本、《丛书集成初编》本，今有台湾《古今诗话丛编》影印本，蔡镇楚石竹山房珍藏。

是书纵论唐诗，卷一述唐人诗事，卷二记诗人故实，卷三谈唐人诗风，卷四论唐诗人并称，卷五考订唐人诗事、诗体，颇具参考价值。

89.《诗外别体》

袁黄撰，一卷，附编辑大意一卷。袁黄(1533—1606)，字了凡，袁仁之子，嘉善(今属浙江)人。隆庆元年(1567)入南京国子监就读，曾任宝坻县知县。袁黄以兵部职方司主事在军中任参赞，后因被追究官宝坻时庇民逋税事而革职归。据《叶天寥自撰年谱》，著有《两行斋集》十四卷，《群书备考》六卷，《三才手镜通鉴纂要》二卷，《诗外别传》二卷，并辑有《八代文宗》八卷。是书无刻书年月，孙殿起《贩书偶纪续编》著录时，谓为"约明万历韩敬求刊"，今《明清江苏文人年表》亦著录之。待查。

90.《说诗补遗》

冯复京撰，八卷，存。复京(1573—1622)，字嗣宗，常熟(今属江苏)人。著有《六家诗名物疏》总五十八卷，《蟭螟集》十四卷等。

是书又名《说诗谱》，论诗主张"达才""构意""澄神""会趣""标韵""植骨""炼气"讲究"和声""芳味""藻饰"，而反对摹拟剽窃。于明代七子摹拟复古之风日烈之际，冯氏之论颇能独标新见，不随风俯仰，难能可贵。

此书有原稿本，清初抄本，复旦大学图书馆藏。今有周维德《全明诗话》校点本。

91.《小草斋诗话》

谢肇淛撰，五卷，存。谢氏(生卒年未详)，字在杭，福建长乐人。万历进士，曾任湖州推官，后迁北京工部员外郎，官至广西右布政使。著有《小草斋集》总六十卷，《文海披沙》八卷，《五杂俎》十六卷。

其《小草斋诗话》，前有林烨二人之序，谓其在杭州所撰。其论诗辨体，认为“诗中诸体，惟七律最难”，强调诗歌宜“以法度为主”，以声律为宗，气骨神韵，理趣色调，皆不可缺少。谢氏反对严羽“妙悟”之说，亦不苟同宋人关于杜诗“集大成”之论，说“子美诗如‘迟日江山丽’，是齐梁之浮弱者；‘旌旗日暖龙蛇动’‘红豆啄残鹦鹉粒’，是初，盛之痴重者；‘石出倒听枫叶下’，是中、晚之纤靡者；‘伯仲之间见伊吕’‘顾我老非题柱客’‘复流归海意，万国奉君心’，是宋人之滥恶者；至于‘锦江春色来天地’，‘彩笔昔曾干气象’，又俨然七子门径矣；‘举家闻若骇’‘顿顿食黄鱼’，又胡钉铰、张打油唇吻矣。谓之上国武库，信然；谓之集大成，则吾未敢”(卷三)。此说是否公允，姑且勿论；以其论诗不袭陈说，难能可贵，故录之。

此书有清刻本，上海图书馆藏；又有读耕斋藏版，日本刻本。今有周维德《全明诗话》校点本。

92.《汝南诗话》

强晟撰，一卷。强晟，生平不详，汝南(今属河南)人，曾任秦藩长史。是编“纪其应接遭际之事”。存，明正德九年(1514)杨槮刻本，中国国家图书馆藏。《百川书志》卷三十九著录，云其为“皇明秦藩长史、汝南强晟著，纪其应接遭际之事，以代客谈”。待查。

93.《蜀中诗话》

曹学佺撰，四卷，存。学佺(1574—1647)，字能始，号石仓，侯官(今属福建)人。万历进士，曾任四川右参政、按察使，天启间官广西参议，因撰《野史纪略》而削职。唐王称帝蜀中，授礼部尚书。清兵入蜀，遂自缢山中。著有《石仓诗文集》《蜀中广记》等。其《蜀中诗话》著录于《福州府志·艺文志》之中。

此书系地方诗话，专论蜀中历代诗人之诗，凡有涉于蜀地之外籍诗人，如杜甫、李白、花间派等，皆在所述之列。蜀中诗人诗歌，尽收其中，颇有参考价值。

是书原有明刻本，福建省图书馆藏；又有《续说郛》(卷三十三)本，今有台湾广文书局《古今诗话续编》影印明稽留山樵《古今诗话》本。蔡镇楚石竹山房珍藏。

94.《艺活甲编》

茅元仪撰，五卷，存。元仪(1595—1641)，字止升，归安(今属浙江)人。茅坤之孙。明崇祯初，以荐授翰林院侍诏，旋改授副总兵官，守觉华岛，以兵哗下狱，遣戍漳浦而卒。是书著录于《四库总目》集部诗文评类存目，皆为评诗论文之语，大致主于排斥王世贞，而推崇茅坤。嘉靖间，茅坤与王世贞争名相轧，王氏以题《归有光集》而诋茅坤《八家文钞》，右欧阳永叔而左韩昌黎也，茅元仪身处明末，为继其先祖之业，而撰此书，以攻击王世贞摹拟复古之弊，持论未当之处甚多，门户私见尤烈。有副都御史黄登贤家藏本(四库底本)。

95.《诗话类编》

王昌会辑，三十二卷，存。昌会(生卒年未详)，字嘉侯，陕西布政司参议王圻之孙，上海人。万历四十三年(1615)会试于南京，曾助纂《松江府志》，分任“赋役”“盐榷”二门。编著有《全史详要》和《诗话类编》。《四库全书》著录于集部诗文评类存目。据《劫中得书记》，是编成书于明万历四十八年(1620)，摭拾汇编历代诗话，参以小说杂记，裒合而成书。内容博杂，资料繁冗，茫无体例，议论则不著其姓名，事实则不著其时代，摘引又不注明出处，故前人非议甚多。

是书原有明万历间刻本，十二册，中国国家图书馆、湖北省图书馆、天津、杭州图书馆藏；又一部，明万历丙辰(1616)刊本，三十二册，台湾图书馆藏；今有台湾广文书局《古今诗话续编》影印本，四册。蔡镇楚石竹山房珍藏。今收入北京图书馆出版社2004年蔡镇楚《中国诗话珍本丛书》影印本。

96.《诗镜总论》

陆时雍撰，一卷，存。时雍(生卒年未详)，字仲昭，桐乡(今属浙江)人。明崇祯六年(1633)举贡生。辑有《古诗镜》《唐诗镜》，采摭精审，评释详核，为明末选诗之善本。是编列于其卷首，总论所选先秦迄晚唐列代之诗。

论诗大旨以神韵为宗，情境为主，贵"天真""自然"，反对雕琢做作，与公安、竟陵同旨趣，却比三袁、钟谭之辈高出一筹：(1)纵论古今，不主一家，殆已摆脱明人诗话好立门户，依傍前人、抑扬随意之习；(2)倡神韵，主情致，于评述中注重审美特征与审美趣味；(3)褒贬适当，评释详核，自成体系，议论化、理论化、系统化，开清代诗话之先河，故近人丁福保于《历代诗话续编》之篇目提要云："其论汉魏迄唐各家诗，确有见地，非拾人牙慧者所可比拟。"全编凡一百十九条，精当之见比比皆是。他说："诗之佳，拂拂如风，洋洋如水，一往神韵，行乎其间"，"古人善于言情，转意象于虚圆之中，故觉其味之长而言之美也"。又谓："诗贵真，诗之真趣，又在意似之间。"据此，陆氏于古代大家，亦敢于论其短，认为"子美之病，在于好奇。作意好奇，则于天然之致远矣"，独标真素，前无古人。一部《诗镜总论》，论诗则贵在一个"总"字，于明诗话，似有集大成之功。

此编今有丁福保《历代诗话续编》本，《四库全书》集部总集类之《古诗镜》本。今有周维德《全明诗话》校点本。

97.《兰庄诗话》

闵文振撰，一卷，存。文振（生卒年未详），字道允，浮梁（今属江西）人。著有《异物汇苑》十八卷。是书论诗崇尚《三百篇》，而以汉、魏为主。认为“大概学诗，须以《三百篇》词及汉、魏间人诗为主，方见古人妙处，自无齐、梁间绮靡气味也”。稽留山樵《古今诗话》卷三载录《兰庄诗话》其中“曹子建”“陶潜”“刘太真”“汉魏”四则诗话，而题下作“阙名”，明弘治九年（1496）序刊本，日本早稻田大学图书馆藏，《重校说郛》本，今有台湾广文书局《古今诗话续编》影印本，蔡镇楚石竹山房珍藏本。

98.《枣林艺篑》

谈迁撰，一卷，存。谈迁（1593—1657），原名以训，字观若，又字孺木，明亡后改名为迁。海宁人，明季诸生。著作有《国榷》一百零四卷，又卷首四卷，另有《枣林集》《枣林杂俎》等。是书凡七十五条，杂论诗文碑刻史事人物稿集等，重考证，诗评甚少。今有台湾广文书局《古今诗话丛编》影印本，蔡镇楚石竹山房珍藏本。

99.《作诗体要》

杨良弼撰，一卷，存。杨氏生平事迹不详，据是编署名，知其字梦徵，号古嵓主人或古岩居士。是书纵论古今诗体，凡述八十四种诗体，先列诗体之名，次引诗为证，而后就诗加以评述。如开篇之论“盛唐体”，以陈子昂《度荆门望楚》诗为例，评述者云：“陈拾遗子昂，唐之诗祖也。不但《感遇三十八首》为古体之祖，其律诗亦近体之祖也。”又谓“盛唐律体，浑大格高诗壮；晚唐下细工小结束，所以异也。盛唐人多以起句十字为题目，中二联写景咏物，结句十字撇开却说别意，或以情缴之。此一大机栝也，学者详之”。其余皆然。

明嘉靖间清稿本，一卷，一册，台湾图书馆藏；今有台湾广文书局《古今诗话续编》影印稿本，题下盖有“杨氏良弼”篆印，诗笺印有“古嵓书屋”字样，当为善本，蔡镇楚石竹山房藏。今有蔡镇楚《中国诗话珍本丛书》影印本，周维德《全明诗话》校点本。

100.《诗的》

王文禄撰，一卷，存。文禄，字世廉，浙江海盐人，明嘉靖举人。万历十二年(1584)编定《百陵学山》一百种凡一百一十二卷。

所撰《诗的》一卷，成于万历乙亥(1575)三月。前有引言，称之“诗的者，诗之准也。非中的，则非诗也；而中的者鲜矣。惟律诗尤难中的。的，何也？律即的也。”又谓“的也者，心之的也。在心悟焉，可与言诗也”。可知是书论诗主悟，重格律，认为“诗家三昧，必由悟入”，又说“作文不在词句之工，而在性情之正”，“杜诗意在前，诗在后，故能感动人；今人诗在前，意在后，不能感动人”，颇多精到之见。

是编有《百陵学山》本，《丛书集成初编》，据《百陵学山》本影印，今有中华书局 1985 年新一版，又有周维德《全明诗话》校点本。

101.《挥麈诗话》

王兆云撰，一卷，存。兆云，字元桢，麻城(今属湖北)人。著有《明词林人物考》《王氏杂记》。

是诗话凡三十九条，每条列小题，肇始于《王建宫词补讹》，止于《睡诗》，重诗事而少议论，仅《诗人志向不同》条云：“诗人志向各自不同，如题渔父之作，有美其山水之乐者，有怜其风波之苦者。”接着荐举卞华伯、祝希哲、李东阳、文徵明等诗为证，认为“属意虽不同，写景咏物各极其妙”。

此书有明人金中淳辑《丛书集成初编》影印本。日本《萤雪轩丛书》本。又有周维德《全明诗话》校点本。

102.《敬君诗话》

叶秉敬撰，一卷，存。叶氏，字敬君，衢州西安(今属浙江)人，万历二十九年(1601)进士，官至荆西道布政使参议。著述甚富，有《字孪》四卷、《韵表》《明谥考》三十八卷、《寅阳十二论》二卷、《书肆说铃》二卷、《叶子诗言志》十二卷等。

是书拟为时人辑录《叶子诗言志》中论诗之语而成，非叶氏原作者。叶氏论诗，批评议论之味甚浓，注重诗学渊源，如“诗学”一则云：“凡作诗者，绳墨必宗前人，意、辞要当独创，若全依样画葫芦，便如村儿描字帖，恶足言诗也？呜呼！不读《三百篇》，不足以濬诗之渊源；不读五千四十八卷，不足以入诗之幻化；不尽穷十三经，不足以闳诗之作用。此千古谈诗者所未及也。今人作诗者，于前数书，窅不接目，第曰‘吾观选诗而已，唐诗而已’。其与村学究教痴儿读《千家诗》者，何异？”一针见血。

是书有《说郛》续卷三十三本，明稽留山樵收入《古今诗话》卷五，仅“杜诗洞庭”“金山寺诗”“杜羔妻诗”“石尤风”和“诗学”等五条，今有台湾广文书局《古今诗话续编》影印《古今诗话》本，蔡镇楚石竹山房珍藏本。又有周维德《全明诗话》校点本。

103.《诗谭》

叶廷秀撰，十卷，存。叶氏（？—1651）字润山，号谦斋，东鲁濮州（今属山东）人。明天启六年（1626）进士，崇祯八年（1635）任南京户部主事，以营救黄道周师而遣戍福建，后赦归故里。《明史》卷二百五十五传谓其南明福王时召为佥都御史，南都覆，唐王召左佥都御史，进兵部右侍郎，事败为僧以终。而《白夆山人年谱》说清初山东榆园义军起而抗清，叶氏走还濮州参加。顺治八年（1651）义军被清兵围歼，叶廷秀被解至东昌，不屈而死。二说迥然不同，孰是孰非，未得判断。《明史》列传一百四十三有传。

其论诗之著《诗谭》系在南京任上所作，崇祯八年（1635）安徽胡正言以十竹斋名刻印十卷，续录一卷。是书前有明崇祯八年（1635）自序，称其书“以为谭诗也可，谭道也可，即以为谭天下事也亦可”。论诗重“诗教”，认为“诗不关身心、世教，即擅场何益”？全书十卷，分列四百三十个小标题，注重古今爱国人士之诗文，如“苏李泣别”“吊岳武穆”“忧国泪”“渔父歌”“司空图高节”等等。卷中洋溢一片忧国忠君伤时之情。故《自序》称“国家多事，为人臣子者正宜提出真精神力量，以毕效之”。是为叶氏本篇论诗宗旨也。此书有明崇祯八年胡正言十竹斋刻本，北京、上海、南京等图书馆藏；又一部，《叶闰山辑著全书》本。今有台湾广文书局《古今诗话续编》影印明刻本，二册，蔡镇楚石竹山房珍藏本。又有周维德《全明诗话》校点本。

104.《诗谭续录》

叶廷秀撰，一卷，存。附于《诗谭》明刻本后。前有叶氏自识，谓其原编不尽出谭诗之意，特从南宋罗大经《鹤林玉露》“辑其谭诗之有用者，附《诗谭》后，俱仍元本，但僭加评云”耳。是卷三十四则，寓诗论之见于述诗事之中，“拙句”“诗犯古人”等条目，亦有较高的艺术价值。今有台湾广文书局《古今诗话续编》影印明胡正言十竹斋刻本，蔡镇楚石竹山房珍藏。又有周维德《全明诗话》校点本。

105.《玉枕山诗话》

张弼撰，不分卷。张弼（1425—1487），字汝弼，自号东海，华亭（今属上海）人。明成化年间进士，官南安知府，治绩甚著。善诗文，工草书，有《东海集》行世。

成化十八年（1482），广东陈献章（白沙）北上过南安，会昭张弼，二人谈诗论文，张氏遂辑二人问答诗为《玉枕山诗话》（据《白沙年谱》）。李东阳《怀麓堂诗话》于张弼录有二则诗话：一谓“京师人造酒，类用灰，触鼻蜇舌，千方一味，南人嗤之。张汝弼谓之‘燕京琥珀。惟内法酒脱去此味，风致自自别，人得其方者，亦不能似也。予尝譬今之为诗者，一等俗句俗字，类有‘燕京琥珀’之味，而不能自脱，安得盛唐内法手为之点化哉”？二谓张弼为“英雄欺人语”，云：

> 张东海汝弼草书名一世，诗亦清健有风致。如《下第》诗曰：“西飞白日忙于我，南去青山冷笑人。”《送罗应魁》曰：“百年事业丹心

苦，万世纲常赤手扶。”《假髻曲》等篇，皆为时所传诵。尝自评其书不如诗，诗不如文，又云“大字胜小字”。予戏之曰：“英雄欺人每如此，不足信也。”

《张东海先生集》凡九卷，华亭张弘至辑，《玉枕山诗话》收入集中，《明清江苏文人年表》著录。

106.《定轩诗话》

姚福撰。姚氏，字世昌，上元（今属江苏）人，一作江宁人。自号守素道人。一生著述甚富，据《江苏文人年表》载，著有《青溪暇笔》二十卷，《风树亭稿》十二卷，又有《定轩诗话》《窥豹录》《避喧录》等。是书未见著录，唯《青溪暇笔》有《四库全书》本收入子部杂家类存目，作三卷。

107.《诗禅琐评》

宋登春撰，一卷。作者字应元，新河（今属河北）人。少能诗善画，年二十余即弃家远游，足迹遍于天下。明万历十三年（1585）客于嘉定徐学模家二年，徐学模作《鹅池生传》记其事。晚年依其兄子居江陵之天鹅池，因自号鹅池生。徐学模为荆州守。深敬礼之。后学模以尚书致政归，登春访之吴中，买舟浮钱塘，径跃入江中而死。其诗集有《鹅池集》、文名《燕石集》（见《列朝诗集》丁），徐学模尝刻之于荆州。清康熙乙丑年王培益刊《宋布衣集》三卷，始并诗文为一集，今有《四库全书》本。其论诗主性情，所作五言诗颇淡远可诵。朱彝尊《静志居诗话》将其五言以贾岛、李洞为比。

108.《秋台诗话》

叶盛撰，一卷。叶盛（1420—1474），字与中，昆山（今属江苏）人。明正统乙丑进士，授兵科给事中；天顺时，以右佥都御史巡抚两广；宪宗时擢礼部右侍郎，后转吏部左侍郎。卒五十五岁，谥文庄。著有《水东日记》

三十八卷,《菉竹堂稿》八卷,《开封纪行稿》五卷,《泾东小稿》八卷,《秋台诗话》一卷。《明清江苏文人年表》著录。

109.《玉堂诗话》

不著撰人名氏,一卷,有《永乐大典》本,《四库总目》卷一百四十四收入"小说家类"存目之中。是书所采皆唐宋人小说,随笔杂录,不拘时代先后,又多取鄙俚之作,以资笑噱。殆为谐史之流,非是诗品之体。明人焦竑有《玉堂丛话》八卷,恐为人辑其论诗之语而成。

110.《诗概》

冒起宗撰,六卷,冒起宗(1590—1654),号嵩少,如皋(今属江苏)人,冒梦龄之子。崇祯元年(1628)进士,官至湖广布政使参议、旋调宝庆副使。乞归,卒年六十五。有《拙存堂文剩》六卷,《诗概》六卷,盖为论《诗》之语所辑。《明清江苏文人年表》著录。

111.《方山诗说》

薛应旂撰,八卷。应旂(1499—1572),字仲常,号方山,武进(今属江苏)人。嘉靖十四年(1535)进士,屡迁南京考功郎中,以不肯中伤王烨而忤严嵩,自南京吏部考功司谪建昌通判,历浙江提学副使,识拔徐文长。官至陕西按察副使,嘉靖三十五年罢归,从事著述。有《四书人物考》及《补考》四十八卷,《宋元资治通鉴》百五十七卷,《方山文录》二十二卷,《甲子会纪》五卷,《薛方山纪述》一卷。是书拟为其门人汇集诸书论诗之语而成,仅《明清江苏文人年表》一书著录之。

112.《熊子濬诗话》

熊一源撰,一卷。一源(生卒年未详),字子濬,南海(今属广东)人。是书仅《广州府志·艺文志》据《黄通志》著录,不知存佚。

113.《谈诗类要》

卢龙云撰，不知卷数。龙云，字少从，南海(今属广东)人。万历进士，补邯郸令，治引为诸郡邑之最，遂补长乐。以仵权要而左迁江西藩幕，累迁贵州参议，抚苗夷功著。著有《四留堂稿》《尚论全篇》《易经补义》《谈诗类要》。是书《广州府志·艺文志》著录。

114.《梅菊诗评》

陆子高撰，不知卷数。子高(1352—1431)，字甫里，常熟(今属江苏)人。明洪武二年(1369)以献家藏古书而入儒籍；二十七年于南京应进士试，被诉冒籍，下狱论死，旋被赦出，除籍锢家。宣德六年死于家中。是书未见，仅《吴郡名贤图传赞》卷四著录，事见《明清江苏文人年表》。未见。

115.《说诗》

余宪撰，二十四卷。宪(1508—1572)，字汝成，无锡人。明嘉靖进士，历官山东按察使、湖广按察使。辑录《盛唐百家诗》三百卷，前编一百五十卷，后编一百五十卷(《江苏文人年表》谓其前编为一百五十三卷)。《四库总目》卷一百九十二谓“世传李攀龙《送俞皋使赴湖广》诗有‘江汉日高天子气，楼台秋敞大王风’，认为似陈友谅僭位柱联者，即其人也”。是编所录盛明诸家诗，每人各冠以小序，略如《河岳英灵集》体例。其《说诗》二十四卷，盖为其是编所论各家诗而辑，以标榜声气为宗，沿七子之余波。又著《辽海集》《金陵集》《蓬莱集》《辇下集》等。是书《明清江苏文人年表》著录。

116.《白石山房诗话》

章宪文撰。宪文(1547—1607)，字公觐，华亭(今属上海)人。万历十七年(1589)官淮阴理漕务，辑此时之诗为《淮南稿》。据《景船斋杂记》，宪文所著还有《陶白斋杂记》《白石山房诗话》等。是书《松江府志·艺文志》和《明清江苏文人年表》著录。

117.《桐山诗话》

陈焯撰，未知卷数。陈焯，福州（今属福建）人，事迹未详。是书仅台湾版《福州府志·艺文志》著录。

118.《甕牖诗谈》

蔡余庆撰，不分卷。是书仅台湾版《台州府志·艺文志》著录，详情未知。蔡有《烛光录》，是编见《续台考》本传，今佚。

119.《明诗平论二集》

朱隗撰，二十卷。朱隗（生卒年未详），字云子，长洲（今属江苏）人。据《静志居诗话》明天启五年与杨彝、张采、张溥、顾梦麟、周钟等人结应社。崇祯十七年（1644）《明诗平论二集》二十卷刊行，作者自序。清顺治三年（1646），陈子龙谋入闽，因海上逻察严密而不能行，遂自嘉善至苏州访朱隗后还松江（《续陈子龙年谱》）。

120.《陶杜诗说》

尤瓆撰。据《锡山秦氏文钞》卷二，尤瓆（1524—1574），字汝斋，无锡人。事迹未详，卒年五十一。著有《陶杜诗说》《广渊明四八目》《句吴见闻》。《明清江苏文人年表》著录。

121.《诗法钩玄》

蒋主忠撰。主忠（生卒年未详），字存恕，主孝之弟，句容（今属江苏）人。据《金陵诗徵》卷十四，明代宗景泰年间，刘溥、沈愚、汤胤绩、蒋主孝、蒋主忠等以文学气味相近，唱和频繁，时称“景泰十才子”。主忠所著有《慎斋集》四卷、《金陵纪胜》《诗法钩玄》，《明清江苏文人年表》著录。

122.《七言律细》

朱日藩撰，二卷。日藩（1501—1561），字子价，号射陂，朱应登之子，宝应（今属江苏）人。嘉靖甲辰进士，三十三年（1554）作《松陵杨明府歼倭卷》，述吴江抗倭事迹；三十八年（1559）朱日藩、何良俊、金大舆、盛时泰、顾应祥、黄姬水、文伯仁、郭第一群崇拜杨慎者，集会于南京，合作《人日草堂诗》一卷寄杨慎之滇中。后官至九江知府，死年六十一岁，江宁金大舆、长州郭第同至宝应，作《雪中会葬朱江州》诗。所著有《山带阁集》三十三卷（有四库存目），其中诗十五卷，文十八卷，所辑有《七言律细》二卷。道光《宝应县志》《明清江苏文人年表》著录。

123.《樊川丛话》

姜兆熊撰，八卷。兆熊（生卒年未详），字恂如，归安（今属浙江）人。是编收入《四库全书》小说家类存目，皆记录杂事，分朝庙、山川、考证、诗话、闺秀、仙释、怪异、数验八门，每门凡十余则。

124.《诗学正蒙》

王伟撰，不知卷数，久佚。伟，字士英，攸县（今属湖南）人。明正统间进士，历官户部主事。明英宗北狩，命行监察御史事，累擢兵部右侍郎。英宗复辟，竟坐于谦党而罢归。成化中复官，引疾归卒。事迹附于《明史·于谦传》之中。著有《桐山诗集》十卷，收入《四库总目》卷一百七十五别集类存目。其《诗学正蒙》于存目题下著录，谓“久已散佚”，《湖南全省掌故备考编》卷八亦著录是书。待查。

125.《欣赏编》

不著撰人名氏，无卷数，卷首有徐中行序，只称是沈润卿。《四库全书总目》以《千顷堂书目》考之，乃沈津所编，润卿，系其字也。序称是书十卷，然实止八册，不分卷数。序称其始于《诗法》，终于《修真》，而书中诗品、词品乃在第三册，尤颠舛无绪。所载书十之八九出自陶宗仪《说郛》,皆移易其名,妄增姓氏,别立标目。是书《四库全书总目》收入子部“杂家类存目”之中。

126.《李诗辨疑》

朱谏撰,二卷,存。朱谏(生卒年未详),字君佐,号荡南,乐清(今属浙江)人。弘治九年(1496)进士,官至吉安知府。著《雁山志》四卷,《李诗辨疑》二卷。李白诗散佚四方,真伪淆溷,后人虽有议论,但未一一校证。是书对李白存疑之诗,全面分析评价,是非曲直,观点鲜明,是研究李白诗的宝贵资料。有永嘉黄氏刻本。《敬乡楼丛书》第二辑本,浙江图书馆藏。

127.《渚山堂诗话》

陈霆撰,三卷。霆(生卒年未详),字声伯,德清(今属浙江)人。弘治进士,官刑科给事中。正德初得罪宦官刘瑾,被贬至六安;刘被诛后,自六安州判召还京曹,起任山西提学佥事。著有《两山墨谈》十八卷,《宣靖备史》四卷,《唐余纪传》二十四卷,又有《渚山堂诗话》三卷、《渚山堂词话》三卷。《明清江苏文人年表》等著录,有天一阁藏本。

128.《读杜小言》

李腾蛟撰,卷不详。腾蛟,字力负,宁都(今属江西)人。著有《半庐文稿》。据朱氏《读杜小言·序》云:“三百一十篇而下,诗之可以怨者,楚屈子、唐杜甫而已。乃学士家于屈平独推为词赋之祖,且推其忠;若(杜)甫则仅目为诗人之雄,甫毋乃少殁乎?唐以诗名一代,天宝之际,君臣将相,戏浪笑傲,黜《风》《颂》之徽音,崇郑、卫之淫乐,海内人士,翕然向风。倡予和女,多效闺中燕昵。迨至范阳一变,二十四郡几无一人,何其靡也,以妾妇多而丈夫少耳!少陵野老毅然一男子,身遭安史之乱,悲家伤国,怀友念君,对城郭而唏嘘,过山川而咏叹。或增感于荒陵残阙,或寄托于戍子征夫。哀绪危情,不至呕出心肝不止,其于屈子行吟泽畔，无以异也。《小雅》怨诽不乱，屈大夫不得独擅千古矣。间尝取而读之，如秋江夜月，风肃冰寒，驾扁舟，凌万顷，凄然箫声，自远而至；又如坐塞外，听胡笳，令人魂销肌栗。人知《骚》为变《风》，熟知杜为变《骚》？余阅其诗，得若干首，虽不足近少陵，而近尽也。今日之乱，甚于安史，而余才不逮少陵，虽欲怨而不可得。乃世卒无有能怨者，少陵其绝唱乎？"(《半庐文稿》卷二，《豫章丛书》本)作者以屈、杜并举，而扬杜之情溢于言表。颂杜之余，亦感时世之艰和乱离之苦。此书周采泉《杜集书录》内编著录。

129.《杜诗捃》

唐元竑撰，四卷，存。元竑(1590—1647)，字远生，乌程(今属浙江)人。万历戊子举人，明亡，不食而死。是编《续文献通考》和《四库总目》(存书)著录，《四库提要》谓"是编乃其读杜诗时所札记。所阅盖《千家注》本，其中附载刘辰翁评，故多驳正辰翁语"，认为"元竑所论，虽未必全得杜意，而刊除附会，涵咏性情，颇能会于意言之外"。周采泉《杜诗书录》谓是编体例如黄山谷《杜诗笺》，"应为诗话类"也。是书有清初刻本，《四库全书》本。

130.《杜诗解颐》

左国材撰，卷不详。左氏，字子厚，左光斗季子，桐城(今属安徽)人。明亡不仕，隐居龙岷山。是编仅光绪《安徽通志·艺文志》著录，未见其书。周采泉《杜诗书录》谓其"书名《解颐》，盖本诸'匡鼎解诗，令人解颐'，则此书当为说诗之作"。

131.《杜诗话》

刘廷銮撰，卷未详。刘氏字得舆，刘城之子，贵池(今属安徽)人。淹雅该博，为时人所称，晚以贡入京，考授州同，著有《五石瓠》行世。是编久佚，据周采泉《杜诗书录》，谓"朝鲜人缺名辑《皇明遗民传稿》卷六《刘廷銮传》录此书”，其他未见。

132.《通雅诗话》

方以智撰，一卷。以智（1611—1671），字密之，号鹿起，桐城（今属安徽）人。崇祯进士，官翰林院检讨。早期与陈贞慧、冒襄、侯方域等参加复社，为“明季四公子”之一。清兵南下，出家为僧，法名大智，字无可，别号弘智、药地，人称“药地和尚”。著有《通雅》五十二卷等。其《通雅诗话》一卷。《养一斋诗话》《海天琴思录》等清人诗话均多有引用和著录。林昌彝《海天琴思录》卷一谓其著《通雅》一书，可称确论，附《诗话》二十余则，极有契会。潘德舆《养一斋诗话》卷十云：“诗话之简而当者，莫如明末方密之《通雅诗话》，二十余则，极有契会。”潘氏例举其中七则诗话，认为“皆极中末世诗家之病”：

> 法娴辞赡，无复怀抱，使人兴感，是平熟之士偶。仿唐泝汉，作相似语，是优孟之衣冠。古人奇怀突兀，跃而骑日月之上，愤而投潢汙之中，不可以庄语，故以奇语写之。奇者多创；创，创于不自知，俗人效步邯郸，则杜撰难免矣。《周易》为大譬喻，尽古今皆譬喻也，尽古今皆比兴也，尽古今皆诗也。存乎其人，乃为妙叶。一句之致易晓，通章之致难论。诗未尝不可析理，析理之诗，非诗之胜境也。（《清诗话续编》第2160页）

潘氏认为《通雅诗话》论诗，“亦有驳而未醇处，如以中边论诗，和声合拍为边，蕴藉造意为中，必为中边皆甜之蜜而后可。夫中边皆甜，禅语也。禅味之宜甜不宜甜，吾不得而知，若诗味则恶甜而喜苦。密之云：‘俗之为病，至难免矣’。甜不入于俗乎？”由此可见《通雅诗话》之论诗宗尚。是书今有周维德《全明诗话》校点本。

133.《明诗话》

苏之琨撰，四卷。之琨，生平不详，莆田（今属福建）人。著有《海市亭集》《闽中景物略》等。是书论述明人之诗，唯《兴化府莆田县志·艺文志》著录。

134.《诗学体要类编》

宋孟清编，三卷。孟清，生平不详，绍兴（今属浙江）人。是书未见，以其名殆为《诗学体要》之类编也。《明史·艺文志》和《绍兴府志》卷七十八“诗文评类”著录。

135.《梧窗诗话》

林瑜撰，二卷。瑜（1781—1836），字荪坡，龙岩（今属福建）人。官洪武中，太学士，任江西按察使佥事。后渡日，为加贺藩儒官，尝学于昌平黉。是书论唐、宋、元、明之诗，国内未见著录，唯收入《日本诗话丛书》之中。

136.《枕山楼诗话》

陈元辅撰，卷未知。唯日人津阪孝绰《夜航诗话》卷五、日尾约《诗格刊误》卷下曾称引多次，谓明陈元辅《枕山楼诗话》。

137.《诗法要标》

吴默、王槚辑录，三卷。作者生平未详，卷首有“无障吴默、二曲王槚选集”，又有“兰隅朱之蕃评、山人程逵校”。朱之蕃序曰：“自选律分会而奏诗法之说，邃持吟柄以鞭弭骚人久矣。玄心妙会者，不法法而法存；斗巧炫华者，拘拘求合于法而法之意先，□□□□□咏。及观诸名家诗法，每苦于议论多而格式繁也。偶检笥中二帙，得二曲王先生、无障吴太史汇诸言诗法，间出己意，删定增损，议简有确，寻绎有据，而更称引合作者著为式苦心妙悟，具见篇中。余校之本业，窃服其玄赏，独诣可为吟坛律令，一破向挛，而顿忘筌筏也。曾有程山人者，寄兴风雅，见案牍是编，津津云斯帙虽谭及有法，而法无所法之旨，跃然以呈，因请以付剞劂，用公海内，而僭为题其首简云。秣陵朱之蕃撰。”由此观之，是编言诗法，汇编诸家，而间出己意。朱之蕃，字元介，茌平人。万历二十三年（1595）进士第一，官至吏部右侍郎。据《四库总目》载，万历十三年（1585）冬出使朝鲜，有《奉使稿》二册，第一册为《奉使朝鲜稿》。今韩国赵钟业教授有《中韩日诗话比较研究》一书，称引是编时谓“此书尚在于唯一抄本而已，笔者所藏尝购之于书肆，其时不知是书之为唯一本，后考之，今中国亦无之。盖书成后朱使携来朝鲜而传之，载中国欲刊，但明末国势渐移，遂不果欤？故序有‘付剞劂’之言而已，书则一无所传”。

此书已编入赵钟业《韩国诗话丛编》第十二卷之中。其内容多为中国历代诗法辑录，卷一为诗学正源，分正义、平仄、音节、律诗绝句、题目章法、句法对法、情景虚实、内外意、诗三体、四不入格、四齐梁格、四对格、魔、癖、三般句、数格、六对、义例、诗有二家、物象比、四格、四炼、五忌、八病、五理、三体格、喜怒哀乐、上中下。明暗例、起句式、结句式、字眼、著题泛说、浅浅语、诗法口诀、体志；卷二有荣遇诗法、颂美诗法、讽谏诗法、赠行诗法、登临诗法、咏物诗法、宫词诗法、赓和诗法、哭挽诗法、诗学禁脔；卷三为诗法十科、诗法四则、诗法二十四品、诗法一指、诗法三造、沙中金集、诗有三偷、诗家十气象、总论、诗不越赋比兴、名公雅论、作诗用韵等等。内容虽承历代诗法，无多创见，却集历代诗法所论之大成。

今有韩国赵钟业《韩国诗话丛编》影印本，蔡镇楚石竹山房藏。中国国内唯有蔡镇楚《中国诗话珍本丛书》2004年北京图书馆出版社影印本，收入其中第十三册。

138.《西嵒诗话》

简绍芳撰，作者生平未知。是书未见诸家著录，仅明人朱孟震《续玉笥诗谈》称引一则，云：

《西斝诗话》云：殷璠集李白诗，有《沙丘城下寄杜甫》云："我来竟何事，高卧沙丘城。城边有古树，日夕连秋声。鲁酒不可醉，齐歌空复情。思君若汶水，浩荡寄南征。"其风骨、音节，为白诗无疑。后人不之见，以为李无寄杜诗，乃伪作《饭颗》一绝，浅俗特甚，未有一字似白语。予观白集，又有《鲁郡东门送杜二甫》一首，云："醉别复几日，登临遍池台。何时石门路，重有金樽开。秋波落泗水，海色明徂徕。飞蓬各自远，且尽手中杯。"盖不止《沙丘》一首也。然考殷集，无《沙丘》诗意。近日新刻者省工费，而删之耳。近《百家唐诗》亦然，至有取一人之诗，伪作三、四人者，可叹也。

是为李白辩护。今有台湾广文书局《古今诗话丛编》影印《玉笥诗谈》本。杭州大学周维德收入《全明诗话》丛书之中。

139.《茶余诗话》

魏偁撰。卷数未知。魏氏，字达卿，鄞县（今属浙江）人。幼年颖慧，成年博览群书，以诗文名世，官石城县训导。著有《闻见类纂小史》十四卷，又有《云松诗略》《读史编》《茶余诗话》等。是编未见诸家著录，仅见于《中国人名大辞典》，存佚未知。

140.《诗法》五卷《诗法源流》三卷

辑者未详，存，明嘉靖间刻本，中国国家图书馆、天津图书馆藏。

141.《诗学体要类编》

宋孟清辑，三卷。存。编者宋孟清，字廉夫，莱阳人，曾为汉中训导，《明史·艺文志》《绍兴府志》卷七十八著录，明弘治间刻本，中国国家图书馆藏。《百川书志》著录，云其为"汉中训导莱阳宋孟清廉夫编，为目五十有二，录取诗家诗话以证之也"，可知是编按五十二目分类编辑而成。

142.《蟫精隽》

徐伯龄撰，十六卷。徐氏，字延之，自署曰“古剡”，嵊县（今属浙江）人。博学能文，性格放旷，尝集箨为冠，啸歌自得，故号“箨冠生”，张钖为之撰《箨冠生传》，附于是书中十二卷之末。是书凡二百六十一条，大抵文评、诗话居十之九，论杂事者不及十之一。其体例略同于唐孟棨《本事诗》者。《千顷堂书目》作二十卷，《四库全书》本为十六卷，前后无序跋，亦无目录，系浙江范懋柱家天一阁藏本。湖南师范大学图书馆藏。

143.《画禅室随笔》

董其昌撰，四卷。其昌（1555—1636），字玄宰，号思白、香光居士，华亭（今属上海）人。明代书画家，官南京礼部尚书，谥文敏。是编卷一论书，卷二论画，卷三分记游、记事、评诗、评文四部，卷四分杂言上、下。《四库总目》列入子部“杂家类”。今有《四库全书》本，周维德《全明诗话》收录为《画禅室诗评》一卷。

144.《新刻全相万家诗法》

汪彪撰，汪延祖绘图，六卷。存，明书林翠坡刻本，浙江图书馆藏。今有周维德《全明诗话》丛书本，名无“新刻”二字。

145.《石室谈诗》

赵士喆撰，二卷，存。赵氏（？—1655），字伯浚，东莱（今属山东）人。生员。崇祯五年（1632）因登城解围，叙功超贡。明亡后隐居山中。著有《东莱赵氏楹书丛刊》。是书前有自序，论诗宗唐抑宋，力主杜甫。凡六十七则，其中总论二十四则，论各体之诗二十一则，论诸家之诗二十二则。于明诗，推崇王世贞、谢榛、钟惺、谭元春，欲以“四家言，为后人式”。原有《东莱赵氏楹书丛刊》本，今有周维德《全明诗话》校点本。

146.《尧山堂偶隽》

蒋一葵撰，七卷。一葵，字仲舒，武进(今属江苏)人。据《武阳合志》载，明万历二十二年(1594)于南京应试。著有《尧山堂外纪》一百卷、《长安客话》八卷，辑有《尧山堂八朝偶隽》七卷。是书自刻于明万历三十四年(1606)，又名《尧山堂偶隽》或《木石居精校八朝偶隽》，均为七卷，明木石居刻本，一册。《四库总目》诗文评类存目，谓其取前人比偶之文而录之，类似王铚《四六话》也。北京大学图书馆等藏。

147.《诗评密谛》

王良臣辑，四卷。良臣，生平不详，字翼儆，常熟(今属江苏)人。据《常熟艺文志》载，明万历三十八年(1610)于北京应试。著有《居易堂诗》，辑录《诗评密谛》四卷。有明天启间刻本，一册，中国社会科学院图书馆藏。

148.《诗说纪事》

胡之骥撰，三卷。胡氏生平未详，是书有明万历刻本，上海图书馆藏。

149.《唐诗摘句》

庄元臣撰，一卷。元臣，生平未详，《四库总目》著录其《三才考略》十二卷，谓其字忠原，归安人，隆庆戊辰(1568)进士。而《明清江苏文人年表》据《松轩书录》等，谓其字忠甫，吴江人，生于明嘉靖三十九年(1560)而卒于万历三十七年(1609)。若以《四库》所述，则庄氏于戊辰进士，年仅六岁，是不可成立。庄氏所著有《曼衍斋文集》《古今文诀》《三才考略》等。是书以其名则知其采唐诗佳句隽语而辑录成书者，未见著录。原有《庄忠甫杂著》本。

150.《艺圃伧谈》

郝敬撰，四卷。郝氏，字仲舆，号楚望，京山（今属湖北）人。万历己丑（1589）进士，累官礼部给事中，终于江阴知县。《明史·文苑传》附见李维桢传之末。郝氏长于经学，有《周易正解》二十卷，《易领》四卷，《尚书辨解》十卷，《毛诗原解》三十六卷，《周礼完解》十二卷，《仪礼节解》十七卷，《礼记通解》二十二卷，《春秋直解》十五卷等。是编论文谈艺，前有天启三年（1623）题词，卷一论古诗，卷二论辞赋，卷三论唐诗，卷四论杂文。历来著录者题为《艺圃伧谈》，将其"伧谈"误为"伦谈"，乃形近而误，亦未知"伧谈"则"伧父"之谈。楚人为"伧楚"，作者以"伧楚"自称，故题为《艺圃伧谈》。原有《山草堂全书》内编本，今有周维德《全明诗话》校点本。

151.《读诗》

郝敬撰，一卷。存。是书主要论《诗》，系读《三百篇》之读书笔记之属。自称"六经，唯有诵《诗》多明法"，故论诗以《诗经》为尚，注重诗教之旨，以赋比兴为法度，曰："铺叙括综曰赋，意象附合曰比，感动触发曰兴。"原有《丛书集成新编》本，今有周维德《全明诗话》校点本。

152.《诗品会函》

陈仁锡辑，四卷，首一卷，存。明末刻本，收入《八函》自辑丛书之中。《中国古籍善本书目》著录。故宫博物院图书馆、安徽博物院藏。

153.《离骚释》

孙茂芝撰，一卷，存。明崇祯十一年（1638）《孙若夫著述合刊》本，上海图书馆藏。

154.《蜕岩诗话》

王埜撰，卷数未详。王埜，字贞翁，晚号蜕岩道人。山阴（今属浙江）

人。绝意仕进，筑室卧龙山，教授自给。为诗冲淡自得，有《周易衍义》《蜕岩诗集》《诗话》《百别诗》等。是篇诗话，未见著录，仅民国版《中国人名大词典》补遗记录之。

155.《读杜私言》

卢世㴶撰，一卷。存。卢氏（1589—1653），字德水、紫房，晚号南村病叟，涞水（今属河北）人。崇祯年间进士，官至监察御史。入清徵旨京师，恢复原官，以病辞归。素好杜诗，推崇钱谦益。有《杜诗胥钞》《尊水园集》。是书原有明崇祯毛氏汲古阁《钱卢两先生读杜合刻二种》本，一册，白口双边，中国国家图书馆藏。又有清朝顺治刻本。

卷六 清代诗话

【按语】

清代，是中国历代诗话写作、整理空前繁荣发展的黄金时代。清诗话之鼎盛，超过历代诗话之总和，具有集大成之功。

其主要特征有四：

一是诗话集大成，清诗话之作，如雨后春笋，瑰丽多姿，气象万千。其数量之多，大大超过了唐、宋、金、元、明历代诗话之著的总和。据《石竹山房诗话论稿》卷四考证，清代谈诗论诗之作大凡为八百种之多，而以“诗话”名书者多达五百部之富，而蒋寅《清诗话考》之见存与待访书目已多达一千四百六十多部。

二是诗话卷帙浩繁，名著如林，名家辈出。二十卷以上的清人诗话，有朱彝尊《静志居诗话》二十三卷，宋长白《柳亭诗话》三十卷，袁枚《随园诗话》(含补遗)二十六卷，梁章钜《东南峤外诗话》三十卷，杨仲羲《雪桥诗话》四集四十卷。

三是诗话与清代朴学结缘，从诗学观念、审美理想到创作题材、批评方法等，都明显地打上清代朴学的烙印，许多朴学大师同时又是诗话大家，如王士祯、沈德潜、纪昀、杭世骏、赵翼、翁方纲、李调元、洪亮吉、阮元、焦循、舒位、梁章钜、王闿运、邓显鹤、陈衍等。特别是杭世骏有《榕城诗话》《桂堂诗话》，翁方纲有《石洲诗话》《格调论》《神韵论》《诗法论》，梁章钜有《长乐诗话》六卷、《南浦诗话》八卷、《三管诗话》三卷、《雁荡诗话》二卷、《闽川诗话》不分卷、《闽川闺秀诗话》四卷、《东南峤外诗话》十卷等，都以其辉煌的学术研究和诗学批评成果，卓然名家，使清代诗话更趋于严谨化、理论化、专门化、系统化。

四是诗话品种齐备，各民族、各地域、各流派，诗话创作，异彩纷呈。具体面貌表现在于：(1)以民族而论，少数民族诗话作家崛起。满族作家有恒仁《月山诗话》一卷，法式善《梧门诗话》十二卷，杨仲羲《雪桥诗话》四十卷，白族作家师范《荫椿书屋诗话》上下两编，陈伟勋《酌雅诗话》上编二卷，续编一卷。(2)以性别而论，女性诗话与女性作家崛起。清代有袁枚《随园闺秀诗话》一卷，梁章钜《闽川闺秀诗话》四卷，丁芸《闽川闺秀诗话续编》四卷，雷瑨《青楼诗话》二卷，雷瑨等《闺秀诗话》十六卷；女性作家亦有清人赵慈《诗学源流考》一卷，陈芸《小黛轩论诗诗》二卷，沈濬《焦桐斋诗问》一卷，萧道管《然脂新话》三卷，王琼《名媛诗话》八卷，苏慕亚《妇人诗话》一卷，雪平女士《红梅花馆诗话》一卷，杨全荫《碧城仙馆诗词话》一卷，王廼容《浣桐阁诗话》一卷，王廼德《竹净轩诗话》一卷，周润《悟香楼诗话》一卷，杨芸《古今闺阁诗话》八卷，等等。(3)以人而论，专家体诗话崛起。始于宋代的"杜甫草堂诗话"，至清代而鼎盛，方世举《兰丛诗话序》称其于朱彝尊家所"见《草堂诗话》之专言杜者，凡五十家"之多，如王士祯《渔洋诗话》、陈廷敬《杜律诗话》、施鸿保《读杜诗话》、刘凤诰《杜诗话》等，他如纪昀《李义山诗话》二卷，潘德舆《养一斋李杜诗话》三卷，尚镕《三家诗话》一卷之论袁枚、蒋士铨 、赵翼"江右三大家"者。(4)以时而论，断代诗话崛起。清人在前人诗话创作之基础上，使断代体诗话形成一个完整的历史系列，每一个朝代均有《诗话》或《纪事》，论其诗，记其事，体系完整。如清劳孝舆《春秋诗话》，费锡璜等《汉诗说》，王葆《全唐诗话》，徐增《而庵说唐诗》，宋育仁《三唐诗品》，王士祯撰、郑方坤增补《五代诗话》，孙涛《全宋诗话》，钟廷瑛《全宋诗话》，周春《辽诗话》，查羲《元人诗说》，程作舟《皇明诗话》，杨际昌《国朝诗话》，彭端淑《国朝诗话补》等。与之相适应的还有纪事体，继宋计有功《唐诗纪事》之后，清人有厉鹗《宋诗纪事》一百卷，陈衍《辽诗纪事》十二卷、《金诗纪事》十六卷、《元诗纪事》二十四卷，陈田《明诗纪事》一百八十七卷，加之民国时代邓之诚《清诗纪事初编》八卷等，“诗话”与“纪事”相结合，自春秋至清代，上下五千年，宛如一部规模宏大的中国诗史与中国诗学批评史。(5)以地域而论，地域诗话崛起。地方诗话，是地域文化的重要载体与传播媒介。地方诗话的代表作主要有：

诗话名称	卷数	撰者	最初版本	论诗地域
西江诗话	12卷	裘君弘	康熙四十二年刻本	江西
毗陵六逸诗钞	不分卷	庄杜芬、徐梅	康熙五十六年刻本	毗陵
全闽诗话	12卷	郑方坤	乾隆十九年刻本	福建
全浙诗话	54卷	陶元藻	乾隆五十九年刻本	浙江
西江诗话	3卷	曾廷枚	乾隆刻本	江西
榕城诗话	3卷	杭世骏	乾隆刻本	榕城
滇南草堂诗话	14卷	白石先生，云谷老人撰，草堂弟子编	乾隆刻本	云南
广陵诗事	10卷	阮元	嘉庆六年刻本	扬州
雁荡诗话	2卷	梁章钜	道光刻本	雁荡山
三管诗话	3卷	梁章钜	道光二十一年刻本	广西
闽川诗话	1卷	梁章钜	谢章铤赌棋山庄钞本	福建
长乐诗话	6卷	梁章钜	稿本	长乐(福州)
南浦诗话	8卷	梁章钜	嘉庆十七年刻本	南浦
闽川闺秀诗话	4卷	梁章钜	道光家刻本	福建
闽川闺秀诗话续编	4卷	丁芸	民国三年刻本	福建
楚天樵话	2卷	张清标	清刻本	楚地
合肥诗话	3卷	李家孚	民国十七年刻本	合肥
吴兴诗话	16卷	戴璐	嘉庆二年	吴兴
湘上诗缘录	5卷	张修府	光绪十四年	湖南
桃花源诗话	不分卷	吕光锡	一九四九年	桃花源

(6)以论诗内容和诗学体系而论,清代诗话虽然仍是“论诗及事”与“论诗及辞”二体并存,但其论诗体制和论诗方法已趋于严密完整,结构形态更富有系统性。以诗学体系而论,清代诗话已形成自己的一整套概念、范畴、范畴群和理论体系,特别是清代诗话的四大学说,即王士祯《渔洋诗话》的“神韵说”,沈德潜《说诗晬语》的“格调说”,袁枚《随园诗话》为代表的“性灵说”,翁方纲《石洲诗话》的“肌理说”,加之王国维《人间词话》为代表的“意境说”,不仅从不同的角度深入探讨和全面总结了中国诗话和古典美学的普遍性规律,概括和体现了中国古典诗歌美学的民族文化性格和审美特征,而且中国诗话各种学说之间又相互融合补充,建立起一个独具特色而又博大精深的古典诗学批评的理论体系和方法论体系,如同海纳百川一样,是中国诗学批评与诗歌美学之渊薮。

清人章学诚《文史通义·诗话》一篇,是国人第一篇专论诗话的论文。其主要贡献有三:一是论其“诗话之源,本于钟嵘《诗品》”;二是诗话之体,有“论诗及事”与“论诗及辞”之分,故诗话可通史部之传纪、经部之小学和子部之杂家;三是指出诗话之弊在于“作诗话以党伐同异”,“以不能名家之学,人趋风好名之习,挟人尽可能之笔,著惟意所欲之言,可忧也,可危也”。章学诚论诗话之弊,针对袁枚而发,所非者似乎过矣,但其批评之力度,可谓发前人所未发。

清代诗话文献考述,已取得重大的学术成果,主要有:蔡镇楚《石竹山房诗话论稿》卷四《诗话文献论·清代诗话考略》(湖南文艺出版社1995年),吴宏一《清代诗话知见录》(台湾“中研院”中国文哲研究所 2002年)。张寅彭《新订清人诗学书目》(上海古籍出版社 2003 年),蒋寅《清诗话考》(中华书局 2005 年)。应该说,除少数散佚的民间诗话外,这批最新成果,已足以概括清诗话之总体风貌。

限于篇幅,本卷清代诗话考述,不作论述,仍以原《石竹山房诗话论稿》卷四《诗话文献论·清代诗话考略》为蓝本,吸收上述诸家成果之长,尽可能以时序(含出版先后)编排、勘误校正,以避免原稿“信手编次、漫无系统”的缺陷,并增补原刊蔡、蒋、张、吴本之缺漏者,力求其全,而不作详尽考述。

1.《杜集诸家诗话》

钱谦益撰，一卷，存。《读杜季卢小笺》卷首附录本，无单刻本。按：原本作《读杜季庐小笺》，误。季庐，应作"季卢"，即卢世漼。

2.《读杜小笺》

钱谦益撰，其中小笺三卷，二笺二卷，存。清宣统三年（1911）国学扶轮社石印本，一册。广州中山图书馆藏。

3.《列朝诗集小传》

钱谦益撰，钱陆灿编辑，原有康熙间钱氏绛云楼刊《列朝诗集》本、康熙三十七年单刊本，今有中华书局上海编辑所1959年标点本，又有上海古籍出版社1983年本。

4.《诗纪匡谬》

冯舒撰，一卷，存。前有崇祯六年十二月自序，为驳难明七子与竟陵派而作。原有《知不足斋丛书》本，今有台湾艺文印书馆《百部丛书》影印本。

5.《沧浪诗话纠谬》

冯班撰，一卷，存。又名《严氏纠谬》，原有《钝吟杂录》十卷本，雪山北樵《花薰阁诗述》本，今有丁福保《清诗话》本。

6.《秋兴八首偶论》

商丘贾开宗撰，一卷，存。有清康熙六年《溯园全集》刻本。

7.《诗本事》

程羽文撰，一卷，存。有《檀几丛书》刻本。

8.《明诗纪事》

常熟毛晋撰，卷数未详，已佚。

9.《诗法初津》

叶弘勋撰，三卷，存。清顺治十五年（1658）刻本，一册，云南省图书馆藏。清华大学图书馆藏，残本。

10.《印庄娲宫诗话》

杨柱朝撰（按：原《石竹山房诗话论稿》卷四题为“不著撰人”，误），卷数不详，存佚未详。杨柱朝，字石林，巴陵（今属湖南）人（《府志》误为临湘人），清顺治己亥（1659）进士。曾官平武知县。生平饶于学问，以诗文为业。著有《诗经订伪》《笔秋堂集》《印庄娲宫诗话》等。光绪《巴陵县志》卷三十有传。《岳阳府志》、光绪《巴陵县志·艺文志》著录，今有《湖湘文库》影印本。

11.《增订诗法》

叶弘勋撰，钱思敏增订《诗法初津》而成，四卷，存。清乾隆三十四年（1769）古琅金石社刻本。

12.《唐风怀诗话》

张查原撰，十卷，存。有清顺治十七年（1660）雨花草堂刻本（蒋寅）。

13.《诗法火传》

马上巘撰，十六卷，存。清顺治十八年（1661）马氏古香斋刻本，十册。《西谛书目》著录，中国国家图书馆、北京大学图书馆、清华大学图书馆、湖南图书馆等有藏。

14.《秋星阁诗话》

李沂撰，一卷，存。原有清康熙间家刻本第六册，中国国家图书馆藏，后有《昭代丛书》甲集本，丁福保《清诗话》本，日本《萤雪轩丛书》本、日本《和刻本汉籍随笔集》本，台湾弘道《诗话丛刊》影印本。蔡镇楚石竹山房藏。

15.《制曲枝语》

黄周星撰，一卷，存。黄周星，字九烟，祖籍湖南湘潭，长期寄养于金陵黄氏家，故改姓黄。有《周九烟集》本，湖南师范大学图书馆藏；又列入清诒清堂刻《昭代丛书·甲集》第五帙，清康熙三十六年(1699)刻本。又有《夏为堂别集》九种本。蔡镇楚石竹山房藏。

16.《秋波六艺》

黄周星撰，一卷，存。有《周九烟集》卷三本，前有作者小引。湖南师范大学图书馆藏。又有《黄九烟先生诗文杂录》，清康熙间刻本。蔡镇楚石竹山房藏。

17.《诗律蒙告》

顾炎武撰，一卷，存。有清抄本。又一部，《敬跻堂丛书》别本《菰中随笔》附录本，南京图书馆藏。

18.《诗筏》

贺贻孙撰，一卷，存。清道光四年养云吟榭阁刻本，今有郭绍虞《清诗话续编》校点本。蔡镇楚石竹山房藏。

19.《李义山诗话》

朱鹤龄辑，二卷，存。题下署“唐李商隐撰，清朱鹤龄辑”者。今有中华图书馆石印本，一册。扉页注“纪文达公选”，前有朱鹤龄于清顺治己亥(1659)二月《李义山诗话序》。卷上论李义山诗，先录其诗，后录诸家诗评，间述己见；卷下以“抄诗或问”解说义山之诗，颇多创见。广州中山图书馆藏。

20.《杜还余论》

傅山撰，不分卷，存。载于《蔷庐杂录》卷五中。

21.《榆溪诗话》

徐世溥撰，一卷，存。收入《豫章丛书》第一辑，《中国丛书综录》著录；又有《丛书集成初编》中华书局1985年之新一版。蔡镇楚石竹山房藏。论诗以《三百篇》为尚，云：“《三百篇》者，诗之昆仑，亦诗之海也。无能出其范围者，学《三百篇》庶几得《十九首》；学《十九首》得似建安足矣。从近体入者，曷由观河源间，支机石也。”支机石，出自刘义庆《集林》：“昔，有一人寻河源，见妇人浣纱，以问之，曰：‘此天河也。’乃与一石而归。问严君平，云：‘此支机石也。’”(《太平御览》卷八)

22.《杜诗解》

金圣叹撰，四卷，存。原有邓实《风雨楼丛书》本，1918年上海震华书局刊印本；今有上海古籍出版社1984年钟来因整理本，题作《才子杜诗解》，一册。

23.《古诗解》

金圣叹撰，不分卷，存。是书以古诗十九首为解读对象，将其中第十二首“燕赵多家人”以下别为一首，故而为二十首。原有邓实《风雨楼丛书》校勘本。

24.《姜斋诗话》

王夫之撰，二卷，存。王夫之，湖南衡阳人。有《船山遗书》本、丁福保《清诗话》丛书本。又一部，三卷，人民文学出版社 1961 年与《四溟诗话》合刊校点本。蔡镇楚石竹山房藏。

25.《围炉诗话》

吴乔撰，六卷，存。清初抄本，上海图书馆藏。又一部，清抄本；又一部，清郑传绪抄本；又一部，清初抄本，清毛琛校；又一部，清初抄本，清宋宾王校并跋；又一部，清抄本，清卢文昭校；又有《借月山房汇钞》第十六卷本，《适园丛书》第七卷本；今有郭绍虞《清诗话续编》校点本。蔡镇楚石竹山房藏。

26.《载酒园诗话》

贺裳撰，五卷，存。清初贺氏载酒园皱水轩刻本，四册，中国国家图书馆藏；今有郭绍虞《清诗话续编》富寿荪校点本。蔡镇楚石竹山房藏。

27.《古今诗话钞》

清佚名辑，不分卷，存。清初抄本，复旦大学图书馆藏。

28.《逃禅诗话》

吴乔撰，一卷，存。清刻本，二册，署名"吴殳"撰。北京大学图书馆藏。又一部，旧抄本，一卷，台湾图书馆藏，一册，今有台湾广文书局《古今诗话续编》影印本。蔡镇楚石竹山房藏。

29.《西昆发微》

吴乔撰，一卷，存。旧抄本，台湾图书馆藏。近人张乃熊手校，与《围炉诗话》六卷合刊，二册，台湾图书馆藏，宋隆发《中国历代诗话总目汇编》著录。今有台湾广文书局《古今诗话续编》影印本,蔡镇楚石竹山房藏。

30.《答万季野诗问》

吴乔撰,一卷,存。原有《花薰阁诗述》本。《花薰阁诗述》,原题清雪北上樵撰,十卷,存。清嘉庆年间刻本,六册,中国国家图书馆藏。今有郭绍虞《清诗话》校点本。蔡镇楚石竹山房藏。

31.《而庵诗话》

徐增撰,一卷,存。有《昭代丛书》甲集本,丁福保《清诗话》本。又一部,日本文化十四年(1817)序刊本,早稻田大学藏;又有《萤雪轩丛书》本;今有台湾弘道《诗话丛刊》影印本,题作《徐而庵诗话》一卷。

32.《而庵说唐诗》

徐增撰,二十二卷,首一卷,存。清康熙间九诰堂刻本,武汉大学图书馆藏。今有台湾弘道《诗话丛刊》影印本。

33.《顽潭诗话》

陈瑚撰,二卷,补遗一卷,附录一卷,存。原有《峭帆楼丛书》本、1917年赵氏峭帆楼刊本。蒋寅说中国社会科学院文学研究所藏有缪荃荪抄本。

34.《六朝选诗定论》

吴淇撰,十八卷,存。有康熙八年赖古堂刊本。又有清康熙九年序雨蕉斋刻本,八册,中国国家图书馆藏。

35.《论诗诗话》

魏裔介撰,一卷,存。据蒋寅和张寅彭称,是书有康熙元年《清诗溯洄集》附录本。其中蒋言论诗一卷,诗话一卷,而张著录论诗诗话一卷,且皆未注明藏书地。孰是孰非,余未见录此存疑而已。

36.《剑溪说诗》

乔亿撰,二卷,存。清乾隆十六年(1751)刻本,今有郭绍虞《清诗话续编》富寿荪校点本。蔡镇楚石竹山房藏。

37.《剑溪说诗次编》

乔亿撰,一卷,存。稿本。上海图书馆藏。

38.《剑溪说诗又编》

乔亿撰,一卷,存。稿本。中国国家图书馆藏。

39.《杜诗义法》

乔亿撰,二卷,存。清刻本,无序跋,无刊年月,清朱宗大、王嵩高、从科同校订,二册。孙殿起《贩书偶记》著录。湖南师范大学图书馆藏。

40.《读离骚》

尤侗撰,一卷,存。有清康熙间刻《西堂全集》本。

41.《排律元响》

黄瑛评注,十卷,存。清康熙五十四年(1716)刻本。首都图书馆藏。

42.《唐诗五言排律诗论》

蒋鹏翮撰,三卷,存。清康熙五十四年(1715)刻本。中国国家图书馆藏。又一部,清乾隆二十二年(1757)寒三草堂刊本,四册。

43.《抱真堂诗话》

宋徵璧撰,一卷,存。原刻本不详;今有郭绍虞《清诗话续编》富寿荪校点本。蔡镇楚石竹山房藏。

44.《龙性堂诗话》

叶矫然撰，卷数未详，残。清乾隆慕陶轩刻本，存二卷(初集卷上，续集卷下)。又一部，不分卷，初集、续集，有郭绍虞《清诗话续编》校点本；又一部。题为《龙性堂诗话续集》，一卷，云月砚斋藏书，今有台湾广文书局《古今诗话续编》影印手抄本。蔡镇楚石竹山房藏。

45.《蠖斋诗话》

施闰章撰，二卷，存。《四库总目·诗文评存目》著录。又名《愚山诗话》。有乾隆十二年《施愚山全集》刊本，又与《矩斋杂记》合刊，列入别集，有潘思榘序。又一部，二卷，有《昭代丛书》本。今有丁福保《清诗话》本，作一卷。复旦大学藏其木活字本。

46.《说杜》

申涵光撰，一卷，佚。《清史稿·文苑传》本传、徐世昌《大清畿辅书征》、周采泉《杜集书录》等著录。清初刻本，前有王崇简序。

47.《春酒堂诗话》

周容撰，冯贞群编，一卷，存。附于《春酒堂文存》，后有 1915 年张氏约园刊《四明丛书》本，今有郭绍虞《清诗话续编》上海古籍出版社校点本。蔡镇楚石竹山房藏。

48.《诗辩坻》

毛先舒撰，四卷，存。有清初毛氏思古堂刻《思古堂十五种书》本，中国国家图书馆、湖南图书馆、复旦大学图书馆藏。今有郭绍虞《清诗话续编》上海古籍出版社校点本。蔡镇楚石竹山房藏。

49.《**声韵丛说**》

毛先舒撰，一卷，存。有《昭代丛书》本。

50.《**雅伦**》

费经虞撰，费密补辑，二十四卷，存。清康熙四十九年（1710）刻本。又一部，清康熙四十九年刻雍正四年（1726）汪玉球重修本，王枨校，十册，台湾图书馆、中国国家图书馆藏。

51.《**杜诗臆评**》

王维坤撰，卷未详，前有邵长蘅序，佚。《大清畿辅书征》失载，唯周采泉《杜集书录》著录。

52.《**溉堂诗话**》

孙蔚技撰，卷数未详，存佚未知。有清刻本。《溉堂诗集》中未见。

53.《**白鹭洲主客说诗**》

毛奇龄撰，一卷，存。有清康熙间书留草堂刻《西河合集》经集本。

54.《**西河诗话**》

毛奇龄撰，八卷，存。有《西河文集》本，题作《诗话》。又一部，一卷，有《昭代丛书·丙集》本（抄本）。今有商务印书馆《国学基本丛书》校点本。

55.《**杜诗说略**》

卢震撰，不分卷，存。清康熙间刻本。

56.《**原诗**》

叶燮撰，四卷，存。叶燮（1627—1703），字星期，号已畦，吴江县（今属江苏）人。晚年寓居横山讲学，人称“横山先生”。清代文坛名家如张玉书、沈德潜、薛雪之辈，皆出其门下。主要著述有《己畦文集》二十二卷，《己畦诗集》十卷，《诗集残余》一卷，《汪文摘谬》一卷。叶燮是清代著名的文学理论批评家，所著《原诗》内外二篇四卷，是继《文心雕龙》之后又一部系统完整的诗学理论批评专著，唯其以论诗之源为宗，故名之曰《原诗》。《原诗》以严密的逻辑思辨和完整的诗学理论体系，而卓然屹立于清代诗学批评之林，代表着清代诗学的最高理论成就。清康熙间二弃草堂刻本，北京大学图书馆藏；又一部，清抄本，福建省图书馆藏；又有《己畦集》本，丁福保《清诗话》本。蔡镇楚石竹山房藏。

57.《集世说诗》

李邺嗣撰，一卷，存。稿本，收入清杨复吉编《昭代丛书·埤编》。上海图书馆、复旦大学图书馆、南开大学图书馆等藏。

58.《梅村诗话》

吴伟业撰，一卷，存。有《娄东杂著》本；今有丁福保《清诗话》丛书本；今有《隶香斋丛书》本，《太仓先哲遗书》本，《观自得斋丛书》本。蔡镇楚石竹山房藏。

59.《练音诗话》

王辅铭撰，卷数未详，存佚不知。《历代妇女著作考》附录一《董十媛诗集》合刻本题下称引，径为王辅铭《练音诗话》云："德球，训导宏孙女，孝廉渊室。五岁口授唐人截句，辄能成诵晓意义，长遂能诗。一门工吟咏，合刻其诗，名之曰《董十媛集》。"

60.《寄园诗话》

赵吉士撰，一卷，存。原有《萤雪轩丛书》本，今有台湾弘道《诗话丛刊》影印本。

61.《静志居诗话》

朱彝尊撰，姚柳依辑，二十三卷，存。清刻本，扶荔山房藏版，十六册。又一部，二十四卷，清嘉庆二十四年(1819)姚氏扶荔山房刊本，1914年上海文瑞楼石印本(蒋寅)；又有《明诗综》附录本；台湾文星书店本，二十四卷，改题为《竹宅诗话》。

62.《汉诗评》

李因笃撰，十卷，存。清康熙间万卷楼刻本。中国社会科学院图书馆、南开大学图书馆、湖南图书馆藏。

63.《声律启蒙》

车万育撰，二卷，存。清宣统元年(1909)宝庆张氏刻本，一册，邵阳市松坡图书馆藏；1911年湖南宝庆祥隆书局刊本，一册。邵阳市松坡图书馆藏。蔡镇楚石竹山房藏。

64.《韵林随笔》

原良撰，一卷，存。有康熙年间《三山存业十编》本，《中国丛书综录》著录。

65.《漫堂说诗》

宋荦撰，一卷，存。原有《绵津山人集》本，《学海类编》本，《国朝名臣著述丛编》本，《昭代丛书》本，今有丁福保《清诗话》本。

66.《毛朱诗说》

阎若璩撰，一卷，存。原有清康熙年间贻清堂刻本，后收入清张潮编《昭代丛书》乙集第一帙。

67.《历代诗话》

吴景旭撰,八十卷,存。有清抄本,上海图书馆藏;《吴兴丛书》本;又一部,十集八十卷,清抄本,浙江图书馆藏。又一部,1927 年上海医学书局刊本,十六册;今有中华书局上海编辑所 1958 年断句排印本,二册,中国国家图书馆、湖南师范大学中文系资料室藏。

68.《锦树堂诗鉴》

钱岳辑,十二卷,存。清康熙二十八年(1689)刻本。

69.《诗幻》

张潮撰,二卷,存。清康熙二十五年贻清堂刻本(张寅彭)。

70.《西江诗话》

裘君弘撰,十二卷,存。清康熙四十二年(1703)刻本,裘氏妙贯堂藏版,凡十二册,中国国家图书馆、首都图书馆藏;又有台湾广文书局《古今诗话续编》据台湾图书馆藏善本影印本,二册,蔡镇楚石竹山房藏。

71.《杜韩诗句集韵》

汪文柏撰,八卷,存。有康熙四十六年(1707)洞庭麟庆堂刊本,光绪八年(1882)姑苏来青阁翻刻本。

72.《陶渊明诗话》

吴瞻泰撰,不分卷,存。清康熙四十四年(1705)程氏刊本,又有《云南丛书·陶诗汇注》附录本(蒋寅)。

73.《买愁集》

钱尚濠撰,四卷,存。清康熙间刊本。北京大学图书馆藏。日本《静嘉堂文库》汉笈分类目录"诗文评类"著录。

74.《毗陵六逸诗钞》

庄杜芬、徐梅辑，一卷，存。清康熙五十六年（1717）寿南堂刻本，四册。十一行二十一字，黑口，左右双边，无刻工，封面镌“寿南堂藏板”，辑录清昆陵六人诗。江苏《常州图书馆善本书目》著录。毗陵六逸者，指清毗陵六位诗人也。即恽寿平，著有《南田诗钞》五卷；杨起文，有《白云楼诗钞》一卷；胡香昊，有《香草堂诗钞》五卷；陈炼，有《西林诗钞》五卷；唐恽宸，有《芑野诗钞》四卷；董大伦，有《梅坪诗钞》二卷。江苏常州图书馆藏。

75.《五代诗话》

王士祯辑，十二卷，存。清乾隆十三年（1748）养素堂刻本，湖南省图书馆藏。又一部，郑方坤删补，清乾隆十五年杞菊轩刻本，内蒙古大学图书馆藏。又一部，稿本，中国国家图书馆藏。蔡镇楚石竹山房藏。

76.《渔洋诗话》

王士祯撰，三卷，存。王士祯（1634—1711），字子真，一字贻上，号阮亭，别号渔洋山人，山东新城人。渔洋是清中叶诗坛领袖，一代诗话大家。他继钱谦益、吴伟业之后，于康熙间主盟文坛达五十年之久，为一代宗匠，与朱彝尊齐名，有“南朱北王”之称。著有《带经堂集》《渔洋山人精华录》《池北偶谈》《居易录》《渔洋诗话》《渔洋诗则》《五代诗话》等。其《渔洋诗话》版本甚丰，有清康熙刻《王渔洋遗书》本；又一部，三卷，《诗触丛书》书；又一部，二卷，上海扫叶山房石印本，日本天保四年（1833）刊本，《和刻汉籍随笔集》本；又一部，一卷，《檀几丛书》二集本，《昭代丛书》本，《四库全书》本。

77.《带经堂诗话》

王士祯撰，张宗柟辑，三十卷，首一卷，存。其门人张宗柟汇集其论诗之语而为《带经堂诗话》三十卷。渔洋论诗宗旨，远承司空图与严沧浪，近宗徐祯卿、胡元瑞，独标神韵，建立以“神韵说”为核心的诗学理论。有清乾隆二十七年（1762）南曲久丛书刻本，首都图书馆藏。又一部，清同治十二年（1873）刊本。今有人民文学出版社 1963 年戴鸿森校点本，二册。蔡镇楚石竹山房藏。

78.《渔洋诗则》

王士祯撰，一卷，存。清人刘声木《苌楚斋四笔》卷八谓“此书不特流传绝罕，且知之者亦甚少，从未见他人著录”云云，又称其“仅四十三页，为乾隆乙亥冬仲商邱陈望之淮尘定轩原刊写字本”。是编前有陈淮序，凡《声调谱》《古今乐府论》《杂论》《渔洋论诗》四部分，封面镌有“乾隆二十年（1755）梓”“尘定轩藏板”。有清乾隆二十年（1755）尘定轩写刻本，一册，上海师范大学图书馆、台湾图书馆藏。

79.《渔洋诗法》

王士祯撰，李因培重订，三卷，存。清乾隆二十三年（1758）昼锦堂刻本。清华大学图书馆藏。

80.《律诗定体》

王士祯撰，一卷，存。清乾隆二十三年（1758）昼锦堂刻本。

81.《诗问》

王士祯撰，洪楠云录，二卷，存。清乾隆四十二年（1777）春晖草堂刻本，一册。北京大学图书馆藏。

82.《王文简公论七言古体平仄》

王士祯撰，一卷，存。清乾隆五十三年（1788）刻本，一册。北京大学图书馆藏。

83.《渔洋山人诗问》

王士祯撰，郎廷槐辑，二卷，存。清乾隆年间王祖肃刊本，一册。《西谛书目》著录。

84.《诗问》

王士祯、张笃庆、张宝居撰，郎廷槐辑，四卷，续二卷，存。清康熙四十五年（1706）刻本，清张宗柟跋、潘承弼跋，二册。上海图书馆藏。

85.《赵秋谷先生声调谱近体》

王士祯撰，一卷，存。清乾隆二十三年（1758）昼锦堂刻本。

86.《谐声别部》

王士祯撰，喻端士辑，六卷，存。是编辑录王氏《皇华纪闻》《陇蜀余闻》《池北偶谈》《居易录》《香祖笔记》《分甘余话》中论诗之语而成，分志趣、风雅、感慨、考证、评论、汇编六门，凡六卷。刘声木《苌楚斋随笔》卷十谓其有“乾隆己酉五月信江枕山亭自刊本，一本名《谐声别部》，一本名《分类诗话》，一人所辑，同时所出，而序文例言，两书一字不易，亦无一言其更名，是真不可解矣”云云。原有清乾隆间今有清同治甲戌（1874）刊本，台湾广文书局影印本，均题为《分类诗话》六卷。清抄本，山东省图书馆藏。

87.《师友诗传录》

王士祯、张笃庆、张宝居撰，郎廷槐辑录，存。清抄本。中国国家图书馆藏。有《四库全书》《丛书集成初编》《清诗话》等本，今有丁福保《清诗话》校点本。蔡镇楚石竹山房藏。

88.《师友诗传续录》

王士祯撰,刘大勋辑录,存。清抄本(四库底本)。中国国家图书馆藏。今有《谈艺珠丛》《诗触丛书》《古今说部丛书》本等。

89.《池北偶谈》

王士祯撰,二十六卷,存。清康熙己巳(1689年)刻本。

90.《西蜀诗话》

王士祯撰,郑方坤删补,一卷。存。有民国时期成都美学林排印本,蒋寅怀疑此本为《五代诗话》之删节本。或作《两蜀诗话》者,形近而误。

91.《汇编渔洋诗话》

王士祯撰,王煜编辑,十六卷,存。稿本,山东博物馆藏(蒋寅)。

92.《渔洋诗话拾唾》

王士祯撰,安濬德编辑,不分卷,存。稿本,山东博物馆藏。

93.《渔洋评杜诗话》

王士祯撰,二卷,存。清乾隆二十三年(1758)翁方纲校刻本。

94.《渔洋杜诗话》

王士祯撰,翁方纲辑,不分卷,存。清乾隆三十二年(1767)大与翁氏刻本,石洲草堂藏版,一册。中国国家图书馆藏。

95.《慎墨堂诗品》

王士祯撰,邓汉仪论次,二卷,存。清康熙间刊本。

96.《然脂集例》

王士禄撰，一卷，存。清康熙年间家刻本，《昭代丛书》列入乙集第五帙。又有《四库全书》本。中国国家图书馆藏。

97.《静志居诗话偶钞》

朱彝尊撰，一卷，存。清乾隆二十六年孟超然手抄本。福建省图书馆藏。

98.《李义山诗解》

陆昆曾解，不分卷，存。清雍正四年(1726)刻本，一册，前有自序，附诸家诗评和《旧唐书·李商隐传》；今有上海书店 1985 年影印本，一册。

99.《载酒园诗话评》

黄生撰，二卷，存。1930 年石印本；又一部，明《黄白山载酒园诗话评》不分卷，石印本，一册。蔡镇楚石竹山房藏。

100.《诗麈》

黄生撰，二卷，存。《安徽艺文考》诗文评类著录。是书原收于手订《一木堂外稿》，清嘉庆初年休宁程鸿绪抽出刊附于《增订唐诗摘钞》后，今有清雍正间抄本，安徽省图书馆藏。张寅彭称其又名《一木堂诗麈》，二卷。卷一为“诗家浅说”，卷二为“诗学手谈”，末附司空图《诗品》二十四则。

101.《杜诗说》

黄生撰，二卷，存。清传抄本，四册；又一部，名《杜工部诗说》，二卷，清康熙一木堂刊本，一册。

102.《剑堂诗法名言》

邹国沙临辑，四卷，存。无刻书年月，约乾隆间绎山房刊本。孙殿起《贩书偶记续编》著录。

103.《山疆诗话》

田雯撰，一卷，存。清初抄本，宋振仁跋。上海师范大学图书馆藏。

104.《诗词学则》

不著抄者，三卷，存。清康熙内府抄本，故宫博物院藏。

105.《诗法词谱》

不著抄者，不分卷，存。清康熙内府抄本，故宫博物院藏。

106.《榕城诗话》

杭世骏撰，三卷，存。清乾隆间刻本，清华大学图书馆、安徽省文史馆藏；又有长塘鲍氏刊《知不足斋丛书》第二集本以及《杭大宗七种》本，《明辨斋丛书外集》本，《丛书集成初编》本，今有台湾广文书局《古今诗话丛编》影印本，台湾弘道《诗话丛刊》影印本。蔡镇楚石竹山房藏。

107.《桂堂诗话》

杭世骏撰，不分卷，存佚未知。朱文藻《榕城诗话跋》谓“诗话自《榕城》而外，尚有《桂堂诗话》，家居而作”。未见。

108.《野鸿诗的》

黄子云撰，一卷，存。清乾隆间长吟阁自刻本，安徽师范大学图书馆藏；又一部，不分卷，清嘉庆三年(1798)葛祚增抄本，复旦大学图书馆藏。

109.《秋园随笔》

马位撰，一卷，存。清乾隆疏雨书堂刻本，中国国家图书馆藏；又有《昭代丛书》辛集本，《关中丛书》第三卷本，丁福保《清诗话》本。

110.《诗说二种》

宋弼撰，三卷，存。清乾隆间泺源书院刻本，其中《声调会说》二卷，《通韵谱说》一卷。北京大学图书馆、湖北省图书馆藏。

111.《怀旧游诗话》

冯一鹏撰，二卷，存。清乾隆间刊本，一册，上海图书馆藏。

112.《本事诗》

徐釚辑，十二卷，存。清李本宣、李本宜增订，清雍正承芳堂刻本；又一部，十二卷，清康熙四十三年（1704）吴中立刻本；又一部，十二卷，清乾隆二十二年（1757）汪肯堂半松书屋刻本，六册；又一部，十二卷，清乾隆二十三年（1758）枫江徐氏重刻本，凡六册；今有台湾杜松柏《清诗话访佚初编》影印本，一册，蔡镇楚石竹山房藏。

113.《诗义固说》

庞垲撰，二卷，存。原有《丛碧山房全集》本，今有丁福保《清诗话》本。

114.《诗谈》

张谦宜撰，一卷，存。稿本，一册，湖北省图书馆藏；又一部，清抄本，上海图书馆藏。

115.《茧斋诗谈》

张谦宜撰，八卷，存。原有《家学堂遗书》本，今有郭绍虞《清诗话续编》富寿荪校点本。蔡镇楚石竹山房藏。

116.《白云楼诗话》

杨宗发撰，一卷，存。原有阳湖杨氏《白云楼诗钞》附录本，又有《大亭山馆丛书》本。仅五则诗话，是为后人辑录而成（张寅彭）。

117.《杜律诗话》

陈廷敬撰，一卷，存。又名《午亭杜律诗话》。原有清康熙间《午亭文编》本；有台湾杜松柏《清诗话仿佚初编》本，蔡镇楚石竹山房藏。今有蔡镇楚《中国诗话珍本丛书》北京图书馆出版社 2004 年影印本。

118.《穷愁漫语》

钱兴祖撰，一卷，存。稿本，上海图书馆藏。

119.《河山诗话》

康乃心撰，一卷，存。有《康乃心全集》稿本，中国社会科学院文学研究所藏（蒋寅）。

120.《枕山楼课儿诗话》

戴昌其撰，一卷，存。清写本。日本《静嘉堂文库汉籍分类目录》著录于集部诗文评类。蒋寅称有雍正三年刊本（日本内阁文库），张寅彭称"陈元辅撰"。

121.《寒塘诗话》

蒋鸿翮撰，一卷，存。清雍正六年（1728）武进蒋氏刻本，寒三草堂藏版，二册。中国国家图书馆藏。

122.《唐贤三体诗句法》

钱塘高士奇辑，何焯评，六卷，存。清光绪十二年（1886）春桂阳夏时刊朱墨套印本，雪北山樵《花薰阁诗述》本。今有丁福保《清诗话》校点本。

123.《唐音审体》

钱良择撰，雪北山樵辑，一卷，存。有雪北山樵《花薰阁诗述》本，陕西省图书馆、湖南省图书馆藏。丁福保收于《清诗话》之中。又一部，二十卷，六册，清康熙刊本。清华大学图书馆、山东师范大学图书馆、辽宁省图书馆藏。《西谛书目》著录。又《苏州府志·艺文志》著录，作《唐诗审体》。蔡镇楚石竹山房藏。

124.《诗伦》

汪薇撰，二卷，存。家刻本，原有乾隆间武英殿聚珍本，清同治六年(1867)吕乾重刻本，光绪二十年(1894)刊印本，二册。按：是书以“诗以明伦”为旨归，故题为“诗伦”。原《石竹山房诗话论稿》误作《诗论》，今予以纠正。

125.《初白庵诗评》

查慎行撰，张载华辑，三卷，存。清乾隆四十二年(1777)张氏涉园观乐堂刻本，四册，中国国家图书馆、湖南图书馆、南京图书馆藏；又一部，名《查初白十二种诗评》。三卷，清乾隆间刻本，张元济跋，涉园观乐堂藏板，南京图书馆藏；今有扫叶山房本，上海六艺书局石印本。

126.《读杜随笔》

陈订撰，四卷，存。清雍正十年(1732)松柏堂刻本，四册，清陈德宗、陈其善跋；又一部，清雍正松柏堂刻本，陈其善、陈宜绳跋，张元济跋，上海图书馆藏；清陈敬璋《海宁渤海陈氏著录》作四卷；又一部，二卷，清雍正间家刻本。

127.《诗学金丹》

朱元英撰，一卷，存。有《春雨堂集》本。清同治《上元江宁两县志》卷十二《艺文志》与《中国丛书综录》等著录。

128.《白云楼诗话》

华亭焦袁熹撰，一卷。有《此木轩全集》本。

129.《此木轩论诗》

华亭焦袁熹撰，八卷。有《此木轩全集》本。

130.《义门读书记》

何焯撰，五十八卷，存。清乾隆三十四年（1769）承恩堂刻本。

131.《声调谱》

赵执信撰，一卷，存。清乾隆间刻本，天津师范大学图书馆藏；又一部，二十卷，佚名增辑，清抄本，复旦大学图书馆藏。

132.《声调谱》

赵执信撰，三卷（钱谱一卷，后谱一卷，续谱一卷），亦称《声调三谱》，存。清咸丰三年（1853）傅氏池生春草轩抄本，清傅以礼校并跋，南京图书馆藏。又有《诗话萃编》本，《清诗话》本。

133.《谈龙录》

赵执信撰，一卷，存。清乾隆间李文藻抄本，江苏师范大学图书馆藏；又一部，清徐瑛玉抄本，封文权跋，北京大学图书馆藏；又一部，清郑传绪抄本，南京图书馆藏；又有《艺海珠尘》、《天壤阁丛书》、《适园丛书》、《吉林探源书舫丛书》二集、丁福保《清诗话》本。蔡镇楚石竹山房藏。

134.《古诗声调谱》

赵执信撰,王尔鉴重订,存。清乾隆三十年合川官舍刊本(张寅彭)。

135.《声调谱》

赵执信撰,佚名增补,二十卷,存。有旧抄本,北京大学图书馆藏。

136.《诗学指南》

顾龙振辑,八卷,存。清乾隆间刻本,敦本堂藏版,八册,中国国家图书馆藏。今有台湾广文书局影印本。

137.《艺苑名言》

蒋澜编次,八卷,存。清乌丝栏传抄本,四册,中国国家图书馆藏;又一部,清乾隆四十八年(1783)刻本,怀谷轩藏版,四册,湖北省图书馆藏;又一部,清乾隆五十六年(1791)怀谷轩刻本,北京大学图书馆藏。

138.《对山堂杂作二种》

程思乐撰,其中《虚宝字辨》一卷,《诗文秘要》一卷,存。清乾隆刊本,二册。《西谛书目》著录。

139.《家学堂遗书二种》

张谦宜撰,十四卷,存。内有《茧斋诗话》八卷,《茧斋论文》六卷,清乾隆二十三年(1758)清法辉祖刻本,南京图书馆藏;又一部,清乾隆间刻本,清李文渊批识,李文藻跋。中国国家图书馆藏。

140.《声调谱阐说》

郑先朴撰。一卷。存,今有《中国学报》本,一册。前有自序,后有其孙郑沅重印本跋。此书是作者卧病在家时为自娱而撰成,依照赵执信的原本及姚颐的增评,又加阐说,"无使阅者猝不能解"。全书分为总论、五言句图、齐梁体、七言句图、柏梁体、五律句图、七律句图七部分。先列原谱所云,再附作者阐说。对原本意思含混处加以分明,不全面处加以补充,讹误处加以纠正,忌讳处加以明言,“不待阅者思索也”。诚为学习声调之指南。

141.《少陵诗话纂》

胡捷撰,卷未详,佚。民国《河北通志稿·艺文志》、周采泉《杜集书录》著录。

142.《杜诗言志》

佚名撰,十六卷,存。稿本,今有扬州广陵古籍刻印社 1979 年校勘本。

143.《葵村诗话》

新会黄河澂撰,卷数未详,佚。《广州府志》卷九十六据《新会志》著录。未见。

144.《集唐要法》

郎廷极编,一卷,存。有清道光十一年《学海类编》刊本。

145.《论诗》

李中黄撰,一卷,存。抄本,中国科学院图书馆藏(张寅彭)。

146.《江西诗社宗派图录》

张泰来撰,一卷,存。有《昭代丛书》本,杨复吉跋;又有《知不足斋丛书》本,清厉鹗校;又一部,清雍正赵氏小山堂抄本,赵一清校并录厉鹗跋;今有丁福保《清诗话》丛书本。

147.《**存斋诗话**》

涂天相撰，卷数未详，存佚未知。《桐城文学渊源考》“补遗引用书目”著录。

148.《**柳亭诗话**》

宋长白撰，三十卷，存。清康熙间天茁园刻本，八册，前有康熙乙酉自序和康熙丁亥罗坤序。北京大学图书馆、山东博物馆藏。又一部，清光绪八年（1882）刊本，八册，湖南郴州图书馆藏。今有1930年上海新文化书社刊本，何有林校阅。今有台湾广文书局《古今诗话丛编》影印本，前有桐庐主人新序。蔡镇楚石竹山房藏。

149.《**汉诗总说**》

费锡璜撰，一卷，存。有《昭代丛书新编》别编本，今有丁福保《清诗话》校点本。蔡镇楚石竹山房藏。

150.《**汉诗说**》

费锡璜、沈用济同撰，十卷，存。清抄本，四册。《杭州府志·艺文志》著录于诗文评类，署为“钱塘沈用济撰”。

151.《**春秋诗话**》

南海劳孝舆撰，五卷，存。清乾隆十六年（1751）张桖园刻本，中国国家图书馆、清华大学图书馆藏；今有台湾广文书局《古今诗话丛编》影印《岭南遗书》本，前有乾隆间张汝霖、雍正间盛海观以及乾隆辛未年苏珥、何梦瑶四序，后有顺德罗天尺后序。今有蔡镇楚《中国诗话珍本丛书》北京图书馆出版社2004年影印本。蔡镇楚石竹山房藏。

152.《**寒厅诗话**》

顾嗣立撰，一卷，存。清嘉庆兴沈氏十经斋抄本，上海图书馆藏；又一部,《昭代丛书》壬集补编本,今有丁福保《清诗话》本。蔡镇楚石竹山房藏。

153.《说诗乐趣类编》

伍涵芬辑,二十卷,存。清康熙(辛巳)四十年刻本,华日堂藏版,八册。中国国家图书馆、北京大学图书馆、清华大学图书馆藏。

154.《读书乐趣》

伍涵芬辑,八卷,存。清康熙年间刻本,大文堂刊袖珍本(蒋寅)。

155.《今雨轩诗话》

仁和沈元沧撰,不分卷,存。清抄本。台湾版《杭州府志·艺文志》以及宋隆发《中国历代诗话总目汇编》著录。元沧,字麟洲,号东隅,浙江仁和人。曾助查升编纂《佩文韵府》。

156.《皇明诗话》

程作舟撰,二卷,存。清康熙间复刻《程氏丛书》二十三种本,中国国家图书馆藏。又有《藏书五种》本。《中国丛书综录》著录。

157.《秋星阁诗话》

李沂撰,一卷,存。有《昭代丛书》甲集本;清康熙间家刻本第六册,中国国家图书馆藏;又有丁福保《清诗话》重刻本,日本《萤雪轩丛书》本,日本《和刻本汉籍随笔集》本,台湾弘道《诗话丛刊》影印本。

158.《莲坡诗话》

查为仁撰,三卷,存。有清乾隆刊《蔗塘未定稿外集》本,三册;又有《龙威秘书》第三集第二十二册本,中国国家图书馆藏;《屏庐丛刻》重刻本;又一部,一卷,《赐砚堂丛书未刻稿》本,《昭代丛书》本,丁福保《清诗话》本;又一部,二卷,清光绪《顺天府志·艺文志》著录,未见。

159.《说诗晬语》

沈德潜撰,二卷,存。有《沈归愚诗文全集》本、《诗触丛书》本、《啸园丛书》本、《谈艺珠丛》本;又一部,一卷,存,有《青照堂丛书》三编本、《三家诗话选》本;今有《清诗话》本及1979年人民文学出版社与《原诗》《一瓢诗话》校点本刊本,二卷。日本有文政十三年(1830)《和刻本汉籍随笔集》复刻本,《萤雪轩丛书》本,台湾弘道《诗话丛刊》影印本。

160.《西江诗话》

曾廷枚撰。上、中、下三卷,存。有清乾隆刻本,三册,《西谛书目》著录;又有清嘉庆间曾氏《芗屿裘书》刻本,中国国家图书馆、复旦大学图书馆藏。前有黄旭题辞。后无跋。全书有近二百条诗话,选晋唐以来至当时诗家,列举评论,并因诗明义,阐发诗学理论。其中也有一些诗坛典故。论诗以陶渊明为宗,将其列为"圣门弟子",评其诗为独步千古。今有台湾广文书局《古今诗话续编》影印本,二册。蔡镇楚石竹山房藏。

161.《西圃诗说》

德州田同之撰,一卷,存。有《田氏丛书》清乾隆间刻本,一册。今有郭绍虞《清诗话续编》校点本。

162.《声诗微旨》

德州田同之撰,一卷,存。稿本,山东博物馆藏。

163.《兰丛诗话》

方世举撰,一卷,存。《安徽艺文考·诗文评》著录。清传抄本,一册,安徽省图书馆藏。又一部,《春及草堂诗钞》四卷附录本,清方观承刻本,一册,安徽省图书馆藏;又一部,清乾隆间刊本,一卷。今有郭绍虞《清诗话续编》富寿荪校点本。蔡镇楚石竹山房藏。

164.《宋诗纪事》

厉鹗编次,四卷,存佚未知。清乾隆十一年(1746)厉鹗樊榭山房自刻本;又一部,清乾隆十一年(1746)厉鹗樊榭山房自刻本,清翁方纲评,存九十二卷(即卷一至卷十二,卷二十一至卷一百),卷三十至二十已佚。上海图书馆藏。今有台湾鼎文书局《历代诗史长编》影印本,一百卷。

165.《清朝诗人小传》

郑方坤撰,四卷,存。清刊本,浙江马俊良删订。今有台湾广文书局《古今诗话丛编》影印本,一册。蔡镇楚石竹山房藏。

166.《全闽诗话》

郑方坤撰。十二卷。存,有乾隆十九年诗话轩刻本,十册。北京师范大学图书馆藏。前有刘星炜、朱仕琇序各一篇。后无跋。作者自做"例言"一篇,并列引用书目共四百三十八种。作者在例言中说,此书是作者"合全闽十郡,自晋迄今之美谈、胜事、琐义、微文汇次而整齐之"。并依事先辈之礼,但论其诗,不及臧否,"诗话说诗耳,其人贤否不与焉"。全书分十二卷,共四百余条。以闽人征闽事、以闽事系闽诗,朱序称其"援据该博",自游寓释老神仙鬼物以及方言土产,皆州分部次,收入此编。刘序称其大者,志善败而别劝惩;即琐事微文,亦皆逸趣横生,"悠然相见风人之寄托"。

又一部,清杞菊轩抄本(卷一、卷六缺),清乾隆十九年(1754)诗话轩刻本,浙江图书馆藏。

167.《漱华随笔》

常熟严有禧撰,四卷,存。清乾隆十七年(1752)刊本。前有自序。

168.《如圃诗话》

鲁琢撰，卷数未详，存佚不知。鲁氏，字研山，号南庄，怀宁人。乾隆丙子（1756）举人，著有《南庄诗钞》十卷等。《安徽艺文考》诗文评类及《皖人书录》著录。

169.《诗法指南》

蔡筠选注，六卷，又二编六卷，存。有清乾隆二十三年（1758）至二十五（1760）刊本。据地方志，蔡筠，生卒未详。清同治九年（1870 年），任，江苏候补道台，目睹城内贫寒子弟失学者多，因此购田置地，在宁波府府桥街六十六号，兴建督学行署。故其版本恐有错谬。

170.《诗筏橐说》

李畯撰，四卷，存。清乾隆二十三年（1758）醉古堂刊本，二册。中国科学院图书馆藏。

171.《赏音编》

孟永棻撰，六卷，首一卷，存。清乾隆二十四年（1759）刊本。

172.《诗法度针》

徐文弼撰，三十三卷，存。清乾隆二十四年（1759）文德堂刊本，八册。

173.《重修清艺诗法辨体说》

吕得本辑，二卷，存。清乾隆二十四年（1759）存正堂刊本，前有申赞皇序、自序，后有自跋。

174.《渔洋山人精华录会心偶笔》

伊应鼎编述，六卷，存。清乾隆二十四年（1759）刊本，四册。

175.《辽诗话》

周春撰，一卷，存。清乾隆二十四年（1759）刊本；又一部，清嘉庆十三年（1808）《周松霭先生遗书》本（卷二十九），首都图书馆、复旦大学图书馆藏。又一部，清刻《松霭初刻六种》本，一卷，中国国家图书馆、上海图书馆藏；又一部，《昭代丛书》本，杨复吉续辑，清道光十三年（1833）刊；今有 1927 丁福保《清诗话》丛书本。

176.《增订辽诗话》

周春撰，二卷，存。有手稿本，浙江图书馆藏；清同治间古冈刘氏（晚荣）藏修书屋刊本；《述古丛钞》第二集本；清光绪十六年（1890）刊《藏修堂丛书》第六集本；1916 年刊《翠琅玕馆丛书》本；1935 年刊《芋园丛书》本。蔡镇楚石竹山房藏。

177.《耄余诗话》

周春撰，十卷，存。清抄本。《杭州府志》卷九十五著录。今有清光绪间沈善登编《豫恕堂丛书》写样本，十卷，清谭献校，上海图书馆藏。

178.《新刻诗料裁对典故》

巴承爵辑，二卷，存。清乾隆二十五年（1760）积德堂刻本，一册。清华大学图书馆藏。

179.《学诗津逮八种》

朱琰撰，十卷，存。清乾隆二十五年（1760）自刻本，其中《诗品》三卷（梁钟嵘）、《诗式》一卷（唐释皎然）、《二十四诗品》一卷（唐司空图）、《沧浪诗话》一卷（宋严羽）、《白石道人诗说》一卷（宋姜夔）、《谈艺录》一卷（明徐祯卿）、《艺圃撷余》一卷（明王世懋）。上海图书馆、北京大学图书馆藏。

180.《古今诗麈》

方起英撰，张希杰增订，不分卷，存。作者方起英（1692—1752），康熙三十一年（1692）十月生，乾隆十七年（1752）二月去世，享年六十岁，字遇春，号狮山，浙江义乌人，曾寄居山东济南二十余年。著有《东园诗集》《蜀山前后诗集》《绛雪词》《古今诗麈》《诊宗三昧》等。是书《古今诗麈》，以时代为序，以人物为目，起于唐虞三代而止于清，辑录古今名人雅士生平逸事及其诗词名作，不啻是一部中国文学史，以为子孙阅读。有清乾隆间张氏手稿本，有乾隆二十八年（1763）自序，六册。台湾图书馆藏。今有台湾庆文书局《古今诗话续编》影印本，精装二册。蔡镇楚石竹山房藏。

181.《诗法从览》

陆祚订辑，四卷，存。清乾隆二十九年（1764）甲申竹西书屋刊本。

182.《唐诗成法》

屈复撰，十二卷，存。有清乾隆二十九年（1764）刊本，四册。湖南师范大学图书馆藏。

183.《诗汇说》

张象魏辑。五卷。存，今有乾隆三十年（1765）自刻本，五册。前有兰陵庄学和序。刘绍序，以及自序各一篇，后无跋。此书为诗话的汇编，唐宋以来诗话很多，而四库全书也是得此失彼。作者把这些散见错出的诗话汇集起来，刻成一集。自序谓“真于风雅一道，思过半矣”。全书分五卷。首取说杜诗者，以正其始;以名人问答殿后，亦为十五国风之后继之以豳风的古法。作者本人是诗人，遍观博览。此书为作者删繁就简而集成。庄序谓“择之颇精”，并非过分溢美之词。

184.《诗法汇》

张象魏辑，五卷，存。清乾隆三十年（1765）学古堂精刊本，五册，一名《诗汇说》，有庄学和、刘绍攽序。

185.《诗法辨体说》

吕得本辑，二卷，存。清乾隆二十四年（1759）存正堂刊本，有申赞皇序、自序，后又自跋。又有乾隆三十一年（1766）存正堂刻本。前有申赞皇序、自序各一篇，后有自跋。申序谓“名曰‘诗法辨体’，用以昭示后学，奉作楷模”。此书主要讲作诗之法，辨别正、变、拗诸体之说。上卷专讲五言律，后附六言诗。书中例诗专用唐诗。主张作诗与作文同，亦有虚实、顺逆、开合、宾主、正喻、旁衬等法。作者殚毕生精力，精心考核。申序谓“诸体咸备，各法皆详”，作者自序亦谓“于诗学未必无小补”。为当时后学者“暗室之灯、迷津之筏”。今有蒋寅主编《清代诗话珍本丛刊》第一辑（全五十册）第三十四册影印本，国家图书馆出版社 2019 年 10 月本。

186.《二山说诗》

何忠相撰，四卷，存。《明清江苏文人年表》著录。清乾隆三十一年（1766）刻本。中国社会科学院文学研究所、湖北省图书馆、福建省图书馆、北京师范大学图书馆藏。

187.《七子诗话》

佚名编，十七卷，存。清乾隆三十五（1770）重刊本，四册。又一部，二十二卷，清坊刻本，四册，中国国家图书馆藏。又一部，二十四卷，清鲍廷博辑校，清坊刻本，四册。其中辑黄彻《䂬溪诗话》、杭世骏《榕城诗话》、都穆《南濠诗话》、李东阳《怀麓堂诗话》、瞿佑《归田诗话》、王若虚《滹南诗话》、魏泰《临汉隐居诗话》。湖南师范大学图书馆藏。

188.《罨画楼诗话》

廖景文撰，八卷，存。又名《清绮集》。清乾隆三十六年（1771）刻本，四册。中国国家图书馆藏。又一部，清光绪元年（1875）铿经书屋重刊本。

189.《古檀诗话》

廖景文撰，八卷，存。清乾隆三十六年（1771）刊本，光绪乙亥（1875）重刊本。钱仲联《清诗纪事》称引。

190.《茶余诗话》

阮葵生撰，卷数未详。阮氏有《茶余客话》二十二卷，清乾隆三十六年（1771）成稿，后有自跋。是编似从《茶余客话》辑出，张维屏《艺谈录》著引，未见。

191.《罍花轩诗话》

廖景文撰，四卷，存。清乾隆三十六年（1771）刊本。钱仲联《清诗纪事》称引。

192.《罍花轩诗话漱芳集》

廖景文辑，八卷，存。清乾隆三十九年（1774）听吟轩刊本。

193.《古诗十九首说》

朱筠（原题朱笥河）口授，徐昆笔述，存。清乾隆三十七年（1772）刻本，一册。

194.《诗法醒言》

张潜撰，十卷，存。清乾隆年间刊本，五册。北京大学图书馆藏。

195.《竹溪诗话》

刘泽菁撰，卷帙未详，存佚不知。《安徽艺文考》诗文评类著录。刘氏，号竹溪，阜阳（今属安徽）人，乾隆廪生。

196.《广声调谱》

李汝襄辑，二卷，存。清乾隆四十二年（1777）易简堂刊本，莲池书院藏版。吉林市图书馆、安徽桐城县图书馆藏。今有台湾杜松柏《清诗话仿佚初编》本。蔡镇楚石竹山房藏。

197.《龙山诗话》

雷国楫撰，十二卷，存。清乾隆四十三年（1778）味经堂刻本，文化部文学艺术研究院图书馆藏；又袁枚《随园诗话》卷十四引为二卷。

198.《骚坛八略》

王楷苏撰，二卷，存。是编成于乾隆四十五年（1780），分源流、体裁、法律、家数、学殖、练习、领悟、款式八略，故名。清嘉庆二年（1797）钓鳌山房精刊本。

199.《朱梅舫诗话》

汪玉珩撰，二卷，存。清乾隆四十六年（1781）刊巾箱本。

200.《古今诗话探奇》

蒋鸣珂辑，二卷，存。清写刻本，前有乾隆四十九年（1784）自序，二册，湖南师范大学图书馆馆藏。今有台湾广文书局《古今诗话续编》影印本，一册。蔡镇楚石竹山房藏。

201.《历代诗话（诗话丛书）》

何文焕辑，五十七卷，附《历代诗话考索》一卷，存。清乾隆四十九年（1784）刻本，十六册；今有中华书局上海编辑所 1985 年断句排印本，中华书局 1981 年常振国、降云校点本，二册。蔡镇楚石竹山房藏。

202.《三台诗话》

戚学标辑,二卷,存。清乾隆五十一年(1786)刻本,景文堂藏版,二册。中国国家图书馆藏。

203.《国朝诗话》

杨际昌撰,二卷,存。有清乾隆年间《澹宁斋集》刻本,北京大学图书馆藏;今有郭绍虞《清诗话续编》富寿荪校点本。

204.《王文简公论七言古体平仄》

王引之撰。一卷。存。今有清乾隆五十三年(1788)王允熙刻本。前有同郡后学汪镛序,后有王允熙跋。北京师范大学图书馆藏。是书共分两部分,一为王引之之自作七言古诗。作者精于诗,犹擅七言歌行。书中第一部分是他家居教授子侄时的授课内容,以杜甫、韩愈、苏轼三家为范例,具体讲解了七言古诗的平仄应用,并提出“会者不必工,不会者殊不足以为诗”的见解。讲解部分简明扼要,自作古诗抑扬顿挫,深得古诗平仄运用之妙。此书刊出之后,成为当时应试之人学用声律的必备古籍,影响很大。

205.《诗说》

王崧撰,上中下三编,存。王崧(1752—1837),字伯高,号乐山,云南浪穹人。乾隆五十四年(1789)举人,嘉庆四年(1799)进士,官山西武乡知县。著有《说纬》《乐山集》《云南备征志》等书。是书属于《诗经》之学,原有王氏《乐山集》本,今有张国庆《云南古代诗文论著辑要》2001年中华书局校点本。

206.《诗学纂闻》

汪师韩撰,一卷,存。清乾隆刻《上湖遗集》八种本,清佚名校;又有《昭代丛书》本,《诗法萃编》本;今有丁福保《清诗话》本。蔡镇楚石竹山房藏。

207.《**随园诗话**》

袁枚撰，十六卷，补遗十卷，存。清乾隆五十五年（1790）小仓山房自刻本，存二十五卷（补遗缺第十卷）；清道光四年（1825）刊本；台湾广文书局《古今诗话丛编》影印本，精装一册，后附《随园食单》，蔡镇楚石竹山房藏；今有人民文学出版社 1960 年顾学颉校点本，二册。

208.《**随园诗话摘抄**》

袁枚撰，不分卷，存。清梁同书抄本，郭尚光跋。中央民族大学图书馆藏。

209.《**游道堂诗话**》

朱彬撰，不分卷，存佚未详。朱氏（1753—1834），字武曹，号郁甫，宝应人。乾隆举人，与刘台拱齐名。《明清江苏文人年表》著录。

210.《**随园闺秀诗话**》

袁枚撰，一卷，存佚未详。清乾隆间抄本。《贩书偶记续编》著录。未见。

211.《**续诗品**》

袁枚撰，一卷，存。有《小仓山房诗集》二十本，《昭代丛书》本，《四品汇钞》本，《绿满书窗》本，《清诗话》本等。今有郭绍虞《续诗品注》人民文学出版社 1963 年本，王英志《续诗品注评》浙江古籍出版社 1989 年本。

212.《**诗学全书**》

袁枚撰，四卷，存。1925 年上海华美书局石印本，四册。广州中山图书馆藏。

213.《炙砚琐谈》

汤大奎撰，三卷，存。清乾隆五十七年（1792）亦有生斋刻本，一册。中国国家图书馆藏。

214.《应试诗法浅说》

叶葆撰，六卷，存。清乾隆刻本，四册。《西谛书目》著录。

215.《全闽诗话》

黄日纪辑，六卷，存。清乾隆间刻本。福建师范大学图书馆藏。

216.《风雅遗闻》

戚学标撰，四卷，存。清乾隆五十八年（1793）刊本。

217.《风雅逸音》

戚学标撰，四卷，存。清乾隆五十八年（1793）刊本。

218.《凫亭诗话》

陶元藻撰，二卷，存。无刻书年月，约清乾隆间刻本；又一部，六卷，有嘉庆刊本，赵钟业《中韩日诗话比较研究》著录。

219.《古诗刊误》

黄之纪撰，十卷，存。清乾隆间编录堂刊本，校勘古诗书凡三十余种，其中第九卷有《楚辞刊误》一种。

220.《全浙诗话》

陶元藻辑，五十四卷，存。清乾隆五十九年（1794）刊本，十六册；清嘉庆元年（1796）刻本，怡云阁藏版，二十四册，中国国家图书馆藏；又一部，三十卷，清香云书屋抄本，上海辞书出版社藏；又一部，稿本，存三卷（卷九、十二，补遗一），南京图书馆藏。

221.《诗法醒言》

张潜撰，十卷，存。有清乾隆间刻本，五册，北京大学图书馆藏。

222.《汇纂诗法度针》

徐文弼撰，三十三卷，首一卷，存。清乾隆间刻本，桂林图书馆藏。

223.《红蕉诗话》

蔡立甫撰，四卷，存。有清乾隆间刊本，一册。《西谛书目》著录。上海图书馆藏。

224.《续刻红蕉诗话》

蔡立甫撰，卷数未详，存佚不知。章培垣、安平秋编《中国禁书大观》著录，未见。

225.《我侬说诗》

贾赤夫、苏静涵、文鲁斋辑，二十二卷，存。清赵觐雅抄本，上海图书馆藏；又一部，四卷，清抄本，北京市委图书馆藏。

226.《说原》

贾赤夫、苏静涵、文鲁斋辑，三卷，存。清赵觐雅抄本，上海图书馆藏。

227.《说诗别裁》

蒋衡撰，一卷，存。有《蒋氏丛书》本。

228.《**乐府释**》

蒋衡撰，一卷，存。有《蒋氏丛书》本，《古今文艺丛书》本。

229.《**滇南草堂诗话**》

原题白石先生，云谷老人同撰，草堂弟子编次，十四卷，存。《安徽艺文考》诗文评类著录，《云南通志》作十卷。有清乾隆间刻本，凡十二册，中国国家图书馆藏。或作《滇南诗话》，云南省图书馆藏。又一部，题下署为“檀萃辑话”，又作“檀默斋辑”，清嘉庆五年（1800）蕴经堂藏刻本，十二册，广州中山图书馆藏。

230.《**吴兴诗话**》

戴璐撰，十六卷，存。清吴兴严氏随分读书斋抄本，四册。中国国家图书馆藏。又一部，清嘉庆二年（1797）刊，石鼓斋藏版，二册，湖南图书馆藏；又一部，十六卷，卷首一卷，1916年吴兴刘氏嘉业堂刻本，二册，北京师范大学图书馆藏。今有杜松柏《清诗话访佚初编》影印本，蔡镇楚石竹山房藏。

231.《**乐府遗声**》

汪汲辑，一卷，存。收入古愚老人《消夏录》第八册，清嘉庆年间刻本。北京大学图书馆藏。

232.《**乐府标源**》

汪汲撰，二卷，存。收入古愚老人《消夏录》第八册，清嘉庆年间刻本。北京大学图书馆藏。

233.《**雨村诗话**》

李调元撰，二卷，存。有《童山全集》清嘉庆年间刻本；今有郭绍虞《清诗话续编》校点本。又有《函海》第二十九本，《丛书集成初编》本，台湾广文书局《古今诗话丛编》影印本。重庆出版社 1989 年出版吴熙贵《李调元诗话评注》一册。

234.《诗触(诗话丛书)》

朱琰辑,五卷,存。清嘉庆三年(1799)重刻本,八册;又一部,十六种二卷,清刻袖珍本,十一册。中国国家图书馆藏。

235.《青芙蓉阁诗话》

陆元铉撰,二卷,存。清红丝栏传抄本,二册。中国国家图书馆藏。

236.《石园诗话》

余成教撰,二卷,存。有《石园集》本,中国国家图书馆藏。郭绍虞《清诗话续编》校点本,卷首有清嘉庆年间吴嵩梁、方观、刘子春三人序各一篇。

237.《修竹庐谈诗问答》

徐熊飞撰,一卷,存。无刻书年月,约清嘉庆丙子刊本,后有陆坊序;今有周维德《诗问四种》,山东齐鲁书社 1985 年笺注本。

238.《全辽诗话》

周春撰,四卷,存。清嘉庆间无锡秦瀛、乾隆间长洲沈注潜二序以及作者自序、又序。尚有谢启昆二十四首题辞。蔡镇楚石竹山房藏。

239.《阴常侍诗话》

张澍辑,一卷存。附于《阴铿诗集》卷首,有《二西堂丛书》本,《丛书集成初编》重刻本。

240.《静居绪言》

阙名撰，一卷，存。稿本，今有郭绍虞《清诗话续编》富寿荪校点本。

241.《耐冷谭》

宋咸熙撰。十六卷，存。今有清道光年间武林亦西斋刻本，六册。前有吴应和序，后有弟子马鸿宾跋。序谓作者天性冷淡，不肯轻于交人，投闲之时也“绝无嗟卑怨贫之念流露笔端”。作者以“耐冷谭”名诗话，正是安于本分、乐天知命之意。马鸿宾跋语中点明了作者作书之旨：“春念贫交死友，使人重敦交之谊；忠孝节烈之事，尤喜津津乐道，使人兴顽廉懦立之思”。书中涉及大都是吴中文学之士，以犹存邹鲁遗风者为则，斥责纷华靡丽之习，主张“诗须有为而作，文至无心乃传”。此书虽是作者晚年“消遣之作”，但生平言诗之旨，已“略见于是编”。

242.《古今诗话选隽》

卢衍仁撰。二卷，存。今有清写刻本，二册，乌丝栏抄本，二册，台湾图书馆藏，蔡镇楚石竹山房藏。又一部，清刻朱丝栏长套印本，抱青阁藏版，前有叶蓁序，后无跋。此书为古今诗话的选集。从前人诗话中选取那些可以“沐浴心性”的条目，汇集一编。所参照的诗话有《晦庵诗话》《渔洋诗话》《明诗综》乃至司空图《二十四诗品》等各代诗话。从中可见编辑者的诗歌理论。以“沐浴心性”为主旨，“浮语虚词不以摇撼笔端也”。论诗法以返璞归真为上乘，如主张“化实为虚”“象外句”等。所选条目又涉及六言格、长短句、竹枝词等各种诗歌体裁。可以作为后学入门效法之书。

243.《春雪亭诗话》

徐熊飞撰。一卷。存，今有吴兴刘氏嘉业堂刻本，一册。另有吴兴丛书本与《诸山堂词话》合刊。后有刘承幹跋。春雪亭，乃作者于嘉庆十年冬，客乍浦都统西将军幕府时的读书之所。其时友人多以诗卷相赠，作者于其中精选零篇佳句，载于此书。并把出京时在各处邮亭所见的诗句

"选其尤亦收入之"。所论及之诗皆时人佳作,斐然可观。论诗率归雅正,不染师门(阮元)之习。

244.《吴兴诗话》

戴璐辑。十六卷,卷首一卷,存。今有清嘉庆元年(1796)吴兴刘氏嘉业堂刻本,四册。前有自序,后有张兆琳跋、刘承幹跋各一。此书以《湖州诗摭》为本,推而广之,因诗存人,因人存诗。共收缙绅韦布、名贤宦绩、闺秀方外二百余人。每人附一小传,并仿《明诗综》体例,小传后系以诗话。首卷为御制;卷一至卷九皆名贤;卷十至十二皆闺秀;后四卷皆科名、隐逸之事。此书目的是使乡贤遗迹,不致湮没无闻,并可补郡志旧闻之缺。广搜博采,"一乡风雅悉萃斯编",张跋谓其"璀灿满目",使人爱之不释。此版本甚丰,有杜松柏《清诗话访佚初编》新文丰台北影印本,仅作八卷,蔡镇楚石竹山房藏。

245.《唐人试律说》

纪昀撰,一卷,存。有《镜烟堂十种》本。

246.《纪河间诗话》

纪昀撰,清邵承照编,三卷,存。清光绪二十七(1901)年刻本,安乐延年室藏版,五册。中国国家图书馆藏。

247.《玉溪生诗说》

纪昀撰,三卷,存。清光绪十三年(1887)朱记荣行素草堂刻本,收入《槐庐丛编》。前有朱氏序,称自得文达公原写本,又有纪氏自序。内容与《李义山诗话》大致相同,故人称其为同书而异名者,且多著录为二卷,实为上、下各一卷,补录一卷,共三卷,与《李义山诗话》不尽相同,疑为二书。今有《槐庐丛书三编》本。

248.《瀛奎律髓刊误》

纪昀撰，四十九卷，存。有《忏花庵丛书》本。清嘉庆五年(1800)李光桓校刻本。

249.《删正方虚谷瀛奎律髓》

纪昀撰，四卷，存。有《镜烟堂十种》本。

250.《无当玉卮》

题得云道子撰，不分卷，存。清抄本，四册。《西谛书目》著录。

251.《诗学正轨》

郭梦元撰，三十卷，残，存五卷(卷十五至卷十九)。清抄本，一册。《杭州府志》卷九十五、《西谛书目》著录。

252.《续纂词林典故》

张廷玉等编次，不分卷，存。清嘉庆十年(1805)武英殿刊本，三十四册。湖南图书馆藏。

253.《杜诗三评》

阮文锡撰，卷数未详。存佚未知。一作《杜诗三律》，清道光《厦门志·艺文志》著录。

254.《少陵说》

陶开虞撰，一卷，佚。一作《说杜》，清阮元《广陵诗事》卷五"陶开虞"条、仇兆鳌《杜诗详注·凡例》及《补注·附录》、《成都杜甫草堂收藏杜诗书目》、杨伦《杜诗镜铨·附录》、周采泉《杜集书录》等著录，原书久佚。

255.《纂杜评略》

林时封撰，一卷，佚。民国《鄞县通志·艺文志》及周采泉《杜集书录》著录。

256.《诗引》

李仕学撰，三卷，存。清乾隆间漱芳局精本。

257.《声调谱拾遗》

翟翚撰，一卷，存。有清乾隆南汇吴省兰刊《艺海珠尘》续集本，《谈艺珠丛》本，丁福保《清诗话》本。

258.《渔洋诗话提要》

翁方纲撰，一卷，存。稿本。上海图书馆藏。

259.《元遗山论诗绝句附说》

翁方纲撰，一卷，存。稿本。北京大学图书馆藏。

260.《王文简戏仿元遗山论诗绝句附说》

翁方纲撰，一卷，存。稿本。

261.《小石帆亭著录》

翁方纲撰，六卷，存。清乾隆五十七年(1792)刻本，四册，有王懿荣题记。中国国家图书馆、南京图书馆藏。又一部，五卷，清光绪九年(1883)天壤阁《学诗法程》石印本。

262.《石洲诗话》

翁方纲撰，五卷，存。清抄本。湖南图书馆藏。又一部，八卷，清嘉庆间广州刻本；又《翁氏苏斋丛书》本，《粤雅堂丛书》本，《丛书集成》初编本;今有郭绍虞《清诗话续编》富寿荪校点本,蔡镇楚石竹山房藏。人民文学出版社1981年陈迩冬校点本,与《谈龙录》合刊。又一部,残,存卷十,稿本,《苏斋存稿》五种本。上海图书馆藏。

263.《复初斋王渔洋诗评》

翁方纲撰,不分卷,存。有《烟画东堂小品》第六册本。中国国家图书馆藏。

264.《杜诗附记》

翁方纲辑,二卷,存,稿本。后有乾隆三十二年(1767)翁氏自识,桐风胥徐行可珍藏;又一部,东莞伦氏传抄本,中国国家图书馆藏。

265.《苏斋笔记》

翁方纲撰,卷数未详,残。存三卷(卷十七至十九),稿本,清沈树镛跋。有《苏斋存稿》五种本。上海图书馆藏。又一部,清抄本,二卷,一册。中国国家图书馆藏。

266.《咏物七言律诗偶记》

翁方纲撰,不分卷,存。有《苏斋丛书》本。

267.《七言诗三昧举隅》

翁方纲撰,一卷,存。有《小石帆亭著录》本,《苏斋丛书》本,《天壤阁丛书》本以及《学诗法程》《清诗话》本。

268.《赵秋谷所传声调谱》

翁方纲辑评,一卷,存。收入《小石帆亭著录》卷二,后有《苏斋丛书》《天壤阁丛书》《清诗话》诸本。

269.《五言诗平仄举隅》

翁方纲撰，一卷，存。收入《小石帆亭著录》卷三，有《苏斋丛书》本、《天壤阁丛书》本、《清诗话》本。

270.《七言诗平仄举隅》

翁方纲撰，一卷，存。收入《小石帆亭著录》卷四，有《苏斋丛书》本、《天壤阁丛书》本、《清诗话》本，蔡镇楚石竹山房藏。

271.《续唐诗话》

沈炳巽撰，一百卷，存。清乾隆间归安沈氏清稿本，台湾图书馆藏。又一部，题名《续全唐诗话》，一百卷，附杜诗十七卷，清铁如意馆抄本，无刊本。周采泉《杜集书录》等著录。今有台湾鼎文书局 1972 年《历代诗史长编》影印本。

272.《白鹤堂诗话》

彭端淑撰，三卷，存。清乾隆间刊本，又名《雪夜诗谈》。孙殿起《贩书偶记续编》著录。

273.《明人诗话补》

彭端淑撰，一卷，存。清刊本。孙殿起《贩书偶记续编》著录。

274.《国朝诗话补》

彭端淑撰，一卷，存。清乾隆间刊本。孙殿起《贩书偶记续编》著录。

275.《诗林丛书》

佚名辑，七十三卷，存。有清乾隆间抄本。

276.《随园诗话削繁》

刘佩缞选,十二卷,存。有《得天爵斋丛书》1955—1959 年抄本,六册。中国国家图书馆藏。

277.《溆浦诗话》

吴文晖撰,二卷,存。清嘉庆间刻本。中国国家图书馆藏。

278.《溆浦诗话续》

吴东发撰,四卷,存。清嘉庆间刻本。中国国家图书馆藏。

279.《定香亭笔谈》

阮元撰,四卷,存。清嘉庆五年(1800)刊本。又一部,清光绪二十八年(1902)濑江宋氏刻本;又一部,清光绪十年(1884)蛟川花雨楼刊本;今有《丛书集成初编》本。

280.《广陵诗事》

阮元撰,十卷,存。清嘉庆六年(1801)浙江节署刊本;《文选楼丛书》清道光二十二年(1890)重刊本;今有台湾广文书局《古今诗话丛编》影印本,蔡镇楚石竹山房藏。

281.《诗法浅说》

叶葆撰,六卷,存。清嘉庆六年(1801)刊本。

282.《应试诗法浅说详解》

叶葆评注,六卷,存。清嘉庆六年(1801)刊本。

283.《蠡庄诗话》

袁洁撰,十卷,存。清嘉庆间刻本,凡八册。广州中山图书馆藏。今有台湾广文书局《国学珍精丛编》影印本。

284.《**谭诗管见**》

熊荣撰，不分卷，存，清嘉庆七年（1802）刻本，一册，广州中山图书馆藏。

285.《**中晚唐诗主客图**》

李怀民撰，二卷，补遗二卷，存。清嘉庆十年（1805）刻本；又一部，清咸丰间赵氏修补嘉庆十七年李秉礼刻本，四册，中国国家图书馆藏。

286.《**澹仙诗话**》

熊琏撰，四卷，存。清嘉庆十一年（1806）见南山居刻本，四册，广州中山图书馆藏；又清道光二十五年（1846）见南山居重刻巾箱本，二册。前有弟熊瑚识，卷首题如皋熊琏澹仙，卷尾下有见南山居藏本。是书多叙当时名人之诗，妇女之诗甚少。刊印均精，传本极罕。《历代妇女著作考》卷十七著录。中国国家图书馆藏。

287.《**诗弊**》

汪镇光撰，顾日新评，一卷，存。清嘉庆十一年（1806）刊本。

288.《**东目馆诗见**》

胡寿芝撰，四卷，存。清嘉庆十一年刊本，一册。《西谛书目》著录。

289.《**杜诗双声迭韵谱括略**》

周春撰，八卷，存。有清嘉庆十三年（1808）年刊《周松霭先生遗书》本，今有《丛书集成初编》本。

290.《香石诗话》

黄培芳撰，四卷，存。清嘉庆十五年(1810)岭海楼黄氏刻本，前有嘉庆己巳秋香石居士自序。中国国家图书馆藏。今有上海书店1985年9月影印本，一册。蔡镇楚石竹山房藏。

291.《诗法举要》

黄培芳撰，不分卷，存。稿本，广州中山图书馆藏。

292.《律指南甲乙编》

方元鹍撰，甲编八卷，乙编四卷，存。清嘉庆十六年(1811)刊行本。台湾宋隆发《中国历代诗话总目汇编》著录。

293.《左海诗话》

何玉瑛撰，仅一则，存。《闽侯县志》《历代妇女著作考》著录，谓其字梅邻，福建闽侯人，何崇之女，郑楠之妻。著有《疏影轩遮草》二卷，清嘉庆十七年(1812)睫巢书屋刊本；民国初郑氏活字排印本，前有汪廷珍、黄世发序，行状及《左海诗话》一则，后有郑孝胥跋。

294.《四声调法指掌》

洪范撰，一卷，存。清嘉庆二十年(1815)鸿影堂精刊本，一册。

295.《瓶水斋诗话》

舒位撰，一卷，存。清嘉庆二十一年(1816)刊本，光绪十二年(1886)刊《瓶水斋诗集》本，今有台湾杜松柏《清诗话访佚初编》影印本。蔡镇楚石竹山房藏。

296.《乾嘉诗坛点将录》

舒位撰，一卷，存。有《双梅景闇丛书》本，今收入钱仲联《三百年来诗坛人物评点小传汇录》甲编，蔡镇楚石竹山房藏。

297.《诗隽腹腴》

周大槐撰，五十卷，存。清嘉庆二十三年（1818）湘雪轩刊本。《贩书偶记续编》著录。

298.《芷江诗话》

许嗣云编，八卷，补遗一卷，存。清嘉庆二十四年（1819）一卷楼刊本，四册。湖南图书馆藏。又一部，八卷，附补遗，清嘉庆刊本，八册。《西谛书目》著录。

299.《杜诗说肤》

万俊撰，四卷，存。清嘉庆二十四年（1819）瘦竹山房木活字本，前有自序和凡例。上海图书馆藏。

300.《沧浪诗话补注》

王玮庆撰，一卷，存。清嘉庆二十四年（1819）蕉叶山房精刊本。

301.《快园诗话》

凌霄撰，十六卷，存。清嘉庆二十五年（1820）自刻本。同治《上元江宁两县志·艺文志》著录。

302.《十二笔舫杂录》

李兆元撰，十二卷，存。是书卷一至卷三为《梅影丛谈》，卷四至卷六为《春晖馀话》，卷七至卷九为《中州觚馀》，卷十至卷十二为《客窗盼语》。有清道光年间刊巾箱本，十二册。

303.《诗笺三种》

李兆元撰，三卷，存。清嘉庆二十四年（1819）十二笔舫刊本。其中《古诗十九首附笺》一卷，《苏李诗笺》一卷，《渔洋山人秋柳诗笺 》一卷。

304.《瓯北诗话》

赵翼撰，十卷，续二卷，存。清嘉庆年间寿考堂、湛贻堂刊《瓯北全集》本；清同治十三年（1874）刊《蓬左文库》本，台湾广文书局《古今诗话续编》影刊本，蔡镇楚石竹山房藏。今有郭绍虞《清诗话续编》校点本；又有人民文学出版社 1963 年霍松林校点本，一册。日本有文政十年（1827）刊本，京都大学藏；文政十年刊《和刻本汉籍随笔集》本，明治十二年（1879）刊本，早稻田大学藏。

305.《蓉峰诗话》

衡山聂铣敏撰，十二卷，存。清嘉庆年间文德堂刻本，六册。中国国家图书馆、湖南图书馆藏。

306.《茗香诗论》

宋大樽撰，一卷，存。有《知不足斋丛书》本，《丛书集成初编》本，《清诗话》校点本。

307.《明诗话初编》

苏之琨辑，四卷，存。清刻本，清杨用霖跋。福建《莆田县志》著录，为《明诗话》四卷，无“初编”二字。福建省图书馆藏。

308.《涵晖书屋诗话》

佚名辑，不分卷，存。有清初抄本，一册，凡一百十六页，无序跋。复旦大学图书馆藏。

309.《**随园诗话绝艳**》

袁枚撰，一卷，存。清道光元年（1821）梁怀兴抄本，茅笏亭跋。山东省图书馆藏。

310.《**青溪风雨录**》

原题雪樵居士撰，二卷，存。清道光元年（1821）一枝山房刻本，二册。中国国家图书馆藏。

311.《**碧城仙馆摘句图**》

管筠撰，三卷。有清道光二年（1822）刊本，前有李晨兰、管筠、薛纤阿、文湘霞序。系管筠、薛纤阿、文湘霞三女史摘录其主人陈文述的诗句编辑而成，卷一为五言诗，分十八目；卷二为七言诗，分二十四目；卷三为七言诗，分二十四品，每品前各有小序。《苏州府志》《杭州府志》与胡文楷《历代妇女著作考》等著录。

312.《**通韵谱说**》

宋弼撰，一卷，又《蠡说》一卷，存。清道光二年（1822）刻本；又有《诗说二种》本，北京大学图书馆藏。

313.《**声调谱说**》

吴绍澯撰，二卷，存。稿本，上海图书馆藏；又一部，清道光二年（1822）刻本，一册，华东师范大学图书馆藏。

314.《**出戍诗话**》

袁洁撰，四卷，存。清道光二年（1822）刊巾箱本，署名曰“玉堂居士”（袁洁之别号也）。

315.《诗法易简录》

李锳撰，十四卷，录余绪论一卷，存。清道光二年(1822)十二笔舫刊本。

316.《律诗拗体》

李兆元撰，一卷，存。清道光二年(1822)十二笔舫刊本。

317.《重订中晚唐诗主客图说》

李怀民撰，二卷，存。清道光二年(1822)李遵抄本。南京大学图书馆藏。

318.《见星庐馆阁诗话》

林联桂辑，二卷，存。清道光三年(1823)刻本，二册。中国国家图书馆藏。又有《高凉耆旧遗集》本。

319.《劝诫诗话》

黄坤元撰，八卷，存。清道光三年(1823)经翼堂刊本(张寅彭)。

320.《考田诗话》

喻文鏊撰，八卷，存。清道光四年(1824)蕲水王氏刻本，掣笔山房藏版，二册。

321.《杜诗琐证》

史炳撰，二卷，存。清道光五年(1825)溧阳史氏句俭山房刻本。

322.《小清华园诗谈》

王寿昌撰，二卷，存。清道光七年(1827)北京刻本，二册；今有《清诗话续编》富寿荪校点本。又张国庆《云南古代诗文论著辑要》中华书局

2001年校点本。蔡镇楚石竹山房藏。

323.《快轩诗则》

林滋秀撰，四卷，存。清道光八年(1828)莲湖书室刊本。

324.《说诗诗话》

张昶撰，二卷，存。前有道光九年(1829)自序，稿本。南京图书馆藏(张寅彭)。

325.《国朝诗人征略》

张维屏撰，六十卷，存。清道光十年(1830)刊本。今有台湾鼎文书局《历代诗史长编》本。

326.《松园诗话》

王凤翙撰，二卷，存。清道光十年(1830)自序，未刊稿本。据《皖人书录》，其稿本藏其从孙幼亭家中。

327.《逊敏堂诗话》

黄秩模编次，不分卷，存。清刊本。是书辑录明人徐泰《诗谈》、清人蔡咏《诗韵辨》、宋大樽《诗论》三种，其中宋大樽本比别本少四则条目。

328.《历下偶谈》

王偁(晓堂)辑，十卷，续编十卷，附《匡山丛话》五卷，存。清道光十一年(1831)刻本，六册。中国国家图书馆藏。

329.《嵎阳诗说》

王偁撰，八卷，杜玉员等校，存。清道光十一年(1831)《王晓堂杂著》刻本。中国国家图书馆藏。

330.《匡山丛话》

王偁撰，五卷，存。有道光十一年(1831)鹊华馆三种本、道光二十年(1841)刊巾箱本。

331.《憨斋诗话》

马桐芳撰，四卷，存。清道光十二年(1832)饮和堂刊本。

332.《名媛诗话》

张倩撰，一卷。蒋寅《清诗话考》称其有清道光十二年(1832)《留香集》附录本。

333.《名媛韵事》

王偁撰，五卷，存。有道光十三年(1833)瓶花阁刊本。王偁，生平事迹不详。以是书杜玉贞序言，即是一个感人的故事。其妻杜玉贞称其创作缘起，是在道光十二年(1832)秋暮，"一家儿女病卧牛衣，与夫子相持以勤，继劝以勉。夫子偶选名媛旧句，杂缀以事，长夜残灯，半予校录。凡诗之见于他集者，不俱载，得七十七人，分为五卷"。牛衣：亦称"牛被"，如同蓑衣之类，以草编织而成，严冬腊月被盖于牛身，以之御寒。《汉书·王章传》记载：起初，王章为诸生，求学于长安，独与妻居。王章疾病，无被子，卧牛衣之中；与妻子诀别，涕泣。后人即以"牛衣对泣"比喻夫妻恩爱，共守贫穷生活。王偁与杜玉贞夫妇，在一家儿女贫穷度日时，相持以勤，继劝以勉，共同创作《名媛韵事》，这是怎样一种精神境界！是书按照闺阁诗人的身份分类编写，卷一为闺秀上，收录李清照、管道升等宋代女词人与清初女诗人；卷二为闺秀下，收录其妻杜玉贞等本朝女诗人；卷三为侍姬，收录苏轼侍姬王朝云以及"秦淮八艳"之董小宛、柳如是、顾横波等诗事；卷四为名妓，收录薛涛、马湘兰等著名歌妓诗姬之诗事；卷五为附录，记录历代题壁与求神降乩之类诗事，这与其作者"一家儿女病卧牛衣”的贫穷艰难处境有关。

334.《青城说杜》

吴冯栻撰，一卷，存。道光十三年(1833)宝荆堂刻本。孙殿起《贩书偶记》及周采泉《杜集书录》等著录。

335.《辍锻录》

方贞观撰，一卷，存。《安徽艺文考·诗文评》著录。手稿本，后有清张鸣珂跋，一册，复旦大学图书馆藏。清道光十四年(1834)广陵聚好斋刊本，题作《方南堂辍锻录》。今有郭绍虞《清诗话续编》富寿荪校点本，蔡镇楚石竹山房藏。

336.《尊西诗话》

张日斑撰，二卷，存。清道光十五年(1835)刊本，一册。

337.《杜工部诗话》

萍乡刘凤诰撰，五卷，存。原附于《养晦斋集》卷二十四至二十八，清道光十七年(1837)家刻本；又一部，不分卷，清宣统三年(1911)上海扫叶山房石印本，一册；1923年上海扫叶山房重刊本，一册。湖南图书馆藏。

338.《南浦诗话》

梁章钜撰，八卷，存。清嘉庆十七年(1812)刻本，留香堂藏版，八册。中国国家图书馆藏。

339.《石楼诗话》

孙煦撰，四卷，存。清道光十七年(1837)刊巾箱本。

340.《两般秋雨庵随笔》

梁绍壬撰，八卷，存。清道光十七年(1837)巾箱本，清光绪十年(1884)重刊本。钱仲联《清诗纪事》称引。

341.《红豆树馆诗话》

佚名撰，存。清道光己亥(1839)刊本。钱仲联《清诗纪事》称引为陶樑《国朝畿辅诗传》《红豆树馆诗话》者。未见。

342.《匏庐诗话》

沈涛撰，三卷，存。清道光二十年(1840)刻本，收入《携李遗书》之中。中国国家图书馆藏。

343.《三管诗话》

梁章钜撰，三卷，存。清道光二十一年(1841)刊本。今有广西民族出版社1996年蒋凡校注本，蔡镇楚石竹山房藏。

344.《雁荡诗话》

梁章钜撰，二卷，存。清道光刊本，二册；又一部，二卷，咸丰二年(1852)文华堂刊本，封面篆书"雁山诗话"；今有台湾杜松柏《清诗话访佚初编》影印咸丰本。蔡镇楚石竹山房藏。

345.《东南峤外诗话》

梁章钜撰，三十卷，残。清朱丝栏抄本。仅存八卷。中国国家图书馆、福建省图书馆藏。

346.《读渔洋诗随笔》

梁章钜撰，八二卷，存。清刊本，一册。《西谛书目》著录。

347.《闽川闺秀诗话》

梁章钜撰，四卷。存。清道光间家刻本，二册，中国国家图书馆、北京师范大学图书馆藏；又一部，清道光二十九年(1849)福州梅氏师古斋刊本，一册。前有堂妹梁韵书序，称其“将闺秀一门按先后次成四卷”，后无跋。《历代妇女著作考》附录二著录。

是书主要记录清代福建一百零四位闺秀诗人及其诗作，简述其各自生平事迹，摘录其诗歌名篇佳句。梁氏所本大多以《闺秀正始集》《莆风清籁集》与《国朝诗别裁集》等诗歌总集与地方方志为依据，也有摘抄于稿本与零笺断简者。

是书之论闽川闺秀诗，以人为目，先于人名之下立闺秀诗人小传，而后选录其诗一二乃至若干，间或予以诗话评点。其基本特点是注重福建清代文学家庭及其家族文化的研究。全书四卷，合之不过七十六页，而以大量篇幅去记载闽中黄任、郑方坤、梁章钜三门文学家庭中的闺秀之诗，其中又以梁氏家族之闺秀为最，如卷二选录黄氏与郑氏二门女子诗事，而卷三专门记述梁氏家族闺秀之诗事，故难免多溢美之词，如称其堂妹梁韵书之诗“深得《风》《雅》之遗”，“独出冠时之作，实足以旗鼓中原也”。

348.《闽川诗话》

梁章钜撰，不分卷，存，抄本。清谢章鋌赌棋山庄抄本，清谢章鋌跋。湖北省博物馆藏。

349.《退庵随笔》

梁章钜撰，一卷，存。今有郭绍虞《清诗话续编》校点本，蔡镇楚石竹山房藏。

350.《长乐诗话》

梁章钜撰，六卷，存，稿本，嘉庆十一年(1806)本，南开大学图书馆藏；又一抄本，上海图书馆藏。

351.《东泉诗话》

马星翼撰，八卷，存。清道光二十一年（1842）刻本，宝汉斋藏版；六册，中国国家图书馆藏。今有台湾杜松柏《清诗话访佚初编》本，一册。蔡镇楚石竹山房藏。

352.《石溪舫诗话》

吴嵩梁撰，二卷，存。有《香苏山馆全集》本，一册，清道光二十三年（1843）刊，前有王以畅序，湖南师范大学图书馆藏。今有台湾杜松柏《清诗话访佚初编》影印本。

353.《陶门诗话》

蔡家琬撰，一卷，存。有《陶门弟子集》。清道光十五至二十三年（1835—1843）闻喜堂刊本。是编附录于余集之中。

354.《国朝诗人征略二编》

张维屏撰，六十四卷，存。清道光二十二年（1842）刊本。今有台湾鼎文书局《历代诗史长编》本。

355.《吟斋笔存》

梅成栋撰，一卷，存。清抄本；又一部，三卷，《屏庐丛刻》第十册本。中国国家图书馆藏。今有台湾杜松柏《清诗话访佚初编》影印本，前有梅氏道光二十三年（1843）仲秋弁言，后有同治二年（1863）六月跋。

356.《听松庐诗话》

张维屏撰，一卷，存。有《张南山全集》本，日本有《东洋文库》本。

357.《**清代诗话艺谈录**》

张维屏撰，二卷，存。有《张南山全集》本。今收入钱仲联《三百年来诗坛人物评点小传汇录》之中，杨扬点校，蔡镇楚石竹山房藏。

358.《**春草堂诗话**》

谢坤撰，五卷，存。清道光二十五年（1845）刻本，五册，在《春草堂丛书》卷八至卷十二。中国国家图书馆藏。今有台湾杜松柏《清诗话访佚初编》影印本，八卷，前有作者自叙。蔡镇楚石竹山房藏。

359.《**筠石山房诗话抄**》

杨霈撰。六卷。存，今有道光二十七年十芝堂刻本，六册。前有自序，后有书目。中国国家图书馆、北京师范大学图书馆藏。作者曾著有读书笔记《愈愚杂录》及《愈愚续录》各十余册，此书即是于其中选择“深于论诗而足资触发性灵者”别录而成的。其大意所在，作者引时人许彦周所云：“辨句法，备古今，录异事，正讹误。”全书分六册，以作者阅览先后排列读书。书名后列所选笔记，不加评论。共列书目一百六十册，笔记近六百条。“博览约取”，以自然天成、感发性灵者为上。

360.《**小匡说诗**》

梁邦俊撰，八卷，存。清道光二十八年（1848）刊巾箱本；又一部，四卷，清道光二十八年（1848）刻本，一册，《西谛书目》著录。

361.《**问花楼诗话**》

陆蓥撰；三卷，存。有《陆氏传家集》本，前有清道光二十四年（1844）冬钱塘陈文述序；今有郭绍虞《清诗话续编》富寿荪校点本，蔡镇楚石竹山房藏。

362.《十二石山斋诗话》

梁九图撰，十卷，存。清道光二十六年(1846)顺德梁氏十二石山斋刻本，四册，中国国家图书馆藏，今有台湾杜松柏《清诗话访佚初编》本，一册。蔡镇楚石竹山房藏。

363.《名媛诗话》

沈善宝撰，十二卷。《历代妇女著作考》著录。沈善宝(1808—1862)，字湘佩，钱塘(今属浙江)人。她是清代著名的才女。据施淑仪《国朝闺阁诗人征略》卷八记载，其父沈学琳，官义宁州通判，她随父游，师从陈权，十二岁能诗，工书画。父亲官金陵，因失意，郁郁而死，滞留四年后，奉母亲吴氏归故里。未几，母亲弃养，她以卖画自给，后出嫁于吏部郎中武凌云为继室，随其夫宦于京曹。此部《名媛诗话》写作于道光二十三年(1843)，三年乃成十二卷。起自明朝末年的商景兰、顾若璞，迄于同时的顾太清，凡数百闺秀诗人之生平事迹、名篇佳句，一一记存，是研究清代闺秀诗人的重要资料。是编四卷本，凡一百四十八个论诗条目，其中卷一为三十八则，卷二为三十二则，卷三为三十六则，卷四为四十二则，主要记述清代一百六十多位闺秀诗人之生平事迹、诗集、诗歌名篇佳句，间有评点，不啻是一部清代闺秀诗史之作。清道光二十六年(1846)鸿雪楼刊本，首有宗康、俞德秀、完颜佛芸保校字，后有陈光亨跋。据蒋寅《清诗话考》说十二卷本“首都图书馆有藏本”。今有台北杜松柏《清诗话访佚初编》根据鸿雪楼刊之影印本，蔡镇楚编《中国诗话珍本丛书》2004年北京图书馆出版社影印本，皆为四卷。此外，又有续集三卷、补遗四卷。

364.《山静居诗话》

方熏撰，一卷，存。清道光二十六年(1846)《别下斋丛书》本，凡二十二则；丁福保《清诗话》本，为十九则：又一部，《嘉兴府志》作二卷，有《花近楼丛书》及《丛书集成初编》本。蔡镇楚石竹山房藏。

365.《岘佣说诗》

施补华撰，一卷，存。清《八千卷楼书目》著录，有石印本。郭绍虞《清诗话前言》引《两浙辎轩续录》谓为二卷，丁福保《清诗话》标点本，别为一卷。蔡镇楚石竹山房藏。

366.《消寒诗话》

秦朝釪撰，一卷，存。有《昭代丛书》癸集本，丁福保《清诗话》重刻本。蔡镇楚石竹山房藏。

367.《耐冷谭》

宋咸熙撰，十六卷，存。清道光间武林亦西斋刻本，六册，前有吴应和序，后有弟子马鸿宾跋。中国国家图书馆、北京师范大学图书馆等藏。又一部，1914 年刊本，三册。湖南省武冈县图书馆藏。

368.《酌雅诗话》

陈伟勋撰，二卷，存。又名《酌雅堂诗话》，前有道光己酉(1849)中秋前三日酌雅主人自叙，后有跋语。有《云南丛书》第一〇九函本，一册。广州中山图书馆藏。今有张国庆《云南古代诗文论著辑要》中华书局2001年校点本，分上下编。蔡镇楚石竹山房藏。

369.《酌雅诗话续编》

陈伟勋撰，一卷，存。有《云南丛书》第一〇九函本，一册。广州中山图书馆藏，蔡镇楚石竹山房藏。

370.《灯窗琐话》

于源撰，八卷，存。清道光二十七年(1847)刻本，二册。中国国家图书馆藏。

371.《云石诗话》

余凤书撰，卷数未详，存佚不知。《安徽艺文考》诗文评类著录。余氏，字云石，婺源（今属江西）人。道光戊申（1848）岁贡生。

372.《屏麓草堂诗话》

莫友棠撰，十六卷，存。清道光二十九年（1849）刊本，钱仲联《清诗纪事》称引。

373.《三百篇诗评》

于祉撰。一卷。存，今有道光二十九年刻本，二册。北京师范大学图书馆藏。前有自序，后有自跋。是书为作者研读《诗经》的体会心得。是"自关雎至于常武，共成九十余条聊为一卷"。作者主张诗道上的"复古"，认为三百篇是"载道之言也"，其言不求工而自工，自然天成。此主张与作者另一部诗话《淡园诗话》所标榜的相吻合。书为作者认真研读后写成，褒贬抑扬，不因袭古人成说，多有可取之处。

374.《淡园诗话》

于祉撰。一卷。存，今有道光二十九年（1849）刻本，一册。前有自序，后有自跋。作者自号淡园居士，因以为书名。作者自序谓："自代以来，言法者日众，然皆妙意未伸，不揣鄙陋，略以平日所见杂著诗说若干条，始于汉魏，终于本朝，冀有补于诗学。"主张以意为主，合于自然之度，即"行乎不得不行，止乎不得不止"。书中只谈理论，而不涉及具体诗作的褒贬，对古说法吸取较多，自己创见较少。北京师范大学图书馆藏。

375.《全宋诗话》

孙涛撰，十二卷，抄本，共计五百一十六页，每半页十行，每行二十一字，约二十万字。分装成六册，每册二卷。收录宋代诗家五百七十一人，堪称"全宋"。清华大学图书馆藏。

376.《**石樵诗话**》

李树滋撰，八卷，存。清道光二十九年(1849)湖湘采珍山馆刊巾箱本。湖南师范大学图书馆藏。

377.《**蒲褐山房诗话**》

王昶撰，一卷，存。有《湖海诗话》附载本；又一部，清道光间郑乔迁写本，上海图书馆藏。今有台湾广文书局《古今诗话续编》影印本，后有道光三十年(1850)冬吴县毛庆善跋。

378.《**声韵谱**》

刘藻、苏林氏撰，存。有清《诗学丛书》本。

379.《**榕海诗话**》

林正青辑，八卷，残。存三卷(卷一至卷三)，稿本。湖北省图书馆藏。今有蔡镇楚《中国诗话珍本丛书》北京图书馆出版社 2004 年影印本，蔡镇楚石竹山房藏。

380.《**荫椿书屋诗话**》

师范撰，一卷，存。师范(1751—1811)，字端人，号荔扉，赵州(今属云南)人，官安徽望江知县，后回任云南，有政绩。著有《滇系》《金华山樵前后集》《二余堂诗文稿》《小停云馆芝言》等。稿本，一册。云南省图书馆藏。今有张国庆编《云南古代诗文论著辑要》中华书局 2001 年本。据刘开《师荔扉先生传》和方树梅《滇南学者卒考》。

381.《**古今诗话**》

陆瀛龄撰，卷数未详，佚。《松江府志》卷七十二著录，未见。

382.《古澡堂诗话》

徐艿坡撰，卷数未详，佚。《松江府志》卷七十二著录，未见。

383.《诗学问津》

郑磊撰，二卷，存。清稿本，一册。福建省图书馆藏。

384.《诗林丛说》

佚名辑，七十三卷，存。清抄本。上海图书馆藏。

385.《梅花诗话》

张诚撰，卷数未详，存。有《婴山小园诗文集》本。

386.《栃园诗话》

李俊撰，卷数未详，存佚未详。《邵武府志》卷二十九著录，又著《栃园诗集》六卷。

387.《句图》

葛万里集，存。有《葛万里杂著》（第二册）清刻本。中国国家图书馆藏。

388.《蔼楼诗话》

欧苏撰，卷数未详，佚。《广州府志》卷九十六据《东莞志》著录。未见。

389.《玉壶山房诗话》

刘彬华撰，不分卷，存。佚。《广州府志》卷九十六据《番禺志》著录。今有《岭南群雅二集》本。

390.《**兰皋诗话**》

丁鹤撰，三卷，存。清抄本。中国国家图书馆藏。台湾宋隆发《中国历代诗话总目汇编》著录。

391.《**小澥草堂杂论诗**》

牟愿相撰，一卷，存。今有郭绍虞《清诗话续编》富寿荪校点本。

392.《**菊庄诗话**》

王金英撰，卷数未详，存佚未详。清同治间《上元江宁两县志》卷十二著录，未见。

393.《**春霭堂诗话**》

吴官德撰，卷数未详，存佚未详。清同治间《上元江宁两县专》卷十二著录，未见。

394.《**桂林书屋诗话**》

谈泰撰，四卷，存佚未知。清同治间《上元江宁两县志》卷十二及《明清江苏文人年表》均著录，未见。

395.《**樗寮诗话**》

姚椿撰，三卷，存。清同治刊本；又一部，清道光间刻本，一册。上海图书馆藏。

396.《**送鸿楼诗话**》

姚斋宋撰，不分卷，存佚未知。《明清江苏文人年表》著录。

397.《**诗学源流考**》

鲁九皋撰，一卷，存。今有郭绍虞《清诗话续编》校点本，蔡镇楚石竹山房藏。

398.《楚天樵语》

张清标撰，二卷，存。清刻本，清刘大櫆批校，安徽省图书馆藏；又一部，清光绪十八年（1892）汉川甑山书院重刻本，一册，中国国家图书馆藏。

399.《槐塘诗话》

汪沆撰，不分卷，存。稿本，南京图书馆藏；又一部，清抄本。

400.《读雪山房唐诗序例》

管世铭撰，一卷，存。有《粟香室丛书》本，今有郭绍虞《清诗话续编》富寿荪校点本，蔡镇楚石竹山房藏。

401.《葚原诗说》

冒春荣撰，四卷，存。有《如皋冒氏丛书》本，郭绍虞《清诗话续编》富寿荪校点本，蔡镇楚石竹山房藏。

402.《雕菰楼诗话》

焦循撰，一卷，存。有旧抄本，台湾宋隆发《中国历代诗话总目汇编》著录。

403.《一瓢诗话》

薛雪撰，一卷，存。又作《一瓢斋诗话》。有清扫叶山庄刻本，中国国家图书馆、苏州图书馆藏；又一部，清扫叶山庄刻本，清高凤翰跋，并录徐世林跋，重庆市图书馆藏；又有《昭代丛书》癸集本；今有丁福保《清诗话》本，又1979年人民文学出版社与《原诗》《说诗晬语》合刊霍松林、杜维沫校点本，蔡镇楚石竹山房藏。

404.《定风轩活句参》

朱绍本撰，十一卷，存。清抄本。中国国家图书馆藏。

405.《唐诗偶评》

杨逢春撰，六卷，附《唐诗人小传》一卷，存。清卧游轩抄本。南京图书馆藏。

406.《读杜窃余》

劳孝舆撰，一作《读杜识余》，五卷，存佚未知。《清代诗征》《广州府志》卷九十六等著录，未见。

407.《读杜慎言》

赵田撰，卷数未详，佚。清光绪《平湖县志·艺文志》和今人周采泉《杜集书录》著录。

408.《杜诗义法》

吴蔚光撰，八卷，佚。清光绪《安徽通志·艺文志》和《常熟艺文志》等著录。

409.《杜诗臆说》

俞希哲撰，卷数未详，存佚未知。清同治《苏州府志·艺文志》著录；周采泉《杜诗集录》谓苏希哲《古诗疏解》下注引《松陵诗征》云："希哲尚有《杜诗臆说》，未成书。"

410.《杜诗识小录》

朱宗大撰，一卷，存佚未知。周采泉《杜诗集录》著录，《清代文集论文索引》列此书为朱宗大《寿藤轩吟稿》论文之一，清道光《宝应县志》载录而下注"未见传本"云云。孙殿起《贩书偶记》卷十五《寿藤轩吟稿》下著录此书。

411.《读杜一得》

陆嵩撰，卷数未详，佚。清同治《苏州府志·艺文志》著录，未见。

412.《读杜心知》

王鹤江撰，卷数未详，存佚未知。民国《泾县志·艺文志》，周采泉《杜诗集录》著录，未见。

413.《杜诗评》

朱絟撰，卷数未详，佚。民国《昆山县志·艺文志》著录，未见。

414.《读杜心语》

叶元阶撰，卷数未详，佚。清光绪间《慈溪县志·艺文志》著录，未见。

415.《三家诗话》

尚镕撰，一卷，存。有《持雅堂全集》本，今有郭绍虞《清诗话续编》富寿荪校点本。

416.《泾川诗话》

赵知希撰，三卷，存。有《泾川丛书》本，《丛书集成初编》本。安徽省图书馆、湖南师范大学图书馆藏。

417.《读杜笔记》

夏力恕辑，不分卷，辑入《澴农遗书》之中。

418.《杜少陵丛话》

佚名编，不著卷数，存。有清抄本。

419.《**诸本评陶汇集**》

陶澍编，二卷，存。清石印本，一册。中山图书馆藏。

420.《**全宋诗话**》

钟廷瑛辑，十三卷，存，稿本。首都图书馆藏。

421.《**全宋诗话**》

孙涛辑，十二卷，存，稿本。清施嵩跋之，上海图书馆藏。又一部，清抄本，清冯登府校并跋。清华大学图书馆藏。

422.《**静修斋诗话**》

仇福昌撰，八卷，续编无卷数，存。底稿本。台湾图书馆藏。宋隆发《中国历代诗话总目汇编》著录。

423.《**古诗评林**》

赵兆熊撰，六卷，存。清道光间刊木活字本。

424.《**橡坪诗话**》

方恒泰撰，十二卷，存。无刻书年月，约清道光间刊巾箱本。

425.《**樵石诗话**》

吴嗣广撰，卷数未详，存佚未知。《杭州府志·艺文志》著录，未见。

426.《**小曲江诗话**》

丁健撰，二卷，存佚未知。《杭州府志·艺文志》著录，未见。

427.《**元人诗话**》

查义撰，卷数未详，佚。《杭州府志·艺文志》著录，未见。

428.《**杜律评**》

管凤翙撰，二卷，存佚未知。《杭州府志·艺文志》著录，未见。

429.《**南烛轩诗话**》

查岐昌撰，卷数未详，存佚未知。《杭州府志·艺文志》著录，未见。

430.《**平皋小隐诗话**》

翟灏撰，卷数未详，存佚未知。《杭州府志》卷九十五著录，未见。

431.《**声调谱拾遗**》

翟翚撰，一卷，存佚未知。《杭州府志》卷九十五著录，未见。

432.《**艳雪轩诗话**》

龚守正撰，卷数未详，佚。《杭州府志》卷九十六著录，未见。

433.《**楚游诗话**》

蒋作林撰，卷数未详，佚。《杭州府志》卷九十六著录，未见。

434.《**红叶山房诗话**》

姚锡范撰，六卷，存。清道光十六年(1836)羊城富文斋刊本。

435.《**念堂诗话**》

崔旭撰，四卷，存。无刻书年月，约清道光间刊巾箱本，二册；又一部，海云书屋刻本。北京师范大学图书馆藏。

436.《缘庵诗话》

李堂撰,二卷。存。无刻书年月,约清道光间刊本。无序目,全否不可考。钱仲联《清诗纪事·乾隆朝卷》著录。

437.《五七言古诗声调》

桂馥撰,一卷,存。底稿本。孙殿起《贩书偶记续编》著录。

438.《怀云阁诗话》

浮休居士璞存撰,三卷,存。稿本。

439.《种李园诗话》

颜崇槼撰,无卷数,存。原稿本,四册。

440.《全浙诗话刊误》

张道撰,一卷,存。有《渔浦草堂遗稿》本。上海图书馆藏。

441.《鸥巢诗话》

张道撰,二卷,存。有《渔浦草堂遗稿》本。上海图书馆藏。

442.《老生常谈》

延君寿撰,一卷,存。今有郭绍虞《清诗话续编》富寿荪校点本,蔡镇楚石竹山房藏。

443.《竹林答问》

陈余山撰,一卷,存。清道光二十六年(1846)刻本,四明继雅堂版,一册;今有《清诗话续编》校点本,蔡镇楚石竹山房藏。

444.《南滣诗谱》

钱九同撰,五卷,存。稿本。北京大学图书馆藏。

445.《诗剩》

王毓芝辑,一卷,存。清抄本,上海图书馆藏。

446.《琪树园诗话》

陈璜撰,二卷,存佚未详。《台州府志·艺文志》著录。是编杂论《三百篇》以下逮明代诸诗家,首有康熙五年(1666)其弟巽之序,有刻本,未见。今所据者乃清道光十七年(1837)郭协寅抄本。郭跋称陈璜尚有《广诗话》者,今未见。

447.《雨村诗话》

张廷俊撰,卷数未详,佚。《台州府志·艺文志》著录。是见编引见于陶元藻《全浙诗话》,今未见。张氏有《涵远山房诗集》。

448.《冰云诗话》

秦锡淳撰,卷数未详,残。《台州府志·艺文志》著录。是书《全浙诗话》中甄录之,凡十条诗话。今未见全本。

449.《楼学堂诗话》

黄河清撰,一卷,存。《台州府志·艺文志》著录。是编仅寥寥十九条诗话,盖未成之稿,今有抄本。黄氏亦有《台故随笔》。

450.《台州诗话》

童赓年撰,一卷,存。稿本,中国社会科学院文学研究所资料室藏。收入《慈溪童柘叟遗著》中。中国国家图书馆藏。

451.《归田老人诗话》

童赓年撰，五卷，存。稿本，中国社会科学院文学研究所资料室藏。

452.《拜经楼诗话》

吴骞撰，三卷，存。稿本，上海图书馆藏。又一部，四卷，有《拜经楼丛书》本，《台海珠尘》本，吴氏自序。今有丁福保《清诗话》本。

453.《拜经楼诗话续编》

吴骞撰，二卷，存。清程宗伊抄本，台湾图书馆藏。今有台湾鼎文书局《古今诗话续编》影印本，与《龙性堂诗话续编》合刊为一本。

454.《闽游诗话》

徐永祚撰，三卷，存。清乾隆间刻本。福建省图书馆藏。

455.《青豆轩诗话》

史承谦撰，卷数未详，存佚未知。《明清江苏文人年表》著录，未见。

456.《清梅轩诗话》

宜兴史承谦撰，二卷，存。清刻本，清吴骞、陈鳣批点本，上海图书馆藏。又一部，《史位存著书》本，中国国家图书馆藏。

457.《蒙溪诗话》

史承豫撰，不分卷，存佚未知。《明清江苏文人年表》著录。未见。

458.《高密三李诗话》

李怀民、李宪暠、李宪乔撰，不分卷，存。稿本，山东博物馆藏。

459.《**偶论四名家诗**》

李宪乔撰，四卷，残。稿本，存二卷，即《曝书亭集录》一卷，《带经堂集录》一卷。山东师范大学图书馆藏。

460.《**默斋诗话**》

张绮撰，九卷，残。《台州府志》卷八十四著录。是编引见于《三台名媛诗辑》，今仅见节抄本。

461.《**诗谈**》

沈文露撰，一卷，存。《台州府志》卷八十四著录。是编引见于《太平续志》，称其家有藏稿本。

462.《**梧门诗话**》

法式善撰，十六卷，存。稿本，台湾图书馆藏。今有台湾广文书局《古今诗话续编》影印珍藏善本，精装二册，蔡镇楚石竹山房藏；又一部，残本，存八卷（卷一至七、卷十二），中国国家图书馆藏；又有亦读书堂传抄本，四册。今有蔡镇楚《中国诗话珍本丛书》影印本，蔡镇楚石竹山房藏。

463.《**八旗诗话**》

法式善撰，一卷，存。稿本，中国国家图书馆藏；又一部，亦读书堂传抄本。今有蔡镇楚《中国诗话珍本丛书》影印本，蔡镇楚石竹山房藏。

464.《**鱼计轩诗话**》

计发撰，不分卷，存。清抄本。复旦大学图书馆藏。又一部，一卷，吴兴张氏《适园丛书》刻本，一册。中国国家图书馆藏。

465.《**蒲褐山房诗话续编**》

王昶撰，今人周维德辑，一卷，存。齐鲁书社 1988 年铅印本，一册，蔡镇楚石竹山房藏。

466.《定泉诗话》

陈梓撰，五卷，存。清抄本，中国社会科学院文学研究所藏；又一部，《藜照庐丛书》本，台湾宋隆发《中国历代诗话总目汇编》著录，蔡镇楚石竹山房藏。

467.《竹间诗话》

盛大士撰，八卷，存。稿本。天津图书馆藏。

468.《香雪园诗话》

王诚撰，六卷，存。清抄本。上海图书馆藏。又一部，《松江府志》卷七十二著录，作八卷。

469.《缓堂诗话》

顾诒禄撰，二卷，存。有《吹万阁集》本。南京图书馆藏。《明清江苏文人年表》著录。又一部，清顾沅《赐砚堂丛书未刻稿》本，作《缓堂诗话》，一卷。

470.《履园谭诗》

钱泳撰，一卷，存。收入《履园丛话》卷八，又有丁福保《清诗话》校点本。

471.《说诗菅蒯》

吴雷发撰，一卷，存。有《昭代丛书》丁集本，丁福保《清诗话》校点本。蔡镇楚石竹山房藏。

472.《寒塘诗话》

吴雷发撰，一卷，存佚未详。杨复吉《说诗菅蒯跋》等亦称引，谓其“《寒塘诗话》为最巨，其征引甚博，且中多瑰异可喜”者。未见。

473.《贞一斋诗说》

李重华撰，丁卷，存。《苏州府志·艺文志》著录作《玉洲诗话》，有《昭代丛书》壬集本，丁福保《清诗话》本。蔡镇楚石竹山房藏。

474.《李杜诗话》

潘德舆撰，三卷，存。清道光九年（1829）刻本，附于《养一斋诗话》后；今有《清诗话续编》校点本，题亦作《养一斋李杜诗话》。蔡镇楚石竹山房藏。

475.《养一斋诗话》

潘德舆撰，十卷，存。清道光十六年（1836）巾箱本，四册；道光二十九年（1849）《养一斋集》刊本；今有郭绍虞《清诗话续编》富寿荪校点本。蔡镇楚石竹山房藏。

476.《说诗牙慧》

潘德舆撰，十二卷，存。稿本，八册，附《作诗本经纲领》二卷。北京大学图书馆藏。

477.《作诗本经纲领》

潘德舆撰，二卷，存。稿本，北京大学图书馆藏。

478.《静远草堂诗话》

周乐清撰，四卷，存。稿本，四册，北京大学图书馆藏。

479.《**春陵馆诗话**》

周昌基撰，卷数未详，残，存四卷（卷二至卷五）。清郭麐抄本。上海图书馆藏。

480.《**诗法纂论**》

余炳照撰，不分卷，存。一名《千金谱要录》。清道光年间刊行本。

481.《**逊举斋诗话**》

瑞安孙衣言撰，不分类，存。清道光间刻本。刘声木《桐城文学撰述考》卷三及钱仲联《清诗纪事》著录，称其又有《逊学斋诗钞》十卷，续抄五卷，《逊学斋文钞》十二卷，续抄五卷。

482.《**说诗浅语**》

俞鉒撰，一卷，存。清道光年间《蹄涔诗文集》刊本（蒋寅）。

483.《**射鹰楼诗话**》

林昌彝撰，二十四卷，存。清咸丰元年（1851）家刻本，六册。中国国家图书馆、湖南师范大学中文系资料室藏。今有上海古籍出版社 1984 年王镇远等校点本。又一部，十二卷，台湾杜松柏《清诗话访佚初编》影印本，一册。蔡镇楚石竹山房藏。

484.《**闺秀诗评**》

淮山棣华园主人撰，四卷。抄本，今存安徽省图书馆。清咸丰二年（1852）棣华园自刊本。前有咸丰元年（1851）十二月其兄静岚序言，上有"山阳黄氏"印章。胡文楷《历代妇女著作考》附录著录。又有清光绪三年（1877）申报馆排印本，收入《申报馆丛书》，不分卷。

淮山棣华园主人，为何许人也？张寅彭《新订清人诗学书目》谓棣华园乃汪宗忻书斋号，而蒋寅《清诗话考》以其兄之印章称其"姓黄氏"。据

《皖人书录》卷四考：汪宗忻，字仲伊，号弢庐，晚清安徽歙县人。光绪六年（1880）进士（距咸丰二年自刊其书，时差近三十年）。精于《礼经》，洞悉律吕，嗜好兵法剑术，善于隶书。于诗法则少述。是书之为闺秀诗话，乃针对时风而发。作者自述其创作宗旨在于倡导性灵，云："近人言诗，往往尚风格而不取性灵，甚至阅女子诗，亦持此论，尤为迂阔。深闺弱质，大率性灵多，学问少，焉得以风格律之？故余所录诸作，取其温柔袅娜、不失女子之态者居多。"

是书所论闺秀诗，以为论闺秀诗必须以性灵为尚，注重其"女子之态"，"选闺秀诗必确是闺秀口吻方妙"。他针对古人写闺思、闺怨者多代言体之作曰："古人宫怨、闺情、春词诸作，皆身为丈夫，不惜设身处地探女子心事而代为言之，其间清风亮节，表表人耳目间者，且可借女子之美色贞操，自为写照。"是为一家之言，皆有别于时论者。代言体与闺秀诗之别，在于抒情主体之异。前者抒情主体是男人，而后者是女性自我。这种差别，如花间词与宋代闺秀词的天壤之别一样，二者艺术风格与思想境界的差异是难以愈合的。

485.《诗纫》

黄钊撰，六卷，存。清咸丰三年（1853）雁红馆刊巾箱本。

486.《寿松堂诗话》

陈来泰撰，四卷，存。清咸丰四年（1854）刊本。钱仲联《清诗纪事》称引。

487.《诗法举要》

江都符葆森编，不分卷，存。清咸丰四年（1854）刻本，二册。广州中山图书馆藏。

448.《**北江诗话**》

洪亮吉撰,六卷,存。有清咸丰四年(1854)《粤雅堂丛书》本,《小重山房丛书》本,《洪北江全集》本,清光绪三年(1877)授经堂重刊本;清宣统元年(1909)扫叶山房石印本。今有人民文学出版社1983年陈迩冬校点本。又一部,四卷,清版,日本早稻田大学图书馆藏。蔡镇楚石竹山房藏。

489.《**读杜姑妄**》

吴梯撰,三十六卷,存。清咸丰间刻本,有自序,时为咸丰四年(1854)。周采泉《杜诗集录》著录,中山大学图书馆藏有原刻本。

490.《**诗比兴笺**》

陈沆撰,四卷,存。清咸丰五年(1855)初刻本,一册,前有魏源序,后有彭祖贤跋;又一部,清光绪九年(1883)重刻本。今有1959年中华书局上海编辑所排印本,一册。

491.《**停云阁诗话**》

李家端撰,十卷,存。清咸丰五年(1855)刻本,四册,中国国家图书馆藏。蔡镇楚石竹山房藏。

492.《**冷庐杂识**》

陆以湉撰,八卷,存.有清刻本。前有清咸丰六年(1856)自序。今有台湾文海出版社《近代中国史料丛刊》第七十六辑影印本,一册。

493.《**昭阳述旧编**》

李福祚辑,三卷,存。清咸丰七年(1857)刻本,六册。中国国家图书馆藏。

494.《篷窗随录》

沈兆澐撰，二卷，存。清咸丰七年（1857）刊本，一册，前有咸丰二年（1852）自序，论诗注重诗家三昧。今有台湾文海出版社《近代中国史料丛刊》影印本。

495.《小沧浪诗话》

张燮承撰，四卷，存。清咸丰九年（1859）古汲郡贺氏刻本，四册，中国国家图书馆、安徽省图书馆、北京师范大学图书馆藏。收入《张师筠著述》中。

496.《伯山诗话》

康发祥撰，三续集二卷，四续集二卷，存。清咸丰十年（1860）刻本，清康发祥校改，杨葆光批校并跋。复旦大学图书馆藏。

497.《伯山诗话后集》

康发祥撰，四卷、续集二卷、再续集二卷、三续集二卷、四续集二卷，存。有《伯山全集》清咸丰刊本。

498.《春雪亭诗话》

徐熊飞撰，一卷，存。清咸丰十年（1859）梦花轩抄本，一册，复旦大学图书馆藏；又一部，《花近楼丛书》稿本，中国国家图书馆藏；又一部，民国初嘉业堂《吴兴丛书》重刻本（第百三十一册），后附咸丰十一年（1860）管庭芳跋、1916年刘承于跋。北京师范大学图书馆藏。

499.《唐诗评林》

赵兆熊撰，二十六卷，存。清咸丰年间稿本，十册。重庆图书馆藏。

500.《淄阳诗话》

王雅树撰，四卷，存。清同治元年(1862)刊本，四册。《西谛书目》著录，钱仲联《清诗纪事》称引。南京图书馆藏。

501.《菱溪诗话》

余宣撰，一卷，存。同治三年(1864)自刻本，前有张开雰、雷以诚二序，后有杨象济、杜文澜二跋。序谓“因其地有菱溪，即以名篇”。北京师范大学图书馆藏。

502.《声调四谱图说》

董文焕编，十二卷。首一卷，末一卷，存。清同治三年(1864)春洪洞董氏刊本；又一部，1927年上海医学书局原版影印本，四册。

503.《诗句题解》

陈剑芝等撰，二十二卷，存。清同治五年(1866)刊本，二十二册。

504.《敦园诗谈》

许丙椿撰，八卷，续编二卷，存。《安徽艺文考》诗文评类著录。清同治五年(1866)吴坤修皖垣刊本，三册。湖南师范大学图书馆藏。

505.《明季诗话》

傅以礼编，一卷，附录一卷，存。《皖人书录》著录，收入傅氏《有万憙斋丛抄》，清同治八年（1869)傅青儒抄本，傅以礼跋。中国国家图书馆藏。

506.《柈湖诗话》

岳阳吴敏树撰，一卷，存。有清同治八年(1869)《柈湖诗集》自刊本。《岳州府志·艺文志》《巴陵县志》《桐城文学著述考》著录。吴敏树(1805—1880)，字南屏，岳阳(今属湖南)人。清道光十二年举人，官浏阳训导。

507.《海天琴思录》

林昌彝撰，八卷，存。清抄本，北京大学图书馆藏；又一部，清同治三年(1864)刻本，四册。中国国家图书馆藏。今有上海古籍出版社 1988 年王镇远等校点本，与《海天琴思续录》合刊本。蔡镇楚石竹山房藏。

508.《海天琴思续录》

林昌彝撰，八卷，存。清同治八年(1869)著者广州刻本，四册。中国国家图书馆藏。今有王镇远等校点本，上海古籍出版社 1988 年与《海天琴思录》合刊本，一册，蔡镇楚石竹山房藏。

509.《诗缘》

王增祺撰，四卷，存。清同治九年(1870)惜花居刊巾箱本。

510.《又可诗话》

毛祥麟撰，三卷，存。清同治年间家刊全集本(蒋寅)。

511.《对山诗话》

毛祥麟撰，不分卷，存佚未知。《上海县续志·艺文志》著录。毛氏又有《画话》。

512.《潇湘风雨录》

张金镛(1805—1860)撰，不分卷，存。清刊本，湖南图书馆、湖南省社会科学院图书馆藏。

513.《识月轩诗话》

陈澧撰，一则，存。有《芙蓉江上草堂诗集》附录本。

514.《**不敢居诗话**》

佚名撰,不分卷,存。清旧抄本,四册,台湾图书馆藏;今有台湾广文书局《古今诗话续编》影印本,精装二册,无序无跋,无手抄年月,蔡镇楚石竹山房藏。

515.《**采辑历朝诗话**》

胡凤丹辑,一卷,存。清同治九年(1870)退补斋《六朝四家全集》刻本,一册;又《唐四家诗集》本,均附《辨伪考异》。中国国家图书馆藏。

516.《**陶靖节诗话**》

胡凤丹辑,一卷,存。有清刊《陶诗四种》本。

517.《**读杜诗说**》

施鸿保撰,二十四卷,存。手稿本,有清同治九年(1870)自序。今有中华书局上海编辑所 1962 年张慧剑校订本。

518.《**韵语**》

原署鸿蒙室主人撰,十二卷,存。清同治十二年(1873)陇东分署刊巾箱本。鸿蒙室主人,又名"鸿蒙子",则方玉润之雅号。

519.《**达观堂诗话**》

张晋本撰,八卷,存。清同治十二年(1873)湘阴李桓刊本,四册;又一部,二卷,清同治十二年芋园校勘本。湖南图书馆藏。

520.《**试律新话**》

倪鸿辑,四卷,残,存二卷。清同治十二年(1873)野水闲鸥馆刻本,二册,存一册。中国国家图书馆藏。清同治年间刊印,清王拯序。又光绪十四年(1888)东塾草堂家刻本,题作《诗话新编》。

521.《桐荫清话》

倪鸿撰，八卷，存。有清咸丰八年（1858）刊巾箱本，1914年上海扫叶山房石印本。

522.《陶靖节纪事诗品》

钟秀编，四卷，存。清同治十二年（1873）观我生斋自刻本。

523.《观我生斋诗话》

钟秀撰，四卷，存。清同治间观我生斋自刻本。上海图书馆藏。郭绍虞《沧浪诗话校释》第二十七页称引。

524.《余墨偶谈》

孙橒编，存。清同治十二年（1873）双峰书屋刻本，四册。广州中山图书馆藏。

525.《余墨偶谈节录》

孙橒撰，一卷，存。有《香艳丛书》本。

526.《梦晓楼随笔》

宋顾乐撰，一卷，存。清同治十三年（1874）虞山顾氏刻《小石山房丛书》单行本，一册。中国国家图书馆藏.

527.《养自然斋诗话》

钟骏声撰，十卷，存。清同治十三年（1874）钟氏自刻本，十册。中国国家图书馆藏。

528.《分类诗话》

王士祯撰，喻端士编，六卷，存。清同治十三年（1874）刊本，今有台湾广文书局影印本。

529.《挹翠楼诗话》

潘清撰，卷数未详，残，存二卷。清同治年间刻本，一册。中国国家图书馆藏。又一部，四卷，钱仲联《清诗纪事》称引，未见。

530.《宋诗纪事摘录》

翁同书辑，一百卷，存。清光绪二年（1876）翁氏抄本。

531.《勿待轩诗话存稿》

马先登撰，二卷，存。清光绪二年（1876）敦伦堂刊本。

532.《樵隐诗话》

林钧撰，十三卷，存。清光绪二年（1876）冬刊本，六册。中国国家图书馆、湖南师范大学图书馆藏。

533.《媕雅堂诗话》

上海赵文哲撰，一卷，存。有清光绪三年（1877）乌程汪日桢《荔墙丛刻》刊本。《中国丛书综录》《明清江苏文人年表》等均著录。

534.《闺秀诗评》

淮山棣华园主人撰，不分卷，存。清光绪三年（1877）申报馆排印本。胡文楷《历代妇女著作考》附录著录。

535.《吟林缀语》

戴文选撰，不分卷，存。今有光绪三年（1877）且斋精刊巾箱本，四册。

前有邹亦骏题辞、何廷谦序及曾纪云题辞。北京师范大学图书馆藏。

何序谓以“吟林缀语”为名，是为表现作者的“深情雅致”。书中所选诗作题材甚广，“台阁烟霞、闺中方外、忠臣烈女、往哲前贤以及异域遐方，靡不博采旁收”。偶尔有简短评语，也常详细地记载有关轶事，是作者年轻时幕游南北，扙策戎行之暇辑缀而成的。主张性情为“诗之本源”，“村夫愚妇皆可脱口成吟”。反对雕琢，书中所选也都是“有性情者”。

536.《海山诗屋诗话》

李文泰撰，十卷，存。清光绪四年(1878)粤东羊城森宝阁铅印本，四册。中国国家图书馆藏。

537.《厚甫诗话》

元和陈锺麟撰，三卷，存。清光绪四年(1878)仲春刻本，云梯阁藏版，省城聚德堂藏版，一册，前有自序，次有弁言。广州中山图书馆藏。

538.《醉经斋诸家诗话选钞》

醉经斋主人选抄，四卷，存，手抄本。辽宁省图书馆藏(蒋寅、张寅彭)。

539.《灵芬馆诗话》

郭麐撰，十二卷，续六卷，存。有《娱园重订灵芬馆集》本，清光绪五年(1879)许增重订。今有台湾杜松柏《清诗话访佚初编》影印本，蔡镇楚石竹山房藏。又一部，六卷，续六卷。湖南师范大学图书馆藏。

540.《王孟诗评》

刘长翁评，不分卷，存。清光绪五年(1879)碧琳琅馆刊本，四册。

541.《**彩衣楼诗话**》

王守训(1845—1897)撰,四卷,存,稿本。山东博物馆藏(蒋寅)。

542.《**登州诗话**》

王守训(1845—1897)撰,二卷,存。稿本。山东博物馆藏。又有赵蔚坊抄本,民国年间丁心佛抄本(蒋寅)。

543.《**登州诗话续编**》

赵蔚坊撰,不分卷,存,稿本。山东博物馆藏(蒋寅)。

544.《**企浯庐诗评**》

唐祖价撰,二卷,存佚未知。清光绪《湘潭县志》卷十八著录。

545.《**闽川闺秀诗话续编**》

丁芸辑,四卷,存。1914年候官丁震京师刻本,二册。《历代妇女著作考》附录二著录。又一部,一卷,清光绪间杨蕴辉抄本。中央党校图书馆藏。

546.《**三唐诗品**》

宋育仁撰,三卷,存。清考隽堂刻本,一册。湖南图书馆藏。

547.《**余墨偶谈绩集**》

孙檑编,八卷,存。清光绪七年(1881)双峰书屋刻本,十六册。广州中山图书馆藏。

548.《**声调三谱**》

王祖源辑,四卷,存。亦名《学诗法程》。清光绪八年(1882)福州王氏刊本,一册。又一部,清光绪九年(1883)天壤阁石印本。

549.《小匏庵诗话》

吴仰贤撰，十卷，存。清光绪八年(1882)刊本。

550.《食旧德斋诗话》

刘岳云撰，三卷，存。有清光绪八年(1882)陆续刊全集本(蒋寅)。

551.《鄂不斋诗评》

彭玉麐等评，不分卷，存。清光绪九年(1883)刊本，一册。

552.《眉山诗案广证》

张灶撰，六卷，存。清抄本，上海图书馆藏；又一部，清光绪十年(1884)江苏书局刊本，一册，湖南图书馆藏。

553.《诗句题解汇编》

上海同文书局编，四卷，存。清光绪十年(1884)刊本，四册。

554.《增广诗句题解汇编》

上海同文书局编，七卷，存。清光绪十年(1884)刊本，五册。

555.《筱园诗话》

云南朱庭珍撰，一名《穆清堂诗话》。四卷，存。清光绪十年(1884)《云南丛书初编》刻本；今有郭绍虞《清诗话续编》富寿荪校点本、张国庆《云南古代诗文论著辑要》2001年中华书局校点本，蔡镇楚石竹山房藏。

556.《两当轩诗评》

黄景仁撰，一卷，存。有《谈艺珠丛》清光绪十一年(1885)长沙玉尺山房刊本，题或作《诗评》，中国国家图书馆藏。

557.《**谈艺珠丛**》(诗话丛书)

王启原辑,收二十七种诗话,存。有清光绪十一年(1885)长沙玉尺山房刻本,凡十册。中国国家图书馆藏。

558.《**诗法大全**》

王岳英撰,八卷,存。清光绪十一年(1885)刊本,五册。

559.《**闺秀录**》

孙兆溎撰,一卷,存。清朝光绪十一年(1885)俞筠仙刊本。根据蒋寅《清诗话考》,孙兆溎,字子香,江苏昆山人。道光年间曾入林则徐幕府。工诗,著有《片玉山房花笺录》十二卷,咸丰二年(1852)景福堂藏版,其中第九、第十两卷为《片玉山房诗话》,第十二卷为《闺秀录》,专门辑录清朝乾隆嘉庆以来,名媛闺秀之诗事,如林则徐夫人、袁枚三妹、龚自珍夫人等,又记载自家三姐妹与侄女之诗。

560.《**片玉山房诗话**》

孙兆溎撰,一卷,存。原有《片玉山房花笺录》卷九清刊本,云南省图书馆藏。

561.《**宋诗纪事补遗**》

陆心源撰,一百卷,小传补正四卷,存。清光绪十三年(癸巳)刊本,二十四册;又有《潜园总集》本,中华书局影印本,台湾鼎文书局《历代诗史长编》翻印本。

562.《**望云诗话**》

施山撰,四卷,存。施山,字子山,一字寿伯,浙江会稽人。清光绪间抄本,一册。

563.《姜露庵诗话》

施山撰，一卷，存。附于《通雅堂诗钞》笺注之后，民国年间石印本。

564.《湘上诗缘录》

张修府辑，五卷，存。清光绪十四年(1888)张修浚刻本，四册。湖南图书馆藏。蔡镇楚石竹山房藏。

565.《桑门诗话》

释惟虚撰，卷数未详，佚。清光绪十四年(1888)《湘潭县志》卷十八著录，未见。

566.《玉溪生诗评》

周诒朴撰，卷数未详，佚。清光绪十四年(1888)《湘潭县志》卷十八著录，未见。

567.《鸥亭诗话》

江阴屠绅撰，一卷，附诗一卷，存。清光绪十五年(1889)刻本，一册，广州中山图书馆藏。又有民国江阴金武祥辑《粟香室丛书》刊本；《二余堂丛书》本、《江阴丛书》本。

568.《海粟诗话》

邓枝麟撰，二卷，存。上卷论古人之诗，下卷论今人之诗。有清刊巾箱本，上海师范大学图书馆藏。

569.《闽川闺秀诗话续编》

丁芸撰，四卷。丁芸(1859—1894)，字耕邻，一字晴芗，福建侯官人。就读于致用书院，受业于著名学者谢章铤。光绪十六年(1890)中举人，授儒学训导，福建著名文史学家、地方文献学家，著作颇丰，主要有《都门笔记》《柏衙诗话》《有可观斋遗诗》《闽文选》等。是编依照梁章钜《闽川闺秀诗话》体制，收录福建清代闺秀一百三十五人，虽然偶有重复者，但多为丁氏自作，搜罗广博，又注明文献引用出处。清光绪年间杨蕴辉抄本，仅一卷，中央党校藏本；1914年侯官丁震京师刻本，四卷，二册。

570.《白石道人诗词评论》

许增辑，一卷，补遗一卷，存。有《榆园丛刻》本、《丛书集成初编》本、《四部备要》本。

571.《明诗纪事》

陈田辑，一百八十七卷，存。清光绪间贵阳陈氏听诗斋刻《陈氏丛书》单行本，凡三十八册。又有《万有文库》本，台湾鼎文书局《历代诗史长编》本。

572.《三山诗话》

徐贤杰撰，三卷，存。清抄本；今有刊行本，一册，前有荣禄之序。广州中山图书馆藏。是书卷一论时人之诗，谓“诗以神韵天籁为上”，卷二论唐宋人之诗，卷三记述历代阁馆题咏之诗，尤称文天祥爱国之诗为“公忠体”。

573.《息园诗话》

杨琼撰，一卷，存佚未详。《宝庆府志》卷一〇二著录。

574.《选句图》

吴槵撰，一卷，存佚未详。《宝庆府志》卷一〇二著录。

575.《**课诗追录**》

李洽撰，一卷，存佚未详。《宝庆府志》卷一〇二著录。

576.《**退庵诗话**》

何日烈撰，十二卷，存。清光绪年间家刻本，四册。中国国家图书馆藏。

577.《**续辑乐府题解**》

倪伟人撰，一卷，存。《安徽艺文考》诗文评著录。收于《倪氏九种》第四册，清光绪十六年(1890)章安官舍刻本。中国国家图书馆藏。

578.《**辍耕消暑录**》

倪伟人撰，一卷，存。《安徽艺文考》诗文评录。收于《倪氏九种》第六册，清光绪十六年(1890)章安官舍刻本。中国国家图书馆藏。

579.《**缉雅堂诗话**》

潘衍桐撰，二卷，存。清光绪十七年(1891)潘氏杭州刻本，一册。中国国家图书馆，湖南师范大学图书馆藏。

580.《**煮药漫钞**》

叶炜撰，二卷，存。清光绪十七年(1891)金陵刻本，二册，中国国家图书馆藏；又一部，二卷，前有光绪十六年朱百遂、日本明治十五年湖山老人小野黑二序。今收入台湾文海出版社《近代史丛刊》第43辑影印本，一册。

581.《**昭昧詹言**》

方东树撰，正十卷，续八卷，续录二卷，存。清光绪十七年(1891)刊本；又一部，正十卷，续录三卷，续八卷，凡二十一卷，民国时武强贺氏付印本,六册;又一部,正十卷,续十卷,凡二十卷,中国国家图书馆藏抄本;又一部,四卷,稿本,一册,安徽省安庆市图书馆藏。今有人民文学出版社1961年汪绍楹校点本,二十一卷。

582.《**昭昧詹言节录**》

方东树撰,方宗诚辑,四卷,存。清抄本。安庆市图书馆藏。

583.《**药坡诗话**》

王浔辑,十卷,存。清光绪十八年(1892)重刊木活字本。

584.《**趣园诗话**》

蔡丕撰,一卷,存。清光绪十八年(1892)刊《趣园八种》第四册本。日本早稻田大学《宁斋文库》藏。

585.《**雪庐诗话**》

赖学海撰,一卷,存。清光绪十八年(1892)刊本。钱仲联《清诗纪事》称引。

586.《**樵说**》

蜀西樵也(王增祺)撰。六卷,存。今有光绪十八年(1892)刻本,二册。前有自序一篇,后无跋。中国国家图书馆藏。作者自序中谓"樵于山林中有至乐,愿仿野人献芹之举,以求同乐,不语诸世,吾惧弗任也"。书中所选之人皆与作者生活于同时代或略早一些,大都流连诗酒山林,与作者襟怀相近。小传后列举诗句,诗后偶附作者简略评语。无非警绝、共拙一类,无甚新颖深刻之处。

587.《**古诗十九首绎**》

姜任修撰,一卷,存。清光绪十九年(1893)刊本。

588.《崇道堂诗话》

盛钟岐撰，一卷，存。清光绪十九年(1893)刊本。钱仲联《清诗纪事》称引。

589.《苏亭诗话》

张道撰，六卷，存。清张预抄本；又一部，清光绪十九年(1893)钱塘张乐长沙学院刻本，三册，湖南师范大学图书馆藏。又一部，四卷，稿本，收入《渔浦草堂遗稿》，上海图书馆藏。

590.《葴园诗话》

龚咏樵(显曾)撰，三卷，存。清光绪七年(1881)刊本。钱仲联《清诗纪事》称引。

591.《藏书纪事诗》

叶昌炽撰，六卷，存。有清光绪二十三年(1897)刻本。钱仲联《清诗纪事》著引。

592.《诗达诂》

彭焯南撰，不分卷，存。清光绪二十三年(1897)二玉山馆刊本，一册。

593.《拗法谱》

李宪乔撰，一卷，附《通转韵学》一卷，存。清光绪二十四年(1898)刊本。

594.《五百石洞天挥麈》

丘炜萲编。十二卷，存。前有台湾丘逢甲序，独立山人潘飞声序。并有台湾丘树甲、嘉应王恩翔两段题词。后有光绪二十四年(1898)小除夕自跋。此书初拟名“蔌樊琐缀”。后因作者渡海时得五百块奇石，以“五百石洞天”名所居，又惧其居不久存，便以名所著。古之谈者必挥麈，所以书名为“五百石洞天挥麈”。丘逢甲序谓此书为“纪谈之作也”。书中不仅以谈诗为主，而且以诗为主，钩章琢句，日揖中原，留心风化世态，为天下有心人所同许。作者跋中又说：这是继“菽园赘谈”之后，检验自己学识进退的一个标志。论诗标举“曲”“清”，但以“清”为宗。十二卷分别以“花落家僮未扫，鸟啼山客犹眠”诗句中一字标于卷首，也可见出其艺术趣味。蔡镇楚石竹山房藏。今有光绪二十五年闽漳丘氏刻本，六册。北京师范大学图书馆藏。

595.《**樵说续**》

王增祺撰，十二卷，存。清光绪二十七年(1901)成都聊园刻本，四册。中国国家图书馆藏。

596.《**正宜堂诗话**》

董沛撰，十六卷，存。清光绪二十七年(1901)家刊全集本(蒋寅、张寅彭)。

597.《**艺概**》

刘熙载撰，六卷，存。清光绪二十九年(1903)四川成都官书局铜印本，二册。中国国家图书馆藏。又《古桐书屋六种》清同治、光绪间刊本。其中《诗概》一卷，收入郭绍虞《清诗话续编》中。

598.《**樵说拾遗**》

王增祺撰，六卷，续六卷，存。清光绪三十一年(1905)成都聊园刻本(张寅彭)。

599.《台阳诗话》

台湾王松(沧海遗民)撰,二卷,存。清光绪三十一年(1905)台湾株式会社《台湾新报》社排印本,二册。前有自序,北郭园老人郑如兰序、明治三十五年二月二十六日籾山衣洲序,后有怡园后人林铬之跋。广州中山图书馆藏。又一部,台湾《台湾文献丛刊》本。

600.《一虱室诗话》

张麟年撰,四卷,存。清光绪三十三年(1907)自刊本,江苏南通市图书馆藏(张寅彭)。

601.《平等阁诗话》

狄葆贤撰,二卷,存。清光绪三十四年(1908)上海时务报馆铅印本,一册。北京师范大学图书馆藏;又清宣统二年(1910)刊本,一册。广州中山图书馆藏。

602.《眉韵楼诗话》

孙雄撰,八卷,存。据自叙,始作于清光绪三十四年(1908),分期发表于《国学萃编》(后改名为《晨风丛书》)。今有《晨风丛书》本;又一部,二卷,清光绪三十四年刊本,一册,湖南师范大学图书馆藏。

603.《味蔬斋诗话》

余云焕(凤笙)撰,二卷,存。清光绪三十四年(1908)思南府刊本,一册。广州中山图书馆藏。又一部,题名《味蔬诗话》,八卷,钱仲联《清诗纪事》称引。又一部,四卷,有清宣统二年(1910)鸿雪楼石印本。湖南图书馆、湖南社会科学院图书馆藏。

604.《蝶梦园诗话》

张钟端撰,一卷,存。清光绪三十四年《河南》第六期刊本(蒋寅)。

605.《诗家位从图》

刘宝书撰，一卷，存。清光绪间刻本，一册，中国国家图书馆藏。

606.《天慵庵笔记》

方士庶撰，二卷，存。清光绪间刊木；又有《仰视千七百二十九鹤斋丛书》本，《丛书集成初编》本。《西谛书目》与《皖人书录》著录。

607.《芳菲菲堂诗话》

杨子毕撰，一卷，存。清宣统元年（1909）铅字排印本。钱仲联《清诗纪事》称引。

608.《咬菜根斋诗话》

罗传珍，自号鉴曲钝汉，二卷，存。有清宣统元年（1909）刊本，又民国间铅印本（蒋寅、张寅彭）。

609.《粤岳草堂诗话》

黄培芳撰。陈步墀编。二卷，存。现有宣统二年（1910）陈映奎刻本，一册。前有受业门人孙继勋序、编者陈步墀序各一。孙序谓粤岳乃罗浮山之别号，是黄培芳结庐处。后有陈映奎跋。此书是作者继《香石诗话》后的第二本诗话，书中扬扢风雅、鼓吹休明、前哲流徽，去人未远。作者论诗主张“温序敦厚”，能与“国史相表里”的诗，方为诗之正宗。对前人诗论多有吸取，如羚羊挂角、点铁成金一类。陈序谓此书“为南海明珠”，收入他自辑《绣诗楼丛刻》中。

610.《国风诗法举隅》

黄培芳撰，一卷，存佚未详。《广州府志》卷十六据《采访册》著录。

611.《立德堂诗话》

邬以谦撰。一卷,存。清光绪三十四年(1908)七月校勘本。前有邬庆时《业师撝樵先生家传》,后有邬庆时跋记。立德堂乃其堂号。以立德名堂,"盖注重德行而不沾沾以文学著者"。此书为其授业弟子邬庆时校辑遗稿而成。仅数条,余皆"饱白蚁腹"。论诗主张温柔敦厚为上,"一览无余,便不耐读",博览精思,方可作出好诗。今有宣统二年(1910)邬庆时刊本,一册,收入《番禺邬氏丛著汇刊》中,蔡镇楚石竹山房藏。

612.《诗话》

钱梦鲲撰,二卷,存。无刻书年月,约清宣统间刊木活字本,一册。

613.《塞愚诗话》

张翼廷辑,二卷,存。清宣统二年(1910)铅印本,二册,中国国家图书馆藏。又一部,名《寄寄山房塞愚诗话》,一卷,有张氏辑刻《寄寄山房全集》本。

614.《林园诗话》

林凤钧撰,二卷,存。有清宣统二年(1910)《林园丛书》乐天生排印本。

615.《眉韵楼诗话续编》

沈雄撰,二卷,存。有清宣统二年(1910)《诗史阁丛书》铅印本,一册。中国国家图书馆藏。

616.《诗史阁诗话》

沈雄撰,存,有清宣统二年(1910)《诗史阁丛书》铅印本。钱仲联《清诗纪事》称引。

617.《小黛轩论诗诗》

陈芸撰，二卷，陈荭注。存。清宣统三年（1911）刊本，附录其母亲薛绍徽女史《黛韵楼诗词集》之后，前有陈芸自序与陈荭序。《昆山胡氏书目》与胡文楷《历代妇女著作考》著录。

618.《诗法撮要》

陈熙春撰，一卷，存。陈熙春，江苏江宁人。清同治年间贡生。著有《庸叟文稿汇编三种》。1947 年《南京文献》第六期刊本，今有上海书店影印本。

619.《诗学要言》

邬启祚撰。三卷，存。清宣统三年（1911）番禺邬氏丛著汇刊本。北京师范大学图书馆藏，蔡镇楚石竹山房藏。今有 1919 年番禺邬氏刻本，一册。前有番禺县续志卷二十二、卷二十五，为其父邬夔飏小传，其妻邬周氏小传；并有程大璋撰《邬公墓志铭》，黄景甫序。后有其孙邬庆时校记。全书分三卷，共七十余条，从古今一百多种诗话中选出。上卷论作诗之形体。学诗精要阐述无余。论诗以“意”为主，“意”当新、尚远、尚淡。且作诗要精思、守法度。黄序谓此书尽集古今诗话之精华，为学诗者“登堂入室之津梁”。

620.《星湄诗话》

徐传诗撰，二卷，存。清宣统三年（1911）赵诒琛刻《峭帆楼丛书》本，赵诒翼校订，一册。中国国家图书馆藏。

621.《诗义标准》

王锡光辑，一百十四卷，存。清宣统三年（1911）刊本，三十册；又一部，一百四十卷，虚受堂刊本，三十册。

622.《耕云别墅诗话》

邬启祚撰。一卷,存。前有同乡后学吴功溥序、大总统题褒、番禺县续志卷二十二、丘逢甲作《邬吉人先生家传》、程大璋撰《邬公墓志铭》。后有其孙邬庆时校记。校记谓:诗话原本四卷,共四万余言,已佚。今本乃摘登于《北京通报》之一部分,共五千余言,仅为原本十分之一。此书所收皆是与番禺文人有关的"乡邦文献",也有自己的诗学理论,及对乡邦文人作品的评论。论诗主真情、自然,反对"无痛呻吟,刻意求工"。于世变方亟、诗教日衰之时翻读此书,使人顿觉"清芬满齿颊间"。今有清宣统三年邬氏《邬氏丛书》第二册刻本,一册;1919年番禺邬氏刻本,一册。北京师范大学图书馆藏,蔡镇楚石竹山房藏。

623.《全唐诗话》

王葆撰,不分卷,存。清宣统三年(1911)刊本,六册。湖南省武冈县图书馆藏。

624.《蠡园诗话》

范启璋撰,二卷,存。清光绪、宣统年间刊本。钱仲联《清诗纪事》称引。

625.《小招隐馆谈艺录初编》

王礼培撰,四卷。礼培(1863—?),字佩初,清末湖南湘乡人。据是编《小招隐馆谈艺录初编自序》署名为"乙亥(1935年)秋自序于长沙望麓园寓斋,时年七十二"可知其生于清同治二年(1863),出身书香门第,晚年寓居长沙望麓园,曾讲学于湖南长沙船山学社。是编成书于1935年秋,系其演讲于湖南船山学社之讲稿改易而成者。有1937年6月南京中文仿宋印书馆刻本,一册,湖南船山学社发行。湖南师范大学图书馆藏。今有2004年北京图书馆出版社蔡镇楚编《中国诗话珍本丛书》影印本。蔡镇楚石竹山房藏。

626.《艺苑丛话》

陈琰撰，十六卷，存。清宣统三年(1911)石印本。钱仲联《清诗纪事》称引。

627.《乡诗摭谭》

杨希闵撰，正集十卷，续集十卷，卷首一卷，存。清宣统间复敬庄刻本，八册。中国国家图书馆藏。

628.《诗学圆机活法大成》

蒋先庚重订，二十四卷，存。清积秀堂藏版本，八册。又题作《圆机诗学活法大会》者，二十四卷，清刊本。湖南省武冈县图书馆藏。

629.《乐府古题要解辑补》

倪伟人撰，二卷，存。《安徽艺文考》诗文评著录。清刊本，题《古题要解》二卷，《乐府要解》二卷。

630.《清代先正诗髓》

吴英锐撰，十卷，存。手抄本，五册。湖南图书馆藏。

631.《诗家正法眼藏》

刘子芬纂，内外二卷，存。1934 年刊本，一册。湖南图书馆藏。

632.《诗学启蒙》

曾家模撰，四卷，存佚未详。《宝庆府志》卷一〇二著录。

633.《诗话类长》

周思仁撰，六卷，存。清抄本。《宝庆府志》卷一〇二著录。

634.《尊西诗话未定草》

张日斑撰，不分卷，存。稿本。山东省济南市图书馆藏。

635.《声调谱阐说》

郑先朴撰，一卷，存。今有《中国学报》本，一册。前有自序，后有其孙郑源重印本跋。

636.《风人诗话》

刘銮撰，一卷，存。原有《庚辰丛编》本，附于《五石瓠》之后。《中国丛书综录》著录。

637.《竹冈诗话》

赵敬襄撰，龚耀南编，一卷，存。有龚日省堂藏版《竹冈斋九种》刊本，附于《竹冈诗草》后，仅十四则。《中国丛书综录》著录。

638.《截肪诗话》

衡阳王洞撰，一卷，存佚未知。《衡阳县志》艺文十二著录。

639.《柱山诗话》

黄立世撰，一卷，存。有清高氏辨蟫居《齐鲁遗书》抄本，山东博物馆藏。《即墨县志》卷十著录。

640.《李杜诗抨》

李天昶撰，不分卷，佚。《衡阳县志》艺文十二著录，未见。

641.《卧园诗话》

潘焕龙撰，四卷，补编二卷，存。清抄本，天津师范大学图书馆藏；

又一部，八卷，清刊本，四册，《西谛书目》著录。又一部，残，存六卷（卷一至卷六），清刊本。

642.《诗苑雅谈》

罗以智撰，三卷，存。稿本。浙江图书馆藏。又一卷，稿本，清丁丙跋。《杭州府志·艺文志》著录。南京图书馆藏。

643.《倚剑诗谭》

黄浚撰，一卷，存。《台州府志·艺文志》著录。是书凡二十七条诗话，皆在兵戎塞外谈诗而作，词亦间及，乃古代军旅诗话之作。见《太平续志》，今有手抄本。浙江图书馆藏。

644.《寄心盦诗话》

符葆森撰，不分卷，存。稿本，一册，凡三十二页，无序跋可考。复旦大学图书馆藏。又一部，《国朝正雅集》本。

645.《应体诗话》

杨秉杷撰，二十二卷，存。清张尔耆抄本。上海图书馆藏。

646.《排律诗话》

杨秉杷撰，卷数未详，《松江府续志·艺文志》著引。未见。

647.《韵语杂记》

柳青源撰，十七卷，存。稿本，清徐达源跋。上海图书馆藏。

648.《诗窠笔记》

雷葆廉撰，存。稿本，清温纶跋。上海图书馆藏。

649.《陔南山馆诗话》

魏秀仁撰，十卷，存。稿本，中国社会科学院文学研究所藏；又一部，清抄本，湖南图书馆藏。钱仲联《清诗纪事》称引甚多。

650.《海氛诗话》

魏秀仁撰，一卷，存。稿本，福建省图书馆藏（蒋寅、张寅彭）。

651.《薿薿室诗话》

童逊祖撰，童兆年录，一卷，存。1921年石印本，二册，前有清同治元年（1862）盛炳纬等序，后附《薿薿室诗稿》。广州中山图书馆藏。

652.《宜秋馆诗话》

李之鼎撰，卷数未详，残，存一卷。是编为卷一，凡五十八页，二百九十一则诗话，论述林则徐、刘坤一、曾国藩等时人之诗，间涉日本、朝鲜诗事。中山图书馆藏。

653.《随园诗法丛话》

袁枚辑，八卷，存。清碧梧庄石印本，四册。广州中山图书馆藏。

654.《诗法萃编》

许印芳辑，十五卷，存。《云南丛书》第一百十一函，八册。中国国家图书馆藏。北京师范大学图书馆藏本又作十册。

655.《律髓辑要》

许印芳辑，七卷，存，有《云南丛书》初编集部本。

656.《诗谱详说》

许印芳撰，一卷，存。有《云南丛书》初编本。

657.《诗学丛书》

不著编辑者，清代大型诗话总集，三十四种，凡四十一卷，存。清抄本。复旦大学图书馆藏。

658.《诗拟议》

刘光第撰，一卷，存。手抄本，一册。中国国家图书馆藏。

659.《柏岩感旧诗话》

赵炳麟撰，三卷，存。手抄本，二册，中国国家图书馆藏；今有《赵柏岩集》本。

660.《桐阴诗话》

倪鸿撰，四卷，存。1924年上海扫叶山房刊印本，四册。湖南图书馆藏。

661.《冷禅室诗话》

海纳川撰，不分卷，存。上海文瑞楼石印本，一册。前有《凡例》，称所载皆清季名人轶事，以人物为纲，凡四十八人。广州中山图书馆藏。

662.《樵余诗话》

程南撰，一卷，存。有清刊本，一册。安庆市博物馆藏。《安徽文献书目》著录。

663.《绣园诗话》

汪乔年撰，卷数未详，存佚不知。《中国人名大辞典》著录。

664.《月山诗话》

宗室恒仁撰，一卷，存。是编四十三则诗话，纵论古今诗人之诗，于清皇室诗人尤多奖饰。清嘉庆间吴省兰辑《艺海珠尘》本；今有中华书局1985年《丛书集成初编》北京重刊本，蔡镇楚石竹山房藏。

665.《南苑一知集论诗》

马鲁撰，二卷，存。有《马氏丛刻》本。

666.《声调谱》

吴镇撰，不分卷，存。有《松花庵全集》本。《中国丛书综录》著录。

667.《尚友堂说诗》

崔迈撰，一卷，存。有《崔东壁遗书》本。

668.《竟陵诗话》

熊士鹏撰，一卷，存。有《瘦羊录》本。

669.《鹄山小隐诗话》

熊士鹏撰，一卷，存。有《瘦羊录》本。

670.《汉诗辨证》

梅县古直撰，五卷，存。有《层冰草堂丛书》本，前录一卷，正编四卷。《中国丛书综录》著录为三卷，谓与《层冰草堂丛书总目》相符云云，实则非也。

671.《梵麓山房笔记》

吴县王汝玉撰，六卷，存。有《己卯丛编》本。《中国丛书综录》、钱仲联《清诗纪事》著录。

672.《挑灯诗话》

马时芳(原题见吾老人)撰，九卷，存。有《平泉遗书》本。广州中山图书馆藏。

673.《**冠悔堂诗评选**》

杨浚撰，一卷，存，稿本。福建省图书馆藏。

674.《**宋诗纪事选**》

杨浚辑，一卷，存。清侯官杨氏《冠悔堂丛书·冠悔堂杂著》抄本。北京大学图书馆、湖北省图书馆藏。

675.《**袁简斋先生诗谈**》

不著撰人，一卷，存。清抄本，收入《碎佩丛铃十六种》之中。山东省图书馆藏。

676.《**梦余诗话**》

沈钟撰，一卷，存。稿本，清杨浚跋，有《毗陵沈氏杂著》刊本。中国科学院图书馆藏。

677.《**雅歌堂甃枰诗话**》

徐经撰，二卷，存。有《雅歌堂全集》本。

678.《**集千文诗品**》

沈莲墅撰，一卷，存。清抄本，后有清张海鹏编、周贞亮补《千文广辑》刊本。上海图书馆藏。

679.《**古今论诗集句**》

宗廷辅辑，一卷，存。有《宗月锄先生遗著》本。

680.《**东人诗话**》

王韬辑，二卷，存。有王韬编《弢园丛书》清抄本。《中国丛书综录》《中国古籍善本书目》著录。按：前人多以此为王韬辑，实为韩人徐居正所撰，只是王韬率先将其收录于《弢园丛书》而已。

681.《**屺云楼诗话**》

刘存仁撰，六卷，存。有《屺云楼集》本。

682.《**梦痕馆诗话**》

胡薇元撰，四卷，存。有《玉津阁丛书》甲集本，前有陈九钺序。

683.《**味灯诗话**》

王宝书撰，二卷，存。收入《云南丛书》二编"集部"。云南省图书馆藏。

684.《**留香阁诗问**》

张祖绶撰，二卷，存。有《于香草遗著丛辑》本。《清代闺阁诗人征略》等著录。

685.《**绿天香雪簃诗话**》

瞿园居士撰，八卷，存。有《晨风阁丛书》第一集本。台湾文海《国学萃编》本。《中国丛书综录》著录。钱仲联《清诗纪事》称引，撰者为"袁祖光"，字瞿园，光绪二十九年(1903)进士，安徽太湖人，有《瞿园诗草》十九卷。台湾宋隆发《中国历代诗话总目汇编》则以钱氏编《人境庐诗话》著录"袁祖光"者为非，而以"唐尚光"为是。

686.《**买春诗话**》

马国翰撰，一卷，存。有《玉函山房全集》本。

687.《**梅崖诗话**》

郭兆麟撰,一卷,存。有《山右丛书初编·梅崖文钞》本。

688.《**白华山人诗话**》

厉志撰,二卷,存。有《白华山人集》本,今有郭绍虞《清诗话续编》富寿荪校点本。

689.《**诗筏**》

吴大受撰,一卷,存。有《吴兴丛书》本,吴兴刘氏嘉业堂刊,附于孙辰东撰《太史牧园公传》。

690.《**读山谷诗评**》

黄爵滋撰,一卷,存。有《逊敏堂丛书》本。

691.《**药栏诗话**》

严廷中撰,二卷,存。在《云南丛书》第一百十函,一册。中国国家图书馆藏。

692.《**历代诗话**》

石林风辑,十二卷,存。清抄本。东北师范大学图书馆藏。

693.《**复庄诗评**》

陶方琦撰,不分卷,存。稿本。浙江图书馆藏。

694.《**雪桥诗话初集**》

杨钟羲撰,十二卷,二集八卷,三集十二卷,余集八卷,凡四十卷,存,稿本;1919 年南林刘氏求恕斋刊本,凡二十册。又一部,吴兴《求恕斋丛书》本,四十卷,四十册,中国国家图书馆藏。今有文物出版社 1984 年十月线装本,凡四十册;北京古籍出版社 1989 年校点本,四册。蔡镇楚石竹山房藏。又一部,十二卷,续集八卷,又一部,《雪桥诗话》初二三及余集四十卷,台湾鼎文书局《历代诗史长编》本。

695.《**雪桥诗话续集**》

杨钟羲撰,八卷,存。今有北京古籍出版社 1989 年校点合订本,四册。蔡镇楚石竹山房藏。

696.《**雪桥诗话三集**》

杨钟羲撰,十二卷,存。今有北京古籍出版社 1989 年校点合订本,四册。蔡镇楚石竹山房藏。

697.《**雪桥诗话余集**》

杨钟羲撰,八卷,存。今有北京古籍出版社 1989 年校点合订本,四册。蔡镇楚石竹山房藏。

698.《**元诗纪事**》

陈衍撰,二十四卷,存。清光绪间石遗室铅印本,六册;今有台湾鼎文书局《历代诗史长篇》翻印本。

699.《**云樵外史诗话**》

缪焕章撰,二卷,存。亦名《云樵诗话》。1920 年艺风堂刻本,一册。中国国家图书馆藏。

700.《**读杜韩笔记**》

李黼平撰,二卷,存。1934 年上海中华书局聚珍仿宋印本。中国国家图书馆藏。

701.《怀藤吟馆诗话》

刘家谋撰，一卷，存。清抄本；又名《不暇懒斋杂录》，嘉业堂抄校，一册。

702.《浴泉诗话》

于春沾撰，二卷，存。清处仁堂抄本，一册，台湾图书馆藏；今有台湾广文书局《古今诗话续编》影印本，与《不敢居诗话》合刊，无序跋及抄写年月。蔡镇楚石竹山房藏。

703.《蛟川诗话》

张懋延撰，四卷，存。清抄本。浙江图书馆藏。

704.《竹清斋诗话》

何轩举撰，卷数未详，存五、六卷。稿本，福建省图书馆藏。

705.《邃恒堂诗话》

袁翼撰，一卷，存。清光绪十三年(1887)家刊本(蒋寅)。

706.《松兆堂读诗随笔》

丁绍恩撰，九卷，存。清嘉业堂抄校本，凡九册。浙江图书馆藏。

707.《朱大令辑抄诗评三种》

朱育泉编，三卷，其中《燃灯纪闻》一卷，《谈龙录》一卷，《唐音审体》一卷，附《曝书亭集·风怀诗注》一卷，存。稿本，一册。台湾图书馆藏。

708.《诗学含英》

刘文蔚编次，四卷，存。民国年间上海广益书局石印本。

709.《说诗浅语》

俞鍏撰,一卷,存。清道光年间《蹄涔诗文集》刊本(蒋寅)。

710.《古诗十九首解》

张庚撰,一卷,存。今有《丛书集成初编》本,《谈艺珠尘》本。

711.《篠汀诗话》

胡肇昕撰,卷数未详,佚。《安徽艺文考》诗文评类著录,《皖人书录》称胡氏书目未载。

712.《骚余胜录》

周焌圻撰,十卷,存,稿本。南开大学图书馆藏。

713.《愚园诗话》

胡光国撰,四卷,存。1920年刻本,四册。中国国家图书馆藏。又广州中山图书馆藏本为二册。

714.《湘绮楼说诗》

王闿运撰,王简辑,八卷,存。1934年成都日新社刊本。湖南图书馆藏,蔡镇楚石竹山房藏。

715.《湘绮老人论诗册子》

王闿运撰,一卷,存,稿本,夏寿田、冒广生等跋。湖南社会科学院图书馆藏。

716.《王志论诗》

王闿运撰,王志辑,一卷,存。有《三家诗话选》本。《中国丛书综录》著录。

717.《藻川堂谭艺》

邓绎撰，四卷，存。是书依《比兴篇》《唐虞编》《日月编》《三代篇》分卷，论诗尚汉魏盛唐，以《三百篇》为宗。有清光绪刊本，一册。中国国家图书馆、湖南武冈市图书馆藏，今有蔡镇楚《中国诗话珍本丛书》影印本。

718.《骚迹记》

唐绍沂撰，一卷，存。1922年广州铅印本，一册。中国国家图书馆藏。

719.《明人诗品》

杜荫棠撰，二卷，存。有《小石山房丛书》第十八册本。中国国家图书馆藏。

720.《白岳盦诗话》

余楙撰，二卷，存。民国初期张氏《适园丛书》铅印本，一册。中国国家图书馆藏。

721.《通斋诗话》

蒋超伯撰，二卷，存。1915年南昌宜秋馆铅印本，二册。中国国家图书馆、广州中山图书馆藏。

722.《海虞诗话》

单学傅撰，十六卷，存。1915年铜华馆铅印本。四册。中国国家图书馆藏。

723.《东坡诗话》

潘世恩辑，不分卷，存，稿本。苏州市文物管理委员会藏。

724.《**芙蓉港诗词话**》

徐涵撰，不分卷，存。1935年常熟庞氏可庐吴中刻本。中国国家图书馆藏。

725.《**拙学斋论诗绝句考略**》

廖鼎声撰，朱奇元考略，无卷数，存。1936年朱氏铅印本，一册。湖南图书馆藏。

726.《**诗法纂论**》

朱饮山撰，十卷，存。日本明治十四年（1881）刊本，小野愿（湖山）校。《静嘉堂文库》汉籍分类目录二诗文评类著录。

727.《**东瀛诗记**》

俞樾撰，二卷，存。有《春在堂丛书》本。今有台湾广文书局《古今诗话丛编》影印本。

728.《**诗外余言**》

路采五撰，四卷，存。有《路氏五种》清光绪二十六年（1900）贻堂刻印本。

729.《**律诗四辨**》

李崇文撰，四卷，存。有《榕村全书》本。

730.《**八病说**》

吴镇撰，不分卷，存。有《秋花庵全集》本。

731.《蕉盦诗话》

魏元旷撰，四卷，续编一卷，存。收入《民国二十四种》杂编第十一册。

732.《蕉盦诗话后编》

魏元旷撰，八卷，存。收入《魏氏全书·潜园统编》杂编，有1933年刊本。

733.《频罗诗话》

杨楙林撰，不分卷，存，原稿本。台湾宋隆发《中国历代诗话总目汇编》著录。

734.《阅莒草堂诗话》

王柘撰，四卷，存，底稿本。

735.《庄谐诗话》

李伯元撰，四卷，存。收入《南亭四话》之中，有1925年上海大东书局石印本，四册。今有上海书店1985年据民国石印《南亭四话》复印本，一册，蔡镇楚石竹山房藏。

736.《眠云舸酿说(诗话)》

平步青撰，二卷，存。收入《霞外攟屑》卷八；今有台湾杜松柏主编《清诗话访佚初编》影印本，蔡镇楚石竹山房藏。

737.《通甫抨杜》

鲁一同撰，六卷，存。民国刻本，六册。湖南师范大学图书馆藏。

738.《学诗随笔》

华希闵撰，不分卷，存。有《延绿阁集》本。

739.《紫琅诗话》

顾鹓撰，八卷，存。清刊巾箱本。

740.《葭客诗话》

姚麐撰，卷数未详，佚。清同治年间《湖州府志·艺文志》著录，未见。

741.《深竹映书堂诗话》

孙汝馨撰，卷数未详，存。有《深竹映书堂集》本，清同治《湖州府志·艺文志》著录于《并菱湖志》。未见。

742.《尊瓠室诗话》

陈鹤柴（诗）撰，一卷，存。有《大桴山人偶存集》本，《皖雅初集》本。宋隆发《中国历代诗话总目汇编》著录，为《尊瓠阁诗话》三卷，陈诗撰，台湾中和月刊社刊本。

743.《历代闽川闺秀诗话》

丁芸撰，五卷，补遗一卷，稿本。据蒋寅《清诗话考》，中国社会科学院文学研究所藏；又有 1940 年有可观斋铅印本。

744.《妇人诗话》

苏慕亚撰，一卷。苏慕亚，江苏常熟人。生平未详实。雷瑨兄弟的《闺秀诗话》摘录其二则诗话。

745.《红梅花馆诗话》

雪平女士撰，卷数未详。《闺秀诗话》称引，胡文楷《历代妇女著作考》著录，称其为甘肃兰州人。

746.《绾春楼诗词话》

杨全荫撰，一卷。王蕴章《然脂余韵》卷三著录。杨全荫，字芬若，江苏常熟人，仪征毕几庵之妻，擅长词作，著作有《绾春词》《绿窗红泪词》等。

747.《古今闺阁诗话》

杨芸撰，八卷，一名《金箱荟说》，一名《婵娟录》，稿本。恽珠《闺秀正始集》卷十九等著录。杨芸，字蕊渊，一字蓉裳（恽珠《国朝闺秀正始集》，《然脂余韵》卷六称其为"蓉裳先生女"），诗人杨方灿之女，同知秦承霈之妻，江苏无锡人。博学善文，长于诗词，著有《琴清阁集》。王蕴章《然脂余韵》卷六称许其《题返生香集》古风一章"雅有长庆神韵"。长庆：是中唐年号，著名诗人元缜有《元氏长庆集》、白居易有《白氏长庆集》。所谓"长庆神韵"，就是"长庆体"所代表的诗歌精神与艺术风格。

《金箱荟说》所集录的古今闺阁诗话，是历代闺秀诗话之集大成者，因《无锡图书馆目录》称其为未刊稿，藏于西溪余氏，流传不广，影响不大。而胡文楷《历代妇女著作考》又称其于1946年于上海秀州书店见到其传抄本，前有陈文述序，书中所录诗话，亦各自注明出处。查陈文述《颐道堂文钞》卷四确有《金箱荟说序言》，《颐道堂诗》外集卷六亦有《题婵娟录》一诗。可知其稿本先藏于陈文述处，后归杨子山。今存何方，不得而知。

748.《闺阁诗话》

石林凤撰，二卷。蒋寅《清诗话考》称其有《历代诗话》稿本附录本，东北师范大学图书馆藏。

749.《宫闱诗话》

林焜熿撰，四卷。刘声木《桐城文学撰述考》卷三著录，称其有《浯洲见闻录》四卷、《宫闱诗话》四卷、《竹畦笔麈》四卷（按：《桐城文学撰述考》卷三著录原题为《竹畦笔尘》。笔尘，拟为"笔麈"之误，故而改之）。

据《桐城文学渊源考》卷五记载：林焜熿，字巽甫，福建同安人，清朝诸生，师事周凯、高澍然，受古文法。撰有《竹溪诗文钞》十卷。宫闱者，帝王后妃居住之地也。故林焜熿《宫闱诗话》，以历代帝王后宫嫔妃及其宫词闱诗为论述对象，是诗话通于宫闱的第一部专门之作。惜其未见。

750.《竹净轩诗话》

王迺德撰，不分卷。存。王迺德与王迺容是两姐妹。是书有《竹净轩集》本，胡文楷《历代妇女著作考》卷七著录。

751.《浣桐阁诗话》

王迺容撰，不分卷。存。是书《浣桐阁集》本，胡文楷《历代妇女著作考》卷七著录。

752.《然脂新话》

萧道管撰，三卷。《福建通志》与胡文楷《历代妇女著作考》著录。蒋寅《清诗话考》称其有清光绪年间刊本，后收入《石遗室丛书》。萧道管，字君佩，一字道安，著名诗人陈衍之妻，福建侯官人。

753.《诗学源流考》

赵慈撰，一卷，佚。《苏州府志·艺文志》与《历代妇女著作考》著录，未见。赵氏，字雪庭，山东人，赵执信之女，朱崇善之妻。

754.《悟香楼诗话》

周润撰，卷数未详，佚。《闺秀诗话》及《历代妇女著作考》卷十一著录，未见。

755.《诗说》

王照圆撰，一卷，存。《山东通志》《历代妇女著作考》卷七著录。清光绪八年(1882)郝联薇刊本,列入《郝氏遗书》。卷首题栖霞晒书堂原本,孙男联薇等、曾孙男国忠等校字三行。

756.《诗问》

王照圆撰,七卷,存。《山东通志》《历代妇女著作考》著录。前有郝懿行序,附福山王照圆《葩经小记序》。王氏,字婉佺,山东福山人,郝懿行之妻也。

757.《名媛诗话》

王琼撰,八卷,佚。胡文楷《历代妇女著作考》著录,称其字碧云,赠号爱兰老人,江苏丹徒人,周维延之妻。《丹徒县志》著录其有《爱兰名媛诗话》四卷,《曲江事唱和集》一卷,《同音集》二卷。

758.《焦桐斋诗问》

沈璿撰,一卷,佚。《浙江通志续编》《历代妇女著作考》著录,称沈氏系沈登年之女,余杭诸生霍韬辅之妻,浙江慈溪人。

759.《闺秀诗话》

李家恒撰,卷数未详,佚。《清闺秀艺文略》《历代妇女著作考》著录,谓其字孝琼,安徽合肥人,著有《香月轩集》。

760.《同芳榭诗话》

刘淑撰,卷数未详,佚。《清闺秀艺文略》《历代妇女著作考》卷十八著录,谓刘氏字芳愫,江西金溪人,知州吴嵩梁之妻,著《蕙风阁诗钞》《同芳榭诗话》等。

761.《亦园胜牍》

龚显曾撰,不分类,存。清光绪间刊本。日本《静嘉堂文库》汉籍分类目录“诗文评类”著录。

762.《诗句题解汇编》

陈剑芝等辑，朱春舫补，二十二卷，存。清光绪间刊本。日本《静嘉堂文库》汉籍分类目录“诗文评类”著录。

763.《退余丛话》

鲍倚云撰，二卷，存。清光绪刊《聚学轩丛书》本。《皖人书录》著录。

764.《评杜诗》

郑氏撰，一卷，佚。单士厘编《清闺秀艺文略》、胡文楷《历代妇女著作考》等著录，未见。郑氏，安徽太平人，陈淑圣之妻。

765.《勺园诗话》

冯登府撰，二卷，存佚未知。刘声木《桐城文学撰述考》卷一著录，钱仲联《清诗纪事》称引。

766.《元诗纪事》

钱大昕撰，十二卷，存佚未详。《桐城文学撰述考》卷一著录。

767.《诗况》

汪正荣撰，一卷，佚。《安徽艺文考》诗文评类著录。汪氏，字友吾，号奂之，桐城人。嘉庆诸生，年三十九卒。

768.《南村草堂诗话》

邓显鹤撰，不分卷，存。清刊本；台湾世界书局 1974 年再版本。刘声木《桐城文学撰述考》卷四著录。

769.《授山草堂诗话》

丘开来撰，一卷，存。《黔阳县志》著录、《中国人名大辞典》著录。丘，字觉吾，号湘隐，湖南黔阳人。清嘉庆初贡生，授郴州儒学教授，不就。工诗文，擅长书法，有《授山草堂诗集》。《沅湘耆旧集》卷一百五十八有传。

770.《习静斋诗话》

方廷楷撰，八卷，续编二卷，存。刘声木《桐城文学撰述考》引用书目著录。今有台湾世界书局1974年再版本。又《安徽艺文考》《皖人书录》著录为《习静轩诗话》，未见。

771.《注韩居诗话》

郑杰撰，不分卷，存，清抄本。《桐城文学撰述考》引用书目著录，安徽博物院藏。

772.《三家诗话选》

王简编选，三卷，其中《渔洋诗话》一卷，《说诗晬语》一卷，《王志论诗》一卷，存。1919年上海广益书局石印本。

773.《漫翁诗话》

李其永撰，二卷，存。今台湾大学图书馆久保文库藏本，一册。宋隆发《中国历代诗话总目汇编》著录。

774.《萸江诗话》

陶必铨撰，不分卷，存。见于陶澍集注《靖节先生集》。必铨字士升，号萸江，湖南安化人。贡生，有《萸江文存》传世。宋隆发《中国历代诗话总目汇编》著录，误作《黄江诗话》。

775.《自然好学斋诗话》

汪端撰，一卷，存。有《颐道堂全集》附录本。台湾宋隆发《中国历代诗话总目汇编》著录。

776.《碧溪诗话》

朱文藻撰，不分卷，存。有《碧溪草堂稿》木刻本。《杭州府志》卷九十六著录，钱仲联《清诗纪事》称引。上海图书馆藏。

777.《南野堂笔记》

吴文溥撰，十二卷，存。台湾大学图书馆久保文库藏本。台湾宋隆发《中国历代诗话总目汇编》著录。

778.《竹溪诗话》

李少白撰，不分卷，存。有清光绪间刊本。台湾宋隆发《中国历代诗话总目汇编》著录。

779.《汉魏晋六朝诗话》

顾王霖撰，四卷，存佚未知。《明清江苏文人年表》著录。

780.《云萝仙馆诗话》

陆我嵩撰，六卷，存佚未知。《明清江苏文人年表》著录。

781.《演司空图诗品二十四首》

曾纪泽撰，不分卷，存。或作《续二十四诗品》。有清光绪间《归朴斋诗集》本，今有岳麓书社 1983 年《曾纪泽遗集》本。

782.《敬业堂诗抨》

许昂霄撰一卷，存佚未知。《杭州府志·艺文志》著录。

783.《元人诗话》

龚宪曾撰，卷数未详，存佚未知。《杭州府志·艺文志》著录。

784.《双砚斋笔记》

邓廷桢撰，六卷，存。1922 年章锤所署刊本，前有仁和谭献序，后有其孙邓嘉纯跋。是书以研讨经书之文字、音韵、训诂为主，卷六论诗词。今有中华书局 1987 年冯惠民点校本，一册。

785.《绿蘼芜馆诗话》

佚名撰，卷数及存佚未详。雷瑨、雷瑊兄弟《闺秀诗话》称引甚富。

786.《韩斋诗话》

孔宪彝撰，不分卷，存佚未知。刘声木《桐城文学撰述考》卷一著录。孔氏有《韩斋文稿》四卷，《对岳楼诗录》十卷，续录四卷。

787.《诗娱堂诗话》

不知撰人，卷数未详，存佚未知。张维屏《艺谈录》著引。

788.《深柳堂诗话》

佚名撰，卷数未详，存佚未知。张维屏《艺谈录》著引，未见。

789.《续全闽诗话》

萨玉衡撰，不分卷，存佚未详。台湾宋隆发《中国历代诗话总目汇编》著录，谓："此为续郑方坤《全闽诗话》而作。"

790.《铁峰诗话》

许天奎撰，一卷，存。无刻本，原截《台湾诗荟》第十九、二十一号，今附于连横《台湾诗荟杂文钞》之后。是书凡十五则诗话.论诗主《三百篇》“思无邪”之旨。

791.《粤台征雅录》

罗元焕撰、陈仲鸿注，一卷，存。原有《岭南遗书》本，前有清嘉庆元年（1796）南海劳潼润之序。今有中华书局1985年《丛书集成初编》新版影印本。

792.《小汇集日记》

张之洞撰，一卷，存。有附于《广雅碎金》之后，门下士吴兆泰、黄绍箕等校；又有《浙西村舍丛刊》本、《丛书集成初编》本。足编仅五则诗话，论时人之诗，于曾国藩诗文之见，尤多称赏。

793.《敬乡笔述》

徐士銮撰，八卷，存。有天津家刻本，前有清光绪二十四年（1898）杨光仪序，后有其曾孙徐世章跋。《天津县新志·艺文》称其“以乡邦掌故为重”云云。今有台湾文海出版社《近代中国史料丛刊》第四十一辑影印本。

794.《历代诗话考索》

何文焕撰，一卷，存。有中华书局《历代诗话》附录校点本。

795.《操观十六欢》

陈鉴撰，一卷，存。有《檀几丛书》本。

796.《山泾草堂诗话》

汪佑南撰，卷数未详，清刻本。未见。钱仲联《清诗纪事》称引。

797.《**爱日斋诗话**》

佚名撰，卷数未详。袁枚《随园诗话》卷五及钱仲联《清诗纪事》称引。《随园诗话》卷十四又引有《爱日斋丛谈》，未知二书有何关系。

798.《**文选荟评·说杜择粹**》

谢圣钠撰，卷数未详，存佚未知。《广州府志·艺文志》据《番禺志》著录。

799.《**散花庵今话**》

海宁王靴撰，一卷，存佚不详。《杭州府志·艺文志》著录。

800.《**云诧诗话**》

杨家龙撰，二卷，存佚不详。《杭州府志·艺文志》著录。

801.《**海曲诗话**》

丁宜福撰，不分卷，存佚未知。台湾《松江府续志·艺文志》著录。

802.《**诗法入门**》

游艺撰，四卷，存。清刊本，李渔校，二册。日本《静嘉堂文库汉籍分类目录》著录于集部诗文评类。广州中山图书馆藏。又一部，1917年刊本，湖南省武冈市图书馆藏。

803.《**诗法纂论续编**》

游子六（游艺）撰，五卷，一名《诗法入门》，存。日本东京乐善刊本。宋隆发《中国历代诗话总目汇编》谓“台北坊间有翻印者”。是否即游艺《诗法入门》耶？未之知也。

804.《诗薮诗考》

明山县孝孺编，不分卷，存。清抄本，日本《静嘉堂文库汉籍分类目录》著录于集部诗文评类。

805.《蝇须馆诗话》

张鑑撰，五十卷，存佚未详。清同治年间《湖州府志》卷六十一著录，未见。张又有《诗本事》一卷，前已著录。

806.《宋诗纪事补遗》

罗以智撰，卷数未详，存佚未知。《杭州府志·艺文志》著录，未见。

807.《兰絮话腴》

海宁管庭芬撰，四卷，存佚未详。《杭州府志·艺文志》著录。

808.《元诗纪事》

海宁张景筠撰，卷数未详，存佚未知。《杭州府志·艺文志》著录，未见。

809.《唐人诗品》

鲍桂星辑，八十五卷，存。手抄本。《安徽艺文考》《皖人书录》及台湾宋隆发《中国历代诗话总目汇编》著录。

810.《六义郛郭》

沈道宽撰，一卷，存。有《话山草堂遗集》本。宋隆发《中国历代诗话总目汇编》著录。

811.《历代诗话》

石林凤撰，十二卷，稿本，十三册，存。石林凤，字廉夫，陕西大荔人。

生平事迹不详。据刘兴汉介绍，是书分为古代及汉魏六朝一卷，唐代四卷，五代一卷，宋代六卷，后有附录。清同治九年(1870)石介手抄本，东北师范大学图书馆藏。

812.**《诸夷海外诗话》**

石林凤撰，一卷，稿本。记录中国南方、西南、西域以及安南等周边民族诗歌诗事。

813.**《释道诗话》**

石林凤撰，一卷，稿本。同上。

814.**《闺阁诗话》**

石林凤撰，二卷，稿本。同上。

815.**《庶农诗话》**

石林凤撰，二卷，稿本。同上。

816.**《看诗随录》**

高静撰，不分卷，存。清光绪年间高氏继善堂刊本。

817.**《耕余诗话》**

吴非撰，卷数未详，存佚未知。章培恒、安平秋《中国禁书大观》著录，未见。

818.**《无居诗话》**

吴非撰，卷数未详，存佚未知。章培恒、安平秋《中国禁书大观》著录，未见。

819.《晚晴簃诗汇诗话》

徐世昌撰，成于1929年，有退耕堂刊本。是编杂于《晚晴簃诗汇》之中，无单行别出本。钱仲联《清诗纪事》多有称引。

820.《拳庄诗话》

方于彀撰，四卷，存。《安徽艺文考·诗文评》第三十九册与《皖人书录》著录。

821.《琴志楼摘句诗话》

易顺鼎撰，不分卷，存。《琴志楼全书》本。郭绍虞《诗话丛话》称引。今有王培军《校辑近代诗话九种》上海古籍出版社2013年本。

822.《清代闺秀诗话》

俞陛云撰，卷数未详。钱仲联主编《清诗纪事·列女卷》引用数则，分别论述商景兰、李因、柳是、顾媚、恽冰、钟令嘉、王采薇、宋素梅、孔璐华、谢雪、沈彩、席佩兰、归懋仪、骆绮兰、孙云凤、金逸、吴静、熊琏、秀水举人王昙之妾金礼嬴、漕运总督松椿之妻多敏席塔腊氏、江苏之恽珠、恽毓秀、多罗贝勒奕绘之妾顾太[清]、钱塘才女吴藻、陈文述之妾文静玉、吉安知府曾泳之妾左锡嘉、陈裴之之妻汪端、体仁阁大学士翁心存之次女翁端恩、浙江巡抚任道鎔之妻吴兰畹等闺秀诗人。

823.《国朝诗话》

石文成撰，一卷，存佚未详。《桐城县志》《皖人书录》著录。

824.《历朝诗话》

石文成撰，六卷，存佚未详。《桐城县志》《皖人书录》著录。

825.《**管见随笔**》

邓鉴堂撰,四卷,存。抄本。安徽省安庆市图书馆藏。《安庆图书馆古籍书目》《皖人书录》著录。

826.《**小桃源诗话**》

吴孙挺撰,不分卷,存佚未详。《安徽艺文考·诗文评》与《皖人书录》著录。

827.《**如圃诗话**》

鲁琢撰,卷数未详,存佚未知。《安徽艺文考·诗文评》与《皖人书录》著录。

828.《**衡皋诗话**》

黄衡撰,卷数未详,存佚未知。《安徽艺文考·诗文评》与《皖人书录》著录。

829.《**陶杜诗说**》

桂青万撰,一卷,存佚未知。《安徽艺文考·诗文评》与《皖人书录》著录。

830.《**中隐轩诗话**》

杨瑛昶撰,卷数未详,存佚未知。《安徽艺文考·诗文评》与《皖人书录》著录。

831.《**蒙养诗教**》

胡渊撰,一卷,存。有清道光年间世楷堂刊本,又《昭代丛书》本。《皖人书录》著录。

832.《梧庵诗话》

周永济撰，不分卷，存。有《梧庵全集》本。《宿松采访册》与《皖人书录》著录。

833.《蓬莱船诗话》

周懋原撰，一卷，存佚未详。《安徽艺文考·诗文评》与《皖人书录》著录。

834.《集子诗诗话》

方正璆撰，卷数未详，存佚未知。《桐城县志》《皖人书录》著录。

835.《观尘因室诗话初集》

陈景寔撰，不分卷，存。1936年凤台陈氏观尘因室排印本，一册。《安徽文献书目》著录，钱仲联《清诗纪事》称引。中国国家图书馆藏。

836.《历朝诗学正宗》

张未堂编，卷数未详，存佚未知。《安徽艺文考·总集》与《皖人书录》著录。未刊本。

837.《陶渊明诗话》

吴东岩撰，不分卷，存。附于《陶诗汇注》后，民国排印本。《皖人书录》著录。

838.《余园诗话》

凤超然撰，卷数未详。《安徽艺文考·诗文评》《皖人书录》著录。

839.《红棉山馆诗话》

何藜青撰，卷数未详。何氏，字杞南，广东南海人，诸生。《在山泉诗话》著录，称其"论各大家作法，独标见解，惜未成书"云云。

840.《兰瑞草堂诗话》

苏棫撰，卷数未详，未刊。潘飞声《在山泉诗话》与钱仲联《清诗纪事》著录。

841.《艮居诗话》

蔡寿臻撰，卷数未知，存佚不详。《桐城文学渊源考》“补遗引用书目”著录，称其又有《艮居文钞》。

842.《吉止室诗话》

不著撰人，卷数未详，存佚未知。《桐城文学渊源考》“补遗引用书目”著录。

843.《盘园诗话》

徐璈撰，卷数未详、佚。《桐城文学撰述考》著录，称其又著《诗经广诂》三十卷、《七言古诗诵节》八卷、《五律椎轮》七卷、《七律讽音》八卷。

844.《赖古居诗话》

姚通意撰，卷数未详，佚。《桐城文学撰述考》著录，称其又有《赖古居诗集》。

845.《梅龙阁诗话》

黄蘅撰，卷数未详，佚。《桐城文学撰述考》著录，称其又有《周礼集注》《梅龙阁随笔》《雁字诗》一卷。

846.《宫闱诗话》

林焜熿撰，四卷，存。《桐城文学撰述考》著录，称其又有《竹畦笔尘》四卷，《浯洲见闻录》四卷。

847.《**然脂新话**》

萧道管撰，三卷，存。萧氏，字君佩，一字道安，陈衍之妻。福建侯官人。有清光绪间刊本。《福建通志》《历代妇女著作考》著录。

848.《**晚翠斋诗话**》

汪学棂撰，卷数未详，存佚不知。《安徽艺文考》别集二五著录。汪氏，字星吉，又字沓轩，安徽黟县人，著有《沓轩诗文集》《左传类纂》。

849.《**啸云轩诗话**》

程畹撰，四卷，存，清末抄本，山东大学图书馆藏（蒋寅）。

850.《**浮筠精舍诗话**》

易恩庆撰，一卷，存。有清抄本，一册。湖北省图书馆藏。

851.《**诗话**》

况澄编次，一卷，存。手稿本，一册，广西桂林图书馆藏（蒋寅）。

852.《**响屧廊诗话**》

方绚撰，一卷，存。抄本，北京大学图书馆藏（张寅彭）。

853.《**滇侨诗话**》

惺庵（周钟岳之号）撰，一卷，存。稿本，云南省图书馆藏。

854.《**道家诗纪**》

张谦编，残，原四十卷，存二十二卷，一至十一卷、十七至二十四卷缺。稿本，上海复旦大学图书馆藏。其中卷十二至卷十五为《唐纪》四卷，卷十六为《五代纪》一卷，卷二十四至卷二十九为《元纪》六卷，卷三十至卷三十四为《明纪》五卷，卷三十五至卷四十为《国朝纪》六卷。今有复旦大学出版社影印本（陈尚君述）。

855.《**名山诗话**》

钱振煌撰，一卷，存。钱振煌（1875—？），字梦鲸，号名山，江苏常州人。清光绪二十九年（1903）进士，官刑部主事。后归故里，隐居寄园。著有《名山文集》《名山诗集》等。江苏《续毗陵诗录》第一百五十九页著录，有民国年间钱氏家刻本。

856.《**谪星说诗**》

钱振煌撰，不分卷，存。原有《钱氏家集》卷十五本，凡二百三十余则诗话；又一部，仅五十八则诗话，有《名山三集》本，今有张寅彭《民国诗话丛编》校点本。

857.《**快雪轩诗话**》

钱振煌撰，二卷，存。原有清光绪年间《快雪轩文钞》本，后有《名山文集》本。

858.《**来集之先生诗话稿**》

来集之撰，不分卷，存。稿本。浙江图书馆藏。

859.《**饮冰室诗话**》

梁启超撰，一卷，存。初连载于《新民丛报》第四期至九十五期，后收入《饮冰室文集》卷七十九；今有人民文学出版社 1959 年舒芜校点本。张海珊有《饮冰室诗话拾遗》，载《古代文学理论研究》丛刊第七辑。

860.《**沧浪诗话注**》

胡鑑注，五卷，存。清光绪年间广州刻本。

861.《湘帆诗话》

张坊撰，二卷，存佚未详。清光绪《湘潭县志》卷十八著录。

862.《历代诗话》

张九钺撰，不分卷，存。张九钺，字度西，湖南湘潭人，历官江西南丰、峡江、南昌、广东保昌、始兴、海阳知县，晚归故里，主讲昭潭书院讲席。著有《陶园诗集》二十八卷，《诗余》二卷。清光绪《湘潭县志》卷十八著录。有清道光年间重刊《陶园全集》本。

863.《碣阳诗话》

李宗莲撰，不分卷，存。有1930年京津印书局排印本。

864.《养源诗话》

马耿甫撰，卷数未详。台湾王松《台阳诗话》辑录。

865.《龙江诗话》

蔡德辉撰，卷数未详。台湾王松《台阳诗话》辑录。

866.《怀亭诗话》

蒋学坚撰，四卷，手稿本，一册。根据复旦大学杨明介绍，蒋学坚（1845—1914），字子贞，号怀亭，晚号石南先生，浙江海宁人。

867.《文史通义·诗话》

章学诚撰，不分卷，一篇。今有中华书局《文史通义校注》1983年叶瑛校注本。章学诚（1738—1801），字实斋，浙江绍兴人，著名文史学家，著有《章氏遗书》，《文史通义》是其代表性的学术著作，凡八卷，分内外两篇，内篇卷四最末一篇《诗话》，针对袁枚《随园诗话》而写，极力贬低历代诗话的文史价值，称“前人诗话之弊，不过是非好恶之公；今人诗话之弊，乃至为世道人心之害”，是中国历来贬斥诗话之集大成者。而其学术价值，一是以钟嵘《诗品》为“诗话之源”，乃诗话之祖；二是富于创造性地将中国历代诗话，分成“论诗及事”与“论诗及辞”两大类型；三是严厉批评“作诗话以党伐同异”的不良学风与文风，惠泽后世学人。

【附录】

868.**《仓山诗话》**

［越南］阮锦审撰，存，手抄本。锦审（1819—1870），字仲渊，号淑园，又号白毫子，越南阮朝明命皇帝之十子，仓山，是其别业之名。他与其弟锦賓（号苇野），是阮氏越南著名的文论家。锦审著有《仓山外集》八册，锦賓撰有《苇野外集》二册。

《仓山诗话》抄录于《世说新语》之后，题名白毫子著，行书汉字体，凡 20 张纸，封面题为《世说新语补》，扉页却题《世说附仓山诗话》。前半部分为《世说新语》，后半部自 73 页到 112 页为《仓山诗话》，且每纸印有格子，每页 9 行，版心有“龙岗藏版”字样。此书依照中国诗话体例，于叙事闲谈之中录诗、谈诗，凡六十一个论诗条目。

869.**《闽行诗话》**

［越南］李文馥撰。李文馥（1785—1849），字邻芝，号客斋，河内永顺人，越南明乡人后裔，祖籍福建，明清革鼎之际迁居河内，以科举入仕，被誉为“周游列国的越南名儒”。有《西行见闻纪略》、《闽行杂咏》《粤行吟草》等。其《闽行杂咏》，又名《闽行诗话》《闽行诗话集》。此部诗话，是作者 1831 年奉命前往闽粤遣返在中国遭遇海难的越南渔民途中见闻而创作的汉诗文集。

卷七 民国诗话

【按语】

民国诗话，指辛亥革命至中华人民共和国成立之际的论诗之作，是中国传统诗话的现代转换。

“民国诗话”之概念，是蔡镇楚在1990年出版的《诗话学》之著里率先提出来的，认为有必要为“民国诗话”立传，建立中国诗话史研究的王朝体系；而后湖南陈浩望《民国诗话》与上海张寅彭《民国诗话丛编》正式出版。

民国诗话，完全不同于先前的中国传统诗话，比较突出的特点有四点：

一是诗话创作随着中国社会文化的转型而发展演变，诗话的论诗主旨，不再局限于诗歌创作和审美鉴赏，而围绕时代风云变幻中的重大社会事件来展开，社会性、时代性、政治性、阶级性有所强化，诗性和审美鉴赏性有所弱化；

二是诗话创作的语言体系与语音风格，随着五四白话文运动的崛起而不断变化，虽然尚有旧体诗话，但大多是文白夹杂，导致了传统诗话向现代诗话的演变；

三是随着西学东渐和中国学人出国留学考察风潮，民国诗话论诗的视野逐步由中国本土趋向西方世界，从梁启超的《饮冰室诗话》到钱钟书的《谈艺录》，西方文化的名词术语，充斥着诗话的语言屏幕，诗话的语言元素，不仅超越了传统诗话的近古汉语，也同时出现中西合璧的现象。

民国诗话文献的收集整理，还相当薄弱，也相当繁复。今仅有蔡镇楚《石竹山房诗话论稿》卷六《诗话文献论·现代诗话考略》（湖南文艺出版社 1995 年）。张寅彭《新订清人诗学书目》附录《民国时期》（上海古籍出版社 2003 年）及其《民国诗话丛编》（上海书店 2005 年）。

1.《无尽庵诗话》

周实（1885—1911）撰，二卷，存。1912 年上海国光印刷所铅印本。蒋寅书目作“阳周实”，作者名恐误。

2.《凝香楼奁艳丛话》

无闷女士撰，四卷。存。蒋寅《清诗话考》称其有 1912 年中华图书馆石印本。

3.《作诗百法》

刘铁泠（1881—1961）撰，二卷，存。1913 年上海崇新书局铅印本。

4.《未晚楼诗话》

李澄宇撰，卷数未详，存。民国年间自刻本（蒋寅）。

5.《淮海先生诗词丛话》

秦国璋辑，不分卷，存。1914 年无锡秦嘉会堂刻本，一册。广州中山图书馆藏。

6.《香奁诗话》

金燕撰，三卷。香奁者，女人之化妆盒也，引申为香艳之意。晚唐诗人韩偓以美女为描写对象，富有浓郁的脂粉气，词多侧艳，有《香奁集》一卷。故南宋严羽《沧浪诗话·诗体》云：“香奁体：韩偓之诗，皆裾裙脂粉之语，有

《香奁集》。”金燕，字翼谋，江苏太仓人。南社成员。他出于解放思想、解放妇女之政治需要，集录清朝至民国初六十余则闺秀诗话，而编辑《香奁诗话》，厘为三卷。据蒋寅《清诗话考》，是书前有 1914 年4 月许颂瑚序言、焦玉森题词。卷一为闺秀，收录闺秀诗人三十三人之诗事；卷二为青楼，收录青楼妓女十八人之诗，多以嘲弄讽喻口吻，如郭若芳自称“诗妓”者；卷三为方外，收录诗尼、女冠之诗，其中诗尼七人，女冠一人。有 1915 年上海广益书局刊本，1921 年上海广益书局重刊本。

7.《闺秀诗话》

苕溪生撰，四卷。存。1915 年上海广益书局排印本，1934 年上海新民书局排印本，今有香港艺美图书公司 1960 年影印本。

苕溪生者是谁？难以确认。以其取名，当系浙江人。苕溪，水名，浙江吴兴县的别称。南宋胡仔寓居于此，自号“苕溪渔隐”，因作大型诗话丛编《苕溪渔隐丛话》。苕溪生生于斯，长于斯，自慕之，仰之矣。依蒋寅《清诗话考》，仅知其为清末民初人，他自称为“情奴”，卷一云：“自古佳人才子，赋命多薄，况才美两擅，落迹风尘，蹈山涉水，饱历星霜，偶一念至，能不悲哉？余情奴也，情之所钟，正在我辈。”他的女性文学观念比较别致，特别强调女子之才，与封建主义“女子无才便是德”之论者相左，认为女子有才气是其魅力之所在，说“长以才者必有情，深于情者必有德，故才实不可少”。

8.《太一丛话》

宁调元撰，五卷，刊于 1910 年至 1911 年北京《帝国日报》，1915 年傅专（文渠）厘为五卷，1915 年立冬五日傅氏后记，谓“其杂采明遗民殉国，自靖及隐遁以终者，别名《碧血痕》，成于丁未长沙狱。原稿于清室多所指斥，及刊报，乃窜易之”云云。今有湖南人民出版社 1988 年《宁调元集》铅印本。

9.《民族诗话》

宁调元撰，一卷，存。民国初上海风雨书屋排印本(据张寅彭书目补)。

10.《方寸垂带室诗话》

赵心悸撰，卷数未详，存。1914 年铅印本(据蒋寅、张寅彭书目补)

11.《听雨楼诗话》

蒋箸超撰，不分卷，存。发表于《民权素》上，其兄弟昂孙校勘于《箸超丛刊》中，又有《民权素汇编》本。钱仲联《清诗纪事》《南社吟坛点将录》称引。

12.《蔽庐非诗话》

蒋箸超撰，四卷，存。1915 年发表于上海《民权素》，后辑入《箸超丛刊》。

13.《历代诗话续编》

丁福保编次，二十九种历代诗话，存。1916 年上海医学书局铅印本。

14.《清诗话》

丁福保编次，四十三种清代诗话，存。1916 年上海医学书局铅印本。

15.《感旧集小传拾遗》

陈衍撰，不分卷，存。有《石遗室丛书》《陈衍诗论合集》本。

16.《诗品评议》

陈衍撰，三卷，存。有《石遗室丛书》《陈衍诗论合集》本。

17.《闺秀诗话》

雷瑨、雷瑊兄弟合撰，十六卷。存。胡文楷《历代妇女著作考》著录。《闺秀诗话》“大旨以有清一代闺秀诗为断，元明间闺媛名著，偶亦附入焉”，共计集录闺秀一千三百余人之诗事，卷帙之富，堪称历代名媛闺秀诗话之冠。1916 年上海扫叶山房刊印本，八册；1925 年上海扫叶山房石印本，1928 年上海扫叶山房重刊本，八册；今有台湾广文书局 1982 年影印本，与日本晚红园主人选辑《美人千态诗》合为一册。蔡镇楚石竹山房藏。

18.《留月簃诗话》

张炳翔撰，一卷，存。稿本。苏州图书馆藏（据张寅彭书目补）。

19.《然脂余韵》

王蕴章撰，六卷。存。1918 年商务印书馆排印本；1920 年上海商务印书馆第三版铅印本，三册，中国国家图书馆藏；又一部，1925 年商务版，三册，湖南图书馆藏。今有蔡镇楚编《中国诗话珍本丛书》北京图书馆出版社 2004 年影印本。

王蕴章（1884—1942），字蓴农，号西神残客，江苏无锡人。年十六则中举，官直隶州州判。后出游南洋，精通英语，清末民初任英语教师。又受聘于商务印书馆编辑，曾被北京大学聘为词曲教授，未就，继续编辑《小说月报》与《妇女杂志》。主要著作有《梁溪词徵》《云外朱楼集》《西神樵唱》等。

其《然脂余韵》，是名媛闺秀诗话的集大成之作。前有邵瑞彭、白曾然二序、王蕴章自序，还有凡例。从此三序，得知《然脂余韵》乃继其先祖西樵《然脂集》而作之意。其选录历代名媛闺秀诗人诗作的标准，如其自序所言：

尝谓诗词之作，本乎性情，忽然而来，神与古会，空山无人，水流花放。臻斯境者,厥云上乘。女子之作,于金戈铁马之风、豪肉哀丝之奏,或稍稍漓矣!至若幽花媚春,子规叫血,赋景独绝,言愁已芜,班之香耶,宋之艳耶,美人香草,要为天地间,必不可少之一境。梅月画窗,兰风入座,迷迭濯魄,银蒜约魂,鶗鴂怨其不芳,桐丝抚而寡韵。试展是编读之,余怀渺渺,其犹成连海上时乎?

王蕴章论诗主性情，认为女子之作于金戈铁马、豪肉哀丝之外，另开一种天地间不可少的境界。名媛闺秀诗词,宛如香草美人,以含蓄蕴藉、富于阴柔之美而著称。因此,我们读《然脂余韵》,得到的审美享受，如同渺渺情怀连接着茫茫海涛一样。故书后徐彦宽称赞是编曰：“缜密粹美,卓然集清三百年闺秀诗词话之大成;骊珠同得,而君实远过之。”

20.《唐诗通韵举例》

程道存撰,二卷,存。1919 年铅印本。

21.《诗词趣话》

葛熙存编,四卷,存。1919 年上海会文堂书局石印本,湖南省武冈市图书馆藏。

22.《惜阴轩诗话初编》

张升之撰,一卷,存,后附《爱春堂诗话》,1919 年北京共和印刷局刊本。张寅彭题作“张升三”,恐误。

23.《四朝诗话》

阙名撰(蒋寅作“席氏”),存。1919 年上海扫叶山房石印本。是编收录唐宋金明清六种诗话之著,并非四朝。

24.《启祯两朝遗诗考》

陈乃乾(1896—1971)撰，一卷，存。1920年上海旧学庵铅印本，一册。

25.《草草堂随笔》

方大炽撰，一卷，存。1920年刊本，《安徽艺文考·别集》卷二十七与《皖人书录》著录。

26.《主客图附图考》

袁宁珍撰，一卷，存。1920年南昌《豫章丛书》编刻局《豫章丛书》刊本。是编蒋寅题作《主客图附考》。

27.《嚣隐诗话》

顾仰基撰，一卷，存。稿本，前有1921年自序。江苏南通市图书馆藏。

28.《越缦堂诗话》

李慈铭撰，一卷，存，稿本，浙江图书馆藏；又一部，三卷，清李慈铭撰，蒋瑞藻辑，徐珂校，存，1921年初版，1926年上海商务印书馆铅印本，二册。湖南邵阳松坡图书馆藏。

29.《紫荆山馆诗话存稿》

于榕章撰，不分卷，存。1922年抄本，一册。是书以大量篇幅，记述李自成失败之后带领部将隐居石门县夹山寺为“奉天玉大和尚”的历史疑团，具有较高的历史文献价值。湖南社会科学院图书馆藏。

30.《蜕私轩诗说》

姚永朴撰，八卷，存。1923年秋浦弘毅学舍油印本，安徽省图书馆藏(张寅彭)。

31.《青楼诗话》

雷瑨撰，二卷。存。雷瑨(1871—1941)，字君曜，松江(今属上海)人。光绪十四年(1888)举人。先后任扫叶山房、《申报》编辑，著述等身。主要有《清人说荟》初集、二集各二十种，《娱萱室小品》六十种，《老话》四册、《砚话》《印话》《弈话》《谜话》《茶话》《酒话》《医话》各一册，等。《青楼诗话》编辑历代青楼妓女一百二十五人的诗歌本事，起自唐代诗妓薛涛，终自杨翠喜，上卷七十九则，下卷四十八则，凡一百二十七则诗话条目。是书有 1925 年上海扫叶山房石印本，今有台湾广文书局 1982 年影印本，蔡镇楚石竹山房藏。

32.《清代闺阁诗人徵略》

施淑仪撰，十卷，补遗一卷。存。1922 年上海崇明女子师范讲习所铅印本，今有上海书店 1987 年影印本。

施淑仪(1887—？)，字学诗，江苏崇明人。从小受过良好教养，锦心绣口，久负诗名，后为蔡南平之妻，早寡。曾出任崇明尚志女校校长，民国初改任学监，开崇明女学之风气。与湘人易顺鼎关系甚笃，其为《清代闺阁诗人徵略》作序。施淑仪著述颇丰，有《湘痕吟草》《冰魂阁集》《随园女弟子佚闻》二卷。

《清代闺阁诗人徵略》，是为清代闺阁诗人立传之作。前有湘人易顺鼎庚申(1920)二月序言，称颂施淑仪“前身(谢)道韫，当代班昭，本谢庭之世家，传孔门之诗学”。是编易顺鼎序言谓为八卷，而陈崇之《传》与孙景谢之《附录》均称为十二卷，与今本不同。可知易氏序本为初稿本，而十二卷本为增补本。

是编诚如易顺鼎序言所谓：“广收一代，胜蒋泾西之《名媛诗钞》；不录全篇，仿张南山之《诗人徵略》。零章断句，采枫落于吴江；逸事遗闻，搜竹书于汲冢。成书八卷，用力十年。香草灵均之思，写斑竹湘妃之泪”，辑录清代闺阁诗人从顺治朝到光绪朝，起自沈云英，而迄于秋瑾，凡一千二百余人，几乎涵盖整个清代中国所有的闺阁诗人，以人为目，以徵略为宗，各列其小传、生平事迹，摘录其诗歌佳句，并注明出处，不啻是一部完备的清代闺阁诗史。

33.《今传是楼诗话》

王逸塘撰，不分卷，1924 年铅印本。今有上海书店 2005 年张寅彭编《民国诗话》点校本。，湖南师范大学图书馆藏。

34.《侗庵非诗话》

［日］古贺煜撰，凡十卷，存。前有中浣柽宇林皝庚辰《侗庵非诗话序》、文化十一年（1814）秋八月初三日自序，后有昭和二年（1925）馆森鸿跋，昭和二年十月东京崇文院刻版发行，收入“崇文丛书”第一辑。凡四册，系非卖品，流传甚稀，弥足珍贵。今有蔡镇楚《域外诗话珍本丛书》国家图书馆 2006 年影印本。“非诗话”者，论诗话之非也。是书卷一、二为总论，盖论非诗话之目的动机，在于“慨诗道之日衰，发愤而作，出乎不得已”，认为冯班之著《沧浪诗话纠谬》、赵执信之著《谈龙录》“为一人而作，私也；予非诗话，为诗道而作，公也。一公一私，世必有辨之者”。卷三而至于卷十，则以七卷篇幅，极论诗话之非，历数诗话之病者凡十五种：一曰说诗失于太深；二曰矜该博以误解诗意；三曰论诗必指所本；四曰评诗优劣失当；五曰稍工诗则自负太甚；六曰好点窜古人诗；七曰以正理晦诗人之情；八曰妄驳诗句之瑕疵；九曰擅改诗中文字；十曰不能记诗出典；十一曰以僻见错解诗；十二曰以诗为贡谀之资；十三曰不识诗之正法门；十四曰解诗错引事实；十五曰好谈谶纬鬼怪女色。

35.《光宣诗坛点将录》

汪国垣撰，不分卷，存。汪国垣，即汪辟疆。撰成于 1919 年，1925 年分五期刊于《甲寅》杂志（第一卷第五号至第九号）。后十年，再刊于《青鹤》杂志 1934 年第三卷第二号至 1935 年第三卷第七号。1944—1945 年间，又加修改厘为定本，而定本一直未曾刊布。今有 1986 年中州古籍出版社程千帆校勘本。

36.《乐府古辞考》

陆侃如撰，存。1926 年上海商务印书馆《国学小丛书》排印本。

37.《丽白楼诗话》

林学衡撰，二卷，台湾文海出版社《近代中国史料丛刊续编》第 96 辑本，今有上海书店 2005 年张寅彭编辑《民国诗话》点校本，湖南师范大学图书馆藏。

38.《合肥诗话》

李家孚撰。三卷。存，今有 1928 年刊本，湖南图书馆藏；1929 年李伯琦苏州铅印本，一册，中国国家图书馆藏，前有同乡江藻序、杨德炯序及吴学廉、杨德炯题辞各一。后有杨开森跋及吴秉忠书后。此书为“昭扬”合肥诗人而写。体例仿《梅村诗话》，先载诗人小传，然后以其诗附于名后，略加评语，评语“有誉而无毁”。三卷共选诗人二百一十九家，包括“勋臣、显宦、硕彦、名儒、山林隐逸、闺阁才媛”各类人物。作者年少聪敏，广搜博取，可惜十九岁时逢战乱而亡。此书是其父李伯琦整理遗稿而成。今有上海书店 2005 年张寅彭编辑《民国诗话》点校本，湖南师范大学图书馆藏。

39.《春秋后妃本事诗》

李步青撰，一卷，存。有《云在山房丛书》无锡杨氏铅印本，一册。中国国家图书馆藏。

40.《东坡祷雨诗话》

白坚编，不分卷，附考证，存。1930 年铅印本(据张寅彭书目补)。

41.《石遗室诗话》

陈衍撰，三十二卷，存。1929年上海商务印书馆铅印本，四册。湖南师范大学图书馆藏。

42.《诗话丛话》

郭绍虞撰，不分卷，1929年《小说月报》第二十卷第1号、2号刊载，今有上海古籍出版社《照隅室杂著》1986年刊本。

43.《诗学渊源》

丁仪撰，八卷，存。1930年铅印本。

44.《唐人故事诗》

陈登元撰，1931年南京书店铅印本。

45.《偷闲庐诗话》

杨香池撰，二卷，存。1932年石印本，又1934年自刊本。

46.《汇川诗话》

龙汇川撰，二卷，1933年祈阳精华公司刊印本，湖南图书馆藏。

47.《望舒诗论》

戴望舒撰，不分卷，《现代》杂志第二卷，1933年汇订本。

48.《石遗室诗话续编》

陈衍撰，六卷，存。民国铅印本，上下二册，1935年无锡国学专修学校勘本，前有1934年自叙，后有自跋。湖南师范大学图书馆藏。又有《石遗室丛书》《陈衍诗论合集》本。

49.《辽诗纪事》

陈衍撰，十二卷，存。1936 年上海商务印书馆铅印本，今有台湾杨家骆《历代诗史长编》本。又有《石遗室丛书》《陈衍诗论合集》本。

50.《金诗纪事》

陈衍撰，十六卷，存。1936 年上海商务印书馆铅印本；今有台湾鼎文书局《历代诗史长篇》翻印本。又有《石遗室丛书》《陈衍诗论合集》本。

51.《诗评汇编》

陈衍撰，五卷，存。稿本，福建省图书馆藏；又有《石遗室丛书》《陈衍诗论合集》本。

52.《诗学概要》

陈衍撰，不分卷，存。油印本，福建省图书馆藏；又有《陈衍诗论合集》本。

53.《蜗牛舍说诗新语》

范罕撰，不分卷，存。1936 年排印本，江苏南通市图书馆藏。今有张寅彭《民国诗话丛编》本。

54.《谭组庵论诗书手札》

谭延闿撰，不分卷，1937 年中华书局影印本。

55.《庚子诗鉴》

郭则沄撰，七卷，台湾文海出版社《近代中国史料丛刊》第 34 辑影印本，湖南师范大学图书馆藏。

56.《方家园杂咏纪事》

王照撰，一卷，台湾文海出版社《近代中国史料丛刊》第 27 辑影印本，湖南师范大学图书馆藏。

57.《骚坛纪事》

连横撰，不分卷，台湾文海出版社《近代中国史料丛刊续编》第 51 辑本，湖南师范大学图书馆藏。

58.《抱一庐诗话》

觉公撰，不分卷，台湾文海出版社《近代中国史料丛刊三编》第 44 辑本，湖南师范大学图书馆藏。

59.《苍云阁诗话》

严天骏撰，不分卷，台湾文海出版社《近代中国史料丛刊三编》第 38 辑本，湖南师范大学图书馆藏。

60.《鹪鹩庵笔麈》

敦诚撰，不分卷，台湾文海出版社《近代中国史料丛刊三编》第 26 辑本，湖南师范大学图书馆藏。

61.《定庵诗话》

由云龙撰，二卷，民国云南开发公司排印本，广东广州中山图书馆藏。

62.《定庵诗话续编》

由云龙撰，二卷，1935 年云南开发公司排印本，中国国家图书馆藏。

63.《**春池馆诗话**》

唐玉虬撰,不分卷,1935年浙江《越风》半月刊刊本。

64.《**诗话学发凡**》

徐英撰,诗话学论文,不分卷,发表于《安徽大学季刊》1936年第一卷2期。这篇论文的主要贡献,是率先为诗话立学,创建"诗话学"这一学术概念。此文系蔡镇楚1989年初夏为撰写《诗话学》一书,在湖南师范大学老图书馆旧杂志堆里爬梳查阅诗话文献资料时偶然发现的,为其"诗话学"之立论提供了文献依据。今附录于蔡镇楚《诗话学》一书之末,湖南师范大学图书馆藏。

65.《**燕双楼诗话**》

金东雷撰,不分卷,1935年浙江《越风》半月刊刊本。

66.《**古今滑稽诗话**》

范左青编,不分卷,上海会文堂书局1934年刊本,湖南图书馆、湖南师范大学图书馆藏。

67.《**颙园诗话**》

陈融撰,不分卷,存。稿本,一册,广州中山图书馆藏。

68.《**民族英雄诗话**》

梁乙真撰,二卷,存。1940年重庆黄埔出版社排印本,一册。北京师范大学图书馆藏。

69.《**藏斋诗话**》

赵元任撰,二卷,1940年铅印本,北京师范大学图书馆藏。

70.《粤东诗话》

屈向邦撰，一卷，诵清芬室1964年香港铅印本，中国国家图书馆藏。

71.《瓶粟斋诗话》

沈其光撰，十卷，续编六卷，存。1940年铅印本。中国国家图书馆藏。钱仲联《清诗纪事》称引。又一部，二卷，1960年油印本。

72.《瓶粟斋诗话沈余》

沈其光撰，一卷，1960年油印本，附录《诗话沈余补》一卷，中国国家图书馆藏。

73.《海天诗话》

胡怀琛撰，一卷，《古今文艺丛书》本，湖南师范大学中文系资料室藏。

74.《军国民诗话》

祝嘉撰，存。1943年上海商务印书馆铅印本。

75.《新诗话》

任钧撰，不分卷，上海国际文化服务社1948年刻本。

76.《南社诗话》

曼昭撰，不分卷，1944年《古今》杂志第34期刊本。

77.《思无邪诗话》

陈蒙庵撰，不分卷，《永安月刊》第116期刊本。

78.《陈石遗先生谈艺录》

黄曾樾撰，不分卷，1937 年中华书局刊本，湖南图书馆藏。

79.《小招隐馆谈艺录初编》

王礼培撰，四卷，1937 年南京中文仿宋印书馆印，湖南师范大学图书馆藏。今有 2004 年北京图书馆出版社蔡镇楚编《中国诗话珍本丛书》影印本。

80.《诗话三则》

李嘉言撰，不分卷，有上海古籍出版社《李嘉言古典文学论文集》本。

81.《诗论》

朱光潜撰，不分卷，1942 年重庆国民图书出版社本。

82.《鞠丽庵诗话》

陈冰如撰，不分卷，存。1946 年铅印本。

83.《笠山诗话》

包树棠撰，不分卷，1947 年福建《海疆学报》第 2 期刊本。

84.《琅玕馆诗话》

冼玉清撰，一卷。存。稿本，广东省文史馆藏。胡文楷《历代妇女著作考》卷十九著录。冼玉清（1895—1965），号琅玕馆主，广东南海人。蒋寅《清诗话考》称其家居西樵山下，自号西樵山人。冼藻扬之女，事秦不嫁，工于诗词。1924 年毕业于岭南大学，留校任教，后为中山大学教授。著作有《闺秀艺文志》《广东女子艺文考》《琅玕馆文钞》二卷、《随笔》四卷、《联话》一卷、《粤东掌故录》四卷等。

85.《留月簃诗话》

张炳翔撰，不分卷，稿本，苏州图书馆藏。

86.《旧诗新话》

刘大白撰，不分卷，上海中国书店影印本。

87.《单云阁诗话》

单云陈廖士撰，不分卷，199则论诗条目，原刊于《国艺》杂志笔一卷第一期（1940年），今有王培军等《校辑近代诗话九种》上海古籍出版社2013年本。

88.《藏斋诗话》

赵元礼撰，续一卷，存。有1943年铅印本。今有张寅彭《民国诗话丛编》点校本。

89.《食藿斋诗话》

林岚撰，不分卷，上海《新东方》杂志第一、二、三卷本。

90.《青溪诗话》

蒋师辙撰，不分卷，《南京文献》第六期（1947）刊本。

91.《古今诗话》

大木撰，不分卷，《胜派》杂志第五期（1947）刊本。

92.《国耻诗话》

王遽常撰，三卷，存。1947年上海新纪元出版社排印本，今有台湾文海出版社《近代中国史料丛刊》第4辑影印本，湖南师范大学图书馆藏。

93.《谈艺录》

钱钟书撰，不分卷，1948 年上海开明书店初版，中华书局 1984 年补订本。

94.《诗论》

陈天倪撰，不分卷，《中国韵文学刊》创刊号（1987）刘庆云校点本。

95.《唐诗说》

夏敬观撰，正续二集，台湾河洛图书出版公司 1975 年本。

96.《忍古楼诗话》

夏敬观撰，不分卷，自编《同声月刊》论著合订本，上海图书馆藏，今有张寅彭《民国诗话丛编》点校本。

97.《学山诗话》

夏敬观撰，不分卷，自编《同声月刊》论著合订本，上海图书馆藏，今有张寅彭《民国诗话丛编》本。

98.《续杜工部诗话》

蒋瑞藻撰，二卷，《古今文艺丛书》本，湖南师范大学中文系资料室藏。

99.《旧诗话》

刘永济撰，一卷，《学衡》杂志第 46、47、48 期刊本。

100.《风庐谈诗》

杨心果撰，不分卷，《建设》杂志第 10 卷连载本。

101.《西湖诗话》

黄立懋撰，一卷，《建设》杂志第16卷第5期刊本。

102.《杏山草堂诗话》

曾啸宇撰，不分卷，《国闻周报》第11卷刊本。

103.《桃花源诗话》

吕光锡撰，不分卷，辑录历代关于桃花源诗人、诗歌、诗事而成，上自陶渊明，下迄民国时期，是记录与研究桃花源的诗史与地方文献资料汇集。1949年长沙大新印务馆刊袖珍本，湖南师范大学图书馆藏，蔡镇楚石竹山房藏。今有北京图书馆出版社蔡镇楚编《中国诗话珍本丛书》2004年影印本。

104.《天演阁明诗话》

蒋同超撰，未知卷数，存。有民国年间《蒋氏丛书》袖珍本（据蒋寅书目补）。

105.《梁溪续诗话》

蒋同超撰，未知卷数，存。有民国年间《蒋氏丛书》袖珍本（据蒋寅书目补）。

106.《诗境浅说》

俞陛云撰，分甲乙丙丁四编，附录续编，存。原有上海开明书店刊本，今有上海书店影印本。

107.《雕虫诗话》

刘衍文撰，五卷，存。稿本，自藏。今有张寅彭《民国诗话丛编》本。

108.《文评丽语》

槑溪老人漫录，种韭山人增订，无卷数，存。稿本，二十七页，墨笔直行书写，后有李学鼎印章。原为湖南历史考古研究所图书资料，封面毛笔正楷书《文评丽语》四个字，右侧署名“槑溪老人漫录，种韭山人增订”，下方加盖有收藏单位和收藏时间 1957 年 6 月 24 日之印。现为湖南省社会科学院图书馆藏，蔡镇楚石竹山房有其复印本。是书以骈体文论文评诗，语言华丽，为近代所罕见。

109.《摅怀斋诗话》

杨南邨撰，二卷，存。稿本，道林纸手抄本。湖南省社会科学院图书馆藏。

110.《诗话录隽》

佚名撰，二卷，存。稿本，毛边纸直行草手抄本。湖南省社会科学院图书馆藏。

111.《绮霞轩诗话》

韦秋梦撰，一卷，存。稿本，毛边纸直行行草手抄本。湖南省社会科学院图书馆藏。

112.《天放楼诗话》

金天翮撰，一卷，存。1915 年刊印本。

113.《木樨香馆诗话》

林孝颖撰，一卷，存。抄本。福建省图书馆藏(据张寅彭书目补)。

114.《作诗门径》

范烟桥撰，不分卷，存。1933 年上海中央书店排印本(据张寅彭书目补)。

115.《续杜工部诗话》

蒋瑞藻撰,二卷,存。有《古今文艺丛书》第三集刊印本。

116.《五地见树室诗话》

方药雨撰,不分卷,存。民国年间排印本(据蒋寅书目补)。

117.《斯斋诗话》

艾人撰,二卷,存。抄本。扬州大学图书馆藏(据蒋寅书目补)。

118.《清诗纪事》

钱仲联主编,苏州大学中文系明清诗文研究室编辑,江苏古籍出版社 1987 年排印本,精装凡二十二册。

卷八　现代诗话

【按语】

现代诗话，是指中华人民共和国成立以后定稿或境内外出版的诗话之作。现代诗话创作,从内容到形式,与古代诗话有着明显的质的区别,主要特征有三点：

一是政治性加强，诗话创作与政治时事、社会生活的关系日益密切,始终围绕着中国革命与建设的历史进程,诗歌艺术批评被演化而为阶级斗争、政治斗争的舆论工具;

二是论诗语言的白话化,文言逐渐消失,白话文主宰诗坛文苑,语言的白话化,几乎摆脱了文言文的语体形式,大多采用现代汉语进行写作,只有极少数诗话采用半文言体式;

三是论诗对象已经由古代诗话单一的古典诗词演化而为以现代新诗为主,兼及古典诗词与西方诗歌;四是诗话结构形态与创作体制的现代化,一则继续沿用古代诗话论诗条目的体制,一则并不囿于原来的条目式,而是大胆地突破这种条目,演变而为体系比较完备的论著形式。

1.《无尽藏斋诗话》

一卷,邵祖平撰,《学衡》杂志第2、9期本,今有王培军等《校辑近代诗话九种》上海古籍出版社2013年本。

2.《七绝诗话》

邵祖平撰,不分卷,巴蜀书社 1986 年与《七绝诗论》合刊本。

3.《七绝诗论》

邵祖平撰,不分卷,巴蜀书社 1986 年与《七绝诗话》合刊本。

4.《曾文正公川陕纪事诗话》

黄介瑞撰,不分卷,《建设》杂志 1954 年第 2 期本。

5.《意园诗话》

侯传勋撰,不分卷,《建设》杂志 1960 年第 8 卷第 10 期本。

6.《兰州诗话》

李季撰,不分卷,甘肃《红旗手》1959 年第一至七、1960 年第五至十二期刊本。

7.《全宋诗话》

张宗祥撰,一百卷,稿本,1958 年编辑成。浙江图书馆藏(张寅彭)。

8.《文谈诗话》

苗得雨撰,不分卷,山东人民出版社 1961 年本。

9.《诗话》

邹问轩撰,不分卷,哈尔滨北方文艺出版社 1963 年铅印本。

10.《新诗话》

闻山撰,不分卷,《诗刊》1963 年 10 月、1964 年 11、12 月号刊本。

11.《法家诗话》

周晓波撰,不分卷,上海人民出版社 1976 年本。

12.《林以亮诗话》

林以亮撰,不分卷,台湾洪范书店 1977 年本。

13.《红竝楼诗话》

李猷撰,不分卷,台湾商务印书馆 1978 年本。

14.《现代诗话》

孙克恒撰,不分卷,青海人民出版社 1981 年本。

15.《郭沫若历史剧〈屈原〉诗话》

黄中模撰,不分卷,四川人民出版社 1981 年本。

16.《楚天诗话》

不分卷,《长江日报》编辑部编,长江文艺出版社 1981 年本。

17.《鲁迅诗话》

鲁迅撰,不分卷,吴奔星编,天津人民出版社 1981 年本,辑录鲁迅的论诗之语而成,前有编者前言,将诗话体式分为自撰诗话与他辑诗话两种。他辑诗话,即作者本无诗话,后人辑录其论诗之语而成诗话。

18.《闻一多诗话》

吴奔星、蔡镇楚编,不分卷,1986 年稿本一册。此部诗话,辑录闻一多先生论诗、话诗之语而成,乃吴奔星先生预约我二人合作完稿者。原稿寄南京吴先生后,至今尚未出版。南京吴奔星先生家藏。

19.《西湖诗话》

斯尔螽撰，不分卷，上海文艺出版社1982年本。是书以历代吟咏西湖的诗词为对象，不啻是西湖诗词的赏析之作。

20.《诗话丛林》

［韩］洪万宗编次，汉城亚细亚文化社1983年影印本。

21.《诗话一百篇》

黎洪撰，不分卷，安徽人民出版社1983年本。

22.《黑牢诗话》

不分卷，林彦撰，重庆出版社1983年本。

23.《中外诗话》

余之撰，三辑，上海知识出版社1983年本。是书以诗话形式谈论古今中外诗人诗作，前有臧克家缀语，后有作者书后絮语，正文按照内容分为《诗志》《诗趣》《诗艺》三辑，重在诗歌本身的汇集。余之，原名余士君，浙江镇海人，1946年出生，曾任《中国电影时报》副主编、《文汇月刊》编辑。

24.《清诗话续编》（诗话丛书）

郭绍虞编次，富寿荪校点，四册，选辑清代诗话三十四种，上海古籍出版社1983年本，四册。前有郭绍虞序、富寿荪校点说明。

25.《咏鸟诗话》

曹正文撰，不分卷，浙江人民出版社1984年本。

26.《窑台诗话》

李木庵撰，不分卷，湖南人民出版社1984年本。

27.《沫若诗话》

郭沫若撰,吴奔星、徐放编,不分卷,四川人民出版社 1984 年本,辑录郭沫若的论诗之语而成。

28.《臧克家诗话》

臧克家撰,吴奔星编,不分卷,宁夏人民出版社 1984 年本,辑录臧克家的论诗之语而成。

29.《群芳诗话》

曹正文撰,不分卷,浙江人民出版社 1985 年本。是书按照春夏秋冬四季的花期,自诗三百到清朝,以历代咏花的三百余首著名诗词为对象,以花存诗,因诗名花,共计五十则诗话。前有刘逸生序言,后有作者后记,论述写作缘起。

30.《兼于阁诗话》

陈声聪撰,四卷,上海古籍出版社 1985 年本。平装一册。

31.《两间居诗词丛话》

秦似撰,不分卷,四川人民出版社 1985 年本,平装一册。

32.《诗问四种》

周维德笺注,收录郎廷槐《诗问》(《诗问续》)、吴乔《答万季埜诗问》(又《诗问》)、徐雄飞《修竹庐诗问答》和陈仅《竹林答问》四种。前有郭绍虞序,后有周维德后记,齐鲁书社 1985 年本,平装一册。

33.《梦苕庵诗话》

钱仲联撰,不分卷,齐鲁书社 1986 年本,一册。

34.《饮茶诗话》

沈海宝编,不分卷,甘肃人民出版社 1986 年本。

35.《魏晋南北朝诗话》

萧华荣撰,三卷,齐鲁书社 1986 年本,一册。

36.《三百年来诗坛人物评点小传汇编》

杨扬点校,中州古籍出版社 1984 年本,甲乙编。甲编收录清人舒位《乾嘉诗坛点将录》、汪国垣《光宣诗坛点将录》、钱仲联《近百年诗坛点将录》三部;乙编收录清人郑方坤《清名家诗钞小传》、张维屏《清代诗人谈艺录》二部。

37.《清诗纪事》

钱仲联主编,十卷,江苏古籍出版社 1987 年本,精装二十二册。

38.《宋诗话》

陈祥耀撰, 不分卷,《福建师范大学学报》1987 年第四、1988 年第一期刊本。

39.《唐诗百话》

施蛰存撰,四篇,凡一百个诗话条目,分别列为初唐诗话、盛唐诗话、中唐诗话、晚唐诗话,前有序引,后有后记及条目索引。上海古籍出版社 1987 年本,平装一册。

40.《清诗话仿佚初编》(诗话丛书)

台北杜松柏编次,精装十册,收录二十种清诗话珍本,可补丁福保《清诗话》与郭绍虞《清诗话续编》之阙如也。台湾新文丰出版公司影印精装本。

41.《蒲褐山房诗话新编》

王昶撰，二卷，周维德编次，齐鲁书社 1988 年本。

42.《中国导游诗话》

许善明、许戈冰编，不分卷，中国旅游出版社 1988 年本。

43.《诗词杂话》

冯振撰，二卷，广西师范大学出版社 1989 年本，一册。

44.《人口诗话》

佟道庆编，不分卷，南京大学出版社 1989 年本。

45.《神话诗话》

曹爽撰，不分卷，陕西人民出版社 1989 年本。

46.《面壁诗话》

余之撰，四辑，长江文艺出版社 1989 年本。是书是其《中外诗话》的姐妹篇，二者同旨，注重新诗。前有艾煊序言，后有作者跋语，正文按照内容，分为《诗艺》《诗评》《诗人》《诗话》四辑。

47.《森林诗话》

尹涵撰，不分卷，花山文艺出版社 1989 年本。是书前有崔鹏序言，称其诗话以意境为核心，遵循文章以意为主、以言语为役的准则，全面探究诗与生活、诗与真实、诗与情感、诗的再现与表现等关系，内容广博，涉及古今中外与诗歌的内外关系，古多于今，内胜于外，其中论“妙趣天成”者凡五则，可见其审美取向。作者《后记》称其在东北大兴安岭生活三十多年,是大森林之子,故以其诗话为《森林诗话》。

48.《情趣诗话》

杨光治撰,四辑,广州文化出版社 1989 年本。一册。是书前有卷首语,以情趣为旨归,从历代野史、笔记与口头传说中节选历代饶有趣味的"野诗"为论述对象,按照内容分为四辑,一为《儒林别史》,二为《官场百态》,三为《百家情韵》,四为《文字游戏》。作者系广州花城出版社编辑。

49.《乌鲁木齐诗话》

浩明撰,不分卷,新疆人民出版社 1990 年本。是书记叙历代吟咏乌鲁木齐的诗歌名作而成诗话,上自《穆天子传》所载西王母瑶池宴请穆天子的诗歌,下至著名作家茅盾的《新疆杂咏》之诗,上下数千年,乌鲁木齐的诗歌历程,斑斑可见。前有顾骧序言,后有作者后记,论述创作原委。

50.《苦丁斋诗话》

丁芒撰,一卷,江苏文艺出版社 1991 年本。

51.《历代诗话论诗经楚辞》

蔡守湘主编,江风副主编,前后二编。是书按照历代诗话之论《诗经》《楚辞》编排,武汉出版社 1991 年本,一册。

52.《全辽诗话》

蒋祖怡、张涤云整理,四卷,一册,岳麓书社 1992 年本。前有编者前言,按《增订辽诗话》卷上、卷下和《新补辽诗话》卷上、卷下编排。

53.《民族团结诗话》

王佑夫、钟兴麒主编,不分卷,新疆人民出版社 1993 年本。这是一部以民族团结为主题的诗话之作。全书选集二十余人撰写的近一百五十篇历代涉及民族团结主题的诗歌随笔，自西王母宴请穆天子于瑶池，至中华人民共和国成立以后，或诗或歌或联语，凡以民族团结为主题的诗歌随笔，均择优收录其中。

54.《历代诗话小品》

轻言主编，不分卷，谭邦和副主编，湖北辞书出版社 1994 年本。

55.《近代江西诗话》

胡迎建撰，十五卷，百花洲文艺出版社 1994 年本。是书论述近代江西籍诗人诗作，前有吴孟复、姚公骞二序与作者前言，然后分为十五卷，以人为目，记述近代江西籍诗人之代表诗作，因人存诗，颇如近代江西诗人志。

56.《流沙河诗话》

流沙河撰，六辑，四川文艺出版社 1995 年本。

57.《宋人诗话外编》

程毅中主编，精装二册，北京国际文化出版公司 1996 年本。是书按照诗话体式，辑录宋人笔记、序跋之论诗之语而为诗话外编。

58.《民国诗话》

陈浩望撰，二卷，广西民族出版社 1996 年本。前有蔡镇楚序言，以民国人物的诗歌、诗事为描写对象，按照内容分为上下二卷，上卷为时局吟怀，下卷为感兴咏唱，大多是民国诗人诗歌故事，可作一部简略的民国诗史来读。

59.《明诗话全编》

吴文治主编,凡十册,江苏古籍出版社 1997 年本。是编以人为目,按照传统诗话体式,分条目辑录明人诗话及其论诗之语而成新诗话。

60.《宋诗话全编》

吴文治主编,凡十册,江苏古籍出版社 1998 年本。是编以人为目,按照传统诗话体式,分条目辑录宋人诗话及其论诗之语而成新诗话。

61.《马一浮诗话》

马一浮撰,四篇,丁敬涵编,上海学林出版社 1999 年本。

62.《养生诗话》

王佑夫、吴正兰撰,不分卷,新疆人民出版社 2000 年本。是书以历代养生诗歌为论述对象,议论中国养生之术。前有薛天纬、李锦秀序言,后附录有《老子养生思想刍议》。

63.《云南古代诗文论著辑要》

张国庆编,一册,中华书局 2001 年本。其中收录的云南诗话有:师范《荫椿书屋诗话》、王寿昌《小清华园诗谈》、陈伟勋《酌雅诗话》、严廷中《药栏诗话》、许印芳《诗法萃编》、朱庭珍《筱园诗话》。

64.《幽默诗话》

清人胡山源撰,上海古籍出版社 2003 年本。全书分为《幽默诗话》《幽默词话》《幽默曲话》《幽默联话》四大部分,以幽默诙谐之趣为审美标准。

65.《红楼诗话》

林冠夫编撰,山东画报出版社 2005 年本。

66.《驼庵诗话》

顾随讲授，叶嘉莹笔记，顾之京整理，不分卷，是书系其学生叶嘉莹女士根据当年听课笔记整理而成，今有天津人民出版社 2007 年本。顾随（1897—1960），字羡季，号吉水，晚号驼庵，河北清河人。1920 年毕业于北京大学，先后任教于燕京大学、辅仁大学、北京师范大学、河北大学。原有《顾随全集》本，河北教育出版社 2005 年本。

67.《吴宓诗话》

吴宓撰，吴学昭整理，不分卷。吴宓（1910—1964），北京大学教授，是书辑录吴宓《余生随笔》《英文诗话》《诗学总论》《空轩诗话》《中西诗之比较》等等平生论诗之作、之文、之语而成，商务印书馆 2005 年本，一册。

68.《全明诗话》

周维德编，精装六册，齐鲁书社 2005 年校点本。前有蔡镇楚之序。这是一套断代诗话丛书，编辑校点明代诗话之独立成书者九十一种，全系有明一代诗话之善本与孤本，起于瞿佑《归田诗话》而迄于赵士喆《石室谈诗》，可补历代诗话丛书编辑之空缺也。前有蔡镇楚序言与编辑者前言、凡例以及明代诗话内容提要，末有编者后记，附录有编者著作目录。编者周维德，杭州大学中文系教授。

69.《民国诗话丛编》

张寅彭编，精装六册，上海中国书店 2005 年校点本。本丛书所收，以说旧体诗者为限。据编者查检，民国初至 20 世纪40 年代，此类著作约在百种以上。今仿丁福保《清诗话》之例，辑出较著者及流传较罕见者三十七种，或记事，或录诗，或评论，不拘一格，都为一集。比较罕见者有《蕉庵诗话》四卷续一卷、《诗话后编》八卷、《褒碧齐诗话》一卷、《尊室诗话》三卷补一卷、《诗史阁诗话》不分卷、《藏齐诗话》二卷、《卧雪诗话》八卷、《诗学》一卷、《柏严感旧诗话》三卷、《蜗牛舍说诗新语》一卷、《摘星说诗》二卷、《名山诗话》六卷、《冷禅室诗话》一卷、《忍古楼诗话》不分卷、《学山诗话》不分卷,等。

70.《中国品茶诗话》

蔡镇楚撰,六卷,湖南师范大学出版社 2004 年本。是书以历代茶诗(词曲)为研究对象,论述茶与茶人品茶故事、审美情趣与中国茶文化的基本特征,附录有《武夷山茶韵》与《茶禅论》,前者系古往今来第一组描写武夷山岩茶的茶文化散文,后者是中国第一篇全面阐释“茶禅论”的学术论文,开 21 世纪中国茶禅文化研究风气之先。

71.《中国品酒诗话》

蔡镇楚撰,六卷,湖南师范大学出版社 2005 年本。是书以历代酒诗为研究对象,基本以时代为序,按照中国传统诗话体式,厘为五卷,卷一为周秦汉品酒诗话,卷二为魏晋六朝品酒诗话,卷三为唐五代品酒诗话,卷四为宋金元品酒诗话,卷五为明清品酒诗话,共计二百八十八则诗话条目,不啻是中国酒文化与诗文化的结合。

72.《中国音乐诗话》

蔡镇楚撰,五卷,湖南师范大学出版社 2006 年本。是书以历代音乐诗为研究对象,总共二百二十则诗话条目,基本以时代为序,厘为五卷,卷一为先秦音乐诗话,卷二为汉魏六朝音乐诗话,卷三为隋唐五代音乐诗话,卷四为宋金元音乐诗话,卷五为明清音乐诗话,不啻是一部中国音乐史的诗话。

73.《中国美食诗话》

蔡镇楚撰,六卷,湖南师范大学出版社 2007 年本。是书以历代美食诗为研究对象,基本以时序列出三百三十一个诗话条目,分为六卷,卷一为先秦美食诗话，卷二为汉魏六朝美食诗话，卷三为隋唐五代美食诗话，卷四为宋辽金元美食诗话，卷五为明清美食诗话，卷六为《随园食单》与饮食美学，系统阐释了三大美食观点：一是人以食为天，纠正中国历来流传的“民以食为天”之陈说；二是提出“饮食与人类生存竞争”的重大命题；三是注重饮食哲学的文化分析，提出以杜甫、苏轼、袁枚为新的三大美食家。

74.《中国美女诗话》

蔡镇楚撰，十卷，湖南师范大学出版社 2008 年本。是书以历代美女诗为研究对象，着重阐释美女神话、美女标准、美女与战争等重大美女命题。凡十卷二百七十六个诗话条目，其中卷一论述美女神话，首倡中国美女出自于神话之说，可补文化人类学研究之空缺；卷二提出“美女标准”之说，分别论述中国古代著名美女及其生活遭际；卷三明确论定中国古代八大美女，一反传统的美女观念，写她们对中国历史的发展演变所产生的巨大影响；卷四写十二月花神；卷五论述南朝徐陵编辑的《玉台新咏》之情诗，论述历代诗人描写美女之零圭断璧；卷六论述晚唐诗人罗虬《比红儿诗》一百首，以历代美女比拟杜红儿，极写杜红儿之美，不啻是真正意义上的《比红儿诗话》，以补中国文学史研究之阙如；卷七论述久负盛名的“秦淮四艳”及其人生命运；卷八论述《红楼梦》里的“金陵十二钗”及其人格特征；卷九论述日本人编辑的《美人千态诗》，分析中日两国诗人富有代表性的吟咏美人千姿百态的美女诗；卷十论述中国名媛闺秀诗话。

75.《中国战争诗话》

蔡镇楚、蔡静平撰，八卷，湖南师范大学出版社2009 年本。是书以历代战争、军旅生活与描写战争的诗词为研究对象，自远古时期的战争神话到 1949 年中华人民共和国成立，基本以时代为序，共计有一百九十二则诗话条目，不啻是一部中国战争诗史之作。前有作者自序，后有结论，集中阐释了战争的起源、性质、战略战术等重大命题，纠正了普鲁士人克劳塞维茨（Karl Von Clausewitz）所著《战争论》对于战争性质解释的不足，提出新的战争论，认为战争是人类各个集群之间为争夺生存与发展空间而发生的武装冲突。这种武装冲突之发生，不只是为了某种政治目的，而是为了争夺生存与发展空间的需要。争夺饮食、土地、资源、权力、美女，争夺生存与发展空间，才是战争的真正目的。而克劳塞维茨关于"战争是政治的继续"的战争观是片面之词。

76.《中国诗话珍本丛书》

蔡镇楚编，精装二十二册，北京图书馆出版社2004年影印本。是书属于中国历代诗话弥足珍贵的珍本、善本文献选编，上自宋代欧阳修的《六一诗话》，下到民国时期的吕光锡《桃花源诗话》、王礼培《小招隐馆谈艺录》，上下一千多年的中国历代诗话，选录其中一般人难以见到的珍藏本共计一百零一种汇编影印而成丛书，以金针度人，保存其珍本原貌。其选择的标准是：（1）善本诗话：如欧阳修《六一诗话》，现今流行本颇多错讹，故收录日本珍藏宋版《文集》本。（2）抄本诗话：现存手抄本诗话著作，一般收藏于图书馆。如宋代佚名《北山诗话》、清代佚名《不敢居诗话》、于春霑《浴泉诗话》、于榕章《紫荆山馆诗话存稿》。（3）珍本诗话：全国各家尚未出版过的刻本诗话，如邓绎的《藻川堂谭艺》、吕光锡《桃花源诗话》之类。（4）大陆散佚本诗话：如韩国保存的中国诗话，有宋代佚名《唐宋分门名贤诗话》二十卷，明代吴默、王槚辑录的《诗法要标》三卷。（5）凡是中华书局、人民文学出版社、上海古籍出版社已经校点出版的诗话，该丛书不予重复收录出版。

77.《域外诗话珍本丛书》

蔡镇楚编，精装二十册，北京图书馆出版社2006年影印本。这是中国学者第一次全面介绍域外的日本诗话与朝韩诗话的影印本丛书，其影印域外诗话文献版本的主要依据，是韩国赵钟业教授编辑的《韩国诗话丛编》与日本池田胤编辑的《日本诗话丛书》,但并非此域外二诗话丛书之翻版,而是立足于文献古籍珍本,择其善本而辑之,已纠正赵钟业本影印本之某些错误。凡二丛书尚未编辑收录者,亦酌情收录之,按国别与时间为序分为上下二卷,卷一为日本诗话,卷二为朝鲜—韩国诗话。共计收录八十七种,其中日本卷五十种,朝鲜—韩国卷三十七种。前有编者长篇序言,纵论域外诗话之历史、特征、文化价值,后附录有编者撰写的《千秋诗话 功罪几何》一长篇论文,因评述日本古贺侗庵《侗庵非诗话》而作。

78.《莫砺锋诗话》

莫砺锋撰,不分卷,北京大学出版社 2006 年本。这是作者阅读古典诗词的随笔,按内容分为"时间""四季""月""雨""雪""花"等四十个专题,分门别类地选录近二百首诗词名作,予以舒展自如地阐释解读,不啻是一部古典诗词名作的赏析之作,也寄托着作者的社会人生之思。莫砺锋,1949 年生于江苏无锡,文学博士,现为南京大学中文系教授。

79.《南北朝诗话校释》

钟仕伦校释,中华书局 2008 年本。

80.《古今诗话丛编》(诗话丛书)

台湾广文书局影印本。中国诗话大型丛书。蔡镇楚石竹山房藏。

81.《古今诗话续编》(诗话丛书)

台湾广文书局影印本。中国诗话大型丛书。蔡镇楚石竹山房藏。

82.《日本诗话丛编》(诗话丛书)

[韩]赵钟业编次,十卷,汉城太学社 1992 年影印本,精装十册。蔡镇楚石竹山房藏。

83.《韩国诗话丛编》(修正增补本诗话丛书)

［韩］赵钟业编次，十七卷，汉城太学社 1996 年影印本，精装十七册。蔡镇楚石竹山房藏。

84.《中国古代诗文名著提要·诗文评卷》

刘德重主编，河北教育出版社 2009 年本，精装一册。蔡镇楚石竹山房藏。

85.《晚晴簃诗话》

民国初徐世昌撰，二百卷。原有民国徐氏退耕堂木刻本，线装八十册。今人傅卜棠编校，华东师范大学出版社 2009 年本，精装上下册。

86.《富厚堂诗话》

佘国武撰，湖南文艺出版社 2016 年平装本，一册。前有蔡镇楚序与作者自序。此书以曾国藩故居富厚堂为名，搜罗曾国藩及其亲属的诗词佳作，简要予以评述。佘国武君这部《富厚堂诗话》，以整理曾氏家族诗词文赋为基础，着力论述曾氏家族留存至今的诗词文赋，赏析曾国藩及其家族子孙们的诗词之精品力作，而以诗话出之，是乃填补其历史空白之举。蔡镇楚石竹山房藏。

87.《双峰诗话》

唐诗戡撰，二卷，自刊本，前有宋某扬、曾景初等序与作者卷头语，卷上为晚清及民国时代，辑录双峰本地先贤罗泽南、曾国藩、曾纪泽、蔡和森等诗作诗事；卷下辑录双峰当代诗人诗作，不啻是一部地方诗话之作。

88.《蔡氏宗门诗话》

蔡镇楚撰,七卷,未刊本。此乃中华蔡氏第一部专门化的诗话之作,前有作者前言,正文以蔡氏宗门三千年文化传承的诗词歌赋为撰写对象,以时为序,以人为纲,以诗为目,以人存诗,以诗传人。纵览周朝蔡仲、战国秦相蔡泽以来,汉魏六朝、隋唐五代、宋金元、明清、近现代,蔡氏宗门的古典诗词歌赋,以人物纪实为主,略作诗词评骘赏析,至于民国与现代蔡门诗词新秀,加上附录中的备录者,凡七卷二百四十八人,而成此诗话新篇,展现中华蔡氏宗门的诗情画意与奕代风采神韵,为千年中国诗话史开一新生面。

卷九

诗话之整理研究

【按语】

改革开放四十多年以来，春风吹拂着神州大地，中国学者走出国门,诗话观念逐渐改变,学术视野更加开阔,研究队伍不断扩大,学术成果日新月异,国际交流日趋活跃,学科建设卓有成就,中国诗话的整理与研究,进入空前未有的黄金时代。此言之整理研究,以中国改革开放时期为主,不涉及明清与民国,多为石竹山房藏本。

一是诗话之整理研究与改革开放同步发展，现代学者的学术视野逐渐开阔，加强了对历代诗话的文献整理和系统研究，学术性大有加强,研究专著层出不穷,由中国诗话研究转向朝鲜—韩国诗话、日本诗话,转向中西诗学的比较研究,诗话文献整理与系统研究蔚为壮观,成果累累,呈现出史无前例的繁荣发展态势,明确提出创建“东方诗话学”的理论主张,并且付诸学术实践。主要成果有:蔡镇楚的《诗话学》《中国诗话珍本丛书》(精装二十二册)、《域外诗话珍本丛书》(精装二十册),任范松、金东勋、孙德彪、马金科著《朝鲜古典诗话研究》,郑判龙主编,任范松副主编《韩国诗话研究》,广健行、詹杭伦等编《韩国诗话中论中国诗资料选粹》,蔡美花、赵季主编《韩国诗话全编校注》(精装十二册)、《日本汉诗话集成》(精装十册)。

二是东方诗话研究进入比较文学与更高层次的比较诗学研究领域,出现一批享誉国际的研究成果。专著如韩国赵钟业的《中韩日诗话比较研究》(台北学海出版社 1984 年本),中国蔡镇楚的《比较诗话学》

（北京图书馆出版社 2006 年本）。主要论文有蔡镇楚《中国诗话与日本诗话》《中国诗话与朝鲜诗话》《中国诗话与印度梵语诗学》《中国诗话与文化诗学》等。这种比较文学的研究，发前贤之所未发。其中文学评论刊载的《中国诗话与日本诗话》全文，被中国社会科学院外文所翻译成英文，刊载在第二年的《中国社会科学》（英文版），正式向全世界推介，此乃诗话研究之史无前例者。

三是国际东方诗话学会的创建。经过几年的艰苦筹备，以赵钟业、蔡镇楚、李炳汉、任范松为主要发起人，1996 年 5 月 26 日在韩国大田市的韩国国立忠南大学校，刘德重、张寅彭、张伯伟、邝健行、詹杭伦、沈秋雄等中、韩、日三国与港、台及东南亚地区的学者，共同创建了"国际东方诗话学会"，并确定以《诗话学》为会刊，至 2018 年已经连续举办了 11 届国际东方诗话学术大会，开创了国际东方诗话研究的一代新风。

1.《沧浪诗话研究》

张健撰，凡八章，台湾大学《文史丛刊》1966 年本。

2.《历代词话绪录》

王熙元撰，五编，一册，分述宋元明清及民国历代词话，台湾中华书局 1973 年本。

3.《百种诗话类编》

台静农编次，精装三册。是编分前后两编，前者以作家为主，以姓氏笔画为序；后者重在诗论、历代诗话评论、体制、做法、品藻、辨正、论文、杂记等八类，辑录中国历代百种诗话之述，是最早辑录历代诗话之论者。前有辑者 1972 年自序，后有附录，收录所录诗话序跋之属，台湾艺文印书馆 1974 年排印本。

4.《清代诗话叙录》

郑静若撰,台湾学生书局 1975 年本。

5.《中国诗话の研究》

[日]船津富彦撰,东京八云书房 1977 年日文复印本。此乃日本学者首次研究中国诗话之专著,前有吉川幸次郎序,分为前后附三篇,前篇为诗话的世界,专论诗话的定名、价值、起源、分类等。后篇为诗话个案研究,主要是沧浪诗话源流考;附篇分论日本诗话与朝鲜诗话。

6.《元好问论诗三十首小笺》

郭绍虞笺注,人民文学出版社 1978 年本。

7.《诗话与词话》

张葆全撰,上海古籍出版社 1983 年本。

8.《中国历代诗话选》

王大鹏等编选,二卷,岳麓书社 1983 年本。

9.《历代诗话词话选》

武汉大学中文系选编,武汉大学出版社 1983 年本。

10.《历代诗话论作家》

常振国、绛云编次,湖南文艺出版社 1984 年本。

11.《历代诗话选注》

张葆全、周满江撰,陕西人民出版社 1984 年本。

12.《中韩日诗话比较研究》

[韩]赵钟业撰,台湾学海出版社 1984 年本。这是第一部中韩日三国诗话比较研究的著作,将东方诗话的国别诗话比较研究上升到世界比较文学的研究领域,改变了世界比较文学原初局限于文学作家作品的平行比较的研究格局。

13.《清代诗学初探》

台湾大学吴宏一撰,台湾学生书局 1986 年本,一册。

14.《诗家直说笺注》

明谢榛著,四卷,李庆立、孙慎之笺注,后附谢榛论诗诗。齐鲁书社 1987 年本,一册。

15.《中国诗话史》

蔡镇楚撰,八卷,湖南文艺出版社 1988 年精装、平装本;湖南文艺出版社 2001 年修订本,三次印刷,前后发行一万册。此乃中国乃至世界第一部系统研究中国诗话史的专著,继郭绍虞先生之后,开创中国诗话研究的一代新风尚。

16.《宋代诗话选读》

张福勋撰,内蒙古人民出版社 1988 年本。

17.《精选历代诗话评释》

毕桂发、张连第、漆绪邦编次,分别精选历代二十九部历代诗话中的名言丽句而注释之,有前言后记。中州古籍出版社 1988 年本,平装一册。

18.《古代诗话精要》

赵永纪编次,天津古籍出版社 1989 年精装本,精装一册。分门别类选录中国历代诗话论诗精要。

19.《李调元诗话评注》

吴熙贵撰，上下两篇，一册，重庆出版社 1989 年本。

20.《诗话续探》

龚显宗撰，一册，属于诗话研究论文汇集，凡十一篇，有台湾复文图书出版社 1989 年本。

21.《诗话概说》

刘德重、张寅彭撰，中华书局 1990 年本。

22.《诗话学》

蔡镇楚撰，凡十章，此乃首次为诗话立学的研究专著，前有自序，分别论述诗话学研究对象、目的、学科特征、诗话正名、诗话源流、诗话分类、诗话形态、诗话史、理论体系、比较诗话学、诗话文献，首次论述中国诗话与朝鲜诗话、日本诗话、印度诗论、西方诗学等诸多重大理论命题、湖南教育出版社 1990 年精装本。

23.《神韵论》

吴调公撰，上下两编，十四章，人民文学出版社 1991 年本，一册。上编总论“神韵论”，下编分论司空图、严羽、王渔洋之神韵论。

24.《中国诗话词话辞典》

张葆全主编，精装一册，广西师范大学出版社 1992 年本。

25.《历代诗话撷英》

门立功编著，凡五编，分别为本体论、创作论、技法论、风格论、鉴赏论，有前言后记。中州古籍出版社 1992 年本，一册。

26.《钱钟书谈艺录读本》

周振甫、冀勤编著，分为鉴赏论、创作论等七编，解读钱钟书《谈艺录》，前有前言，上海教育出版社 1992 年本，精装一册。此乃著名学者周振甫先生解读钱钟书《谈艺录》之解颐之作，启迪后人。

27.《石竹山房诗话论稿》

蔡镇楚撰，四卷，湖南文艺出版社 1995 年繁体字精装、平装本。前有马积高先生序言，卷一为诗话价值论，卷二为诗话比较论，卷三为作家作品论，卷四为诗话文献论，含宋金元明清现代诗话与朝鲜诗话、日本诗话考略，并有《诗话文献与诗话史研究——答〈中国诗话史〉的文献问题商榷》（原载《文学遗产》杂志1991 年第四期）。后有长篇跋语，阐明作者的诗话研究缘起、基本思路与学科主张，具有解颐廓清之功。

28.《朝鲜古典诗话研究》

任范松、金东勋、孙德彪、马金科编著，凡三编。延边大学出版社 1995 年本，一册。是书系国家社科八五规划项目，第一编为高丽朝诗话研究，第二、三、四编分别为李氏朝鲜前期、中期、后期诗话研究，前有绪论，后有《朝鲜历代诗话目录》表格式，是中国第一部研究朝鲜诗话的专门之述。

29.《全唐五代诗格校考》

张伯伟撰，陕西人民教育出版社 1996 年本，一册。

30.《东方诗话论丛》

韩国赵钟业先生停年退任纪念论丛刊行委员会编辑，精装一册，韩国太学社 1996 年本。前有赵钟业教授近照和汪中、蔡镇楚、沈秋雄题词，收录中韩日三国学者研究论文若干。

31.《东方诗话论丛》

［韩］赵钟业先生停年退任纪念论丛刊行委员会编辑，分为诗话书研究、诗话家研究、其他诗话研究，凡三篇29篇论文，1996年汉城太学社精装刊本，前有车柱环刊行辞、蔡镇楚、汪中等祝辞，内刊各家诗话论文，以中韩日三国文字刊行。

32.《韩国诗话研究》

郑判龙编，任范松副主编，延边大学出版社1997年本，一册。收录现代韩国诗话研究论文十九篇，后附《韩国历代诗话书目》。

33.《诗话学》

国际东方诗话学会会刊。刊物名称为韩国忠南大学赵钟业教授根据蔡镇楚《诗话学》之著而定，1996年在韩国大田市创办，为不定期学术刊物。《诗话学》会刊的创办，终于结束了中国学界关于“诗话学”与“诗学”名称之争。其创刊号为1998年8月，前有赵钟业《刊行辞》和车柱环祝辞。首刊重要论文有蔡镇楚《诗话与诗话学》，刘德重《诗话范畴与诗话学》，赵钟业《诗话的广义性》，张寅彭《诗话发展正义》。

34.《诗品研究》

曹旭撰，上中下三编。上海古籍出版社1998年本。前有王运熙序，后附有《钟嵘年表》与《后记》，系作者的博士论文。

35.《中国诗话词典》

蒋祖怡、陈志椿主编，王英志、曹旭、毋庚才副主编，诗话工具书，精装一册，北京出版社1996年本。

36.《明代诗话考述》

连文萍撰著，凡五编，台湾东吴大学博士论文，1998 年电脑打印本。第一编为明诗话总论，第二、三、四编分别为现存、后人纂辑、已经散佚三种明诗话之考述，第五编为研究结论。所述凡明代诗话者，共计有三百一十八种之富。

37.《中国古代文学批评方法研究》

张伯伟撰，内外两编。中华书局2002 年本，精装一册。是书主要以古代文学批评方法为研究对象，但是其中涉及诗话论诗评诗之许多基本方法，如“以意逆志”“推源溯流”“意象批评”以及“选本”“摘句”之类，还专门论及诗格、论诗诗、诗话、评点之学，故著录之。

38.《杜甫诗话六种校注》

张忠纲编校，一册，齐鲁书社 2002 年本。

39.《韩国诗话中论中国诗资料选粹》

广健行、詹杭伦等编辑，中华书局 2002 年本，一册。

40.《中日韩诗品论文选评》

曹旭选评，一册。上海古籍出版社 2003 年本。是书收录中日韩三国《诗品》研究论文，分序跋之属、论文之属、评论之属编排，附以简评。不啻是历代《诗品》研究论文之集大成者。

41.《清代诗话知见录》

吴宏一主编，一册，以蔡镇楚、张寅彭、蒋寅的清代诗话文献为本编辑而成。另附我国港台地区、日本、韩国收藏之清诗话版本。台北研究院中国文哲研究所 2002 年本。

42.《新订清人诗学书目》

张寅彭撰，一册，上海古籍出版社2003年本。

43.《清诗话考》

蒋寅撰，上下两编，北京中华书局2005年，精装一册。此乃清代诗话书目文献之集大成者。上编为"清诗话目录"，汇集见存者与待访者凡1469种之富；下编为"清诗话经眼录"，为之内容提要者凡464种。至此清代诗话书目之收集整理，穷爬梳之力，费搜集之功，可谓史无前例矣。

44.《元代诗法校考》

张健撰，北京大学出版社2001年本，1册。

45.《珍本明诗话五种》

张健编，北京大学出版社2008年本。是书收集明代诗话珍本雷燮《南谷诗话》、季汝虞《古今诗话》、夷白斋主人《诗话》、朱奠培《松石轩诗话》以及谢肇淛《小草斋诗话》。

46.《比较诗话学》

蔡镇楚撰，凡十六章，北京图书馆出版社2006年本，一册。此书继韩国赵钟业教授《中韩日诗话比较研究》之后，中国乃至世界比较文学史上具有开拓意义的一部比较诗话学著作。凡三十八万字，共分为十六章。第一章为绪论，主要论述比较诗话学研究缘起、学科性质、学术价值、研究对象、研究方法、研究前景及其比较文学研究价值。第二章总论诗话，为诗话正名，认为诗话的概念有狭义和广义之分，着重论述诗话与诗歌、名教、诗格、诗选、语录、行业、清谈、文学批评、神话批评的关系，并对诗话进行科学系统的分类。第三章论述诗话学，具体指出"诗话学"之名，是民国时代安徽大学著名教授徐英先生最先提出来的，而"诗话学"的真正诞生，其标志性成果是蔡镇楚的《诗话学》。第四章论东方诗话与儒家文化，着重论述古代朝鲜—韩国诗话、日本诗话与佛教文化的关系。第五章论东方诗话与佛教文化，提出诗国涅槃和诗话涅槃的命题。第六章论述阿拉伯诗学与伊斯兰教文化，着重论伊斯兰教与中国文化及其中国穆斯林诗学。第七章提出东方诗话圈命题，论述东方诗话的基本特征，分析东方诗话的文化语境。第八章论述东方诗话与审美语言学，分析诗话的语言艺术与意象批评。第九章至第十五章，以大量篇幅论述中国诗话与朝鲜—韩国诗话、日本诗话、印度梵语诗学、阿拉伯诗学、西方诗学、美国文化诗学的关系，进行广泛的比较研究，全面分析其历史渊源、基本特征、文化异同和诗学文化价值。第十六章是对 180 年以前日本出版的古贺侗庵《侗庵非诗话》进行客观公允的现代批评。千秋诗话，功罪几何？历史自有公正评说。附录为《中国社会科学》（英文版）刊载的《中国诗话与日本诗话》英译全文。

47.《日本诗话的中国情结》

谭雯撰，凡八章。中国社会科学出版社2008 年本，一册。此乃作者根据博士论文修改增补而成，系中国首部关于日本诗话研究的学术专著，具有开创意义和文献价值，前有蒋凡、蔡镇楚序，后附《日本诗话书目提要》。

48.《宋代诗话选释》

周满江、张葆全主编，蔡镇楚、胡大雷等著述，主要选释宋代诗话名篇名言。广西师范大学出版社 2007 年本，一册。

49.《明清之际汾湖叶氏文学世家研究》

蔡静平撰，凡四章。岳麓书社 2009 年本。是书是其博士论文，系清诗话大家叶燮家族文化研究的优秀之作。前有蒋凡前言，后附《汾湖叶氏世系简表》和参考文献书目及其《后记》。

50.《诗品集注》(增订本)

曹旭集注,精装一册,上海古籍出版社2011年本。

51.《诗话学》

国际东方诗话学会会刊,以中、日、韩三国文字出版,1998年创刊号,收录第一次东方诗话学国际学术发表大会论文,前有赵钟业刊行辞和车柱环祝辞,主要论文有蔡镇楚《诗话与诗话学》,刘德重《诗话范畴与诗话学》、赵钟业《诗话的广义性》,张寅彭《诗话发展正义》。

52.《诗话学》

国际东方诗话学会会刊,1999年第二辑,前有第一次东方诗话学国际学术发表大会彩照,记录第二次东方诗话学国际学术发表大会论文,重要论文有赵钟业《诗话与比较文学》,蔡镇楚《崛起中的东方诗话学》。

53.《诗话学》

国际东方诗话学会会刊,2001年第3、4合辑,前有第二次东方诗话学国际大会彩照,收录第三次东方诗话学国际学术发表大会论文。

54.《诗话学》

国际东方诗话学会会刊,2004年第5、6合辑,前有大会长李炳汉的刊行辞,收录第四次东方诗话学国际学术发表大会论文,主要有蔡镇楚的《千秋诗话,功罪几何——日本古贺煜〈侗庵非诗话〉的文化阐释》;王小盾、何仟年《越南古代诗学的硕果:〈仓山诗话〉》,此乃首次披露越南诗话之作。

55.《东方诗话学电视讲义》

主讲教授蔡镇楚,凡十六讲,北京超星学术视频2008年8月录制,全国发行。这是中国首次以电视媒介传播东方诗话学的学术讲座。主要录制内容分为十六讲。

56.《江户时期的日本诗话》

祁晓明著,中国社会科学出版社 2009 年本,简装一册。此乃作者于日本大阪大学攻读博士学位之学位论文,分为序章、上下两篇,共九章,上篇分论江户时期日本诗话创作背景、发展概况、主要内容、基本特征及其外域影响,下篇着力论述其所表述的诗歌理论,以诗歌本质论、创作论、批评论、鉴赏论出之。前有深泽一幸之序,后有作者后记。

57.《千年诗话 功罪几何》

蔡镇楚撰。此乃东方诗话之一长篇论文,是第一次对日本古贺煜《侗庵非诗话》的文化阐释,比较公正地评论日本古贺侗庵所著《侗庵非诗话》一书之"非诗话",为国际东方诗学会 2003 年第四次(上海)国际学术大会而作,正式发表于北京图书馆出版社2006 年蔡镇楚《域外诗话珍本丛书》第二十册之卷尾。

58.《韩国诗话全编校注》

蔡美花、赵季主编校注,人民文学出版社2012 年本,精装十二册。该书以赵钟业影印版《韩国诗话丛编》为基础,查阅、分析并研究韩国古文献全集,补充了四十余种散佚汉诗话,收录自高丽时期李仁老《破闲集》至现代李家源《玉溜山庄诗话》,共计诗话作品一百三十六部,总计近八百万字,是国内外第一部全景式展现韩国诗话全貌的文献资料数据集大成者。

59.《校辑近代诗话九种》

王培军、庄际虹校辑,上海古籍出版社2013 年本,简装一册。是书校辑近代中国诗话九种,有陈诗《江介隽谈录》、姚大荣《惜道味斋说诗》、何震彝《鞮芬室诗话》、易顺鼎《琴志楼摘句诗话》、邵祖平《无尽藏斋诗话》、陈廖士《单云阁诗话》等。

60.《江户前期理学诗学研究》

张红撰，凡十一章，岳麓书社 2019 年本，精装一册。是书系国家社科基金项目“日本杜诗学研究”的阶段性研究成果，系统论述江户前期中国理学诗学在日本大行其道的基本情况与主要特征，是江户前期日本学人接受中国传统文化及其理学诗学的集大成之作，具有颇为深厚的理学诗学研究价值。

61.《慎墨堂诗话》

清初邓汉仪撰，今人陆林、王卓华整理，凡简装四册四十四卷，中华书局 2019 年本，列入“中国文学研究典籍丛刊”。邓汉仪（1617—1689），字孝威，号旧山，别号旧山梅农。明末吴县诸生。邓旭之弟，早年从海宁举人查继佐（字伊璜）习举业，明末加入复社，曾参与虎丘大会，为社中青年才俊。清顺治元年（1644）为避身远祸，举家迁居泰州，放弃博士弟子员，隐居从学，绝意仕进。康熙十八年（1679），召试博学鸿儒，不第，以年老授中书舍人。著有《淮阴集》《官梅集》《过岭集》《青帘词》等。邓汉仪是清初著名诗人，曾与吴伟业主盟诗坛数十年。所评选《诗观》《慎墨堂名家诗品》等，搜罗富而抉择精。本诗话辑录邓汉仪所编选总集、别集及诗评类著作之评语及笔记中论诗词文字而成，以人为目，以诗句系人，前有陆林前言、王卓华《辑录序例》，说明编辑缘由与体例，内容庞杂，首列《诗观》三集四十一卷，以清康熙慎墨堂刻本为底本，以乾隆仲之琮深柳读书堂重辑本和书林道盛堂本为参校本；次列《慎墨堂名家诗品》一卷，清康熙刻本；再列清康熙介安堂刻本孔尚任《湖海集》和清康熙师白堂刻汇印本之李赞元《出门吟》《悔斋集》《又新集》；末卷为清夏荃辑、天津师范大学图书馆藏民国抄本《慎墨堂笔记》。书后附录邓汉仪诗歌序跋、诗歌评论及传记资料等，以备参考。

62.《清代诗话珍本丛刊》第一辑

蒋寅主编,国家图书馆出版社 2019 年 10 月影印本,全五十册。是编系蒋寅主持的国家古籍整理出版专项经费资助项目，基本上将中国社会科学院图书馆、国家图书馆等馆藏中国历代诗话珍本囊括其中,弥足珍贵。网上见其书目,尚未见其书。

编辑感言

诗话始于北宋，兴于清代，至今未衰，是中华文化宝库中不可多得的一份瑰宝。许顗《彦周诗话》乃言："诗话者，辨句法，备古今，纪盛德，录异事，正讹误也。"仅从南宋文人寥寥几句，便可获知诗话内容之丰富、论述之多彩：其至少涵盖语言学、史学、道德伦理学、美学、文学、诗学等知识。蔡镇楚等的《中国诗话总目要解》是一部集大成式的著作，标志着当代诗话研究到达了一个新的高度。

具有千年历史的诗话进入学术研究领域，直到现当代才正式掀起学术热潮。可以说，中国诗话所获得的地位与其本身所蕴含的价值是不对等的。何以如此？这是一个需要正视的问题。诗话的一个重要特点，同许多中国古代文学批评一样，就是"散"。不仅著述分布得散而多，著述的呈现形式也是以段落章句为主。这种"散"并不符合"五四"以来形成的学术理念。受西方概念影响，学术界和大众对学科的要求是系统化、逻辑化的。现代的"学科"概念隐含了对"体系"的要求，而中国从古至今多"零散"文论，凭极少数体大虑周如《文心雕龙》的著作并不能够满足西方概念中体系化的要求。因此，作为"现代学科"的"中国文学史""中国文学批评史"以及"中国美学史"，其架构似乎只能在西方理论的框架下展开，其中自然也包括诗话研究。中国逻辑体系之概念，本有自己的分类，欧阳修的《六一诗话》、刘攽的《中山诗话》就放进了《四库全书总目提要》"诗文评"里。

中国的诗话早已在东方各国遍地开花，形成了一个繁荣的"东方诗话圈”。诗话之所以生长于中华文化中千余年不止不息，是因为它产生于中华文化的血液与土壤之中，符合中华民族的文化品格与东方文化的审美意趣。欧阳修于《六一诗话》开头便说：“居士退居汝阴，而集以资闲谈也。”一个“闲”字点出其闲逸之意。以短小精悍、零碎闲散著称的文学作品前有儒家《论语》，历代诗话更是贯通古今的集大成者。正如钱钟书先生所言：“许多严密周全的思想和哲学系统经不起时间的推排销蚀，在整体上都垮塌了，但是一些个别见解还为后世所采取而未失去时效……眼里只有长篇大论，瞧不起片言只语，甚至陶醉于数量，重视废话一吨，轻视微言一克，那是浅薄庸俗的看法——假使不是懒惰粗浮的借口。”（《七缀集》）我们应该认识到，鸿篇巨著固然有其章节有序、一本正经的学术样式，而零散闲逸之诗话亦有其无可替代的价值与风貌，此非二者可以比较也。中国诗话的论诗传统本就以内容广泛、意趣生动、深入浅出、言不尽意为特点，若要理解诗话的真正价值，还需跳出西化的学术思维之中。事实上，古今中外，每一种文体都有各自的特色，各有长短。中国诗话之体，长短随宜，应变作制，喜闻乐见，其概念范畴与话语体系独具特色，具有强大的艺术生命力。

蔡镇楚先生以其毕生之精力，躬耕于诗话这块肥沃的土壤，从一开始筚路蓝缕到如今诗话已经成为中国乃至整个东方的集体事业，其用心之良苦足以见之。这部《中国诗话总目要解》作为他一生从事诗话整理与研究的学术总结，历时三十余年，收录了中国历代诗话及其诗话研究著作的详细条目，搜罗广博，爬梳严谨，评述考究，对中国文学史、中国美学史、中国文学批评史具有填补空白的意义，对于中国文化以及比较视野下的世界文化都有着广泛影响。

本书的创新点有二：一是材料的创新，蔡镇楚及其弟子不仅整理了浩如烟海的古文献，还考证并收录了同行专家的最新研究成果，是诗话研究领域目前为止最为全面的百科全书；二是内容的创新，与传统书目整理不同，蔡镇楚在名家名作之中加入了主要内容的概述，并于各卷按语中加入了他对各个时段诗话的评论与研究，使整部专著脉络清晰，富于学术性。材料做得扎实，内容做得严谨，是为学者的姿态。《中国诗话总目要解》作为一部诗话类的百科全书，具有很强的专业性与完整度，不仅可作为初学者的入门书籍，便于快速地翻阅，而且是做学术研究必备的参考、引用资料。

中国诗话是中国文学批评未被开采完全的宝库，蔡镇楚教授等都是诗话研究领域的先行者，我们还需要更多的学者加入诗话研究，建构中国自己的文学史、文化史，重视东方诗学，建立文化自信。面对极其感性的诗与文学，诗话是最接近其本身的一种评论形式，它与作品本身紧密相连，骨肉相依。如今人们忙于理论，脱离文本，熬煮各式各样意义的浓汤，却忘了文学本身滋味的鲜美。知识的价值在于读者对内容的真切触动、理解与认同，也许其是否闲散、是否规整、是否具有逻辑体系，其实并不重要。有价值的作品形式是多样的，其内部的自洽性不在于表面上的章节有序、字数繁多，而在于整体的意理。事实上，在知识爆炸的当代，绚丽多彩的印刷品迭出，学术著作也进入了井喷期，但在形式规定严密的情况下实质内容却鱼龙混杂，良莠不齐。我们看到，诗话及诗话研究之所以未得到应有的重视，往往是因为人们因其闲散的形式而忽略了其丰富的内涵。

古往今来，中国历代的文史大家们都与诗话结下不解之缘，像欧阳修那样撰著诗话。在当代以及未来，诗话仍有光明的前途，因为它顺应历史潮流，紧切当代人阅读的需要与审美诉求。随着互联网的发展、信息技术与消费文化对中国乃至世界都产生了巨大影响，“碎片化”现象也在当代社会和文艺领域得以显现。“碎片化”的知识、“碎片化”的时间，却意外适合古老却短小精致的诗话来传播与普及。对于当代大众而言，在零散的时间内读一读古人的论诗随笔，比通读一部长篇论著会容易得多，但知识的接收量并不小。现代人学习知识的时间变得零散，使用手机、电脑等设备阅读格外方便，于闲时读一读诗话，学诗、解诗之余又充满生趣。这与欧阳修的“以资闲谈”的诗话之滥觞，实在是跨越千年的呼应。

后记

蔡镇楚先生自20世纪80年代到湖南师范大学执教，居于岳麓山下，三十余载稍纵即逝，而今的寓所离湘江数步之遥。江上清风与山间明月，亦成先生治学、创作、写字、作画的相伴。又常见其江畔闲步或山上散行，不管何时总是含笑满面，精神矍铄，似孩子一般的欢喜真挚，是山水养性，诗书陶情，抑或，因其蔼然忠厚、乐观通脱的心性使然吧。

2019年底先生告诉我《中国诗话书目》一书准备出版。书稿是好些年前的存稿，我当年拜在先生门下，研习唐宋文学与中外诗话，即是从跟着先生学做诗话书目开始的。如今在他年近八十之际，书目得以问世，亦算是为其致力的诗话学研究画上圆满句号。

1988年先生第一部著作《中国诗话史》问世，引起学界强烈反响，钱钟书先生写信贺称："既喜其问世且祝其名世。"全国各报刊纷纷发布书评书讯。韩国亦立即翻印之作为国立汉城大学与梨花女子大学等高校硕士、博士生之参读教材。1990年先生又推出《诗话学》一书。《中国日报》英文版、《人民日报》海外版等发表书评认为，研究诗话的除中国学者外，还有日本、韩国的学者，蔡先生的《诗话学》被公认为目前最有权威性、最系统的理论著作。这部书"首次全面论述了诗话学这门新学科的学科体系"，"全面论述了诗话之概念、诗话之源流、诗话之形态、诗话之历史以及诗话之理论体系等重要而带根本性的问题"，"与朝鲜诗话、日本诗话、印度文论及西方诗学的比较突出了东方诗话学在东方文化圈内的普适性与代表性"。（李清良《蔡镇楚:东方诗话学的开创者》）二书奠定了先生作为中国诗话乃至东方诗话学开创者的学术地位。其后，先生又出版了一系列诗话学著作，如《石竹山房诗话论稿》《比较诗话学》《中国品茶诗话》《中国品酒诗话》《中国音乐诗话》《中国美食诗话》《中国战争诗话》等，整理出版了海内外诗话文丛，《中国诗话珍本丛书》（精装22册）、《域外诗话珍本丛书》（精装20册），足见先生在诗话研究领域的用力之深、用功之勤。近些年来，先生似放下诗话，寄情于中国茶文化与诗书画创作。赋诗写字之余，创作出版了多部长篇小说《白沙溪》《出城》《三十九铺》《世界茶王》。2018年由光明日报出版社出版的《世界茶王》，开中国小说出版发行方式创新之先河，被“上海游读会”以国内外100场读者见面会形式予以推荐；先后在上海、杭州、太原、北京等地与读者见面。先生以如此高龄奔走各方，神采奕然，谈锋清健，着实让人感佩。先生关注国计民生，是中国茶文化首席专家，于茶道亦颇有会心处，欲解悟茶与中国文化、东方美学的深妙关联，集十年之功，撰著出版中国第一部《茶美学》。看先生端坐于茶烟深处，在茶盏起落间分明洗却了诸多尘累，只遗下纯然的恬适，似将一生的诗心、诗情、诗艺皆寄托于当下，亦消融于眼前。

2018年11月初冬，第11届“国际东方诗话学会”在长沙召开，先生作为国际东方诗话学会的主要创始人之一应邀参会并祝辞。此时距首届“东方诗话学会”（韩国忠南大学1999年承办）已近20载，而先生亦久不治诗话矣。归来，百感交集。先生重检旧稿《中国诗话书目》，与我及师妹谭雯一起，整理、增补、校勘，改名为《中国诗话总目要解》；又得南开大学赵季教授倾力相助，联系出版社，集诸善缘，终有了这本书的问世。其实，诗话从未远离先生，是他一生情之所系，道之所归。

楚地多灵气，亦多奇情异彩，愿此山川之助诗书之养，与先生写读生涯共绵远、久长。

张红

2021年初春于长沙

索引